新编21世纪财务管理系列教材

投资项目评价

第7版

成其谦 编著

Investment and
Project Appraisal

中国人民大学出版社
·北京·

前言

投资项目评价是在投资项目决策前或在项目可行性研究中，提供科学决策依据最关键、最重要的部分，它是一个技术经济分析、论证的过程，对于充分发挥投资效益、降低投资风险、优化资源配置和投资结构、有效促进投资拉动经济增长具有重要作用。它是实现国家对投资项目决策与管理的科学化、民主化、规范化和法制化的重要措施，也是个人或其他投资主体正确进行投资决策的理论方法和工具。

投资是国家经济增长重要、关键的推动力之一，经过多年的改革开放，“十三五”期间我国经济发展的显著特征就是进入新常态，经济增长速度从高速进入中高速，以稳投资促进稳增长。党的二十大报告明确指出：“高质量发展是全面建设社会主义现代化国家的首要任务。”高质量发展需要高质量的投资、高质量的投资决策，这对投资项目评价提出了更高的要求。而项目的失败及其造成的诸多不良效果与严重影响，大多源于项目规划、设计和决策的参与者缺乏必要和充分的投资项目评价理论方法和相关知识。因此，熟悉、掌握和科学地运用投资项目评价的基本知识和理论方法是十分必要的。

本书将向读者介绍投资效果分析和决策的相关理论方法。经过多次修订，本书已成为一部内容比较系统、严密、翔实，深入浅出、学以致用、与时俱进的教材。

1. 本书向读者展示了一个比较完整的投资项目评价体系。除了介绍项目评价的相关基本理论和财务评价、经济费用效益评价的相关内容，还涵盖特大型建设项目区域与宏观经济影响评价、投资项目社会评价、项目后评估等内容。

2. 国家发展改革委等颁布的《建设项目经济评价方法与参数》（第三版）是本书的重要依据。本书在讲解和案例中对其作了认真诠释和运用，以保持内容的规范性和正确性。

3. 本书关注并紧跟国家相关主管部门发布的新规定。第7版根据国家发展改革委2023年3月颁布的关于投资项目可行性研究报告编写大纲的新精神和内容，及时作出重要修改，引进了诸多新发展理念、新规范、新方法，以更好地适应国家高质量发展。此外，对于重要的相关规范与规定也给予了必要的介绍。

4. 本书针对一些相对比较难的投资项目评价问题作了深入浅出的阐述，试图为读者提供一本易学和易懂的教材。在每章的后面设置了复习题，以帮助读者巩固所学知识，提高实践能力。

5. 由于经济发展以及国际环境变化比较快，项目评价中所涉及的计算参数或某些税率时有变化，但是鉴于我国项目评价的基本方法和重要参数尚无改变，故本书中的例题和案例暂不作修改，敬请读者理解。

深深感谢本书引用文献和资料的作者，感谢你们的成果给予我的指导和启发。感谢中国人民大学出版社编辑的辛勤操劳和给予的帮助。感谢我的学生杨洪涛为本次修订提供新资料和提出宝贵意见。

每一次修订都是一次再学习的过程，但不当之处仍然难免。恳请各位读者、同人和专家不吝指教。

成其谦

目录

第 5 章

多个备选方案的比选

第 6 章

投资项目的风险识别与评价

第 7 章

投资项目的财务评价

第 8 章

投资项目的经济费用效益评价

第 9 章

特大型建设项目区域与宏观经济影响分析概要

第 10 章

投资项目社会评价概要

第 11 章

项目后评价

第1章
投资项目评价简介

第 1 节　投资与投资项目

一、投资

(一) 什么是投资

站在不同的角度，可以对投资给出不同的定义。简单地说，投资是以预期的经济或社会效益为目的的资金投入行为和过程。需要解释的是，这里的“资金”应该理解为可折算成资金的各种资源（包括无形生产要素在内）。投资的经济主体（投资主体或投资者）可以是政府、企业或个人。

(二) 投资的类型

（1）经济投资是指以实现最大投资价值为目的，将资金（或各种资源）转化为固定资产、无形资产、流动资产，生产出产品或提供服务以获取利润的投资行为。

（2）公益性投资具有较强的公共性，它所提供的产品或服务往往不一定具有市场价格，其基本出发点是以社会公共福利为主，而非商业利润。

（3）金融投资则是指通过购买各种金融证券，形成金融资产而获利的投资行为。

另外，按投资者对投资活动参与程度的不同，可分为直接投资和间接投资。

直接投资使实物和无形资产存量增加，为项目产出社会产品或服务，以及最终产生经济或社会效益提供物质基础，它是进行社会再生产和扩大再生产的基本手段。投资者直接参与资本形成的过程，并在一定程度上对投资对象拥有经营控制权。经济投资和公益性投资即属于直接投资。

间接投资是投资者通过购买各种金融债券，拥有股权、债权、期权等形式，间接地参与实物和无形资产形成的过程。投资者一般对被投资企业没有经营权，但可以随时转卖变现或通过投资组合分散风险。其重要作用在于实现更广泛的社会资金聚集，满足现代化、社会化大生产，以及社会发展对资金集中使用的需求。金融投资即属于间接投资。

(三) 投资的作用

一个投资活动不能持续进行的国家或企业，将是一个经济发展停滞和僵死的国家或企业。因此，投资活动是不断促进国家和企业经济增长，以及不断实现新的社会发展目标的重要基础条件和推动力。同时，投资也是国家、企业或个人获取资产增值的重要途径。

我国作为一个发展中国家，坚持走中国特色的新型工业化、信息化、城镇化、农业现代化的道路，发展的任务很重，在较长的时间里保持高投资率①是合理的。

当前我国的经济增长从靠老三驾马车（投资、消费、净出口）逐渐转向不断赋予新内容的新三驾马车（例如，新型投资、新型消费和“一带一路”建设②）。“一带一路”是我国对外开放的重要战略，十年来，它已经成为深受欢迎的国际公共产品和国际合作平台，我国吸引外资和对外投资已经居世界前列。商务部2024年2月4日发布的统计数据显示：2023年我国对外非金融类直接投资9 169.9亿元人民币，同比增长16.7%（折合1 301.3亿美元，同比增长11.4%）；我国企业在“一带一路”共建国家非金融类直接投资2 240.9亿元人民币，同比增长28.4%（折合318亿美元，同比增长22.6%）。在帮助“一带一路”共建国家提升发展能力和民生福祉的同时，还给包括基建、高铁、能源、装备、农业、食品、旅游、高科技、经贸等领域的中国企业“走出去”带来巨大的投资机会。

综上所述，我国投资的新空间仍然很大，以投资带动我国经济发展在今后相当长的时间内，仍将是我国经济发展的主旋律。

二、投资项目与投资项目管理

(一) 投资项目

1. 广义的项目概念

广义的项目一般指在一定约束条件下（资源、时间、质量等）具有特定

---

① 投资率通常指一定时期（年度）内总投资占国内生产总值的比例。

② 陈勇鸣. 中国经济增长的新三驾马车. 学习时报，2015－10－12.

明确目标的一次性组织或事业。美国项目管理学会（Project Management Institute，PMI）对项目的定义是：组织中所有具有一次性、有头有尾而非持续性的工作，或者为达到一个特定目的而将人力资源和其他资源结合成一个短期的组织。项目的特性是：

（1）具有特定的目标和成果。

（2）具有一次性特点，故一般是非例行性和非重复性的。

（3）有明显的约束条件。

（4）结合人力和其他各项资源共同推动一个暂时性的组织。

2. 投资项目

投资活动是通过各个投资项目进行的。关于投资项目的含义，有多种不同的表述：

联合国工业发展组织在《工业项目评估手册》中的表述为："一个项目是对一项投资的一个提案，用来创建、扩建或发展某些工厂企业，以便在一定周期内增加货物的生产或社会的服务。"同时指出从项目评价的角度出发，"一个项目就是一个投资的单位，它可以从技术上、经济上区别于其他各项投资"。

世界银行则注重对贷款项目的管理，认为："所谓项目，一般是指同一性质的投资（如设有发电厂和输电线路的水坝），或同一部门内的一系列投资（如城市项目中市区内的住房、交通和供水等）。有些项目，只为特定的投资或比较全面的调查研究提供技术援助。""项目还可以包括向中间金融机构贷款，为它的一般业务活动提供资金；或向某些部门的发展计划发放贷款。"所以，"项目通常既包括有形的，如土木工程的建设和设备的提供，也包括无形的，如社会制度的改进、政策的调整以及管理人员的培训等"。

我们认为，从投资项目评价更狭义的角度来讲，投资项目是指投入一定资源、能够单独计算和考核其投入和产出（成本和收益），以便于进行分析和评价的独立计划、规划或方案。通常，投资项目可以由若干更小的子项目组成。

3. 建设项目

在投资项目中，需要兴工动料建设的工程项目，一般称为建设项目。建设项目通常包括新建项目、改建（或技术改造）项目、扩建项目、迁建项目、恢复（修复）项目等。所谓建设项目，主要指直接投资的工程建设项目，即前面所说的经济投资和公益性投资中的工程建设项目。

在国家发展改革委、建设部联合发布的《建设项目经济评价方法与参数》（第三版）中，提出了建设项目可从不同分析角度进行分类：

（1）按项目的目标，分为经营性项目和非经营性项目。①

---

① 更确切地说，应当分为营利性项目和非营利项目。

（2）按项目的产出属性（产品或服务），分为公共项目和非公共项目。

（3）按项目的投资管理形式，分为政府投资项目和企业投资项目。

（4）按项目与企业原有资产的关系，分为新建项目和改扩建项目。

（5）按项目的融资主体，分为新设法人项目和既有法人项目。

（二）投资项目的周期与管理

1. 投资项目周期

绝大多数项目都必须经历一个由产生、发展到终结的循序过程，即生命周期。据联合国工业发展组织所编《工业项目可行性研究手册》和世界银行的有关规定，一个投资项目的发展周期可分为三个主要时期：投资前时期、投资执行时期和生产运营时期，每个时期又包括若干个工作阶段（见表1-1）。

表1-1　投资项目周期示意图

投资前时期					投资执行时期					生产运营时期	
机会研究	初步可行性研究	可行性研究	项目评估	投资决策	合同谈判签约	工程设计	施工安装	试运行	竣工验收	生产经营	项目后评价

2. 项目管理

（1）项目管理的定义和目的。PMI给出的定义是：项目管理就是把各种知识、技能、手段（工具）和技术应用于项目中，以满足或超出人们对项目的需求和期望。项目管理最根本的目的是“如何有效地利用时间、技术和人力”①。即在确保时间、经费和性能指标的三个限制条件下，尽可能高效率地完成项目任务，在运作中改善管理人员的工作效率。

（2）项目管理知识体系。项目管理已经被发展和提炼为一种具有普遍规律的独立的行为模式，成为一个独立的新学科、新专业。它的知识体系基本上分为九个部分——项目的综合管理、范围管理、时间管理、成本管理、质量管理、人力资源管理、沟通管理、风险管理和采购管理。项目管理学科独有的或者基本独有的内容，例如项目生命期概念、关键路线法、工作分解结构等，是其主体部分，但从事项目管理还需要其他领域知识的支持，主要是管理知识和相关应用领域知识的支持。项目管理知识体系与其他学科领域的关系大致可用图1-1说明。

当前，项目管理已从传统的建筑、工程建设，拓展并普及到各个领域，也从单一的以项目为中心，转变为以企业战略目标和企业资源总体规划指导下的项目组合管理为重点，更加重视项目的集成综合管理。

---

① J. D. 弗雷姆．组织机构中的项目管理．北京：世界图书出版公司北京公司，2000.

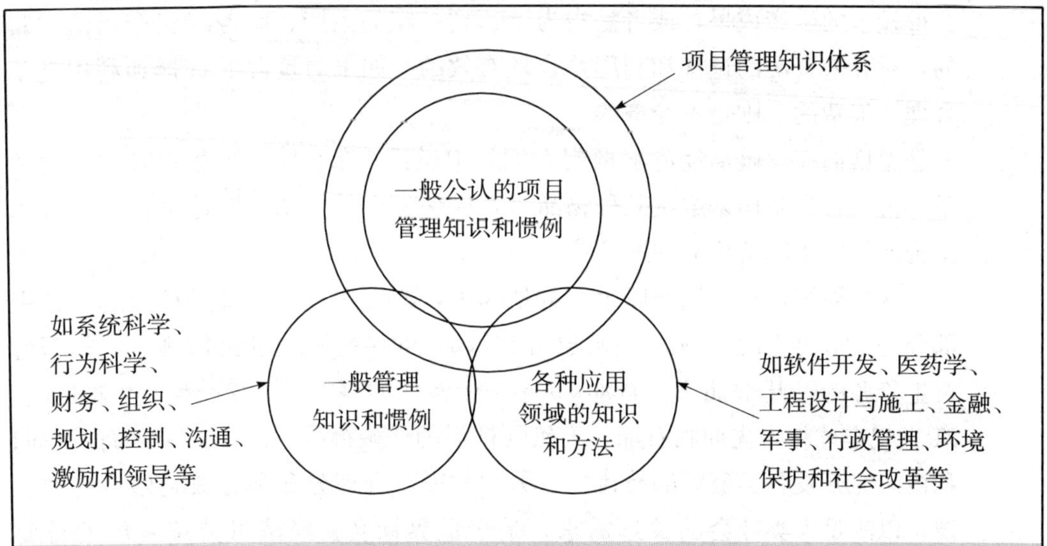

图 1-1　项目管理学科和其他学科领域的关系

说明：图中重叠部分仅代表重叠关系，其大小不表示定量的比例关系。

资料来源：吴之明，卢有杰．项目管理引论．北京：清华大学出版社，2000.

3. 投资项目管理

鉴于投资项目所具有的内涵，投资项目管理是按照项目管理相关理论，对投资活动的全过程（投资项目周期的各个时期）进行计划（包括预测、评价、决策、规划）、组织、指挥、协调、控制（监督）等一系列管理活动的总称。因此，它需要一系列更具体、复杂和专业的管理知识和多方面相关应用领域的知识提供支持。

对于投资项目管理，值得注意的是：

（1）投资项目管理的水平直接影响投资项目的效益乃至项目的成败。它是一项政策性、经济性、专业性、技术性极强的工作。

（2）管理者必须不断学习，以现代化的管理思想、管理组织、管理手段和方法进行投资项目管理工作，以提高投资项目管理的科学性和有效性。

第 2 节　投资项目的效果

一、经济和经济效果

（一）经济

“经济”这个词具有多种含义。作为名词，它是指社会的物质生产和再生产活动；作为形容词，它是指节省、节约，即用较少的人力、物力和时间，获得较多的生产成果，或者是指为了达到一定的生产、服务或资产增值的目的，对有限资源的选择和利用是合理有效的。如果对资源的选择和利用是不合理且浪费的，则是不经济的。

恩格斯在《政治经济学批判大纲》中说："价值是生产费用对效用的关系。价值首先是用来解决某种物品是否应该生产的问题，即这种物品的效用是否能抵偿生产费用的问题。"①

众所周知，在我们赖以生存的地球上，绝大多数资源都是稀缺的，其中部分是不可再生的。例如，据美国能源部、世界能源理事会预测，一些不可再生资源的可开采期为：石油 39 年、天然气 60 年、煤 221 年。也就是说，21 世纪全球将首先面临石油、天然气枯竭的严峻挑战。因此，一方面，我们积极研究开发各类资源的替代物；另一方面，合理分配和有效利用现有的资源，以满足人类社会的长远需求，是全世界社会、经济可持续发展的首要问题。

我国人口众多，人均资源占有量少，正处于工业化、城镇化、市场化、国际化程度不断提高的发展阶段，面临很大的资源和环境压力。因此，建设资源节约型、环境友好型社会，是增强可持续发展能力，实现经济社会又好又快发展，以及关系中华民族生存和长远发展的根本大计。

（二）经济效果

效果（effect/result）一般指事物的结果。效果有好坏之分。

投资项目的经济效果用来表征项目合理或有效利用现有资源的程度如何。我们可以通过多种方式对投资项目的经济效果进行定性描述，同时，我们可以使用多种经济效果评价指标作出定量描述。多数技术效果指标可以转化成经济效果指标，或者说在经济指标中得到反映。因此，经济指标是投资决策的主要依据。

二、投资项目的效果

投资项目不仅产生可以定量描述的经济效果，而且可能产生可以定性说明的非经济性的效果；投资项目不仅对项目或企业产生微观效果，而且对国家和社会产生宏观效果。因此，可以将投资项目的效果分为直接效果、间接（外部）效果；间接效果又可分为有形效果和无形效果。

我们以一个水利枢纽开发项目为例，对投资效果进行分析。

① 马克思，恩格斯．马克思恩格斯全集：第1卷．北京：人民出版社，1956：605.

1. 直接效果

直接效果是指由项目使用的投入物及项目产出物产生的并在项目范围内计算的经济效果。

（1）直接收益——项目供电、灌溉供水、过往船舶收费、养鱼、旅游服务等方面的收益。

（2）直接费用——项目投资建设、日常运行及维护修理费用。

2. 间接（外部）效果

间接（外部）效果是指由项目引起的在直接效果中没有得到反映的效果。

（1）外部效益。

1）有形外部效益（可用货币计量）：

- 灌溉农田，使受益农田的农作物增产增收。
- 项目的防洪、排涝作用，防止或减少灾害损失而产生的效益。
- 由于项目具有旅游价值，带动周边地区商业发展所创造的经济收益。
- 项目造成航运公司的运量增加、成本节省而产生的经济效益。

2）无形外部效益（难以赋予货币价值）：可以用非货币单位计量的效益，如项目在增加就业人数上的贡献；无法量化的效益，如项目在帮扶周边贫困地区、保护生态环境、加强民族团结等方面发挥的积极作用和影响。无法量化的效益需要予以定性说明。

（2）外部成本（费用）。

1）有形成本（可用货币计量）：

- 工程占用和淹没土地的损失。
- 航运量的增加减少了公路运输的需求量，导致公路部门的收入减少。
- 水库周围土壤的盐碱化造成该部分土地的农作物减产。

2）无形成本：

- 该水利工程建设使原有自然或人文景观遭到一定程度的破坏。
- 水利工程建设引起的非自愿搬迁人口产生社会不安定因素。

对于无形成本，同样需要予以定性说明。

由上述可知，投资项目可能产生各种复杂的效果，微观投资效果与宏观投资效果不一致的情况也有可能出现。当然，可能多数投资项目的效果相对来说没有上述那么复杂，或者基本不涉及外部效果，但是投资者也应当认识到：我们必须权衡投资效果的利弊，兼顾企业、国家和社会的利益，即微观与宏观分析相结合、定量与定性分析相结合，实现资源的最佳配置，以达到投资预期的经济或社会效益。这对我国经济健康、可持续、快速发展具有极为重要的意义。

第3节　投资项目的可行性研究概述

一、投资项目可行性研究的基本概念

(一) 什么是投资项目可行性研究

投资项目可行性研究是在投资决策前，对拟建项目进行全面的技术经济分析的科学方法和工作程序。它是投资项目决策的依据，是国际通行的项目决策管理工具。

它围绕投资项目建设必要性、方案可行性和风险可控性三大目标，重点把握项目的需求、要素、工程、运营、财务、项目影响和风险管控七个维度的研究，并运用投资项目评价——财务评价、经济费用效益评价和社会评价方法，从项目财务、国家资源合理配置、对区域或宏观经济的影响以及产生的社会影响多个角度，开展系统、专业和深入的论证，从而对投资项目决策提供科学、可靠的依据。

(二) 投资项目可行性研究的四个阶段

投资项目可行性研究的四个阶段是：机会研究、初步可行性研究、可行性研究、项目评估（评审）决策（见表1-2）。

表1-2　可行性研究的工作阶段

项目	机会研究	初步可行性研究	可行性研究	项目评估（评审）决策
研究性质	项目设想，机会鉴别	项目初选粗略估算	对项目深入细致地论证	审核与评估
承担研究单位	拟建单位或政府部门	拟建单位，或聘请专家协助，或委托专业设计院、咨询公司	一般应委托专业设计院或咨询公司承担	决策部门组织，授权有关银行、专家、咨询公司、投资者进行
研究工作内容	对潜在的投资机会或项目设想进行分析选择，提出项目建设的必要性和可能性的依据	调查研究，粗略估算，筛选方案，初步确定项目的可行性	提供准确详尽的基础数据，进行深入细致的技术经济论证，综合分析各种投资效果和风险，确定项目的可行性，并从多个方案中选优	对可行性报告的可靠性、真实性和客观性进行全面审核、评估
研究要求	编制项目建议书	编制初步可行性研究报告	编制可行性研究报告	提出项目评估报告

续表

项目	机会研究	初步可行性研究	可行性研究	项目评估（评审）决策
研究目的	鉴别投资方向，寻求有价值的投资机会，刺激投资者作出响应	判明项目的生命力，判定是否有必要进行下一步详细研究	提出结论性意见，为项目决策提供依据	为投资决策者提供最后决策依据

从我国的实际情况来说，在某些情况下，前两个阶段有时可能会合并。

（三）投资项目可行性研究的重要性

世界银行把项目的可行性研究称为“防止错误投资决策的保险单”。这就是说，可行性研究可以帮助我们在投资项目实施之前，论证项目是否能获得预期的、良好的经济效果和社会效果，以确保投资的可行性和有效性。因此，可行性研究是投资项目决策的必要程序和重要依据。

改革开放以来，我国实施以经济建设为中心的现代化发展战略，进行了大规模的经济建设，取得了令世界瞩目的成就。党的十八大以来，我国实行更加积极主动的开放战略，十年来，已经有 150 多个国家和 30 多个国际组织加入“一带一路”大家庭，据金灿荣教授引自复旦大学一带一路全球治理研究院 2021 年的调查结果，在“一带一路”400 多个项目中，成功率 90%，但对于其中 30 多个失败项目，以及国内的政府或企业投资项目中的其他失败项目，它们失误的原因和教训也必须引起我们足够的重视。

党的二十大报告明确指出，“高质量发展是全面建设社会主义现代化国家的首要任务”。高质量发展需要高质量的投资，需要高质量的投资决策。我们必须强化投资项目可行性研究的基础作用，提升我国投资项目的前期论证的质量和水平，提高投资综合效益，推动投资项目转化为优质投资，推动经济实现质的有效提升和量的合理增长，以达到国家经济高质量发展。

二、投资项目可行性研究的内容和作用

（一）国家发展改革委的两个《大纲》和《说明》

为着力推动高质量发展，巩固和深化投融资体制改革成果，进一步提升我国投资前期工作质量和水平，国家发展改革委研究制定了《政府投资项目可行性研究报告编写通用大纲（2023 年版）》《企业投资项目可行性研究报告编写参考大纲（2023 年版）》（简称两个《大纲》），以及《关于投资项目可行性研究报告编写大纲的说明（2023 年版）》（简称《说明》）。两个《大纲》和《说明》是对投资项目可行性报告编写内容和深度的基础性要求。

在《说明》的“原则要求”中，提出了三个“坚持”：

1. 坚持推动高质量发展

编写可行性研究报告要完整、准确、全面贯彻新发展理念，坚持以人民为中心的发展思想，更加注重发挥宏观战略、发展规划和产业政策的引领作用。同时，要立足投资项目全生命周期管理，研究借鉴可持续发展要求，更加注重经济、社会、环境评价等新理念新方法的应用，将绿色发展、自主创新、共同富裕、国家安全、风险管理等理念以及投资建设数字化等要求融入可行性研究，推动建立适应高质量发展的投资项目可行性研究制度规范。

2. 坚持政府投资项目和企业投资项目分类管理

根据政府投资项目和企业投资项目分类管理要求，明确政府投资项目和企业投资项目可行性研究的不同侧重。其中，政府投资项目可行性研究应突出经济社会综合效益，并根据经济社会发展需要和财政可负担性，合理确定建设标准、建设内容、投资规模等，防范地方政府隐性债务风险；企业投资项目可行性研究应突出经济性，聚焦企业自主投资决策所关注的投资收益、市场风险规避等内容，引导企业提高投资决策的科学性和财务的可持续性。

3. 坚持以“三大目标、七个维度”为核心内容

围绕投资项目建设必要性、方案可行性及风险可控性“三大目标”开展系统、专业、深入论证，重点把握“七个维度”的研究内容。其中，项目建设的必要性应从需求可靠性维度研究得出结论；项目方案可行性应从要素保障性、工程可行性、运营有效性、财务合理性和影响可持续性等五个维度进行研究论证；项目风险可控性应通过各类风险管控方案维度研究得出结论。

(二) 投资项目可行性研究报告编写大纲框架

两个《大纲》和《说明》是指导我们开展投资项目可行性研究工作的指南，是切实提升投资项目前期工作和投资决策质量的有力支撑。本教材以两个《大纲》为依据，仅将上述两类投资项目可行性研究报告编写大纲的框架介绍给读者（见表1-3），具体内容和细节请读者参照两个《大纲》和《说明》的新要求，进行认真学习研究和参照运用。

表1-3　两类投资项目可行性研究报告编写大纲框架

政府投资项目可行性研究报告编写通用大纲	企业投资项目可行性研究报告编写参考大纲
一、概述	一、概述
（一）项目概况	（一）项目概况
（二）项目单位概况	（二）企业概况
（三）编制依据	（三）编制依据

续表

政府投资项目可行性研究报告 编写通用大纲	企业投资项目可行性研究报告 编写参考大纲
(四) 主要结论和建议	(四) 主要结论和建议
二、项目建设背景和必要性	二、项目建设背景、需求分析及产出方案
(一) 项目建设背景	(一) 规划政策符合性
(二) 规划政策符合性	(二) 企业发展战略需求分析
(三) 项目建设必要性	(三) 项目市场需求分析
三、项目需求分析与产出方案	(四) 项目建设内容、规模和产出方案
(一) 需求分析	(五) 项目商业模式
(二) 建设内容和规模	三、项目选址与要素保障
(三) 项目产出方案	(一) 项目选址或选线
四、项目选址与要素保障	(二) 项目建设条件
(一) 项目选址或选线	(三) 要素保障分析
(二) 项目建设条件	四、项目建设方案
(三) 要素保障分析	(一) 技术方案
五、项目建设方案	(二) 设备方案
(一) 技术方案	(三) 工程方案
(二) 设备方案	(四) 资源开发方案
(三) 工程方案	(五) 用地用海征收补偿（安置）方案
(四) 用地用海征收补偿（安置）方案	(六) 数字化方案
(五) 数字化方案	(七) 建设管理方案
(六) 建设管理方案	五、项目运营方案
六、项目运营方案	(一) 生产经营方案
(一) 运营模式选择	(二) 安全保障方案
(二) 运营组织方案	(三) 运营管理方案
(三) 安全保障方案	六、项目投融资与财务方案
(四) 绩效管理方案	(一) 投资估算
七、项目投融资与财务方案	(二) 盈利能力分析
(一) 投资估算	(三) 融资方案
(二) 盈利能力分析	(四) 债务清偿能力分析
(三) 融资方案	(五) 财务可持续性分析
(四) 债务清偿能力分析	七、项目影响效果分析
(五) 财务可持续性分析	(一) 经济影响分析
八、项目影响效果分析	(二) 社会影响分析
(一) 经济影响分析	(三) 生态环境影响分析

续表

政府投资项目可行性研究报告编写通用大纲	企业投资项目可行性研究报告编写参考大纲
（二）社会影响分析	（四）资源和能源利用效果分析
（三）生态环境影响分析	（五）碳达峰碳中和分析
（四）资源和能源利用效果分析	八、项目风险管控方案
（五）碳达峰碳中和分析	（一）风险识别与评价
九、项目风险管控方案	（二）风险管控方案
（一）风险识别与评价	（三）风险应急预案
（二）风险管控方案	九、研究结论及建议
（三）风险应急预案	（一）主要研究结论
十、研究结论及建议	（二）问题与建议
（一）主要研究结论	十、附表、附图和附件
（二）问题与建议	
十一、附表、附图和附件	

(三) 投资项目可行性研究报告的具体作用

（1）作为投资决策部门或决策者的决策依据。

（2）作为筹集资金和向银行申请贷款、银行评贷的依据。

（3）作为向政府核准机关提交“项目申请书”，或向政府环保等部门申请执照等的依据。

（4）作为工程设计、设备订货、施工实施的依据。

（5）作为同有关部门签订各项协议、合同的依据。

（6）作为各项工作安排的依据。

（7）作为同行业同类项目可行性研究的参考资料。或作为产品开发、技术改造更新等进一步科研的依据。

第 4 节　投资项目评价概述

投资项目评价是项目可行性研究的关键一环，它一般是在可行性研究进行了需求分析、选址和要素保障分析、建设方案（技术、设备、工程等方案）研究、项目运营方案等研究完成后，运用投资效果分析和决策的相关理论和方法，从不同层次和角度，对项目进行技术经济分析、论证的过程。它是提供项目科学决策依据最关键、最重要的部分。

投资项目评价包括经济评价和社会评价两大部分。其层次与研究的不同角度如表 1 - 4 所示。

表 1 - 4　投资项目评价的层次与研究的不同角度

经济评价	财务评价	从项目（企业）财务的角度分析
	经济费用效益评价	从国家层次上资源合理配置的角度分析
	区域经济与宏观经济影响分析	从对区域和宏观经济影响的角度分析
社会评价		从经济与社会发展协调发展的角度分析

一、经济评价各层次的基本概念

《建设项目经济评价方法与参数》（第三版）指出，建设项目经济评价是项目前期工作的重要内容，对于加强固定资产投资宏观调控，提高投资决策的科学化水平，引导和促进各类资源的合理配置，优化投资结构，减少和规避投资风险，充分发挥投资效益，具有重要意义。

（一）财务评价

财务评价是在国家现行财税制度和价格体系的前提下，从项目的角度出发，计算项目范围内的财务效益和费用，分析项目的盈利能力、偿债能力和生存能力等，评价项目在财务上的可行性，以及项目对财务主体和投资者贡献的价值。

（二）经济费用效益评价

经济费用效益评价是从社会资源合理配置的角度，分析项目投资的经济效率和对社会福利所作的贡献，判断项目的经济合理性。

（三）区域经济影响分析和宏观经济影响分析

区域经济影响分析是指从区域经济的角度出发，综合分析特大型建设项目对项目所在区域乃至较大区域的经济活动的各方面影响，包括对区域发展条件、经济结构、城镇建设、劳动就业、土地利用、生态环境等方面现实和长远影响的分析。

宏观经济影响分析是指从国民经济整体的角度出发，综合分析特大型建设项目对国家宏观经济各方面的影响，包括对国民经济总量增长、产业结构调整、生产力布局、自然资源开发、生态环境、劳动就业结构变化、物价变化、收入分配等方面影响的分析，以及国家承担项目建设的能力即国力的分析、项目时机选择对国民经济的影响分析等。

（四）不同性质项目的经济评价内容选择与决策依据

1. 不同性质项目经济评价内容选择

《建设项目经济评价方法与参数》（第三版）指出，建设项目经济评价内容的选择，应根据项目性质、项目目标、项目投资者、项目财务主体以及项目对经济与社会的影响程度等具体情况确定。

通过表1-5可以了解不同性质的项目经济评价的内容以及决策的依据。

表1-5 不同性质的项目经济评价的内容与决策依据

评价内容	项目性质	决策依据
财务评价	不涉及进出口平衡等一般项目，其产出品的市场价格基本上能够反映其真实价格，财务评价的结论能满足投资决策需要的项目	以财务分析结论为依据
财务评价 经济费用效益评价	对于关系公共利益、国家安全、国家控制的战略性资源和市场不能有效配置的资源的开发等具有明显外部效果（一般为政府审批或核准）的项目	应以经济费用效益评价结论作为主要依据，同时应满足项目财务生存（可持续）能力的要求
财务评价 经济费用效益评价 区域与宏观经济影响分析	特别重大的投资建设项目	区域与宏观经济影响分析结论亦应作为决策的重要依据

2. 项目经济评价的最终决策依据

在经济评价中，某些项目需要进行微观和宏观的评价，即财务评价、经济费用效益评价或区域与宏观经济影响分析，然后我们将面临一个重要问题——对项目三个层次的评价效果进行综合评价，做出最终的决策。此时，可能出现以下三种情况：

第一种可能：在微观的财务评价和宏观的经济费用效益评价（或包括区域与宏观经济影响分析）的结论一致的情况下，即两种评价都认为项目可行（或者都不可行），最终的决策应当是可以通过（或予以否决）。

第二种可能：如果出现财务评价效果好，而经济费用效益评价效果不好，或者区域与宏观经济影响分析效果不好的情况，从表1-4中可以了解到，最终决策依据需要以国家利益为重，以宏观的分析结论为最终依据，判项目不可行。

第三种可能：如果出现财务评价效果不理想，项目在财务上难以生存，达不到企业或投资者可以接受的经济效果，而经济费用效益评价效果良好，或者区域与宏观经济影响分析效果良好的情况，说明该项目是有利于社会资源配置，或符合国家产业政策、技术政策，以及对国家的区域和宏观经济有较大贡献的项目。此时，从宏观大局利益出发，应当判项目可行。

但是如果一味追求国家和社会的利益，而置项目（企业）本身的生存发展于不顾，也是不现实的。因为如果企业在财务上无法生存，也就无法发展，则微观和宏观的效果都将无法实现。此时应当一方面通过对项目的进一步财务分析，对项目予以“再设计”，提出改进项目经济效益的建议；另一方面，通过财务分析的计算，寻找实现经济调节的方式和幅度，提出国家给予经济上优惠的政策措施的建议，使项目（企业）获得财务上的生存能力和较好的发展前景。这样做才能取得微观和宏观投资效果的统一，企业利益与国家、社会利益的统一。

（五）经济评价的基本要求

（1）资料数据准确可靠。

（2）方法科学规范。

（3）定量与定性分析相结合，以定量分析为主。

（4）动态与静态分析相结合，以动态分析为主。

（5）多方案比选与优化。

二、社会评价的基本概念

社会评价在我国的产生和发展，实际上是发展战略转变的具体体现。随着从原有单纯经济优先的发展战略转向综合考虑经济、环境和社会等优先事项的可持续发展战略，社会评价在我国应运而生，成为投资项目管理综合评价体系的有机组成部分。

（一）社会评价的概念

社会评价是将社会分析和人们的期望（或公众参与）纳入投资项目方案设计和实施的一种方法和手段。社会评价考察投资项目造成的潜在社会影响，分析项目和社会之间的相互适应性，以及项目可能带来的社会风险，并提出减轻不利影响和使项目效益最大化的对策。

（二）社会评价的目的

社会评价的主要目的是消除或尽量减少因项目的实施所产生的负面影响，使项目的内容和设计符合项目所在地区的发展目标、具体情况和目标人口的具体发展需要，为项目地区的人口提供更多的发展机遇，提高项目的实施效果，使项目能为项目地区的区域社会发展目标，如减轻或消除贫困、促进社会性别平等、维护社会稳定等作出贡献，促进经济与社会和谐发展。

（三）社会评价的项目范围

不一定对所有项目都要进行三个阶段——项目鉴别阶段（机会研究阶段）、项目准备阶段（可行性研究阶段）和项目实施阶段的全面社会评价。但对于那些社会因素复杂、社会影响久远（具有重大负面社会影响或显著的社会效益）、社会矛盾突出、社会风险较大和社会问题较多的发展项目，应当进行全面的社会评价。

三、投资项目评价在我国的发展

20世纪50年代初，我国在计划工作、基本建设和企业管理中从苏联引进了技术经济分析（或称技术经济论证）的方法。特别是在“一五”期间，在以156个重点建设项目为中心的大规模经济建设中，各重点项目的规划、设计工作都进行了不同程度的技术经济分析，保证了我国“一五”期间的经济建设既拥有较快的速度，又获得较好的经济效果，对我国工业基础的确立起了重大作用，显示了技术经济分析的巨大实用价值。

在上述基础上，我国一些专家学者提出了创建有中国特色的技术经济理论体系的意见，并于60年代初，在由国家科委组织编制的《1963—1972年科学技术发展规划纲要》中，把技术经济列为和工农业科学技术、基础科学等并列的七大科学技术学科之一。

20世纪20年代后期，西方学者开始研究工程技术中的经济问题。1930年，西方研究工程经济的第一本著作《工程经济学原理》出版。1931年，美国在开发田纳西河流域工程规划中创立了可行性研究的方法，保证了工程的顺利进行，取得了良好的经济效益，把对工程项目经济问题的研究推向一个新的阶段。第二次世界大战后，特别是60年代以后，可行性研究不断充实、完善和发展，逐步形成了一整套系统的研究方法，并推广到各个领域和经济部门。联合国工业发展组织曾编写《工业项目可行性研究手册》等，以指导发展中国家开展可行性研究工作。各国都把可行性研究作为投资决策的重要手段积极研究并加以推广，我国于70年代末引入并逐步推广开来。

在改革开放、努力恢复和发展国民经济的过程中，1978年的全国科学大会审议通过了《1978—1985年全国科学技术发展规划纲要（草案）》，把“技术经济和生产管理现代化的理论和方法的研究”列为108个重点研究项目之一。之后，《技术经济和管理现代化理论和方法的研究规划（1978—1985）（草案）》问世。

1980年，世界银行开始在我国开展业务活动。世界银行在对我国建设项目提供贷款时，要求按照国际惯例提供建设项目的可行性研究报告。中央各有关部门和专家学者开始积极推进有关投资项目可行性研究的工作。1983年国家计委下达了《关于建设项目进行可行性研究的试行管理办法》。国家计委和建设部借鉴国外项目评价理论、方法和实践成就，结合我国国情，于1987年10月正式颁布了《建设项目经济评价方法与参数》，使我国投资项目可行性研究的经济评价工作走上了科学化、规范化的道路。1993 年 4 月，结合我国经济体制改革和投资、金融、财会、税收制度的改革，又颁布了《建设项目经济评价方法与参数》（第二版），进一步提高了我国投资项目经济评价方法的科学性、实用性和可操作性。

为了适应我国社会主义市场经济的不断完善和发展，加强建设项目经济评价工作，根据《国务院关于投资体制改革的决定》精神，国家发展改革委、建设部于 2006 年 7 月颁布了《建设项目经济评价方法与参数》（第三版）。它在进一步适应企业经济体制改革、投融资主体和方式多元化的新格局，加强我国投资宏观调控，增强项目对区域和宏观经济的积极影响，促进社会协调、可持续发展等方面，发挥着重要作用。

在社会评价方面，《投资项目社会评价指南》由国家计委投资研究所和建设部标准定额研究所联合组成的社会评价课题组于 1997 年正式发表，初步为我国社会评价提供了理论、方法和依据。在国家计委于 2002 年审定发行的《投资项目可行性研究指南》中，已将社会评价正式纳入我国投资项目可行性研究的内容，初步完善了我国投资项目可行性研究的整个体系。

投资项目评价是一门发展中的新兴管理科学和技术，一个关于投资效果分析和决策的学科。中国科学技术协会直属的中国技术经济学会、国务院发展研究中心创新发展部、中国社会科学院数量经济与技术经济研究所都在进行相关理论的研究工作，各省、自治区、直辖市和各主要部委也成立了类似机构。100 余所高校设立了技术经济与管理专业，拥有众多博士点、硕士点，不仅为我国技术经济与管理学科奠定了理论基础，也为投资项目可行性研究与投资项目管理实践培养了人才。

鉴于“高质量发展是全面建设社会主义现代化国家的首要任务”，我国投资项目可行性研究工作将不断向更高的水平发展，对我国投资决策工作的科学管理，提高项目评价工作水平和质量，发挥更大的作用。

值得注意的是：

（1）包括经济评价和社会评价在内的可行性研究，所涉及的知识面和学科是相当广泛的，并且具有一定的深度。需要大批懂技术（高新技术、工程技术）、懂经济（国际经济、投资经济、财政金融、贸易、工业经济等）、懂管理（创新管理、财务管理、工程管理、项目管理）的高素质复合型人才。这要求我们必须不断学习。

（2）在项目评价和决策中，应特别防止一系列人为因素的干扰。如在官僚意识、急功近利思想、投机取巧行为、小团体主义、地方主义的驱使下，或在利益团体的腐蚀下，人为制造投资预测误差和不真实的投资效果。这是反科学的，是产生一切错误的投资决策——乱投资、盲目上马、重复建设、过度开发——的根源。它会给投资带来无法控制的风险，带来无法弥补的经济损失、资源浪费和极坏的社会影响。因此，杜绝人为制造的错误投资决策，科学规范地进行投资项目的评价和决策极其重要。

复习题

1. 从投资项目评价比较狭义的角度来看，投资项目的概念如何理解？

2. 请简述你对投资项目周期和投资项目管理的认识。

3. 请简述你对投资项目的效果的认识。

4. 什么是投资项目可行性研究？其重要性如何？

5. 投资项目可行性研究分为哪四个工作阶段？分别由谁来承担研究？研究的内容分别是什么？

6. 在国家发展改革委《关于投资项目可行性研究报告编写大纲的说明》的“原则要求”中，提出了哪三个“坚持”？

7. 投资项目评价与可行性研究是什么关系？

8. 投资项目评价和项目经济评价各分几个层次？各层次评价的角度有什么不同？

9. 请分别解释什么样的投资项目需要进行财务评价、经济费用效益评价、区域经济与宏观经济影响分析，以及社会评价。

10. 如果出现财务评价效果好，而经济费用效益评价效果不好的情况，为什么必须判项目不可行？

11. 当经济费用效益评价效果好，而财务评价效果不理想时，我们应当如何处理？为什么？

第2章

资金等值计算

资金的时间价值概念与资金等值计算的方法，广泛应用于投资项目评价以及社会经济的多个领域。根据资金的时间价值原理，形成了以现金流量分析（动态分析）为主的投资项目经济评价方法。本书所介绍的等值计算公式和符号与国外教材一致，是项目评价人员必须了解和运用的。

第1节　资金的时间价值

一、现金流量和现金流量图

在投资决策中，投资者和决策者必须预测并了解投资活动在未来各期的现金收支情况，并以此为基础，分析、计算投资项目的经济效果，判断是否可行，并选择最优方案。

在投资项目的经济评价中，我们可以把每一个投资项目看作一个经济系统，它投入的资金、消耗的成本，以及大多数项目的收益，都表现为货币形式的资金流入或资金流出。

(一) 现金流量

现金流量（cash flow）即投资项目在各个时间点上向项目实体流入和从项目实体流出的现金的总称。流入项目实体的现金称为现金流入，流出项目实体的现金称为现金流出。

1. 现金流出

现金流出（cash outflow，CO）包括投资、成本（费用）、各种税金。

2. 现金流入

现金流入（cash inflow，CI）包括：（1）营业收入；（2）固定资产期末回收——折旧后固定资产残值，或固定资产在项目期末的转售价值；（3）流动资金期末回收——鉴于流动资金作为生产周转资金的性质，在项目寿命结束时，全部流动资金才能退出生产和流通，以货币的形式回收。

3. 净现金流量

净现金流量（net cash flow，NCF）指发生在某个时点的现金流入和现金流出的代数和。它可以是正值、负值或零。

（二）现金流量图

每个投资项目的实施都要延续一段时间，作为一个经济系统，我们通常采用现金流量图和现金流量表的形式，以比较直观地表示出投资项目在各个时点的净现金流量。

现金流量图是把项目寿命期内各时点的净现金流量，用时间坐标表示出来的示意图（见图 2－1）。

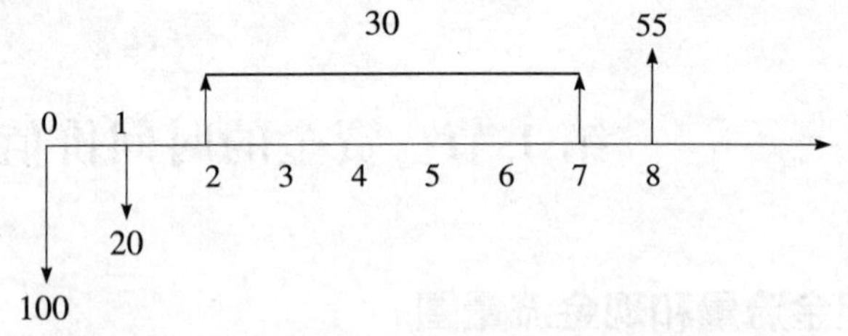

图 2－1　某建设项目现金流量图

关于现金流量图的一般规定是：

（1）时间轴向右表示时间的延续，间隔一般以年为单位。

（2）每个时点表示该年的年末（或下一年的年初）。

（3）箭线表示系统的净现金流量。向上为正，向下为负。箭线的长短可根据净现金流量的大小近似成比例绘出，并标出数值。

（4）一般情况下，经常性的收益或成本的现金流量发生在年末。

（三）项目计算期和建设期

项目计算期是参照项目寿命期合理设定的考察项目经营活动的时间段，包括项目建设期和运营期。

项目建设期是从项目大量投入资金（如新设法人登记注册、征地拆迁）到项目正式运营之前的时间段。

例 2-1

某建设项目计算期为8年，第1年初投入建设资金100万元，第2年初投入流动资金20万元。从第2年至第8年每年销售收入为70万元，成本和税金为40万元。期末固定资产残值为5万元。

要求：(1) 作出项目的现金流量图。

(2) 请思考：该项目于哪年投产？建设期为几年？生产期为几年？

解：首先，我们需要计算出项目第2年至第8年的净现金流量。

$$NCF_{2\sim8}=70-40=30(\text{万元})$$

在生产期末，即第8年，除30万元的纯收入，还有固定资产残值5万元、流动资金回收20万元。因此

$$NCF_8=30+5+20=55(\text{万元})$$

故可作出如图2-1所示的现金流量图。

其次，该项目于第2年投产，因为第2年末已经有销售收入。同理，建设期为1年，生产期为7年。

二、资金的时间价值

资金的时间价值是一种具有广泛实用价值的理论和概念。在对项目进行评价时，一般要进行静态和动态的评价。其主要区别即是否引入了资金的时间因素，是否考虑了资金的时间价值。

(一) 资金具有双重价值——本身的价值和它的时间价值

例 2-2

图2-2是某项目A、B两方案的现金流量图。请考虑，在其他条件都相同且不考虑通货膨胀和风险因素的情况下，哪个方案较优（单位：万元）？

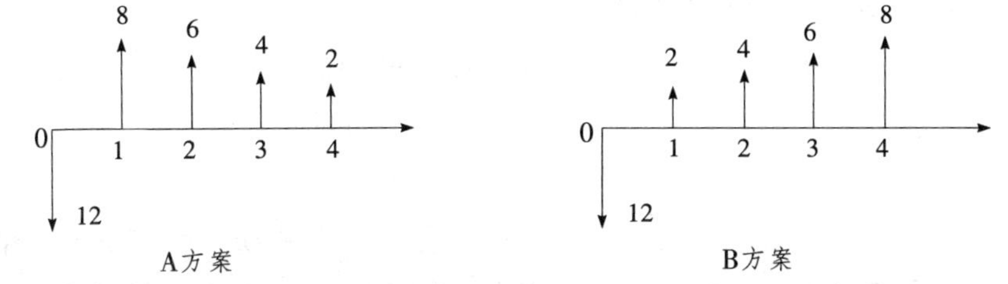

图2-2　某项目A、B两方案的现金流量图

解：直观地看，两个方案投资同为12万元，各年收益之和都是20万元。但是，

凭直觉和常识，我们认为A方案优于B方案。为什么呢？现在关键的问题是：不同时点上相同数额的资金价值是否相等？如A方案第1年的收益8万元与B方案第4年的收益8万元价值是否相等？

可能我们立刻会想到：在第1年得到8万元后，可以立即用来再投资，进而又能得到相应的收益。而在第4年得到的8万元要在4年后才能用于再投资，然后才能得到相应的收益。因此第1年的8万元比第4年的8万元更有价值。现在得到的结论是：不同时点上相同数额的资金，在价值上并不相等，同样的资金，早得到比晚得到更有价值。

A方案在第1年、第2年分别比B方案多收入、早收入6万元和2万元，这两笔资金分别可以立即进行新的投资，并得到相应的收益。而B方案是无法做到的。通过分析，我们得出A方案优于B方案的结论。

这个例子说明，方案经济效益的好坏，不仅与净收益的大小有关，而且与每笔净收益发生的时间有关。因此，要客观地评价投资项目的效果，不仅要考察现金流入流出的数额，还必须考察现金流量发生的时间。至此我们已经感觉到，资金具有时间价值。

假如某人决定取消本年全家外出度假的计划，打算下年再去。于是他将原来准备度假的10 000元存入银行，拿到存期一年、年利率10%的定期存单。一年后，取出11 000元。他凭什么能得到1 000元利息呢？这是银行在一年的时间中，占用其10 000元资金所付出的代价，或者说，是他放弃10 000元资金一年的使用权而得到的补偿。资金具有双重价值——本身的价值和它的时间价值。

(二) 资金时间价值的含义

发生在不同时点的等额资金在价值上的差别即资金的时间价值。

在例2-2中，A方案第1年与B方案第4年的两个8万元之间价值的差别，就是资金的时间价值。但是，1 000元利息就是10 000元资金一年的时间价值吗？这一点在后面将进一步探讨。

(三) 对资金时间价值的理解

第一，在市场经济条件下，资金在生产和流通领域的循环周转中，随着时间的推移，不断发生增值，该增值即资金的时间价值。

这里，我们应当认识到两点：

(1) 增值的实质是劳动者在生产过程中，在劳动与生产资料相结合的条件下，创造了剩余价值。马克思指出："货币——在这里它被看作一个价值额的独立表现，而不管这个价值额实际上以货币形式还是以商品形式存在——

在资本主义生产的基础上能转化为资本，并通过这种转化，由一个一定的价值变为一个自行增殖、自行增加的价值。”①

马克思讲的是资本主义社会的经济现象，同时是市场经济社会的普遍现象。这种资本的增加值正是资金时间价值的体现。

（2）资金必须进入流通或生产领域，否则不会产生增值。在市场经济条件下，资金是一种基本的可以流通的资源，它可以通过投资来生产产品或提供服务，从中得到增值；也可以进入流通领域，通过储蓄或其他方式间接参与投资，获取利息或收益。

我们手中的资金，如果不用于直接投资，也不用于间接投资，而是放在抽屉里，这部分资金永远也不会产生增值。

第二，利润和利息都是资金增值的一部分，是剩余价值在不同部门的再分配。但是，利润和利息并不完全就是资金的时间价值，即利润和利息事实上并不等于资金的增值。

第三，资金的时间价值即资金增值的大小，取决于多种因素，主要有：

（1）投资利润率，即单位投资所能获得的利润。这与投资项目的利润率有直接的关系，而全社会各行各业的投资利润率是不同的。

（2）通货膨胀，即资金的时间价值中应包含通货膨胀率的影响。

（3）风险，因为投资或多或少都存在一定的风险，所以资金的时间价值中还包含因冒一定风险而投资所获得的高于平均利润的额外利润，即风险价值。

所以，资金增值的大小，即资金的时间价值是较难恰当地估计的。前面例子中的 1 000 元利息，虽不等于资金的增值，但的确是资金时间价值的一种表现方式。在投资项目评价中，资金时间价值的计算方法与银行复利的计算方法是相同的。

三、复利

（一）复利的概念

复利指将本期利息转入下期本金（俗称“利滚利”），下期按本利和总额计息的计息方式。

复利计算的本利和公式的推导如下：

第 1 年本利和：

$$F_1=P+Pi=P(1+i)$$

① 马克思，恩格斯．马克思恩格斯全集：第 25 卷．北京：人民出版社，1974：378.

第2年本利和：

$$F_2=P(1+i)+P(1+i)i=P(1+i)^2$$

第3年本利和：

$$F_3=P(1+i)^2+P(1+i)^2i=P(1+i)^3$$

式中，P 为本金；i 为复利年利率。

所以，复利本利和公式为：

$$F_n=P(1+i)^n \tag{2-1}$$

例2-3

某人借款10 000元，复利年利率为10%。请问3年后应偿还本利和多少？

解：将 $P=10\ 000$，$i=0.1$，$n=3$ 代入式（2-1），得

$$F_3=10\ 000\times(1+0.1)^3=13\ 310(\text{元})$$

（二）名义利率和实际利率

在项目经济评价中，复利计算的计息周期通常为年。在实际经济活动中，计息周期可能是年、季、月、周、日等。这样就产生了在不同计息周期下的利率换算问题。

如年利率为12%，每月计息一次，计息次数 $m=12$ 次，此时年利率12% 称为名义利率 r 。按上述条件，实际年利率是多少呢？月利率为 $r/m=12\%/12=1\%$。

例2-4

存入银行1 000元，名义年利率为12%，每月计息一次，一年后本利和为多少？实际年利率为多少？

解：因为计息次数 $m=12$，由式（2-1）可得

$$F_m=P(1+r/m)^m$$

所以

$$F_{12}=1\ 000\times(1+0.12/12)^{12}$$
$$=1\ 000\times(1+0.01)^{12}=1\ 126.8(\text{元})$$

因为利息$=F-P=P(1+r/m)^m-P$，按利率的定义，实际利率 $i=$利息/本金，所以

$$i=\frac{P(1+r/m)^m-P}{P}=(1+r/m)^m-1$$

实际年利率为：

$$
\begin{aligned}
i &= (1+0.12/12)^{12}-1 \\
&= (1+0.01)^{12}-1 \\
&= 1.126\,8-1=12.68\%
\end{aligned}
$$

由此得名义利率与实际利率的换算公式为：

$$i=(1+r/m)^{m}-1 \tag{2-2}$$

式中，i 为实际利率；r 为名义利率；m 为一年中的计息次数；r/m 为一个计息周期的利率。

(三) 间断复利和连续复利

复利计息有间断复利和连续复利之分。间断复利指在按复利计息时，计息周期为一定的时间区间，如年、季、月、周、日（见表 2-1）。连续复利指计息周期无限缩短，即以瞬时为计息周期。

表 2-1　不同计息周期的复利实际利率比较

计息周期	一年内计息周期数 (m)	名义年利率（%）(r)	各期利率（%）(r/m)	实际年利率 (%)
年	1		12.000	12.000
半年	2		6.000	12.360
季	4		3.000	12.551
月	12	12	1.000	12.683
周	52		0.230 8	12.736
日	365		0.032 88	12.748
连续	∞		—	12.750

从式（2-2）可以看出：

当 $m=1$ 时，$r=i$，即名义利率等于实际利率。

当 $m>1$ 时，$i>r$，即实际利率大于名义利率。

当 $m\to\infty$ 时，计息周期无限缩短，i 与 r 的关系为：

$$i=\lim_{m\to\infty}[(1+r/m)^{m}-1]=\lim_{m\to\infty}[(1+r/m)^{m/r}]^{r}-1=\mathrm{e}^{r}-1$$

在例 2-4 中，按连续复利计算，实际利率为：

$$i=\mathrm{e}^{r}-1=\mathrm{e}^{0.12}-1=1.127\,5-1=12.75\%$$

因为资金确实在不停地运动，不断地转化为资本，每时每刻都在生产中与劳动结合，所以会不断地创造出新的价值。从理论上讲，复利计息在反映资金增值上比单利计息合理。而连续复利在反映资金不断增值的客观情况下，比间断复利更加切合实际。

在实际中，为了便于计算，在投资项目的评价中均采用间断复利来计息，一般情况下计息周期为年。

第2节　资金等值计算

资金时间价值的存在，使不同时点上的现金流量不能直接相加以比较方案的优劣。在例2-2中，我们不能认为两个方案的总收益都是20万元，因为A方案第1年的8万元与B方案第4年的8万元价值是不相等、不可比的。那么，我们应该如何根据资金时间价值的概念，把发生在不同时点上的资金换算成同一时点的可比金额呢？

一、资金等值及等值计算的概念

（一）资金等值的概念

资金等值是指在考虑时间因素的情况下，不同时点发生的数额不等的资金，可能具有相等的价值。

例2-5

第1年向银行借款10 000元，以10%的复利年利率计息。试求出：(1) 若第2年还款，应还款多少？(2) 若第3年还款，应还款多少？

解：根据复利计息本利和的式(2-1)，可求出：

若第2年还款，则

$$F_1=10\,000\times(1+0.1)=11\,000(\text{元})$$

若第3年还款，则

$$F_2=10\,000\times(1+0.1)^2=12\,100(\text{元})$$

虽然第1年的10 000元、第2年的11 000元和第3年的12 100元是发生在不同时点的数额不等的3笔资金，但是在复利年利率为10%的条件下，它们却具有相等的价值。我们说，它们是等值的。

同理，我们可求出该笔资金在第3年、第4年、第5年分别应归还的金额：

$$F_3=13\,310(\text{元})$$
$$F_4=14\,641(\text{元})$$
$$F_5=16\,105(\text{元})$$

同样，它们在复利年利率为10%的条件下，也分别与向银行借的10 000元等值。在10%的复利年利率下，如果到期归还16 105元，在5年前可以借出多少钱呢？答案应该是10 000元。那么，在4年前可以借出多少钱呢？答案应该是11 000元。

不仅如此，在复利年利率为10%的情况下，银行的10 000元还可以与图2-3（A）所示的由5笔资金A（A=2 638元）组成的一个等额资金序列等值，也可以与图2-3（B）所示的差额（梯度）为G（G=200元）的5笔资金组成的一个等差（梯度）资金序列等值。

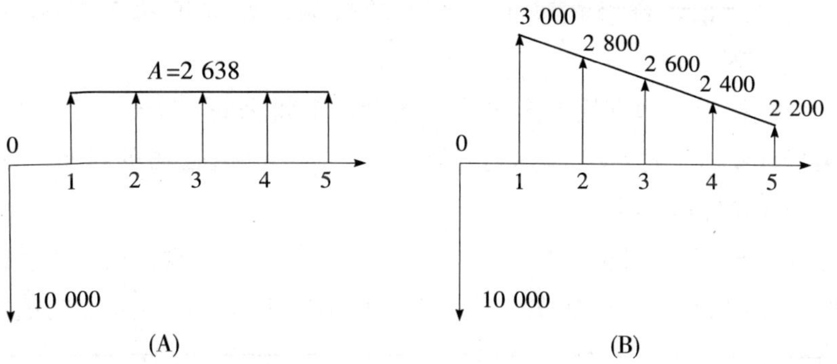

图2-3　两组资金等值示例

在图2-3中，可以把储蓄活动看作一个经济系统，10 000元对银行的系统来说，是现金流出。

在图2-3（A）中，10 000元资金与5个分别发生在1～5年末的A（A=2 638元）组成的等额资金序列等值，即可以采用在1～5年中的每年末归还（流入）2 638元的方式，偿还第1年初的10 000元借款。

在图2-3（B）中，10 000元资金与分别发生在1～5年末差额为G（G=200元）的一个等差资金序列等值，即可以采用在1～5年末分别归还（流入）3 000元、2 800元、2 600元、2 400元、2 200元的方式，偿还第1年初的10 000元借款。

同时，我们也可以看出，图2-3（A）中的等额序列和图2-3（B）中的等差序列也是等值的。那么，这些相互等值的资金是如何计算出来的呢？

(二) 资金等值计算的概念

1. 资金等值计算

资金等值计算即利用等值的概念，把在一个时点上发生的资金换算成另一时点（或一些特定时点）上的等值金额的过程。

进行资金等值计算的目的是解决在不同时点发生的收入或支出，其数额不具有可比性的问题。将它们换算到同一时点，使资金能直接相加减或进行比较，以便于投资项目评价。

2. 资金等值的影响要素

在不考虑通货膨胀和风险影响的情况下，影响资金等值的要素是资金的金额、发生时间和增值率。

注意：在考虑资金等值问题时，利率可看作资金的增值率，而在进行资金等值计算时，该增值率称为折现率。

3. 几个关键术语

（1）时值，资金在某个时点上的金额，如本年的 10 000 元、下年的 11 000元等。

（2）折现，即利用资金等值的概念，把将来时点 $t+k$ 上发生的资金 F，按某折现率（增值率）换算到时点 t，得到其等值金额的过程（即资金由时点$t+k$ 向时点 t 换算）。

（3）现值 P，即将来时点 $t+k$ 上的资金 F 被折现到时点 t 后得到的金额（图 2 - 4 中的 P）。但在多数情况下，现值指折现到时点 0 上的值。

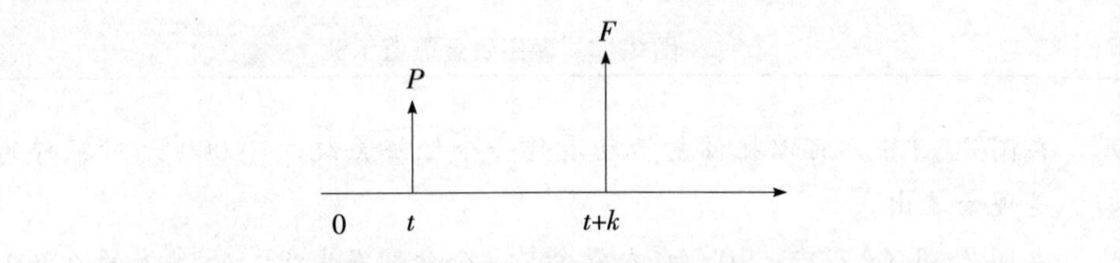

图 2 - 4　现值、终值示意图

（4）终值 F，即与 P 等值的将来时点的资金金额。

二、资金等值的计算公式

按支付（或收入）的方式不同，共有四类资金等值计算公式。

（一）一次支付（或称整支整付）型

该类型的典型现金流量图如图 2 - 5 所示，其特点是，在所分析的系统中，无论是现金流出还是现金流入，均只在一个时点上发生，即只研究一笔资金在考虑资金时间价值的条件下，P 与 F 等值。（为了便于理解，我们列出了两种形式。）

图 2 - 5（A）可理解为：第 1 年初存入银行（或银行贷出）P，于第 n 年末取出（或银行收回）F。

图2-5（B）可理解为：有一笔资金 P，n 年后与 P 等值的终值为 F。

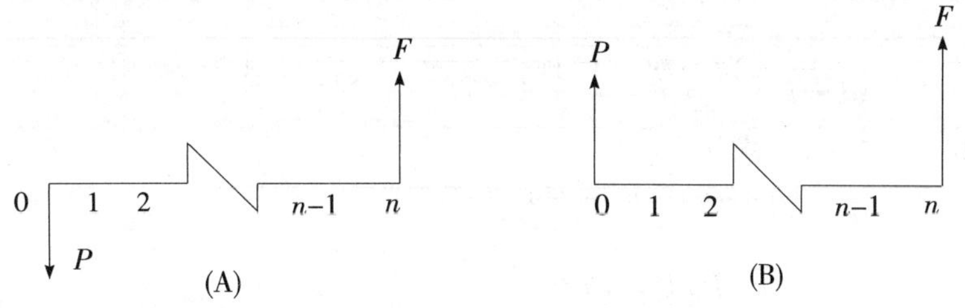

图2-5　一次支付型现金流量图

1. 一次支付终值公式

已知 P 为现值，i 为折现率（增值率），n 为换算年数（计息周期数），求终值 F。

公式推导：求 F 就是求复利计息第 n 年的本利和。终值公式如下：

$$F=P(1+i)^n \tag{2-3}$$

式中，$(1+i)^n$ 为一次支付终值系数，其符号规定为（F/P，i，n）。注意该符号不用死记硬背，P、i、n 是已知的数据和参数，而 F 就是所求的终值。

一次支付终值公式可记为：

$$F=P(F/P,i,n) \tag{2-4}$$

终值系数用符号（F/P，i，n）表示的好处是无须计算 $(1+i)^n$ 的值，可以直接从附录二复利系数表中查出。

例2-6

某人于年初向银行借款10 000元，复利年利率为10%，请问第4年末应还款多少？

解：将 $P=10\ 000$，$i=10\%$，$n=4$ 代入式（2-4），得

$$F=P(F/P,10\%,4)$$

查复利系数表得（F/P，10%，4）=1.464，即

$$F=10\ 000\times1.464=14\ 640(\text{元})$$

2. 一次支付现值公式

在图2-5中，若已知 F、i、n，求 P。

公式推导：很明显，求 P 的过程就是求 F 的逆运算。

由式（2-3）得

$$P=F\cdot\frac{1}{(1+i)^n} \tag{2-5}$$

式中，$\frac{1}{(1+i)^n}$为一次支付现值系数，其符号规定为（P/F，i，n），表示已知F、i、n，求P。

一次支付现值公式可记为：

$$P=F(P/F,i,n) \tag{2-6}$$

例2-7

某人希望8年后能取出10 000元，如果复利年利率为10%，请问现在应存入银行多少钱？

解：将$F=10\,000$，$i=10\%$，$n=8$代入式（2-6），得

$$P=F(P/F,10\%,8)$$

查复利系数表得（P/F，10%，8）=0.466 5，即

$$P=10\,000\times0.466\,5=4\,665(\text{元})$$

（二）等额序列型

等额序列是多次支付形式（现金流入或流出在多个时点上发生）中的一种。它的特点是：具有由n个等额且连续的A（称为等额年值）组成的现金流序列——等额现金流序列。我们下面要研究的就是这一等额序列与其现值P以及终值F的等值关系。

1. 等额序列与其终值的等值关系（n个A与其共同的F的关系）

如图2-6所示，设在考虑资金的时间价值的条件下，第n年末的F与n个等额的A等值，或者说，F是n个A组成的等额序列的终值。

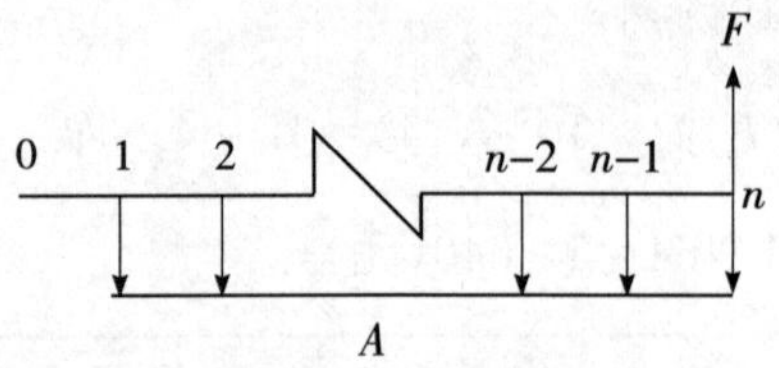

图2-6　等额序列现金流A与F的等值关系

注意：首先，图2-6中，F必须与最后一个A同在时点n上，这是公式推导的需要，也是后面推导出的公式的使用条件；其次，n既是年数，又

代表等额序列A的个数。

图 2-6 可理解为储蓄者（或银行）的系统，即每年末存入银行（或贷出）等额资金A，在第n年末则可取出（或收回）资金F。如果图中的A与F的方向相反，则可理解为借贷者的系统：每年末借入A，第n年末偿还一笔资金F。

（1）等额序列终值公式。如图 2-6 所示，已知从第 1 年到第n年末，有n个等额年值A，折现率为i，求第n年末与n个A等值的F。

公式推导：我们把等额序列看作n个等额的A的一次支付的组合，利用一次支付终值公式（2-1），分别求出每个A在第n年的终值，再将结果相加。

$$F=A+A(1+i)+A(1+i)^2+\cdots+A(1+i)^{n-2}+A(1+i)^{n-1}$$
$$=A[1+(1+i)+(1+i)^2+\cdots+(1+i)^{n-2}+(1+i)^{n-1}]$$

利用等比级数求和公式，整理后可得

$$F=A\frac{(1+i)^n-1}{i} \tag{2-7}$$

式中，$\frac{(1+i)^n-1}{i}$为等额序列终值系数，其符号规定为（F/A，i，n），表示已知A、i、n，求F。

等额序列终值公式可记为：

$$F=A(F/A,i,n) \tag{2-8}$$

例 2-8

某学校为在第 5 年末装修会议厅，计划于第 1～5 年的每年末存入银行 3 万元，按复利计息，复利年利率为 6%，请问第 5 年末可取出多少钱？

解：鉴于该例最后一个A与F同在第 5 年末，符合等额序列终值公式的使用条件，故由已知$A=3$，$n=5$，$i=6\%$，利用式（2-8），可得

$$F=A(F/A,6\%,5)$$

查复利系数表得（F/A，6%，5）=5.637，即

$$F=3\times5.637=16.91(\text{万元})$$

（2）等额序列偿债基金公式。如图 2-6 所示，已知终值F、折现率i、第 1～n年末的n个等额年值A，求与F等值的等额年值A（可理解为：为了在第n年偿还一笔资金F，作为偿债基金每年应当存入等额的A多少，所

以也称为偿债基金公式）。

公式推导：由 F 求 A，是等额序列终值公式的逆运算。

由式（2-7）可得

$$A=F\frac{i}{(1+i)^n-1} \tag{2-9}$$

式中，$\frac{i}{(1+i)^n-1}$为等额序列偿债基金系数，其符号规定为（A/F，i，n），表示已知 F、i、n，求 A。

等额序列偿债基金公式可记为：

$$A=F(A/F,i,n) \tag{2-10}$$

例2-9

王先生外出旅游需20 000元费用，打算在第1～4年的每年初，在银行存入等额的存款 A，复利年利率为6%。(1) 假如王先生于第3年末取出20 000元。(2) 假如王先生于第5年末取出20 000元。请问在这两种情况下，王先生每年须各存款多少？

解：(1) 根据所给条件画出现金流量图，如图2-7（A）所示。从图中可知，F 与最后一个 A 同在第3年末，符合等额序列偿债基金公式使用条件。（注意：这里 $n=4$。）我们可以在已知 $F=20\ 000$，$n=4$，$i=6\%$ 的条件下，运用式（2-10），通过查复利系数表，求出 A。

$$\begin{aligned}A&=F(A/F,6\%,4)\\&=20\ 000\times0.228\ 59\\&=4\ 571.8(\text{元})\end{aligned}$$

(2) 根据所给条件画出现金流量图，如图2-7（B）所示。从图中可知，所求 A 与 F 的关系不符合等额序列偿债基金公式的使用条件，F 与最后一个 A 不在同一个时点上，故不能直接使用式（2-10）。

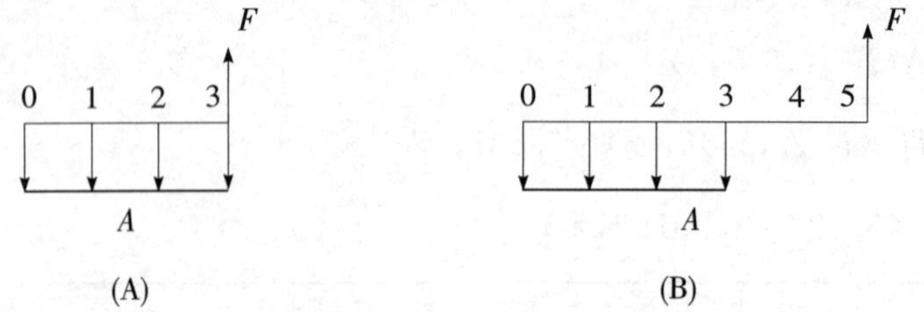

图2-7 王先生存取款现金流量图

因此，我们先用一次支付现值公式（2-6）将 F 换算到第4年初（也就是第3

年末），先求出 $F=20\ 000$ 在 $n=3$ 处的现值，该值与最后一个 A 同在第3年末，符合式（2-10）的使用条件，如此才能够使用式（2-10）将 A 计算出来。

$$\begin{aligned}A&=F(P/F,6\%,2)(A/F,6\%,4)\\&=20\ 000\times0.890\ 0\times0.228\ 59\\&=4\ 068.9(\text{元})\end{aligned}$$

2. 等额序列与其现值的关系（n 个 A 与 P 的关系）

如图2-8所示，在考虑资金时间价值的条件下，即发生在0年（第1年初）的现金流出 P 与第1～n 年末的 n 个等额 A 等值，也就是说，P 是 n 个 A 组成的等额序列的现值。（注意：P 必须位于第一个 A 的前一年，这是公式推导的需要，也是后面推导出的公式的使用条件。）

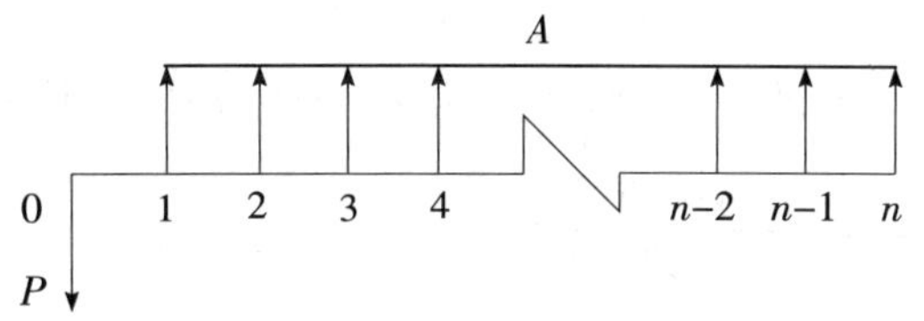

图2-8 等额序列现金流 A 与 P 的关系

（1）等额序列现值公式。如图2-8所示，已知 i 和 n 个等额的 A，求与 n 个 A 等额的 P。

公式推导：把一次支付终值公式 $F=P(1+i)^n$ 代入等额序列终值公式（2-7），即

$$F=A\,\frac{(1+i)^n-1}{i}$$

可得

$$P(1+i)^n=A\,\frac{(1+i)^n-1}{i}$$

将等式两边同乘以 $\frac{1}{(1+i)^n}$，得

$$P=A\,\frac{(1+i)^n-1}{i(1+i)^n} \qquad (2-11)$$

式中，$\frac{(1+i)^n-1}{i(1+i)^n}$ 为等额序列现值系数，其符号规定为（P/A，i，n），表

示已知A、i、n，求P。

等额序列现值公式可记为：

$$P=A(P/A,i,n) \tag{2-12}$$

例2-10

某人欲在5年中的每年末得到1万元，用以支付私人汽车的各种费用，如果复利年利率为10%，应在第1年初向银行存入多少钱？

解：已知$n=5$，$A=1$，$i=10\%$，由式（2-12）得

$$P=A(P/A,10\%,5)=1\times 3.791=3.791(\text{万元})$$

（2）等额序列资金回收公式。如图2-8所示，已知P、i、n，求A（可理解为：年初借出资金P，求在n年内每年等额回收的金额A，故称为资金回收公式）。

公式推导：求A是式（2-11）的逆运算。由式（2-11）得

$$A=P\frac{i(1+i)^n}{(1+i)^n-1} \tag{2-13}$$

式中，系数$\frac{i(1+i)^n}{(1+i)^n-1}$称为等额序列资金回收系数，其符号规定为（$A/P$，$i$，$n$），表示已知$P$、$i$、$n$，求$A$。

等额序列资金回收公式可记为：

$$A=P(A/P,i,n) \tag{2-14}$$

（3）关于永续年金的概念。在项目寿命近似无穷大的情况下，即$n=\infty$时，式（2-14）中的系数（A/P，i，∞）$=i$，故得出

$$A=Pi(\text{或 } P=A/i) \tag{2-15}$$

此时的等额年金A称为永续年金——无限期支付（或收入）的年金。永久债券的利息、优先股股利等即为永续年金。

例2-11

小齐为购房于年初向银行贷款380 000元，复利年利率为4.59%，请问他将在30年内的每月末向银行归还多少钱？

解：已知$P=380\ 000$元，计息周期为月，计息次数$n=30\times 12=360$，$r=4.59\%$。

按上述条件月利率为：

$$i=r/m=0.045\ 9/12=0.003\ 825$$

代入式（2－13）得

$$A=380\ 000\times\frac{0.003\ 825\times(1+0.003\ 825)^{360}}{(1+0.003\ 825)^{360}-1}$$
$$=380\ 000\times0.015\ 118\ 7\div2.952\ 6$$
$$=1\ 946(\text{元})$$

例 2－12

某企业预计未来各年的收益额如图 2－9 所示（单位：万元），所确定的折现率和本金化率为 10%（本金化率是将未来永续性预期收益换算成现值的比率），请确定该企业在持续经营下的价值评估值。

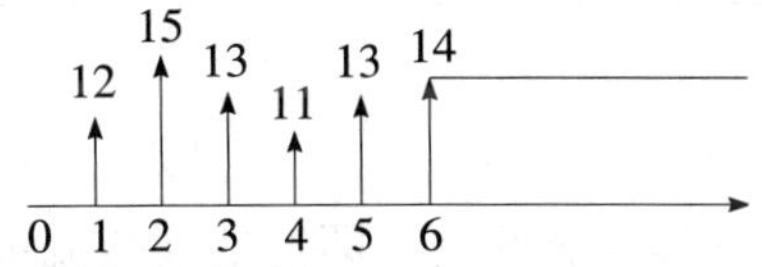

图 2－9　某企业预计未来各年的收益额

解：请注意该企业在第 6 年后出现了永续年金。由式（2－15）可知，这些永续年金的现值为 14/10%，由于该现值位于第 5 年的时点上，还需要将它折现到时点 0 上去。

$$\begin{aligned}P&=12(P/F,10\%,1)+15(P/F,10\%,2)\\&\quad+13(P/F,10\%,3)+11(P/F,10\%,4)\\&\quad+13(P/F,10\%,5)+14/10\%(P/F,10\%,5)\\&=12\times0.909\ 1+15\times0.826\ 4+13\times0.751\ 3+11\times0.683\ 0\\&\quad+13\times0.620\ 9+140\times0.620\ 9\\&=135.58(\text{万元})\end{aligned}$$

例 2－13

如图 2－10 所示，某学生家长为使孩子在第 3～6 年上大学的 4 年中，每年初得到 10 000 元，他应在 2 年前（图中第 1 年初）在银行存入多少钱（设复利年利率为 5%）？

解：为了正确地计算，首先必须正确地画出问题的现金流量图。

该现金流量图与图 2－8 不同，P 所发生的时点不在第一个 A 的前一年，故不能直接使用式（2－11）求出图中的 P。但是可以先通过式（2－11）得到 4 个 A 在

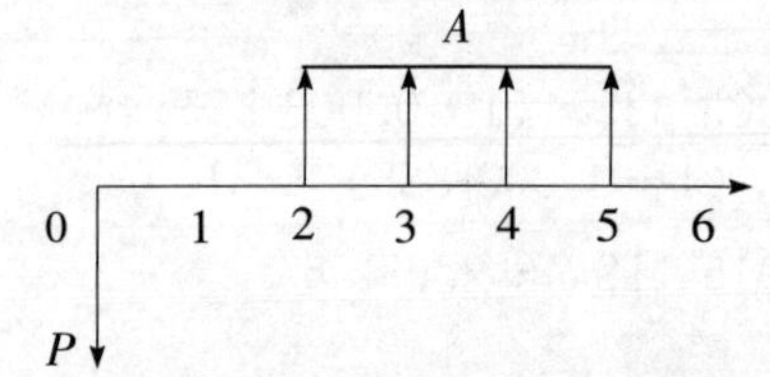

图2-10　某学生家长的现金流量图

第1年末的现值，再以其为终值，利用一次支付现值公式求出位于时点0的现值。

$$P = A(P/A, 5\%, 4)(P/F, 5\%, 1)$$
$$= 10\,000 \times 3.546 \times 0.952\,4$$
$$= 33\,772(\text{元})$$

(三) 等差序列型

我们可能会遇到这样一类问题，即每期现金流量以相同的金额 G 发生等差的变化。如图2-11所示，可以看出：系统中每期的现金流量 $A_t = (t-1)G$，t 为时点数。

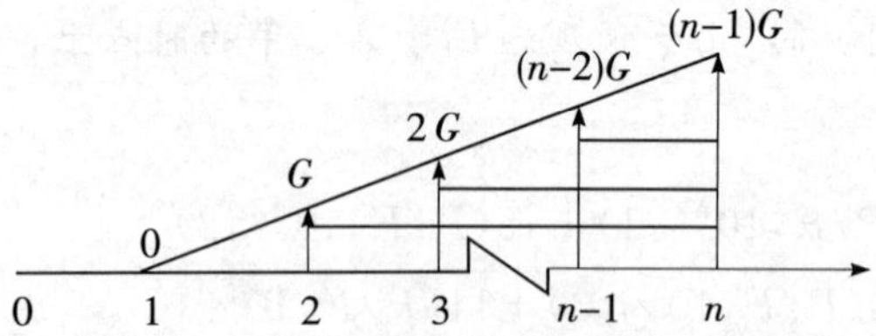

图2-11　等差序列现金流分解

注意：图中从第2年末（$n=2$）才开始有 G 出现，这是为了使推导出的公式与其他公式在 n 的处理上保持一致。

1. 等差序列终值公式

通过图2-11对等差序列现金流的分解，可以看出原等差序列现金流可被分解为 $n-1$ 个 $A=G$ 的等额序列现金流。通过分别求出这 $n-1$ 个等额序列终值的总和，得出 G 与其终值关系的公式如下（推导略）：

$$F = \frac{G}{i}\left[\frac{(1+i)^n - 1}{i} - n\right]$$
$$= \frac{G}{i}[(F/A, i, n) - n] \qquad (2-16)$$

2. 等差序列现值公式

将式（2－16）两边同乘以一次支付现值系数 $(1+i)^{-n}$，经整理得

$$P=G\left[\frac{(1+i)^n-in-1}{i^2(1+i)^n}\right] \tag{2-17}$$

式中，$\frac{(1+i)^n-in-1}{i^2(1+i)^n}$为等额序列现值系数，其符号规定为（$P/G$，$i$，$n$），可查复利系数表得出数据。

3. 等差序列年值公式

将式（2－16）两边同乘以等额序列偿债基金系数$\frac{i}{(1+i)^n-1}$，可得

$$A=G\left[\frac{1}{i}-\frac{n}{(1+i)^n-1}\right] \tag{2-18}$$

式中，$\frac{1}{i}-\frac{n}{(1+i)^n-1}$为等差序列年值系数，其符号规定为（$A/G$，$i$，$n$），可查复利系数表得出数据。另外，还有如下关系存在：

$$A=G(P/G,i,n)(A/P,i,n) \tag{2-19}$$

例 2－14

某车间未来5年的修理费如图2－12（A）所示，如果使用12%的折现率，求：(1) 这些修理费的现值是多少？(2) 这些修理费折合等额年费用为多少？

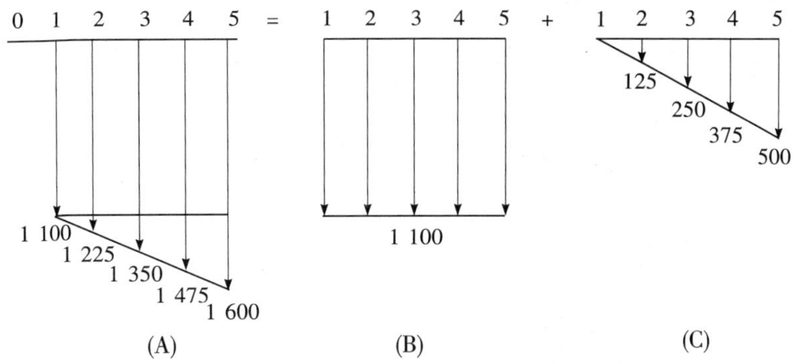

图 2－12　某车间的现金流量图及其分解

解：将图2－12（A）分解为一个等额序列图2－12（B）和一个等差序列图2－12（C）之和。即

$$(A)=(B)+(C)$$

很明显，等差序列的$G=125$，第一个G在第2年末发生，符合推导公式的假设。

$$
\begin{aligned}
P &= A(P/A,i,n)+G(P/G,i,n) \\
&= 1\,100(P/A,12\%,5)+125(P/G,12\%,5) \\
&= 1\,100\times 3.605+125\times 6.397\,0 \\
&= 4\,765(\text{元}) \\
A &= 1\,100+125(A/G,12\%,5) \\
&= 1\,100+125\times 1.774\,6 \\
&= 1\,322(\text{元})
\end{aligned}
$$

(四) 等比序列型

在等比序列现金流中，现金流量以一个不变的百分率g变动。这种变动可以朝正的方向（见图2-13），也可以朝负的方向。

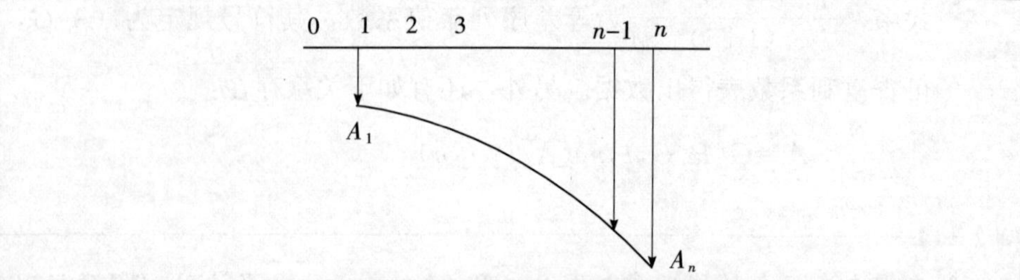

图2-13 等比序列现金流

在图2-13中，有

$$A_t = A_{t-1}(1+g)$$

式中，$t=1, 2, \cdots, n$，所以，$A_t=A_1(1+g)^{t-1}$。

等比序列现金流的现值为：

$$
\begin{aligned}
P &= \sum_{t=1}^{n} A_1(1+g)^{t-1}(1+i)^{-t} \\
&= \frac{A_1}{1+g}\sum_{t=1}^{n}\left(\frac{1+g}{1+i}\right)^t
\end{aligned}
$$

由等比级数求和公式可得

$$
P=\begin{cases} A_1\left[\dfrac{1-(1+g)^n(1+i)^{-n}}{i-g}\right], i\neq g & (2-20) \\ nA_1(1+i)^{-1}, i=g & (2-21) \end{cases}
$$

例 2-15

某写字楼经营第一年的收入为 100 万元，估计以后每年以 8%的比率增长。如果分析期为 10 年，资金的机会成本（折现率）为 12%，忽略税收和通货膨胀的影响，请问收入的现值是多少？

解：已知 $A_1=100$，$i=12\%$，$g=8\%$，$n=10$。根据式(2-20)得

$$P=A_1\left[\frac{1-(F/P,g,n)(P/F,i,n)}{i-g}\right]$$
$$=100\times\left[\frac{1-(F/P,8\%,10)(P/F,12\%,10)}{0.12-0.08}\right]$$
$$=100\times\frac{1-2.1589\times0.3220}{0.04}$$
$$=762.1(\text{万元})$$

(五) 等值计算公式小结

(1) 一次支付与等额序列两类现金流的 6 个系数之间有如下关系：

$$(F/P,i,n)=\frac{1}{(P/F,i,n)}$$
$$(A/P,i,n)=\frac{1}{(P/A,i,n)}$$
$$(F/A,i,n)=\frac{1}{(A/F,i,n)}$$
$$(A/P,i,n)=(A/F,i,n)+i$$

如果掌握了从 $F=P(1+i)^n$ 开始的一系列公式推导，不必查表，也可以熟练地将系数计算出来。

(2) 在使用各种类型的等值计算公式时，一定要符合公式推导时所使用的典型现金流量图的假设，否则不能直接使用公式。

(3) 在考虑资金的时间价值使用公式进行等值计算时，有一个隐含的条件——系统中的总现金流入与总现金流出应相等，或者说它们是等值的，否则无法计算。

例 2-16

某经营系统的现金流量图如图 2-14 所示。(1) 求出所有净现金流量的现值之和。(2) 在考虑资金的时间价值、总现金流入等于总现金流出的情况下，1) 已知 A_1、A_2、i，求 T；2) 已知 T、A_2、i，求 A_1。

解：(1) 首先我们需要分别求出等额序列的 A_1、A_2 的现值，以及一次支付的 T

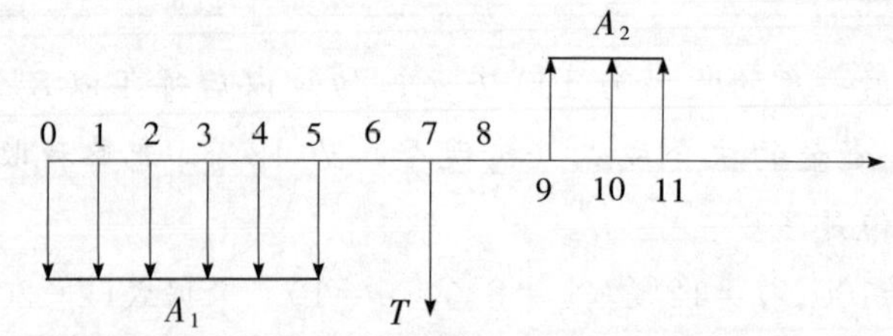

图 2-14　某经营系统的现金流量图

的现值，然后求出其代数和。注意6个 A_1 的处理：求出第1～5年末的5个 A_1 的现值，再加上一个位于时点0的 A_1。

$$P=A_2(P/A,i,3)(P/F,i,8)-T(P/F,i,7)-A_1(P/A,i,5)-A_1$$

注意：我们求出的净现金流量的现值和就是最重要的评价指标——净现值。

(2) 由于总现金流入与总现金流出等值，求 T 就是求将 A_2 和 A_1 换算至第7年的代数和。

$$T=A_2(P/A,i,3)(P/F,i,1)-A_1(F/A,i,6)(F/P,i,2)$$

为求 A_1，需要先分别求出 T 和 A_2 序列第5年末的现值的代数和，再以其为终值求出 A_1。

$$A_1=[A_2(P/A,i,3)(P/F,i,3)-T(P/F,i,2)]\times(A/F,i,6)$$

值得注意的是，上述求 T、A_1 的解法比较简便，但不是唯一解法，还可以有不同的等值计算方法。

三、等值计算的应用实例

前面已经提到，资金的时间价值是一个具有广泛应用价值的理论和概念。虽然我们还没有学习有关的投资评价指标（等值计算是计算这些指标的基础，届时我们将体会到等值计算的重要性），但是建立在资金的时间价值理论基础上的等值计算，已经可以帮助我们解决部分实际投资决策问题。下面的几个例题也许能够使你加深对等值计算实用价值的理解。

例 2-17

某公司发行了名义年利率为8%、面值为5 000元、20年后偿还的债券，从购买债券开始，每半年支付一次利息。如果该债券在当前的债券市场上以4 750元的价格出售，一位机会成本为10%的投资者是否应该购买该债券？

解：首先需要求出债券半年支付一次的实际利率：

$$i=r/m=8\%/2=4\%$$

故每半年债券持有者应当得到的利息是

$$A=5\ 000\times 4\%=200(\text{元})$$

我们可以画出债券的现金流量图（见图 2 - 15）。

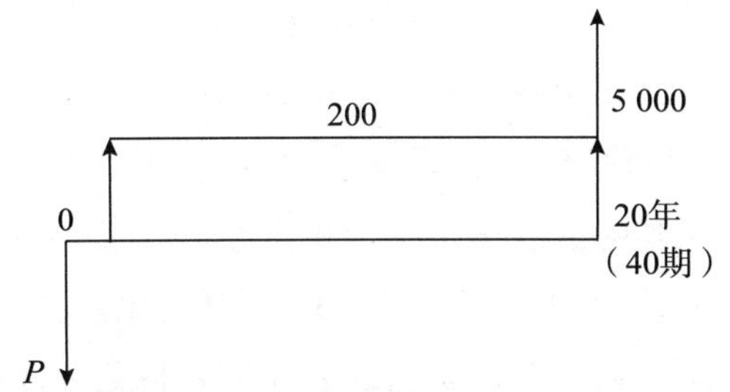

图 2 - 15　某债券的现金流量图

我们需要求出，对于机会成本为 10%的购买者来说，债券的现值应当是多少。

$$P=A(P/A,i',N)+F(P/F,i',N)$$

式中，i'为购买者每半年支付一次的机会成本，$i'=r'/m=10\%/2=5\%$。

$$\begin{aligned}P&=200(P/A,5\%,40)+5\ 000(P/F,5\%,40)\\&=200\times 17.159+5\ 000\times 0.142\ 0\\&=4\ 142(\text{元})\end{aligned}$$

因为债券在当前的债券市场上以 4 750 元的价格出售，所以机会成本为 10%的投资者不应该购买（如果用 4 750 元购买，无法满足购买者资金以 10%增值的要求）。

该例也可以计算如下：

$$\begin{aligned}P&=200(P/A,5\%,40)+5\ 000(P/F,10\%,20)\\&=3\ 432+743=4\ 175>4\ 142\end{aligned}$$

相对而言，采用第一种方法比较谨慎（或保守）。

例 2 - 18

美国某青年向银行借款 10 万美元用于购买一处住宅，年利率为 12%，分 5 年等额偿还。由于房屋贷款的利息是可以抵税的，因此他急于知道在每年等额的还本付息额中，每年应付的贷款利息是多少。请帮其计算。

解：这是一个典型的利息与本金分离的例题，在实践中应用较为普遍。首先计算出每年等额偿还的本利和。

$$A=100\,000(A/P,12\%,5)$$
$$=100\,000\times0.277\,41=27\,741(\text{美元})$$

然后分别计算各年应付利息、偿还本金。

比如第1年：

本年付息＝年初欠款×利率

＝100 000×12%＝12 000(美元)

本年偿还本金＝每年等额还本付息－本年付息

＝27 741－12 000＝15 741(美元)

年末欠款余额＝年初欠款－本年偿还本金

＝100 000－15 741＝84 259(美元)

第1年末的欠款余额，即为第2年初的欠款，各项计算结果如表2-2所示。

表2-2　利息与本金分离的计算表　　单位：美元

年份	年初欠款(1)	每年等额还本付息（2）	本年付息(3)＝(1)×12%	本年偿还本金(4)＝(2)－(3)	年末欠款余额(5)＝(1)－(4)
1	100 000	27 741	12 000	15 741	84 259
2	84 259	27 741	10 111	17 630	66 629
3	66 629	27 741	7 995	19 746	46 883
4	46 884	27 741	5 626	22 115	24 769
5	24 769	27 741	2 972	24 769	0

例2-19

一项投资需要8 000万元借款，目前有以下两种借款来源：方案1为某银行提供期限3年、名义年利率10%的贷款，经计算，每月需偿还258.14万元；方案2为一位企业家可提供8 000万元，要求在第3年末一次还款1亿元。将如何进行选择？

解：首先应当求出方案2按月计息的月利率为多少。

$$10\,000=8\,000(F/P,i,36)$$
$$(F/P,i,36)=10\,000/8\,000=1.25$$

即 $$(1+i)^{36}=1.25$$
$$1+i=1.006\,217$$
$$i=0.006\,217=0.62\%$$

此时，有两种解法：

第一种，求出方案1的月利率。

$$i=10\%/12=0.83\%$$

由于方案2的月利率较小，因此方案2更优。

第二种，设方案2每月偿还款为A。

$$\begin{aligned}A&=10\ 000(A/F,0.006\ 217,36)\\&=\frac{10\ 000\times0.006\ 217}{(1+0.006\ 217)^{36}-1}\\&=248.71(\text{万元})\end{aligned}$$

与方案1的258.14万元相比，方案2的每月还款少，故还是方案2——向企业家借款较划算。

复习题

1. 什么是现金流量？在项目评价中，一般项目的现金流入和流出各有哪几项？

2. 什么是资金的时间价值？我们应当怎样理解它的含义？

3. 试举例说明资金等值的概念。

4. 我们常用的6个资金等值计算公式之间有什么关系？有哪些需要注意的使用条件？

5. 在下面的现金流量图（见图2-16）中，已知各现金流量T_1、T_2、T_3、A以及折现率i，要求：

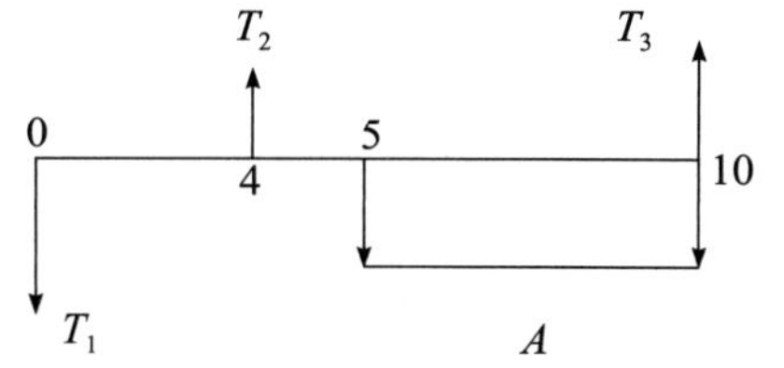

图2-16

（1）计算各现金流量的现值和；

（2）计算各现金流量的终值和；

（3）在考虑资金时间价值的条件下，如果所有现金流入恰好能够补偿现金流出，已知T_1、T_2、T_3，试求A。

6. 某企业年初从银行贷款1 200万元，并将从第2年开始，每年年末偿还250

万元。已知银行按复利年利率6%计息，企业在哪一年才能还清这笔贷款？（精确到0.1。）

7. 总额为5 000元的贷款，在复利年利率为8%的情况下，打算按表2-3所示的计划进行偿还。试求在第5年应偿还款 X 是多少？

表2-3

年份	1	2	3	4	5
偿还金额（元）	500	1 000	1 500	2 000	X

8. 某企业获得一笔80万元的贷款，要求在4年内偿清，复利年利率为10%。有四种偿还方式：

(1) 每年年末偿还20万元本金以及年初尚未归还本金的相应利息；

(2) 每年年末只偿还所欠利息，第4年末一次还清本金；

(3) 在4年中每年末等额偿还；

(4) 在第4年末一次还清本息。

试计算各种还款方式所付出的总金额。

第3章

投资效果评价指标

投资项目评价的主要作用是为投资决策提供依据。在评价中，为了帮助投资者合理地分配资源，使一定量的资源对目标的实现作出最大的贡献，我们必须使用各种投资效果评价指标从不同角度来反映投资项目的效果，并用相应的评价标准判断其可否接受，同时在多个方案中进行选优。经过长期的研究、试验和实践，人们提出了一系列评价指标及其评价标准，它们有各自的适用条件和特点。正确地理解和采用各种评价指标，是经济评价中决定性的一环。

第1节　投资效果评价指标的类型

一、绝对效果和相对效果评价指标

按不同的决策目的，可以将评价指标分为绝对效果评价指标和相对效果评价指标。

(一) 绝对效果评价指标

绝对效果评价指标是用来判断投资项目或方案是否可行的一类指标。通过项目或方案本身的基础数据计算出来的绝对效果评价指标，要受其相应的判据——评价标准（指标参数）的检验：满足标准者，项目或方案在经济上可行，被接受；不能满足者，则被认为在经济上不可行，被否决。

(二) 相对效果评价指标

相对效果评价指标是用于在多方案中进行选优的一类指标。我们在对投资方案进行评价时，一般分两步走：首先要使用绝对效果评价指标判断各个方案是否可行，然后在多个可行的方案中选出最优者。

注意，第一步绝对不可省略，因为相对效果评价指标可以比较出方案的优劣，但并不一定能保证参加比选的方案都在经济上可行。通常两个经济上不可行的方案也有优劣之分，从它们中选出较好的方案没有任何意义。

因此，一般在对具有多个方案的投资项目进行经济评价时，绝对效果和相对效果评价指标都要使用。

二、静态和动态评价指标

按是否考虑资金的时间价值，可以将评价指标分为静态评价指标和动态评价指标。

（一）静态评价指标

这类指标不考虑资金的时间价值，因而计算简单、直观、使用方便，多用于经济数据不完备或不够精确的机会研究、初步可行性研究或短期投资项目。

（二）动态评价指标

这类指标考虑资金的时间价值，因而更符合资金随时间的推移不断增值的实际情况。应用动态评价指标，对投资者和决策者树立资金周转观念、充分利用资金、提高投资经济效益具有重要意义。它在可行性研究阶段普遍应用，是主要的评价指标。

在投资项目的评价中，根据工作阶段和要求的深度不同，采用不同的评价指标。通常以动态评价为主，同时计算必要的静态指标进行辅助分析。

三、价值型和效率型评价指标

投资者追求的目标一是利润最大，二是效率最高。因此按投资者追求的不同目标，可分为价值型评价指标和效率型评价指标。

（一）价值型评价指标

这是一类以货币为计量单位的评价指标，反映投资的净盈利。在不考虑其他非经济目标的情况下，投资者追求的目标一般可以简化为同等风险条件下总体净盈利的最大化。这种评价指标是最普遍应用的一类指标。

（二）效率型评价指标

这类指标是比率型指标，反映资金的利用效率。投资者追求资金利用的高效率，可使有限的资金取得更大的效益。但是，效率型评价指标只能作为绝对效果评价指标（即判断项目是否可行），如果不使用其相应的增量（差额）指标，直接用相对效果评价指标对项目进行比选，其结论有可能与价值型评价指标的结论不一致。这是因为净盈利最大的项目或方案，不一定资金利用率最高，由于大多数投资者所追求的目标一般可以简化为净收益最大，因此最终的决策一般应以净收益最大为准则。

在投资项目的经济评价中，应该尽量选用价值型和效率型两种指标对项目或方案进行评价，从净收益和资金利用效率两方面考察投资效果。

第2节　静态评价指标

一、投资回收期

投资回收期（payback period）是一个辅助性静态绝对效果评价指标。它代表从项目投建时算起，以项目的净收益回收（抵偿）全部投资所需要的时间，用符号 P_t 表示。

（一）表达式

$$\sum_{t=0}^{P_t}(\mathrm{CI}-\mathrm{CO})_t=0 \tag{3-1}$$

式中，CI为现金流入；CO为现金流出；$(\mathrm{CI}-\mathrm{CO})_t$ 为第 t 年的净现金流量（NCF）。

式（3-1）表明，累计净现金流量（$\sum$ NCF）等于零的年限，就是项目的投资回收期。

投资回收期以年表示，一般是从建设开始年算起。如果从投产年算起，应予以说明。

（二）实用公式

（1）在各年净收益不等的情况下，一般需通过项目的现金流量表，在累计净现金流量（税前）的计算中求出 P_t。

$$\begin{aligned}P_t&=T-1+\frac{\left|\sum_{t=0}^{T-1}\mathrm{NCF}_t\right|}{\mathrm{NCF}_T}\\&=T-1+\frac{\text{第 }T-1\text{ 年的累计净现金流量绝对值}}{\text{第 }T\text{ 年的净现金流量}}\end{aligned} \tag{3-2}$$

式中，T 为累计净现金流量首次为正值或零的年份。

（2）如果项目投产后每年的净收益相等，P_t 可以用下式更简便地求出。

$$P_t=\frac{K}{NB}+t_K$$

$$=\frac{总投资}{每年等额净收益}+建设期年数 \qquad (3-3)$$

例 3-1

某项目建设期 2 年，第 3 年开始投产。项目有净收益不同的 A、B 两方案。其中，A 方案的现金流量表（简化）如表 3-1 所示；B 方案各年净收益均为 140 万元。试求该项目 A、B 两方案的静态投资回收期各为几年。

表 3-1　某项目 A 方案的现金流量表（简化）　　单位：万元

项目	年										
	0	1	2	3	4	5	6	7	8	9	10
现金流入											
销售收入				300	450	500	550	550	500	500	500
现金流出											
总投资	200	180	320								
成本				200	300	300	350	350	400	400	400
净现金流量	－200	－180	－320	100	150	200	200	200	100	100	100
累计净现金流量	－200	－380	－700	－600	－450	－250	－50	150	250	350	450

解：从表 3-1 中可以看到，累计净现金流量在第 7 年开始出现正值。图 3-1 更清楚地表明了累计净现金流量曲线与时间轴交于第 6 年和第 7 年之间，即累计净现金流量等于零的时刻在第 6 年和第 7 年之间。

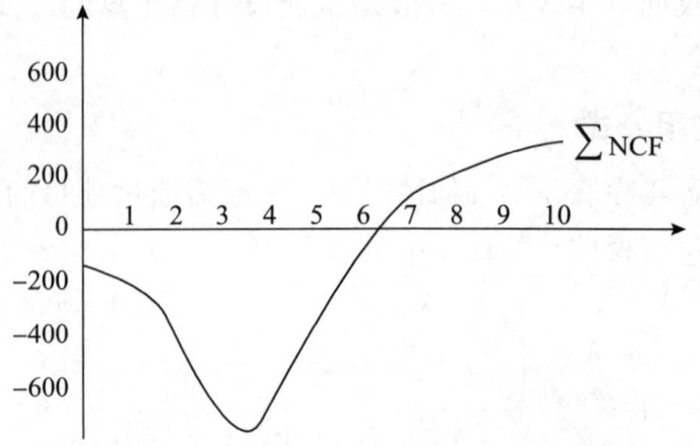

图 3-1　某项目 A 方案的静态投资回收期示意图

利用式（3-2），有

$$P_{tA}=7-1+\frac{|-50|}{200}=6.25(\text{年})$$

对于B方案，因其具有等额的年净收益，则使用式（3-3），有

$$P_{tB}=700/140+2=5+2=7(\text{年})$$

（三）评价标准

在投资项目评价中，求出的 P_t 应与部门或行业的基准投资回收期 P_c 进行比较。

当 $P_t \leqslant P_c$ 时，表示项目或方案能满足行业项目投资盈利性和一定风险性要求，项目的投资能在规定的时间内回收，则认为项目可行；反之，则不可行。

在例3-1中，若项目所属行业的 $P_c=7$ 年，则A、B两方案都可以接受。

（四）对 P_t 的分析

由于投资是用每年的净收益来回收的，因此 P_t 所反映的投资回收的快慢，实际上就是项目的盈利能力。

1. 优点

（1）概念清晰、直观，简单易用。

（2）由于项目面临未来诸多不确定因素的挑战，而不确定因素带来的风险一般随着时间的延长而增加，因此 P_t 在一定程度上反映了项目风险的大小。这一点使投资回收期指标具有独特的地位和作用，成为在项目的可行性研究中必须计算的静态指标。

2. 缺点

（1）没有考虑资金的时间价值。

（2）从例3-1可以看出，计算中并没有使用（舍弃了）回收期后的第8年、第9年、第10年的数据，未能全面反映项目整个寿命期的盈利能力。因此，使用静态投资回收期难以对例3-1中A方案和B方案的比较和选择作出正确的判断，即不能因为 $P_{tB}>P_{tA}$ 就认为A方案优于B方案。静态投资回收期仅仅是一个辅助性绝对效果评价指标，不能用于方案的相对评价。

综上所述，我们对静态投资回收期的认识应该是：它是一个广泛应用的辅助性静态绝对效果评价指标。

二、总投资收益率与资本金净利润率

在《建设项目经济评价方法与参数》（第三版）中，推出了两个静态、效率型绝对效果评价指标，它们是代表单位投资盈利能力的指标。

(一) 计算公式

1. 总投资收益率（ROI）

$$ROI=\frac{EBIT}{TI}\times 100\% \tag{3-4}$$

式中，EBIT 指息税前利润，等于利润总额（所得税前利润）+（已经计入成本的）利息支出；TI 指项目总投资，等于发生在各年的投资之和。

2. 项目资本金利润率（ROE）

$$ROE=\frac{NP}{EC}\times 100\% \tag{3-5}$$

式中，NP 指年净利润（所得税后利润）；EC 指项目资本金（项目的权益资金）。

注意：两个指标公式的分子一般可取项目达到设计生产能力后的正常年份的年息税前利润或净利润。对于生产或经营期内各年上述数据变动幅度比较大的项目，可取各年数据的平均值。

(二) 评价标准

ROI 和 ROE 的判据参数应当是一个合理区间。可以通过多种方法进行测算，将结果互相验证，经协调后确定。一般是在统计的基础上，取各企业样本的平均值，再取两个边界值，构成一个合理区间。只要项目的 ROI 和 ROE 的计算值位于区间内，项目即可行。

(三) 对 ROI 和 ROE 的分析

(1) 缺陷：没有考虑资金的时间价值；数据取值比较粗糙；舍弃了寿命期（计算期）内其他经济数据，如投资发生的年份、建设期和运营期的年数等。

(2) 作用：一般可用于经济数据尚不完整的机会研究的初步估算，判断项目的初步可行性。

(3) 不能直接用于方案比选：作为效率型指标，ROI 或 ROE 最大，可反映资金的利用效率较高，不能反映净收益最大，故不能直接用于方案间的比选。

但是，可以使用它们的增量指标进行方案间的比较。以 ROI 为例，其公式为：

$$\Delta ROI=\frac{\Delta EBIT}{\Delta TI}\times 100\% \tag{3-6}$$

如果 ΔROI 达到了可行标准，则说明增量投资产生的增量息税前利润是经济合理的，则投资大的方案为优；反之，如果 ΔROI 没有达到可行标准，则说明增量投资产生的增量息税前利润是不够经济的，即多投资的经济效果不好，故投资小的方案为优。

例 3-2

项目 A、B 两方案的总投资和运营期平均 EBIT 如表 3-2 所示，已知项目所在行业的 ROI 判据参数为 15%～27%，试判断两方案是否可行，哪个方案较优。

表 3-2　A、B 两方案的总投资和运营期平均 EBIT　　单位：万元

方案	总投资	运营期平均 EBIT
A	120	30
B	200	45

解：$ROI_A=30/120\times 100\%=25\%$

$ROI_B=45/200\times 100\%=22.5\%$

两方案的 ROI 都在可行的范围内，故都可行。尽管 $ROI_A>ROI_B$，但并不能认为 A 方案优于 B 方案。我们必须使用增量指标 ΔROI 才能解决比选问题。运用式（3-6）可计算

$$\Delta ROI=(45-30)/(200-120)\times 100\%=15/80\times 100\%=18.75\%$$

仍在可行的范围内。

因此，在本例中，增量投资（B 方案多投资 80 万元）所产生的增量 EBIT（15 万元）是经济合理的，所以投资大的 B 方案优于 A 方案，选择 B 方案。

例 3-2 中的结论是从总利润或盈利最大的目标得出的。因为如果我们不选 B方案而是选 A 方案，就失去了虽然多投资 80 万元但每年可以多收入 15 万元 EBIT 的机会。也就是说，如果选 A 方案，虽然资金利用率较高，但其获得的总利润并非最大。当然，在资金匮乏、目标是获取最大投资效率的情况下，也可以考虑选择 A 方案。但是在一般情况下，投资者或企业追求的目标是盈利最大化。所以，在多方案比选时，以盈利最大为准则是合理的。

第 3 节　动态评价指标

动态评价指标中不仅包含资金的时间价值，而且考察项目在整个寿命期内的全部经济数据，所以比静态评价指标更为全面、合理和科学。

关于项目或方案的寿命期的术语有：

（1）服务寿命。它是评价人员认定的项目或方案能提供产品或服务的年限。

（2）计算期。对于服务寿命相当长的项目，由于现值系数随 n 的增大，数值渐小，对评价结论的影响（特别是项目可行性的影响）微乎其微，故在评价中可取一适当的计算期，它小于实际服务寿命期。

（3）经济寿命。它是从经济角度来看，项目最经济合理的使用年限。项目出现年均使用成本最低值的年份，即最适宜的使用年限。

一、净现值和净年值

（一）净现值

净现值（net present value，NPV）[①] 是指按行业的基准收益率 i_C 或设定的折现率，将项目计算期内各年净现金流量折现到项目建设期初的现值之和。

1. 计算公式

$$\begin{aligned}\mathrm{NPV}&=\sum_{t=0}^{n}(\mathrm{CI}-\mathrm{CO})_t(P/F,i_C,t)\\&=\sum_{t=0}^{n}(\mathrm{CI}-\mathrm{CO})_t(1+i_C)^{-t}\end{aligned}\tag{3-7}$$

式中，n 为项目的计算期或寿命期；t 为年份；i_C 为行业的基准收益率或设定的折现率。

注意：NPV 的另一种更常用的表达和计算公式为：

$$\mathrm{NPV}=\mathrm{NB}_p-K_p \tag{3-8}$$

式中，NB_p 为各年净收益现值之和；K_p 为各年投资现值之和。

2. 评价标准

（1）在 NPV 作为绝对效果评价指标——用于判断项目或方案是否可行

① 国外教材中净现值也表示为 net present worth（NPW）。

时，NPV≥0，则项目或方案可行；否则予以否决。i_C 是我们设定的盈利水准（关于 i_C 的确定，后面将予以介绍），即 NPV 是基于 i_C 计算出来的。

若 NPV=0，说明项目或方案刚好达到了 i_C 所要求的盈利水平（净收益的现值 NB_p 刚好抵偿投资的现值 K_p）；

若 NPV>0，说明项目或方案超过了 i_C 所要求的盈利水平；

若 NPV<0，说明项目或方案未达到 i_C 所要求的盈利水平。

也许你已经想到，既然我们可以通过等值计算将资金折算到设定的任何时点，并加以运算或比较，那么，如果我们计算到期末，算得净终值 NFV，可否使用 NFV≥0 来判断项目或方案的可行性？

例 3-3

某市为地铁新建一个行人地下通道，需要初始投资 50 万元，建设期 1 年。因方便了乘客出入，估计每年可给地铁增加 6 万元的收益，但每年用于通道照明和看守的费用将为 1 万元，如果资金的机会成本是 10%，通道的计算期设为 30 年，通道是否该建呢？

解：由题意首先求出通道投入运营后每年的净现金流量：

$$NCF_{2\sim30}=6-1=5(\text{万元})$$

可画出通道的现金流量图（见图 3-2）。

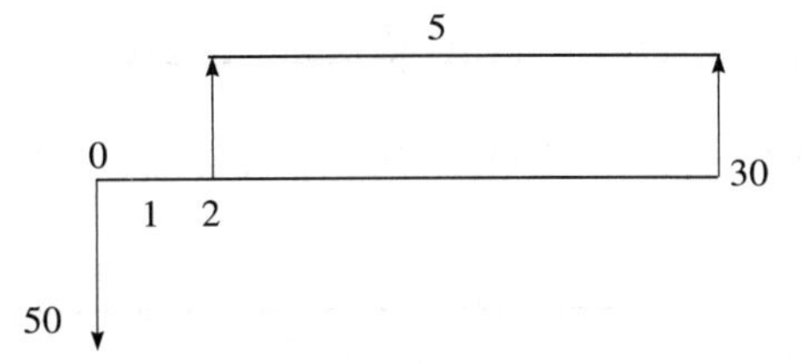

图 3-2 通道的现金流量图

$$\begin{aligned}NPV&=-50+5(P/A,10\%,29)(P/F,10\%,1)\\&=-50+5\times9.370\times0.9091\\&=-50+42.59\\&=-7.41(\text{万元})<0\end{aligned}$$

故方案不可行，不能实施。

在上述计算中，实际上也使用了式（3-8）。

(2) 在 NPV 作为相对效果评价指标——用于多方案比选时，可采用：

1) 单独法：即在方案作相对评价时，单独计算两方案各自的 NPV，再比较它们的大小。

评价标准：在两方案的 $NPV_A \geqslant 0$，$NPV_B \geqslant 0$ 的前提下，NPV 大者优。

这是因为 NPV 越大，说明超过 i_C 的水平越多，盈利越多，越经济。

2）增量法：即在投资小的方案可行（NPV≥0）的情况下，通过考察两方案的增量现金流量的经济可行性，来判断两方案的优劣。

评价标准：若 ΔNPV>0，则投资大的方案优；若 ΔNPV<0，则投资小的方案优。

这是因为若 ΔNPV>0，则说明 $\Delta NB_p - \Delta K_p > 0$，增量收益的现值能够抵偿增量投资的现值且有余，两方案的增量现金流量是经济的，所以投资大的方案优。因为我们是在投资小的方案可行的基础上进行的增量分析，那么，在得到投资大的方案优的结论的同时，也说明投资大的方案肯定也是可行的。

例 3-4

某省欲新建一段铁路，有两个定线备选方案，建设期为 2 年，经济寿命均为 30 年，无残值，其他预测数据列于表 3-3 中。如果该类公共投资的最低收益率为 12%，请帮助该省有关部门作出选择。

表 3-3 各备选方案的预测数据

单位：万元

项目	A 方案	B 方案
初始投资	10 200	14 000
年运营和维护费	400	200
年收入	2 100	2 600

解：（1）用单独法计算，先求出两方案的净现金流量，作出现金流量图（见图 3-3）。

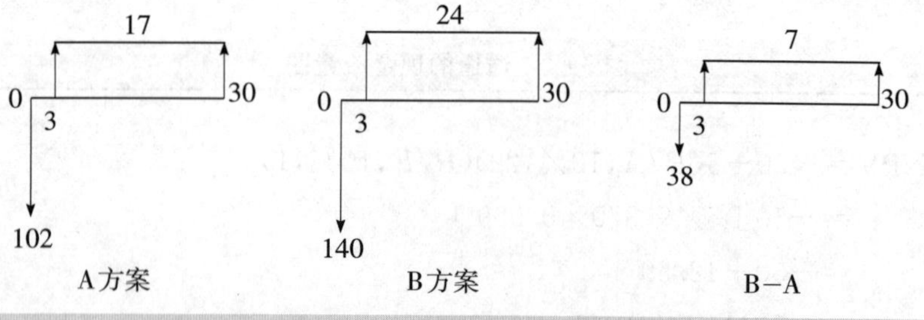

图 3-3 铁路项目的现金流量图

$$
\begin{aligned}
NPV_A &= -10\,200 + 1\,700(P/A, 12\%, 28)(P/F, 12\%, 2) \\
&= -10\,200 + 1\,700 \times 7.984 \times 0.797\,2 \\
&= -10\,200 + 10\,820 \\
&= 620(\text{万元}) > 0
\end{aligned}
$$

故可行。

$$
\begin{aligned}
NPV_B &= -14\,000+2\,400(P/A,12\%,28)(P/F,12\%,2)\\
&= -14\,000+2\,400\times 7.984\times 0.797\,2\\
&= -14\,000+15\,276\\
&= 1\,276(\text{万元})>0
\end{aligned}
$$

故可行。

因为 $NPV_B > NPV_A$，故B方案优。

(2) 用增量法计算，首先对投资少的A方案进行绝对效果评价。

$$
\begin{aligned}
NPV_A &= -10\,200+1\,700(P/A,12\%,28)(P/F,12\%,2)\\
&= -10\,200+1\,700\times 7.984\times 0.797\,2\\
&= -10\,200+10\,820\\
&= 620(\text{万元})>0
\end{aligned}
$$

故可行。然后对A、B两方案进行相对效果评价，需求出 ΔNPV_{B-A}，以考察两方案的增量现金流量（见图3-3的B—A）的经济性。

$$
\begin{aligned}
\Delta NPV_{B-A} &= (-14\,000+10\,200)\\
&\quad +(2\,400-1\,700)(P/A,12\%,28)(P/F,12\%,2)\\
&= -3\,800+700\times 7.984\times 0.797\,2\\
&= -3\,800+4\,455\\
&= 655(\text{万元})>0
\end{aligned}
$$

说明增量投资净收益的现值能抵销增量投资的现值且有余。B方案多投资的3 800万元所产生的每年700万元增量收益是经济的，所以投资大的B方案优且可行。

（请思考：为什么必须先对A方案进行绝对效果评价？为什么B方案优且可行？）

---

3. 对NPV的分析

(1) NPV是在经济评价中最广泛使用的价值型动态评价指标。其优点是：考虑项目或方案整个寿命期的经济数据，全面反映项目的经济效益，既能反映项目的绝对经济效果，也能比较方案间的相对经济效果。所以它可兼作绝对效果评价指标和相对效果评价指标。其不足之处在于：它是出自追求净盈利最大目标的价值型指标，不直接反映投资的利用效率。

(2) NPV与 i_C。i_C 是部门或行业的基准收益率或是我们设定的一个盈利率，作为计算NPV的折现率。在项目所有经济数据不变的情况下，使 i_C 从小到大变化则会发现，作为 i_C 的函数，同一现金流量的NPV随着 i_C 的增大，发生由大到小的变化（见图 3-4）。所以将 i_C 设得较高时，项目较难达到NPV≥0。

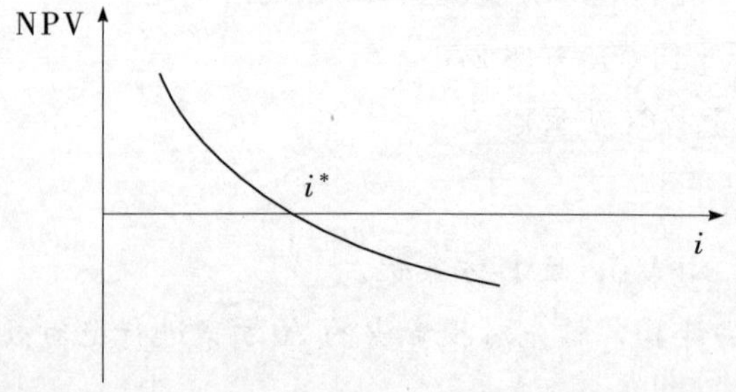

图 3-4　净现值函数曲线

图中，随 i_C 的增大而变化的净现值函数曲线与横坐标 i 相交的 i^*，是一个具有重要经济意义的折现率，此处的 NPV=0。当 $i<i^*$ 时，NPV>0；反之，当 $i>i^*$ 时，NPV<0。关于 i^*，后面将对其详细论述。

但是，通过下例可以发现，不同方案的净现值对 i 的敏感程度不同。

表 3-4 列出了 A、B 两方案的净现金流量，以及在 i 分别为 10%和 20%时的净现值。

表 3-4　A、B 两方案在 i_C 变动时的净现值变化　　单位：万元

方案	年						NPV (i=10%)	NPV (i=20%)
	0	1	2	3	4	5		
A	−230	100	100	100	50	50	83.91	24.81
B	−100	30	30	60	60	60	75.40	33.58

从表 3-4 得知，当 $i=10\%$时，$NPV_A>NPV_B$，故 A 方案优；当 $i=20\%$时，$NPV_B>NPV_A$，故 B 方案优。这是由于不同的现金流量对 i 的变动敏感程度不同，致使在原来 i 下的净现值大小排序发生了改变。

(二) 净年值

净年值（NAV）是指通过等值计算，将 NPV 分摊到项目计算期（寿命期）内各年（n 年）中的等额年值。

1. 计算公式

$$NAV=NPV(A/P, i_C, n)$$

$$=\left[\sum_{t=0}^{n}(CI-CO)_t(P/F, i_C, t)\right](A/P, i_C, n) \qquad (3-9)$$

式中，n 为项目或方案的计算期（寿命期）。

2. 评价标准

作为绝对效果评价指标时：NAV≥0，项目可行；否则，项目不可行。作为相对效果评价指标时：在方案可行的条件下，NAV大者优。

3. 对NAV的分析

（1）NAV是与NPV等效的评价指标。由式（3-9）可以看出，因为（A/P，i_C，n）是正数，所以NPV与NAV对项目经济评价的结论总是一致的。这就是说，NPV与NAV是等效的评价指标，只不过NPV是项目在整个寿命期内获取的在i_C水平上的超额净盈利的现值，NAV是项目寿命期内每年等额的超额净盈利的现值。

（2）在方案的寿命期不同时，使用NAV更为方便。在方案的寿命期不同时，由于失去了在时间上的可比性，如果使用NPV，需要进行一些相应的变换（第5章将予以介绍），比较烦琐。使用NAV，则具有时间上的可比性，且比NPV更为简便、好用。因此NAV在项目经济评价中具有重要的地位。

例3-5

某项目A、B两方案的现金流量图如图3-5所示，$i_C=8\%$。试从两方案中选优（单位：万元）。

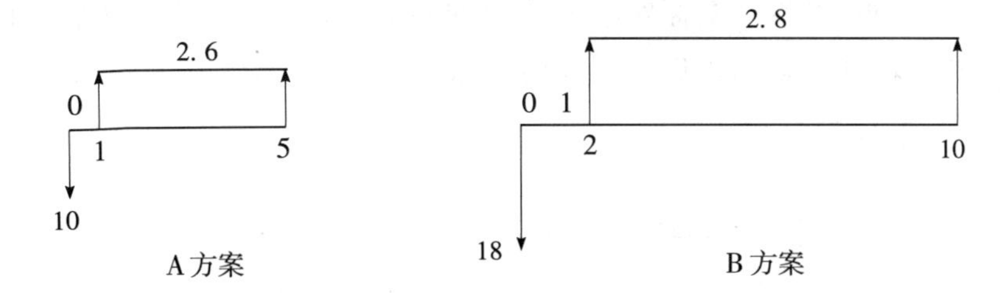

图3-5　某项目两方案的现金流量图

解：将已知条件代入式（3-9），可得

$$NAV_A=[-10+2.6(P/A,8\%,5)](A/P,8\%,5)$$

因为（P/A，8%，5）与（A/P，8%，5）互为倒数，可得

$$\begin{aligned}NAV_A&=-10(A/P,8\%,5)+2.6\\&=-10\times0.250\,46+2.6\\&=0.095\,4(\text{万元})>0\end{aligned}$$

故A方案可行。

$$\begin{aligned}NAV_B &= [-18+2.8(P/A,8\%,9)(P/F,8\%,1)](A/P,8\%,10)\\ &= (-18+2.8\times 6.247\times 0.925\,9)\times 0.149\,03\\ &= -0.27(\text{万元})<0\end{aligned}$$

故B方案不可行。

注意：在A方案的现金流量中，将投资分摊到寿命期各年中，使计算变得简单。但是，对B方案则一定要先求出NPV，再将其分摊到整个寿命期10年中。

二、费用现值和费用年值

费用现值（PC）是项目寿命期内逐年现金流出按 i_C 折现到建设期初的现值和。费用年值（AC）是通过等值计算将PC分摊到寿命期各年的等额年值。PC和AC是净现值和净年值的特例，因为在对多个方案比选时，可能出现下列情况：

（1）诸方案具有相同的产出价值，在计算增量现金流量时，相同的部分实际上将被抵销。

（2）诸方案能满足相同的需求，但其产出效益难以用货币计量。如环保、教育、国防、公共设施等项目，方案仅有费用现金流量。

对这样的情况，只需对它们有差别的部分——费用进行比较，即只进行相对效果评价。此时可选用上述两指标。

（一）计算公式

$$PC=\sum_{t=0}^{n} CO_t(P/F,i_C,t) \tag{3-10}$$

$$AC=PC(A/P,i_C,n) \tag{3-11}$$

式中，CO_t 为项目各年的现金流出。

（二）评价标准

费用现值和费用年值只能用于多方案的比选——相对效果评价，评价的标准是：费用现值和费用年值最小者优。

（三）对费用现值和费用年值的分析

费用现值和费用年值是净现值和净年值的特例，与净现值和净年值的关系一样，费用年值由费用现值得到，评价所得结论一致。除指标含义不同，二者是等效的评价指标。费用年值更适合对寿命期不同方案的比选。

例 3-6

某居民小区考虑更换排水管，方案 1 打算先铺一条直径为 46 厘米的水管，10 年后再铺同样的一条。方案 2 打算现在就铺一条直径为 66 厘米的水管。两方案中水管的寿命均为 25 年，没有残值。两方案的现金流量图如图 3-6 所示。设 $i_C=8\%$，试问应当选择哪个方案？（单位：万元。）

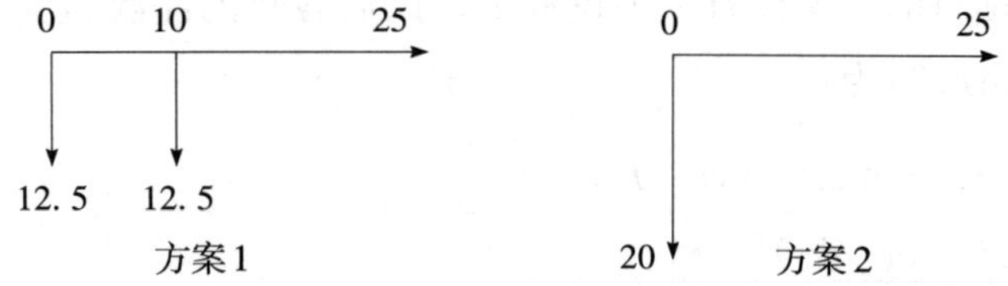

图 3-6 居民小区铺设水管方案的现金流量图

解：鉴于该项目两方案能满足相同的需求，只需比较它们的费用即可，设费用为正值。

$$\begin{aligned}PC_1&=12.5+12.5(P/F,8\%,10)\\&=12.5+12.5\times0.4632\\&=18.3(\text{万元})\end{aligned}$$

$$PC_2=20(\text{万元})$$

$$PC_2>PC_1$$

所以，PC 小的方案 1 被选中。

三、动态投资回收期

前面已经介绍了静态投资回收期，它是累计净现金流量 $\sum$ NCF 为零的年限。为了弥补它没有考虑资金时间价值的不足，特设置了其相应的动态指标——动态投资回收期（P_t'）。

(一) 表达式

$$\sum_{t=0}^{P_t'}(CI-CO)_t(P/F,i_C,t)=0 \tag{3-12}$$

式中，P_t'为净现金流量现值的累计值为零的年限。或者说，以净收益的现值回收项目投资的现值所需的时间。

(二) 评价标准

当$P'_t \leqslant P'_C$时，项目可以接受，否则应予以拒绝。

P'_C是由同类项目的历史数据得到的，或是投资者确定的基准动态投资回收期。

(三) P'_t的计算

如果项目的0年仅有一个投资P，以后各年的净收益为等额的A，则式(3-12)可改写为：

$$-P+A(P/A,i_C,P'_t)=0$$

$$\frac{P}{A}=\frac{(1+i_C)^{P'_t}-1}{i_C(1+i_C)^{P'_t}}$$

可得

$$P'_t=\frac{-\lg(1-Pi_C/A)}{\lg(1+i_C)}$$

一般情况下，式(3-12)中的P'_t很难直接计算出来，需借助现金流量表，通过以下实用公式计算得到P'_t。

$$P'_t=T-1+\frac{|\text{NPV}_{T-1}|}{\text{NCF}_T\text{ 的现值}}$$

$$=T-1+\frac{\text{第 }T-1\text{ 年的累计净现金流量的现值的绝对值}}{\text{第 }T\text{ 年的净现金流量的现值}} \tag{3-13}$$

式中，T为累计净现金流量的现值首次出现正值的年份。

例3-7

试计算例3-1中A方案的动态投资回收期，$i_C=10\%$。

解：我们仍需利用表3-1所提供的现金流量表，在求出各年净现金流量的基础上，按$i_C=10\%$，求出各年净现金流量的现值；求出累计各年净现金流量的现值；求出累计净现金流量的现值为零的年份，即动态投资回收期P'_t。计算结果如表3-5所示。

表3-5 某项目A方案的现金流量表（简化） 单位：万元

项目	年										
	0	1	2	3	4	5	6	7	8	9	10
现金流入											
销售收入				300	450	500	550	550	500	500	500
现金流出											

续表

项目	年										
	0	1	2	3	4	5	6	7	8	9	10
总投资	200	180	320								
成本				200	300	300	350	350	400	400	400
净现金流量	−200	−180	−320	100	150	200	200	200	100	100	100
净现金流量的现值	−200	−164	−264	75	103	124	113	103	47	42	39
累计净现金流量的现值	−200	−364	−628	−553	−450	−326	−213	−110	−63	−21	18

$$P_t'=10-1+\frac{|-21|}{39}=9.54(\text{年})$$

(四) 对 P_t' 的分析

P_t' 与 P_t 的区别仅仅在于它考虑了资金的时间价值，其他特点包括缺点都与 P_t 相同，所以它同样是一个辅助性绝对效果评价指标。

四、 内部收益率

在图 3－4 中，我们介绍了 NPV 随着 i_C 的增大逐渐减小，NPV 函数曲线在 NPV＝0 时，与代表 i_C 的横坐标相交于 i^*，这个特殊的折现率就是内部收益率（internal rate of return，IRR）——使项目的 NPV＝0 的折现率 i^*。

(一) 计算公式

计算 IRR 的过程，就是解方程 NPV＝0 求解 i^* 的过程，即需列方程：

$$\sum_{t=0}^{n}(\mathrm{CI}-\mathrm{CO})_t(P/F,\mathrm{IRR},t)=0 \tag{3-14}$$

或

$$\sum_{t=0}^{n}(\mathrm{CI}-\mathrm{CO})_t(1+\mathrm{IRR})^{-t}=0$$

可以看出，很可能需要解高次方程。具体计算方法后面将详细介绍。

(二) 经济含义

为了理解 IRR 的经济含义，我们通过一个例子加以说明。某工厂新建了一条生产线，各年的净现金流量如表 3－6 所示。

表 3-6　某生产线各年的净现金流量　　单位：万元

年	0	1	2	3	4
净现金流量	−1 000	400	370	240	220

假如我们已经通过 NPV＝0 求出了该项目的 IRR＝10%，那么，这 10% 对于项目意味着什么？

我们看一看，项目是如何用每年的净收益来回收全部投资的。如图 3-7 所示：如果第 1 年初投资 1 000 万元，该投资又以 i＝IRR＝10%增值，到第 1 年末将增值为 1 000（F/P，10%，1）＝1 100 万元。但第 1 年末项目有净收益 400 万元，所以第 1 年末项目尚未回收的投资为 700 万元。

同样，到第 2 年末，700 万元增值为 770 万元。第 2 年末有净收益 370 万元，故第 2 年末项目尚未回收的投资为 400 万元。

以此类推，到第 4 年末刚好将尚未回收的投资 220 万元全部回收。

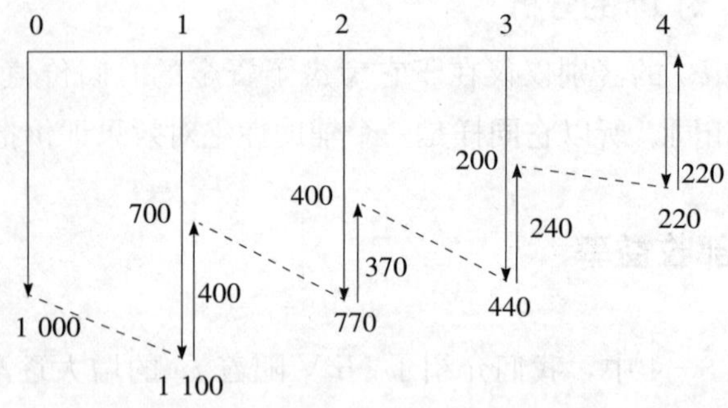

图 3-7　投资额以 IRR 增值、以净收益回收全部投资的示意图

通过上例，我们对内部收益率的经济含义应有这样的认识：在项目的整个寿命期中，按增值率 i＝IRR 计算，除最后一年，始终存在尚未回收的投资。每年尚未回收的投资以 i＝IRR 增值，而项目以当年的净收益回收它，在项目寿命结束时，投资刚好全部被回收。

也就是说，在项目的寿命期内，项目的净收益能够回收以 IRR 这样的比率增值的投资。而项目的这种回收能力，即 IRR 的大小，完全取决于项目内部（本身）的净收益。因此，IRR 反映的是项目本身的盈利能力，是项目的盈利率。

（请思考：若上例的投资以 12%的利率增值，项目的净收益能在第 4 年末将投资回收吗？如果最后一年的净收益为 260 万元，项目的 IRR 应该比 10%小还是大?）

注意：正确地理解内部收益率的上述经济含义是非常重要的。因为还有一种对 IRR 含义的解释是建立在再投资（项目所获得的净收益以 IRR 为收益率进行再投资）的假定基础之上的，然而这种假定是脱离实际的（在实际中不可能存在）。同理，所谓的外部收益率（ERR）和修正内部收益率（MIRR）同样存在再投资的假定，我们认为这样的指标是有缺陷的，故本书不予介绍。

（三）评价标准

若 IRR$\geqslant i_C$，则项目或方案可行。所以 IRR 是使 NPV＝0 时的 i^*。IRR＝i_C说明项目的盈利能力刚刚达到了 i_C 的要求。IRR＞i_C 说明项目的盈利能力超过了 i_C 的要求。

（四）IRR 的计算

对于常规投资项目，即净现金流量的符号仅仅变化一次的项目，只要它的净现值函数曲线与 i 横坐标相交（见图 3-4），或者说累计净现金流量大于零（累计净现金流量曲线与时间轴有一个交点，见图 3-1），IRR 就有唯一的正数解。

1. 直接计算

例 3-8

某工程的净现金流量如表 3-7 所示，i_C＝10%，请问方案的 IRR 为多少？

表 3-7　某工程的净现金流量　　单位：万元

年	0	1～10
净现金流量	－200	39

解：列出 NPV＝0 的方程如下：

$$-200+39(P/A,\mathrm{IRR},10)=0$$

$$(P/A,\mathrm{IRR},10)=200/39=5.128$$

借助复利系数表，查询等额序列现值系数得知：

i	$(P/A,i,10)$
15%	5.019
IRR	5.128
12%	5.650

可用插入法计算出 IRR。

$$\frac{\mathrm{IRR}-15\%}{5.128-5.019}=\frac{12\%-15\%}{5.650-5.019}$$

$$\mathrm{IRR}=15\%-\frac{5.128-5.019}{(5.650-5.019)/(15\%-12\%)}$$

$$=14.5\%>10\%$$

所以可行。

或 $$IRR=12\%+\frac{5.650-5.128}{(5.650-5.019)/(15\%-12\%)}$$

$$=14.5\%$$

采用插入法要注意的是，跨越5.128的两个系数的间隔（即12%～15%）应尽可能小，以防止计算误差过大，影响准确性。

2. 试算内插法

例3-9

某企业用10 000元购置一台小设备，使用期为5年，每年可以给企业节省4 000元的制造成本，但第3年需要大修理一次，费用为5 000元（见图3-8）。试求其IRR（企业希望其IRR至少达到10%）。

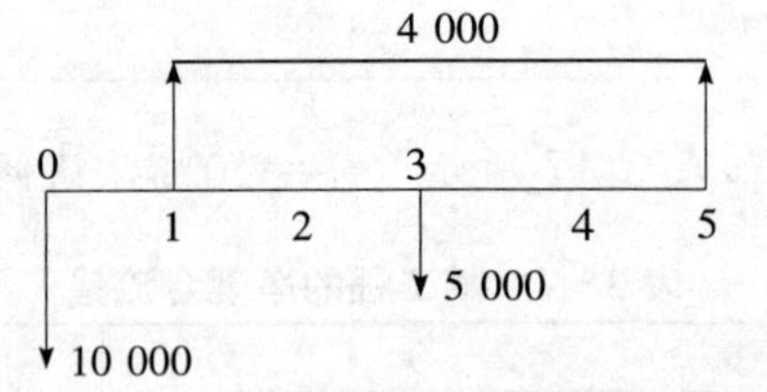

图3-8　某企业一台小设备的使用年限和费用

解：$NPV=-10\,000+4\,000(P/A,IRR,5)-5\,000(P/F,IRR,3)$

$=0$

我们发现方程有两个未知系数，无法直接计算，只能使用试算内插法。

步骤是：首先设i_1，用其计算出NPV_1，使NPV_1为接近0的正净现值；其次设i_2，用其计算出NPV_2，使NPV_2为接近0的负净现值，如图3-9所示。

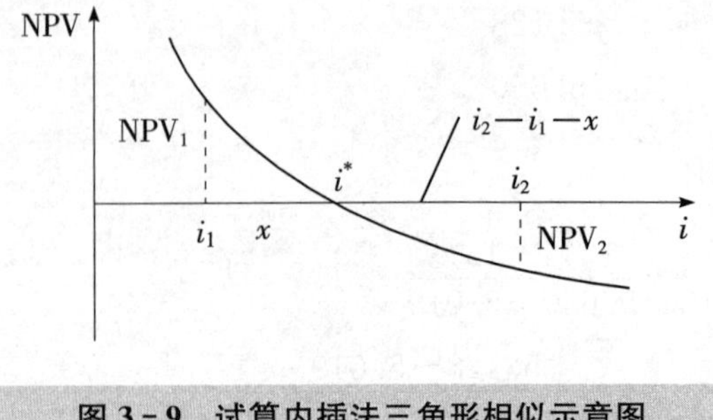

图3-9　试算内插法三角形相似示意图

利用图 3-9 中的三角形相似，得

$$\frac{x}{i_2-i_1-x}=\frac{NPV_1}{|NPV_2|}$$

经整理得

$$x=\frac{NPV_1}{|NPV_2|+NPV_1}(i_2-i_1)$$

$$i^*=i_1+x$$

$$=\frac{NPV_1}{|NPV_2|+NPV_1}(i_2-i_1)+i_1 \quad (3-15)$$

注意，由于图 3-9 中以直线近似替代 NPV 函数曲线，所设 i_1，i_2 的跨度越大，IRR 的计算误差越大。因此一般情况下，要求 $i_2-i_1<5\%$。现在我们使用试算内插法接着做例 3-9。

试设 $i_1=10\%$，则

$$NPV_1=-10\ 000+4\ 000(P/A,10\%,5)-5\ 000(P/F,10\%,3)$$
$$=-10\ 000+4\ 000\times3.791-5\ 000\times0.751\ 3$$
$$=1\ 407.5$$

该值仍然比较大，为使 NPV 减小，我们试着取较大的 i 再试算。

再设 $i_1=15\%$，则

$$NPV_1=-10\ 000+4\ 000(P/A,15\%,5)-5\ 000(P/F,15\%,3)$$
$$=-10\ 000+4\ 000\times3.352-5\ 000\times0.657\ 5=120.5$$

再设 $i_2=20\%$，则

$$NPV_2=-10\ 000+4\ 000(P/A,20\%,5)-5\ 000(P/F,20\%,3)$$
$$=-10\ 000+4\ 000\times2.991-5\ 000\times0.578\ 7$$
$$=-929.5$$

$$IRR=15\%+\frac{120.5}{120.5+929.5}\times(20\%-15\%)$$
$$=15.57\%>10\%$$

所以可行。

现在的问题是，为了计算出接近零的一个正值和一个负值的 NPV，我们不能漫无目的、一个个地试算，去寻找 i_1 和 i_2。那么应该怎样更简便地选定试算的折现率 i 呢？我们通过下例向大家介绍一种简便方法。

例 3-10

某研究所新项目的现金流量图如图 3-10（A）所示（单位：万元），试求其内部收益率。

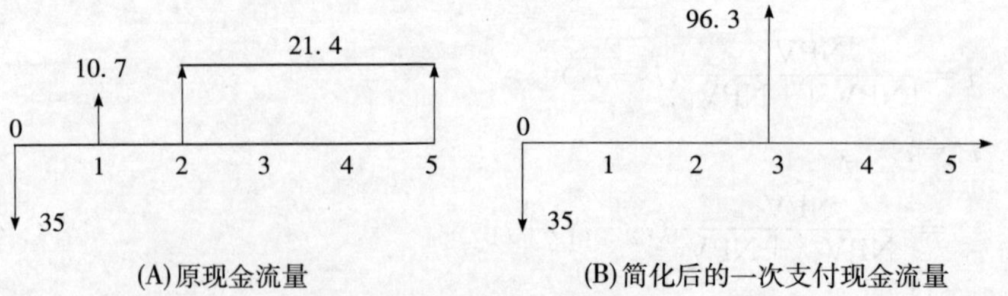

图 3-10　某研究所新项目的现金流量图

解：如图 3-10（A）所示，列方程 NPV=0。

$$-35+10.7(P/F,\mathrm{IRR},1)+21.4(P/A,\mathrm{IRR},4)(P/F,\mathrm{IRR},1)=0$$

我们要介绍的这种比较简便的方法的思路是：将项目净现金收益简化成一个总收益，并假设该总收益大致发生在各收益现金流量发生时间的中部。意图是将项目复杂的现金流量替换成一个简单的一次支付型。然后大致计算出其 i^*，即我们寻找的试算折现率。

按上述方法，如图 3-10（B）所示，我们假设简化的净现金收益总额发生在第 3 年。

$$\text{总收益}=10.7+4\times21.4=96.3(\text{万元})$$

粗略估算暂不考虑资金的时间价值。经过简化的一次支付型的现金流量的 i^*，可通过 NPV=0 直接求出。

$$-35+96.3(P/F,i^*,3)=0$$

$$(P/F,i^*,3)=0.3634$$

经查表，比较接近的$(P/F，40\%，3)=0.3644$。这样，就求出了简化的现金流量的 IRR，即 $i=40\%$。我们用 $i=40\%$，按图 3-10（A）所示的原现金流量，试算项目的 NPV：

$$\begin{aligned}\mathrm{NPV}&=-35+10.7(P/F,40\%,1)\\&\quad+21.4(P/A,40\%,4)(P/F,40\%,1)\\&=-35+10.7\times0.7143+21.4\times1.849\times0.7143\\&=0.9069\end{aligned}$$

得到 $i_1=40\%$，$\mathrm{NPV}_1=0.9069$，即接近 0 的正值 NPV。

现在需要找出一个负值NPV，所以折现率i应向大一些的方向取。用45%试算项目的NPV。

$$
\begin{aligned}
NPV &= -35+10.7(P/F,45\%,1) \\
&\quad +21.4(P/A,45\%,4)(P/F,45\%,1) \\
&= -35+10.7\times 0.6897+21.4\times 1.720\times 0.6897 \\
&= -2.2337
\end{aligned}
$$

得到$i_2=45\%$，$NPV_2=-2.2337$，即接近0的负值NPV。将i_1、NPV_1、i_2、NPV_2代入式（3-15），得

$$
\begin{aligned}
IRR &= 40\%+\frac{0.9069}{2.2337+0.9069}\times(45\%-40\%) \\
&= 41.44\%
\end{aligned}
$$

---

3. IRR有多个解

（1）方程的正实数根i的数目。我们已经了解到，IRR是使NPV=0的i。在方程$\sum_{t=0}^{n}(CI-CO)_t(1+i)^{-t}=0$中，如果设$x=(1+i)^{-1}$，$(CI-CO)_t=a_t$，则方程可变为：

$$a_0+a_1x+a_2x^2+\cdots+a_nx^n=0$$

n次多项式必有n个根，但它们可能是正根、负根或是虚根，其中只有正实数根才可能得到有意义的内部收益率。我们根据n次多项式的笛卡尔符号规则可知，系数为实数a的多项式，如果系数序列a_0，a_1，a_2，…，a_{n-1}，a_n的正负号（也就是项目净现金流量序列的正负号）变更的次数为m，那么x正根的个数为$m-2k$个（$k=1$，2，3，…）。

注意，前面我们设$x=\frac{1}{1+i}$或$i=\frac{1-x}{x}$。借助公式$m-2k$，以及x和i的上述关系，x和i的正根个数如表3-8所示。该表告诉我们：方程的正实数i的个数最多等于方程序列正负符号的变化次数m。

表3-8 笛卡尔符号规则

符号变化次数m	x的正根个数	i的正根个数
0	0	0
1	1	1或0
2	2或0	2，1或0
3	3或1	3，2或1

例 3-11

试分析表3-9中的各方案。

表3-9 各方案的现金流量 单位：万元

年末	A方案	B方案	C方案	D方案
0	−1 000	−1 000	−1 000	−2 000
1	500	−500	4 700	0
2	400	−500	−7 200	10 000
3	300	−500	3 600	0
4	200	1 500		−10 000
5	100	2 000		

解：在表3-9中，A方案和B方案的净现金流量序列的正负号只变化了1次，所以它最多有1个正实数i。C方案的净现金流量序列的正负号变化了3次，所以它最多有3个正实数i。同理，D方案最多有2个正实数i。

对于C方案，其随着i的增加而变化的净现值函数曲线如图3-11所示。由该图可看出，C方案有3个使NPV=0的正实数i，即20%、50%和100%。由图3-12可以看出，D方案有2个使NPV=0的正实数i，即9.8%和111.5%。

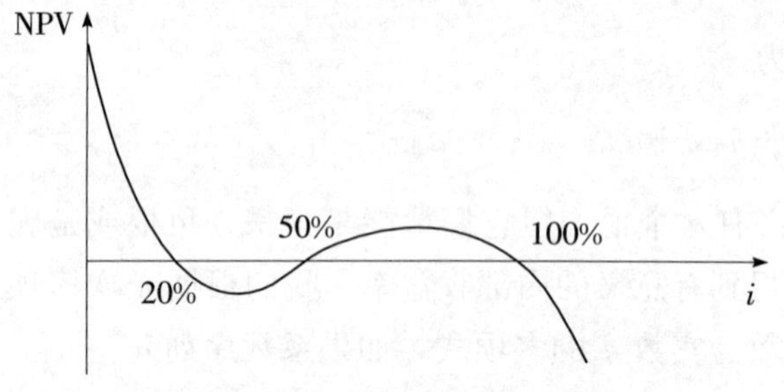

图3-11 C方案的净现值函数曲线

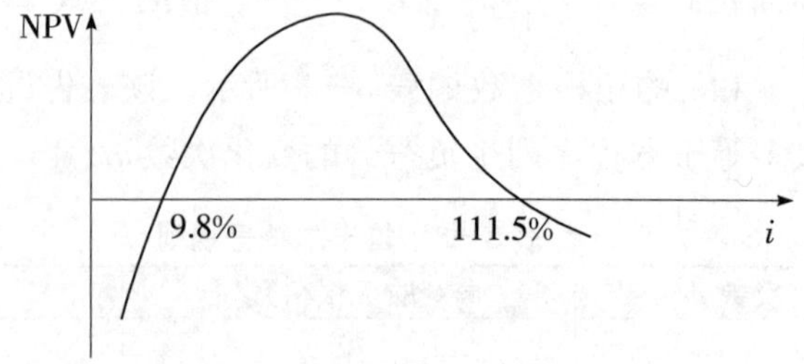

图3-12 D方案的净现值函数曲线

（2）对多解i的检验。净现金流量序列符号只变化一次的项目称为常规项目（如例3-11中A、B方案）；而净现金流量序列符号变化多次的项目称为非常规项目（如例3-11中C、D方案）。

非常规投资项目，若净现金流量的符号变化 m 次，其NPV=0的方程最多有 m 个正实数根。但是，不管满足方程的正根有几个，它们一定是项目的内部收益率吗?

进行检验最简单和直观的方法是图示法，其思路是：按照内部收益率的经济含义对所得出的正实数根进行检验，即将得出的正实数根 i 作为尚未回收的投资的增值率，考察在项目的寿命期中是否始终存在尚未回收的投资，而在项目的寿命期末刚好被净收益回收。

现在我们检验例3-11中C方案的一个正实数根 $i=20\%$，用C方案每年的净收益回收以20%增值的投资（见图3-13）。第1年初的1 000万元年末增值为1 200万元，但被第1年末的净收益4 700万元完全回收，且盈余3 500万元。第2年末又有7 200万元的投资，造成未回收的3 000万元，虽然增值后的3 600万元在第3年末被完全回收，但是仍不符合内部收益率的经济含义，即项目寿命期内应当始终存在尚未回收的投资。所以20%不是项目的内部收益率。对50%、100%也作类似的计算，同样发现在寿命期内都存在投资被净收益回收且有盈余的情况，所以它们也不是项目的内部收益率。

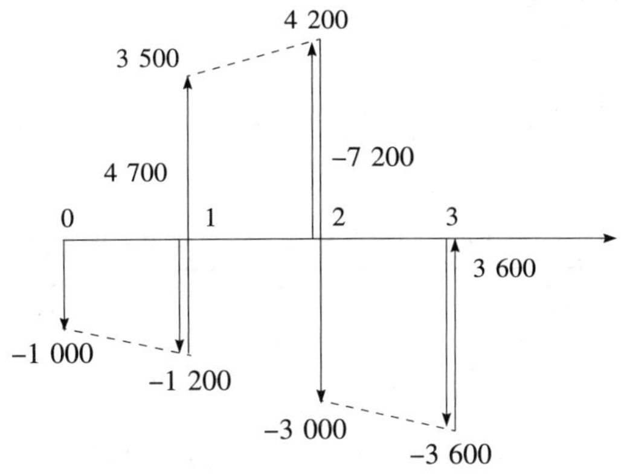

图3-13 用图示法检验20%是不是C方案的内部收益率

可以证明，对于非常规项目，实际上只要方程NPV=0的 i 存在多个正根，则所有的根都不是项目的内部收益率（如例3-11中的D方案，两个 i 都不是符合经济含义的IRR）。这种情况下，不能使用IRR进行评价。但是如果方程NPV=0的 i 只有一个正根，那么它肯定就是项目的IRR。

（五）对 IRR 的分析

虽然 IRR 的计算稍繁，但因为它的概念清晰、明确，是项目的盈利率，反映投资的使用效率，所以在实际的经济评价中，人们在选用价值型指标 NPV 的同时，也选用效率型指标 IRR，从两个不同的角度全面评价项目的经济性。因此，IRR 是具有重要地位的效率型绝对效果评价指标。

IRR 的另一个优点是计算时不直接使用基准收益率 i_C。因为具体给定 i_C 是比较困难的（后面我们将详细论述这一问题），当 i_C 数值不易确定，仅能估算出其位于某一小区间 $i_1 \leqslant i_C \leqslant i_2$ 范围内时（见图 3－14），只要 IRR 不落在该区间内，仍可判断方案是否可行，从而进行取舍。

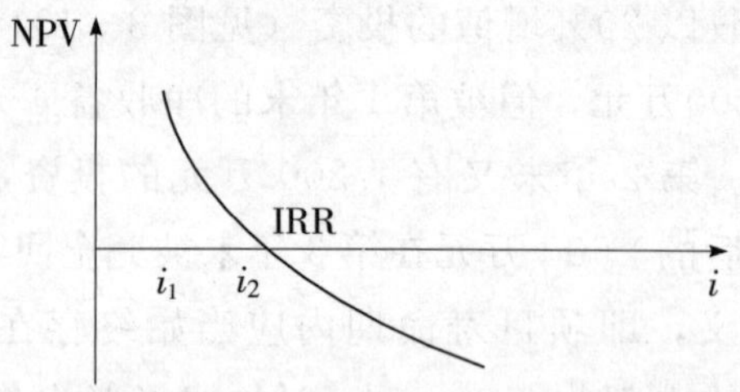

图 3－14　通过 IRR 与区间 $i_1 \leqslant i_C \leqslant i_2$ 的关系判断方案的可行性

我们知道，NPV 既是绝对也是相对效果评价指标。那么 IRR 可否对多方案进行选优呢？

例 3－12

某项目 A、B 两方案的现金流量如表 3－10 所示，$i_C=10\%$，试对两方案进行选优。

表 3－10　某项目 A、B 两方案的现金流量　　单位：万元

方案	0 年	1～10 年	IRR（%）	NPV
A	－200	39	14.5	39.64
B	－100	20	15	22.89

解：首先对两方案进行绝对效果评价。在前面的例 3－8 中，使用直接计算法已求出 $IRR_A=14.5\%$。同理我们可求出 $IRR_B=15\%$。所以，两方案均可行。但是，我们是否可以断定 IRR 大者优，即 B 方案优？

我们可以用 NPV 来验证一下：

$$NPV_A=-200+39(P/A,10\%,10)$$
$$=39.64(\text{万元})$$
$$NPV_B=-100+20(P/A,10\%,10)$$
$$=22.89(\text{万元})$$

很明显，$NPV_A > NPV_B$，A 方案优。

这就是说，在本例中，如果以 IRR 大者优为准则，则与 NPV 最大准则所得结论不一致，或者说，将作出错误的选择。

我们看一看例 3－12 中问题产生的原因。在图 3－15 中，显然，$IRR_B > IRR_A$。两方案的净现值函数曲线相交，在交点，两方案的净现值相等。该交点对应的折现率是 ΔIRR。暂且不去讨论 ΔIRR，我们研究的问题是：如果以 IRR 大者优的观点来进行比选，认为 B 方案优，究竟对不对?

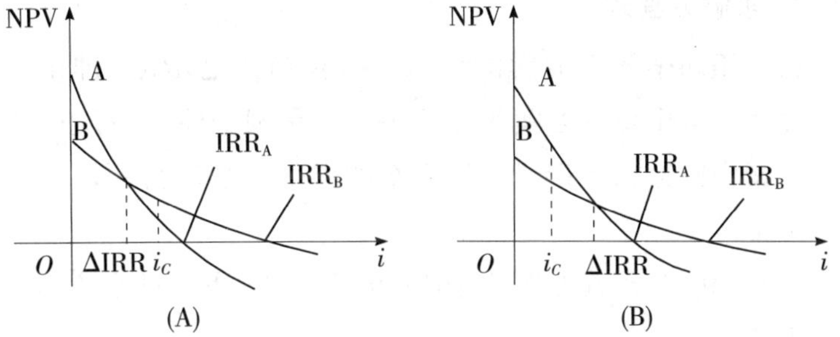

图 3－15　IRR 最大不能保证方案相对评价的正确性

在图 3－15（A）中，即在 $\Delta IRR < i_C$ 的情况下，只要 i_C 在 ΔIRR 的右侧，总是 $NPV_B > NPV_A$。很明显，投资小的 B 方案优。这刚好与 IRR 大者优的结论一致。

但是在图 3－15（B）中，即在 $\Delta IRR > i_C$ 的情况下，只要 i_C 在 ΔIRR 的左侧，总是 $NPV_A > NPV_B$，即投资大的 A 方案优。这刚好与 IRR 大者优的结论相反（例3－12即此种情况）。

我们知道，使用价值型指标 NPV 对多方案进行选优时，净现值最大为评价准则。图 3－15 说明，使用效率型指标 IRR 对多方案进行选优，IRR 大者优准则不能保证与 NPV 的评价结论总是一致的。我们一再强调，效率型指标与价值型指标从两个不同角度反映方案的经济效果，但我们是以大多数投资者所追求的净收益最大为准则的。因此，使用 IRR 大者优准则对方案进行相对效果评价是不可靠的，极易导致与 NPV 方法不一致的选择。

通过图 3－15 我们可以发现，如果 $\Delta IRR > i_C$，则投资大的 A 方案优；如果 $\Delta IRR < i_C$，则投资小的 B 方案优。无论哪种情况，使用 ΔIRR 指标所得出的选优结论，总是与 NPV 方法的选优结论一致的。

因此，人们为弥补 IRR 在进行方案相对评价上的缺憾，引出了用于方案相对效果评价的指标 ΔIRR——增量（差额）内部收益率。

（六）增量（差额）内部收益率

1. 对 ΔIRR 的理解

对投资不等的方案进行相对效果评价，其实质是判断两方案的增量现金流量的经济性——增量投资产生的增量收益是否经济合理。所谓增量内部收益率，就是两个备选方案的增量现金流量的内部收益率。

增量内部收益率是两个备选方案 NPV 相等时的折现率。即两方案的净现值函数曲线相交点所对应的折现率。即方程 $NPV_A=NPV_B$ 或 $NPV_A-NPV_B=0$，也就是 $\Delta NPV=0$ 的 ΔIRR 的解。

2. 求解方程式

(1) 用两个备选方案的增量现金流量求 ΔIRR。即求方程 $\Delta NPV=0$ 的解。注意在多个备选方案的比选中，增量现金流量应从初始投资大的方案的现金流量中减去初始投资小的方案的现金流量而得到，以便使用规范、一致的评价标准。

(2) 用两个备选方案的 NPV 相等求 ΔIRR。即求方程 $NPV_A=NPV_B$ 的解 ΔIRR。

两种方程的解法同 IRR 类似，可采用直接计算法或试算内插法。

3. 评价标准

当 $\Delta IRR>i_C$ 时，说明增量现金流量是经济的，故投资大的方案优。

当 $\Delta IRR<i_C$ 时，说明增量现金流量是不经济的，故投资小的方案优。

4. 注意点

(1) 在方案的相对评价中，采用 ΔIRR 能保证与 NPV 的选优结论的一致性，也就是具有正确性和可靠性。但是，ΔIRR 本身并不反映各方案自身的经济性（两个不可行的方案也可应用 ΔIRR 区分出优劣），所以 ΔIRR 是一个用于方案间的比选的效率型相对效果评价指标。而 IRR 由于在对方案进行相对评价时，不能保证与 NPV 的结论总是一致，故其仅仅是用于判断方案可行性的效率型绝对效果评价指标。

(2) 用 ΔIRR 比较方案的优劣，经济概念清晰，易于理解，但计算较烦琐，而且方案的增量现金流量较易出现符号多次变化的情况。此时，应对求出的解按照内部收益率的经济含义进行检验，方案的 ΔIRR 解不符合 IRR 经济含义的情况也有可能出现。此外，也有因两方案的净现值函数不相交或相交于无穷远处，使 ΔIRR 不存在的情况。如果出现上述情况，则不能使用该指标进行选优。

例 3-13

试用 ΔIRR 比选例 3-12 中的两个方案。

解：首先对投资小的 B 方案进行绝对效果评价（也可理解为与不投资的 0 方案比选）。

$$NPV_B = -100 + 20(P/A, IRR_B, 10) = 0$$

参见例 3-8 的直接计算，得 $IRR_B = 15\% > 10\%$，故 B 方案可行。然后采用 ΔIRR 指标进行相对效果评价。

$$\begin{aligned}\Delta NPV_{A-B} &= -(200-100) + (39-20)(P/A, \Delta IRR, 10)\\ &= -100 + 19(P/A, \Delta IRR, 10) = 0\end{aligned}$$

用直接计算法：

$$(P/A, \Delta IRR, 10) = 100/19 = 5.263$$

查表知：

i	$(P/A, i, 10)$
12%	5.650
ΔIRR	5.263
15%	5.019

$$\begin{aligned}\Delta IRR &= 12\% + \frac{5.650-5.263}{5.650-5.019} \times (15\% - 12\%)\\ &= 13.8\% > 10\%\end{aligned}$$

故投资大的 A 方案优，与使用 NPV 比选的结果一致。

5. 初始投资相等的备选方案的 ΔIRR 计算

前面已经提到，增量现金流量指初始投资大的方案的现金流量减去初始投资小的方案的现金流量。但是如果两方案的初始投资相等，应该谁减去谁才能保证得出正确的结论？

这里向大家介绍迪特里希·R. 伯格曼（Dietrich R. Bergman）提出的伯格曼规则。该规则指出：选用的正确的增量现金流量的特点是，（除 0 外）它的第 1 个现金流量是负值（是现金流出）。我们利用下例说明。

例 3-14

试运用伯格曼规则和指标 ΔIRR 对例 2-2 的 A、B 两方案进行比选。

解：我们将 A、B 两方案的现金流量，以及 A—B、B—A 的增量现金流量填入表 3-11。

表 3-11　A、B 两方案的现金流量　单位：万元

年	方案			
	A	B	A—B	B—A
0	−12	−12	0	0
1	8	2	6	−6
2	6	4	2	−6
3	4	6	−2	−2
4	2	8	−6	6

根据伯格曼规则，应当选用 B—A 的增量现金流量，因为除了 0，它的第一个现金流量为−6 万元。然后利用 Excel 计算 ΔIRR_{B-A}，得 $\Delta IRR_{B-A}\approx 0$，虽然目前没有判据 i_C，但是由于 ΔIRR_{B-A} 近似于 0，可以肯定 $\Delta IRR_{B-A}<i_C$，因而可以判断"被减的" A 方案优（注意：原来用投资大的减投资小的现金流量，当求出的 $\Delta IRR<i_C$ 时，投资小的优，而本例"被减的"仍然可以当作投资小的看待）。这个结论与对例 2-2 的直觉判断是一致的。

但是，如果选用了 A—B 的增量现金流量，得到 $\Delta IRR_{A-B}\approx 0$，亦即 $\Delta IRR_{A-B}<i_C$，那么结论则是"被减的" B 方案（"被减的"看作投资小的）优，故会得出错误的结论。这也验证了伯格曼规则的正确性。

（七）关于运用 Excel 计算 NPV 和 IRR 的说明

项目在时点 0 投资，可理解为项目强调以该投资的投入时间为项目的初始点（或时点 0），时间序列为 $t=0$，1，2，…，n。而将投资放在第 1 年末，可理解为在第 1 年里需要的投资，最迟在第 1 年末投入，时间序列为 $t=1$，2，…，n。在使用 Excel 计算 NPV 和 IRR 时，时点 0 是否有投资，在运算时有什么不同？

请看表 3-12 中的两个现金流量（$i=10\%$）。

表 3-12　A、B 两方案的现金流量　单位：万元

方案	年				
	0	1	2	3	4
A		−120	50	50	50
B	−120	50	50	50	

（1）使用 Excel 计算 NPV。对于 A 方案，在计算 NPV 的弹出菜单上，输入$i=10\%$的值后，直接输入 A 方案的所有数据，即−120、50、50、50，可得 $NPV_A=3.95$。

对于 B 方案，输入的数据应当是 50、50、50，得出的数据是 124.34。注意，这仅仅是 3 个 50 折现到时点 0 的现值之和，投资−120 本来就在时点 0，所以 $NPV_B=-120+124.34=4.34$。

（2）使用 Excel 计算 IRR。在使用 Excel 计算 IRR 时，A 方案与 B 方案是没有区别的，在弹出的菜单上，只需输入所有的现金流量，即－120、50、50、50，求出的 $IRR_A = IRR_B = 12.04\%$。这里运用的是 NPV＝0 求解 IRR。

$$NPV_A = -120\frac{1}{(1+0.1)^1} + \frac{50}{(1+0.1)^2} + \frac{50}{(1+0.1)^3} + \frac{50}{(1+0.1)^4} = 0 \tag{3-16}$$

公式两边同乘以（1＋0.1），得

$$-120 + \frac{50}{(1+0.1)^1} + \frac{50}{(1+0.1)^2} + \frac{50}{(1+0.1)^3} = 0 \tag{3-17}$$

可以看出，式（3－17）就是 $NPV_B = 0$。

由于式（3－16）与式（3－17）是等效的，因此求出的 IRR 是相等的（由于两项目的寿命期不同，如果选优，应首选 NAV）。

所以结论是，在使用 Excel 计算 IRR 时，无须考虑在时点 0 是否有初始投资，直接输入各年现金流量数据即可。

复习题

1. 什么是绝对效果和相对效果评价指标？请将所学指标区分为上述两类指标。
2. 什么是价值型和效率型评价指标？请将所学指标区分为上述两类指标。
3. 为什么效率型评价指标不能直接用于方案的比选？
4. 若 $P_{t1} < P_{t2}$，则 P_{t1} 的方案优，对吗？为什么？
5. 试利用 IRR 的经济含义，判断 20%是不是表 3－13 中项目的 IRR。

表 3－13　　单位：万元

年	0	1	2	3
净现金流量	－100	420	－585	270

6. 如何正确认识和使用 IRR 与 ΔIRR？
7. 在例 2－17 中，设该债券 15 年后偿还，其他所有条件不变，试计算该债券的内部收益率（使用试算内插法），判断年机会成本为 10%的投资者是否应该购买该债券。
8. 公司打算购买表 3－14 所列两种设备中的一种，如果公司设定的 i_C 为 12%，试协助公司进行选择。

表 3－14

项目	A 设备	B 设备
初始投资（元）	3 400	6 500

续表

项目	A 设备	B 设备
服务寿命（年）	3	6
残值（元）	100	500
年运行费用（元）	2 000	1 500

9. 某工程连续在 3 年中的每年初分别投资 1 000 万元、1 500 万元和 2 000 万元。若资金全部来自银行贷款，复利年利率为 8%，从第 3 年末开始分 10 年等额偿还，求每年应偿还银行多少万元？

10. 某项目净现金流量如图 3－16 所示（单位：万元），已知 $P_C=6$，$i_C=10\%$，$ROI_C=27\%$。

(1) 计算项目的静态投资回收期 P_t、总投资收益率（设正常年份息税前利润为 180 万元）、净现值。

(2) 所得结果可以说明哪些问题？

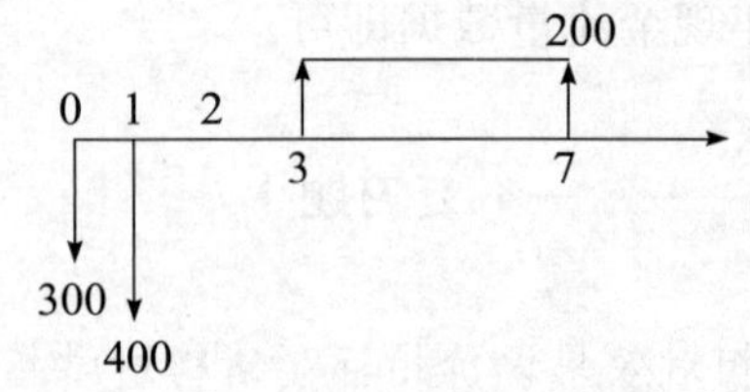

图 3－16

11. 购买某设备的初始投资为 8 000 元，若其每年净收益为 1 260 元，设备报废后无残值，试问：

(1) 如果使用 8 年后报废，其 IRR 为多少？

(2) 如果希望 IRR＝10%，那么该设备至少应该使用多少年才值得购买（精确到 0.1）？

12. 某企业有四个方案可供选择，寿命均为 7 年，其余数据如表 3－15 所示。

表 3－15

单位：万元

方案	初始投资	年净收入
A	2 000	500
B	3 000	900
C	4 000	1 100
D	5 000	1 380

试问：(1) 当折现率为 10% 时，资金无限制，哪个方案最佳？

(2) 折现率在什么范围内时，B 方案在经济上最佳？

(3) 若 $i_C=10\%$，企业实施 B 方案，则在经济上的损失是多少？

13. 你有 10 万元可用于 A 证券或 B 证券的投资。两方案的现金流量如表 3-16 所示。如果资金的机会成本是 6%，试用 ΔIRR 和 ΔNPV 进行选择。

表 3-16　　单位：万元

证券	0 年	1 年	2 年	3 年	4 年	IRR（%）
A	−10	2	4	6	8	27
B	−10	7	5	4	3	36

第4章 基准收益率

第1节 评价参数的有关概念

一、评价参数及其测定

(一) 评价参数的概念

评价参数是用于计算衡量项目的费用、效益和指标的主要基础数据，以及判断项目可行性和经济合理性的一系列指标的基准值和参考值的总称。按照使用功能可分为：

(1) 计算参数——用于计算项目的费用、效益和指标的各类基础数据(各有关价格、指数，各种费率、利率等)；

(2) 判据参数——用于反映、判断和比较项目效益水平（优劣），或用作判定项目可行性的指标的基准值或参考值（如基准收益率、基准总投资收益率等）。

参数的本质是在对历史数据、现实情况加以分析的基础上，对未来发展所做的预测与判断，其目的是满足建设项目在一定时期的分析、比较、判断、决策的需要。请注意，它们与经济活动中的市场价格、汇率、利率等是有差别的，不作为财政核算、实际税收计征、外汇结算、商品交易与结算的依据。

社会经济状况处于不断的发展变化中，参数的测定与选用应注意实效性和有效性。根据《建设项目经济评价方法与参数》(第三版)，通常参数的测算发布周期为一年。

(二) 计算参数的确定

一般计算参数如有关的价格、税率、费率、利率、汇率等，可以从市场或者相关部门、机构得到。

当前，对于非完全市场竞争项目，其主要投入物和产出物的价格受政府或行业干预（控制或垄断），部分评价参数不由市场决定，则项目评价的主要参数需由政府或有关行业主管部门测算、提供。

对于完全市场竞争项目，其多数投入物和产出物的价格主要由市场决定，项目的费用效益基本上不受行政干预和影响，主要由市场决定，即可以依据市场信息测定。

(三) 判据参数的测定

财务评价中政府投资项目和按政府要求进行评价的项目中使用的财务基准收益率，以及经济费用效益评价中采用的社会折现率（包括影子汇率换算系数等），由国家发展改革委与住房和城乡建设部组织测定、发布并定期调整。对于政府投资项目来说，它们是必须采用的；对于社会其他各类投资项目来说，它们是参考性的。

有关部门（行业）可根据需要自行测算、补充经济评价所需要的其他行业参数，并报国家发展改革委与住房和城乡建设部备案。

各行业具有不同的特点，不同行业可能具有完全不同的一套评价参数。不仅如此，在我国日益发展和活跃的市场经济中，由于科学技术的快速发展，以及投融资及投资主体的逐渐多元化，同一行业中的企业在体制、规模、历史背景、发展速度和技术水平、市场占有率、抵御风险的能力等各方面都很难等同论之。所以，机械地套用已颁布的行业项目评价参数，不利于项目评价的正确进行。

一些判据参数即使在同一行业中，也不可能使用一个统一的标准，它必须针对具有特定资金结构和投资风险的具体项目而言，与承担项目的企业抗风险能力，以及投资者的机会成本和对风险的态度有关。因此，评价人员掌握有关评价参数的基本原理和测算知识，特别是有关基准收益率 i_C 的概念及其测定的知识，是十分必要的。

二、基准收益率的概念

基准收益率是计算投资项目净现值的重要参数，是内部收益率指标是否达到标准的判据，它是进行项目评价最重要的计算参数和判据参数。

理论上，它应当是资金随时间增值的增值率。但是，在讲述资金的时间价值时我们已经了解到，该增值率受投资收益率、风险和通货膨胀等因素的影响，准确合理地确定 i_C 是十分困难的。因此，在实际评价中，它是投资者对资金时间价值的估计。

从行业的角度看，行业的财务基准收益率代表行业内投资资金应当获得的最低财务收益或盈利水平，即代表行业内投资资金的边际收益率。

从投资者的角度看，它反映投资者从事投资活动可接受的最低收益率。如果低于该收益率，就不值得投资。或者说，它是投资者投资的机会成本。机会成本的概念是指在资源有限的情况下，由于将筹集到的具有多种用途的资源用于特定投资项目，而不得不放弃的其他投资机会中的最佳收益。（应予以说明的是：其他投资机会与拟投项目应风险相当，方能比较。）试想，如果项目的盈利能力达不到投资者机会成本的要求，投资者当然不会对该项目进行投资。

三、财务基准收益率测定的原则

《建设项目经济评价方法与参数》（第三版）规定，财务基准收益率测定的基本思路是：对于产出物由政府定价的项目，其财务基准收益率根据政府政策导向确定；对于产出物由市场定价的项目，其财务基准收益率根据资金成本和风险收益自行确定。

政府作为特殊的投资者，其特定职能决定了政府投资不能只关注经济效益。对于产出物由政府定价的项目，其财务基准收益率根据政府的投资目标和预期收益，在政府政策导向的基础上确定。这一收益率是针对我国的基本情况提出的，是政府投资决策和管理的需要。一般在考虑社会相关利益群体的基础上，依据社会发展、公平、稳定等政府目标和行业特性确定它的取值。

对于产出物由市场定价的项目，其财务基准收益率根据资金成本和风险收益由投资者自行确定。在缺乏经验时，可参考使用国家统一测定并发布的行业财务基准收益率。在取值上，在充分考虑行业风险的基础上，应主要考虑项目特有的风险、机会成本和投资者的收益期望。

第2节　加权平均资金成本法

加权平均资金成本法（WACC）是市场经济条件下企业投资决策时，测算项目在某特定融资方案（结构）下的基准收益率所采用的最普遍方法。众所周知，投资决策的一个最基本条件是投资收益应当大于投资成本。显然，资金成本是投资项目必须达到的最低收益，否则将无利可图，投资就失去了意义。因此，我们可以首先计算项目的资金成本，将它当作项目的最低盈利水平，在此基础上确定项目的基准收益率。

一、关于资金成本

（一）资金成本

资金成本（cost of capital）是指筹集资金所付出的代价，一般由两部分组成：

（1）资金占用费：指使用资金过程中发生的向资金提供者支付的费用，包括借款利息、债券利息、优先股利息、普通股红利及权益收益等。

（2）资金筹集费（筹资费）：指资金筹集过程中发生的各种费用，包括律师费、资信评估费、公证费、证券印刷费、发行手续费、担保费、承诺费、银团贷款管理费等。

资金成本通常以资金成本率来反映。

（二）资金成本率

1. 从静态分析的角度

资金成本率是筹资成本额占实际融资额（不含筹资费）的百分数，也称为单位资金成本。

2. 从动态分析的角度

在考虑资金的时间价值的情况下，资金成本率是指能使项目筹得的资金与筹资期和使用期发生的各种费用（资金占用费和筹资费，以及本金偿还）等值的收益率（或折现率）。理论上其表达式为：

$$\sum_{t=0}^{n}(F_t - C_t)(P/F, K, n) = 0 \tag{4-1}$$

式中，F_t 为各年实际筹措资金流入额；C_t 为各年资金占用费和筹资费，包括贷款和债券本金偿还等费用；K 为资金成本率；t 为资金占用期内的年份；n 为资金占用期限。

注意，借贷与债券的利息支出和发生在生产期内的融资费、兑付费等，在缴纳所得税前支付，如果需要计算税后资金成本，则必须考虑它们的减税作用，此时需要乘以$(1-T)$，T 为所得税税率。

式（4－1）是个动态分析的公式，它考虑了资金的时间价值，比静态的计算方法更科学、精确。

（三）各种融资方式的资金成本

项目投资资金由权益资金（资本金）和债务资金组成（见表4－1）。

表4－1　主要融资方式的资金成本

分类	融资方式		资金成本（率）
债务资金	银行贷款		即银行年利率（不考虑资金时间价值、筹资费及所得税时）
	发行债券		可计算出 K（与发行利率、方式、费用、所得税有关）
权益资金	发行股票	优先股	即股利率（不考虑发行成本时）
		普通股	可计算出 K（相当于投资者的期望收益率）
	新股东（合伙人）直接投资		出资股东的期望收益率或机会成本
	企业既有法人的内部资金		企业既有法人或企业原股东的期望收益率或机会成本

（1）权益资金是项目总投资中由投资者认缴的出资额，它是确定项目产权关系的依据，也是项目获得债务资金的信用基础。

权益资金可以通过发行股票、接纳新的投资股东，以及既有法人企业的再投资等方法获得。对于项目筹集的权益资金，虽然不必像债务资金那样还本付息，但项目有责任满足权益投资者的盈利期望。即使是企业内部的再投资资金，项目也必须满足企业投资的机会成本。所以，对于项目经营者来说，权益资金的资金成本也是项目的实际成本。

（2）债务资金是项目投资中以负债方式从金融机构、资本市场取得的资金（例如借款和发行债券）。企业必须承担按期还本付息的法定义务。

（3）资金结构指融资方案中各种资金的比例关系，包括项目权益资金和债务资金的比例，以及权益资金和债务资金内部各种不同来源的资金的比例。

不同的融资方式可以获得不同来源的资金，它们具有不同的资金成本。如果项目达不到债权人或股东要求或期望的收益率，谁也不会盲目地为项目投资。

对于同一项目，采用不同的融资方案，即采用不同的资金结构，所形成的项目总体资金成本高低不一。资金成本（率）是投资项目必须达到的最低收益（率），在企业各项生产经营活动的经济分析和决策中，应力求融资方案的资金成本最低，这是决策的核心。因此，对项目不同融资方案的资金成本进行计算和比选，具有重要意义。

二、资金成本的计算

(一) 债务资金成本的计算

1. 借款资金成本的计算

(1) 静态计算方法。

1) 不考虑其他条件，贷款的税前资金成本 $K_d=i$，i 为贷款的年利率。

2) 在实际中，由于贷款利息被计入所得税前成本中，可产生抵减所得税的作用，因而从借款的角度，可以将其看作降低银行贷款的成本。故税后资金成本为：

$$K_d=i(1-T) \tag{4-2}$$

3) 如果考虑银行借款筹资费率和第三方担保费率，则

$$K_d=\frac{(i+V_d)(1-T)}{1-f} \tag{4-3}$$

式中，f 为银行借款筹资费率；V_d 为担保费率。

$$V_d=\frac{V}{Pn}\times 100\%$$

式中，V 为担保费总额；P 为贷款总额；n 为担保年限。

例 4-1

某企业为建设新项目需向银行贷款 400 万元，偿还期为 5 年，年利率为 10%，筹资费率为 2%。同时，按银行要求提供第三方担保，担保费为 70 万元，担保期为 5 年。项目投产后应纳所得税税率为 25%，请计算该项目贷款的资金成本。

解：$V_d=\frac{V}{Pn}\times 100\%=\frac{70}{400\times 5}\times 100\%=3.5\%$

$K_d=(10\%+3.5\%)(1-25\%)/(1-2\%)=10.33\%$

(2) 动态计算方法。向银行或其他金融机构以借贷方式筹措资金的成本，可按式 (4-1) 计算，即求出使筹集资金与各种费用等值的折现（收益）率。税后资金成本的计算应考虑利息的减税作用（注意：建设期利息和免征所得税的年份，没有抵税问题）。

例 4-2

项目期初向银行借款 100 万元，年利率为 6%，限期为 3 年，到期一次还清借款，筹资费率为 5%，项目投资当年即生产并盈利，所得税税率为 33%，试计算项

目借款税后资金成本。

解：融资现金流量分析如下：

期初（第0年）实际投资额为：

$$100-100\times5\%=95(\text{万元})$$

在第1、2、3年末，考虑抵税效果后各年缴纳利息为：

$$100\times6\%\times(1-33\%)=4.02(\text{万元})$$

在第3年末需要偿还本金100万元。

现在我们按式（4-1）计算资金成本率，它是使实际借入的95万元与付出费用——3年等额利息4.02万元，以及第3年末100万元本金等值的折现率K_d。

$$95-4.02(P/A,K_d,3)-100(P/F,K_d,3)=0$$

可用试算内插法，分别设$K=6\%$和$K=5\%$再内插求解，或利用Excel求IRR的方法计算。可得$K_d=5.89\%$。

例4-3

某项目建设期1年，投产后即盈利，按照有关规定，投产后可免征所得税1年，所得税税率为33%。该项目于期初向银行借款1 000万元，筹资费率为0.5%，年利率为6%，按年付息，3年到期一次还清本金，试计算该借款的所得税税后资金成本。

解：注意本题中，建设期和投产第1年的利息没有抵税的问题。

期初实际得到资金为：

$$1\,000-1\,000\times0.5\%=995(\text{万元})$$

第1、2年末支付利息（该两年不交所得税）为：

$$1\,000\times6\%=60(\text{万元})$$

第3年末由于利息的抵税作用支付利息为：

$$1\,000\times6\%\times(1-33\%)=40.2(\text{万元})$$

第3年末另有本金偿还1 000万元。

按式（4-1）列方程：

$$995-60(P/A,K_d,2)-1\,040.2(P/F,K_d,3)=0$$

利用Excel，可得$K_d=5.56\%$。

---

2. 债券资金成本的计算

(1) 静态计算方法。

1) 发行债券的成本主要来自债券利息和筹资费，计算公式为：

$$K_B=\frac{i(1-T)}{1-f} \tag{4-4}$$

式中，f 为债券筹资费率；i 为债券利率。

2) 如果债券溢价或折价发行，则发行的差额应当按年进行摊销，此时的债券资金成本计算公式为：

$$K_B=\frac{[I+(B_0-B_1)\times 1/n](1-T)}{B_1-F} \tag{4-5}$$

式中，B_0 为债券的票面价值；B_1 为发行价；n 为债券的偿还年限；F 为债券发行的筹资费；I 为债券年利息。

例 4-4

某企业为上新项目筹资，发行 5 年期债券。票面价值为1 000 元，折价发行价为 840 元，相应的筹资费为 5 元，债券的年利率为 6%，项目建成后应纳所得税税率为 33%，试求该债券的资金成本。

解：利用式 (4-4)，得

$$K_B=\frac{[1\ 000\times 6\%+(1\ 000-840)\times 1/5](1-33\%)}{840-5}=7.38\%$$

(2) 动态计算方法。债券资金成本的动态计算与借款类似，可以运用式 (4-1) 计算。

例 4-5

面值 100 元的 3 年期债券，发行价格为 100 元，发行时支付的发行费率为 0.5%，年利率为 4%，到期一次还本付息，兑付时手续费率为 0.5%。若发行债券当年即投产且盈利，所得税税率为 25%，试计算该债券的税后资金成本。

解：100 元债券实际筹到资金为：

$$100\times(1-0.5\%)=99.5(\text{元})$$

3 年末一次支付利息额 (含抵税作用) 为：

$$100\times 4\%\times 3\times(1-25\%)=9(\text{元})$$

3 年末归还票面价值 100 元。

3 年末兑付手续费，因税前支付，故有减税作用：

$$100\times0.5\%\times(1-25\%)=0.375(\text{元})$$

按式（4－1）列方程：

$$99.5-(9+100+0.375)(P/F,K_B,3)=0$$

可得 $K_B=3.2\%$。

（二）权益资金成本的计算

1. 优先股资金成本 K_P

在项目评价中优先股属于资本金，但它实际上是一种准股本资金，一般不还本，有固定的股利率和股息，该股息是由企业的税后利润支付的，故不是可减税的支出。

（1）静态计算方法。用静态计算方法，优先股的资金成本是每年股息与发行优先股的实际收入之比。

$$K_P=\frac{D_P}{P_P(1-f)} \tag{4-6}$$

式中，D_P 为每年股息总额；P_P 为优先股票面价值；f 为优先股发行的筹资费率。

例 4－6

某企业发行优先股股票，按正常市价计算，其票面额为 200 万元，筹资费率为 3%，股利率为 10%，求其资金成本。

解：$K_P=\dfrac{200\times10\%}{200\times(1-3\%)}=10.3\%$

（2）动态计算方法。由于优先股的资金占用期限 $n=\infty$，故股息可视为永续年金 A，在该情况下 $P=A/i$，按式（4－1）可推导出优先股的资金成本公式为：

$$K_P=\frac{\text{优先股股息}}{\text{优先股发行价}-\text{发行成本}} \tag{4-7}$$

例 4－7

某企业优先股股票面值为 200 元，发行价为 195 元，筹资费率为 3%，股利率为 5%，每年付息一次。试计算其资金成本。

解：$K_P=\dfrac{200\times5\%}{195-200\times3\%}=5.29\%$

---

2. 普通股资金成本 K_S

从概念上讲，普通股资金成本是股东投资期望得到的最低收益率。该期望收益率由股东在股票市场上根据股票价格和预计的每股红利，以及公司风险状况所作的选择来反映，故较难作出准确的测定。普通股的资金成本可以用以下两种方法近似估算。

（1）红利法（股利增长模型）。

$$K_S=\frac{D_0}{P_0(1-f)}+G=\frac{i}{1-f}+G \tag{4-8}$$

式中，D_0 为基期预计年股利额；P_0 为普通股筹资额（基期市场价，即票面值）；f 为普通股筹资费率；G 为预计每股红利的年增长率；i 为第 1 年的股利率。

例 4-8

某机械制造企业发行普通股筹资1 000 万元，筹资费率为 2%，第 1 年的股利率为 6%，如果预计每年每股红利增长 2.5%，求其资金成本。

解：$K_S=\frac{1\ 000\times 6\%}{1\ 000\times(1-2\%)}+2.5\%$

$=8.6\%$

（2）资本资产定价模型（CAPM）。该模型认为普通股的资金成本等于无风险证券收益率，加上公司无法避免的风险（β 因素）乘以市场风险价格（市场风险溢价）。

$$K_S=R_f+\beta(R_m-R_f) \tag{4-9}$$

式中，K_S 为普通股资金成本；R_f 为无风险证券收益率；R_m 为全部股票市场平均风险的投资收益率；β 为股本系统性风险；R_m-R_f 为市场风险溢价。

如图 4-1 所示，β 是一个反映本公司股票投资收益率对整个股票市场平均投资收益率变化响应能力的参数。$\beta<1$ 表示公司风险小于市场平均风险；$\beta>1$表示公司风险大于市场平均风险；$\beta=1$ 表示公司风险相当于市场平均风险。β 风险线的斜率，即等于市场风险溢价 R_m-R_f。麦肯锡公司建议美国公司使用 5%～6%的市场风险溢价，这是根据标准普尔 500 指数收益率相对于 1926—1992 年长期政府债券收益率的长期几何平均溢价得出的，并建议使用 10 年期国库券利率确立 R_f。但由于有不同意见，这个结论并不是唯一的。

使用该模型需要对 R_f、β 和市场风险溢价 R_m-R_f 这三个因素作出估计。同时注意，该模型考虑了公司的整体风险。

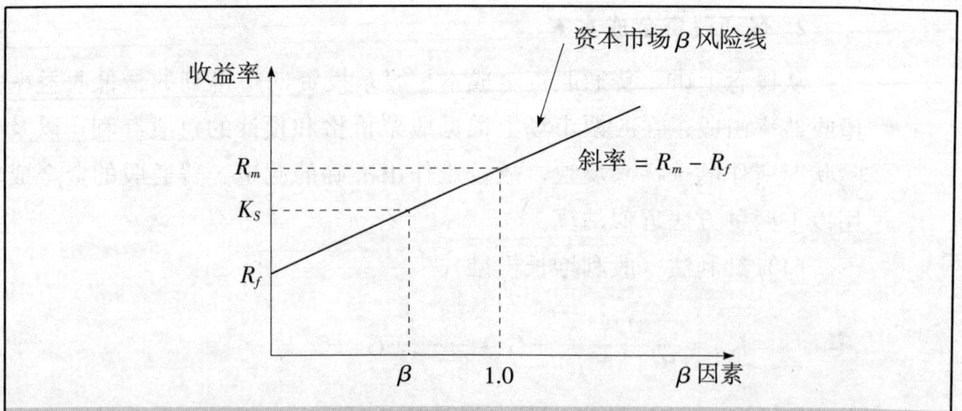

图 4-1　资本资产定价模型

资本资产定价模型是美国学者夏普（W. F. Sharpe）于 20 世纪 60 年代提出的，他因此获得了 1990 年诺贝尔经济学奖。该公式说明：投资的系统性风险（β）越大，投资者所要求或期望的投资收益率越高。它应用于我国投资项目评价和公司价值评价等对折现率的估算，已逐渐具备可操作性。一般可以使用相应期限的国债利率作为 R_f，平均市场风险溢价可依据国家有关财政和统计数据测定。目前我国已经出现一些测算行业 β 系数的研究成果，可供使用者参考。

例 4-9

已知将美国 10 年期国库券的到期收益 8.8%作为无风险收益率，取 5.5%为市场风险溢价，根据 BARRA 的股本 β 系数手册预测普雷斯顿公司的 β 系数为 0.93。试采用资本资产定价模型计算普雷斯顿公司的普通股资金成本。

解：将已知数据代入式（4-9）中，得

$$K_S = 8.8\% + 5.5\% \times 0.93 = 13.9\%$$

例 4-10

某高科技 A 公司价值评估需要估计股权资金成本，我国 5 年期国债利率为 3.14%，且估计还有回升的趋势，故取 3.8%为无风险收益率；同时，据评估师了解我国比较成熟市场中的平均风险溢价为 4%～6%，取 6%作为高科技市场风险指标；考虑处于创业期的 A 公司未来不确定因素比较多，取 β 系数为 1.5。试利用资本资产定价模型计算其权益资金成本。

解：$K_S = 3.8\% + 1.5 \times 6\% = 12.8\%$

（3）税前债务成本加风险溢价法。鉴于投资者的投资风险大于提供债务融资的债权人，因而在债权人要求的收益率上再增加一定的风险溢价，作为对普通股资金成本的估计。公式为：

$$K_S = K_b + RP_c \tag{4-10}$$

式中，K_S 为普通股资金成本；K_b 为税前债务资金成本；RP_c 为投资者比债权人承担更大风险所要求的风险溢价，是凭经验估计的。

3. 新股东直接投资

新股东直接投资指投资者以各种方式——货币资金、实物、工业产权、专利权、非专利技术、土地使用权、商誉等无形资产等作价向合资项目出资形成法人资本。这种筹集资本金的方式虽然在企业经营期间不必归还本金，但经营者有责任保证按出资额分配利润，以满足投资股东的盈利期望（或机会成本），即新股东投资的资金成本。

4. 企业再投资

企业的再投资资金通常包括法定盈余公积和未分配利润，或企业提取的折旧费、摊销费，以及符合会计制度规定可以用于再投资的其他资金。

上述资金作为公司权益的一部分，属于业主或股东，但未以股利形式发放，而是保留在公司内。表面上，它是不需要支付成本的，但实际上使用其从事投资活动时也必须考虑企业和股东所期望的收益率或资金的机会成本问题。所以其资金成本存在多种计算方法。

（1）比照普通股资金成本法。即从股东期望的最低投资收益率的概念考虑，可以视同普通股资金成本。设企业再投资的资金成本为 K_r，即有

$$K_r = K_S \tag{4-11}$$

（2）根据机会成本的原理，可计算为：

$$K_r = R\,\frac{1-T}{1-f} \tag{4-12}$$

式中，R 为保留利润向外投资预计可以获取的利润率；f 为经纪人手续费率；T 为投资者应缴纳的所得税税率。

5. 捐赠资金

确定捐赠资金的资金成本可以采用两种不同的计算方法：

（1）基于接受捐赠属于所有者权益的想法，可视其为企业再投资资金计算成本；

（2）基于接受捐赠可以减少企业债务资金额的角度考虑，可以视其为债务资金计算成本。

三、加权平均资金成本法

在我国逐步建立社会主义市场经济体制的过程中，不惜“血本”筹措投资资金的现象已经逐渐消失。投资者认识到，选择筹资代价小的资金来源，是获得较高盈利的重要保证之一。所以对投资资金成本的测算和比选是十分必要的。

上面介绍的投资活动的各种资金来源，都有其各自的资金成本，而在项目的融资方案中往往具有多种资金来源。计算融资方案总资金成本的方法主要是加权平均资金成本法。

（一）加权平均资金成本

加权平均资金成本即融资方案中各种资金来源的资金成本的加权平均值。权重是各种来源的资金分别在融资总额中所占的比例。加权平均资金成本的计算公式为：

$$K^* = \sum_{i=1}^{n} K_i P_i \tag{4-13}$$

式中，K^* 为融资方案的加权平均资金成本；K_i 为第 i 种（$i=1, 2, \cdots, n$）筹资方式的资金成本；P_i 为权重，即第 i 种筹资方式的投资资金在融资总额中所占的比例。

例 4-11

某汽车配件项目建成后的所得税税率为 33%，其投资资金总计为8 400 万元，资金构成情况如下：向银行贷款3 000 万元，年利率为 8%，担保费用为 90 万元，担保期限为 3 年；发行债券2 000 万元，筹资费率为 2%，债券年利率为 12%；发行普通股 200 万股，每股价格为 12 元，当时每股股利为 0.75 元，每年预期增长 4%；接受海外捐赠现金合人民币 400 万元；企业再投资资金 600 万元。试计算该项目的综合资金成本。

解：$K_d = \left(8\% + \dfrac{90}{3\,000 \times 3} \times 100\%\right)(1-33\%) = 6.03\%$

$P_d = 35.7\%$

$K_B = \dfrac{12\% \times (1-33\%)}{1-2\%} = 8.2\%$

$P_B = 23.8\%$

$K_S = \dfrac{0.75}{12} \times 100\% + 4\% = 10.25\%$

$P_S = 28.6\%$

海外捐赠资金成本比照债券的资金成本：

$K_{捐}=8.2\%$

$P_{捐}=4.8\%$

企业再投资资金的资金成本比照普通股资金成本：

$K_r=10.25\%$

$P_r=7.1\%$

综合资金成本为：

$$\begin{aligned}K^*&=6.03\%\times35.7\%+8.2\%\times23.8\%+10.25\%\times28.6\%\\&\quad+8.2\%\times4.8\%+10.25\%\times7.1\%\\&=8.2\%\end{aligned}$$

（二）最低期望收益率

最低期望收益率（minimum attractive rate of return，MARR）是投资者从事投资活动可接受的收益率的最低临界值。确定投资的最低期望收益率需综合考虑各种影响因素。

$$MARR=\max\{K_d, K^*, K_o\} \tag{4-14}$$

式中，K_d 为借贷资金成本；K^* 为全部资金加权平均成本；K_o 为项目投资的机会成本。

一般情况下，MARR 应当至少等于三者中最大的一个，或者说不低于其中任何一个，否则投资者将无利可图。

至此，可以初步确定 MARR。但是对于基准收益率，现实存在的风险因素和通货膨胀也是必须考虑的。

（三）风险因素的影响

就项目风险产生的原因来说，可分为自然风险、社会风险和经营风险。从经营生产的不同阶段看，经营风险可再分为投资风险、生产风险和销售风险。不同投资项目的风险是不同的。一般来说，各种投资项目风险水平如下所示依次递增：技术改造＜现有产品扩大生产规模＜新产品及其新市场的开拓＜高新技术项目；此外，内销＜外销，国内投资＜国外投资等。

高风险往往伴随着高收益。投资者之所以愿意投资于高风险的项目，是期望得到较高的风险溢酬或称为风险报酬。风险溢酬是指从事有一定风险的投资与无风险投资相比，所应获得的额外收益，用百分数表示。

因此，在不考虑风险因素的无风险折现率的基础上，再附加一个百分率，成为数值高一些的含风险折现率，以使预期的收益中包含风险溢酬，是一种广泛应用的方法。

$$i_C = \text{MARR} + h_r \tag{4-15}$$

式中，h_r 为投资风险补偿系数（即风险溢酬）。

一般情况下，h_r 反映投资者对投资风险要求补偿的主观判断，它是根据相应的资料和经验估算出来的。不同的企业或投资者的抗风险能力和对风险的态度可能不同，所取的 h_r 也可能不同。所以这只是一种粗略的方法，确切地用一个附加百分数估计风险大小，确实也是很困难的。

另外，如果在计算 MARR 中考虑了企业的整体风险（如用 CAPM 计算普通股资金成本时，就包含对公司整体风险的考虑），则 h_r 仅包括对其他风险的补偿。

设定含风险折现率的方法，概念简单，应用也比较普遍。但是，它的一个明显的缺点是：折现率中含有风险因素后，意味着风险随着时间推移按固定比例逐年增大。这往往与客观实际情况不相符合。某些项目刚开始的年份现金流量不确定性小，以后的年份不确定性大，似乎风险是逐渐增大的。但即使如此，也不见得是按一个固定的比例递增的。而有些项目刚好相反，开始的年份风险大，后来反而风险小。也就是说，该方法还是比较粗略的。

例 4-12

某项目第 0 年投资 170 万元，寿命期为 5 年，各年净现金流量的可能值及其概率如表 4-2 所示。$E(X_t)$ 为第 t 年净现金流量的期望值，σ_t 为第 t 年净现金流量的标准差，无风险折现率 $i=10\%$。如果投资者设定的含风险折现率为 15%，试问项目是否可行？

表 4-2 某项目净现金流量的可能值及其概率 金额单位：万元

t	X_{tj}	P_{tj}	$E(X_t)$	σ_t
0	−170	1	−170	0
1	40 50 60	0.2 0.6 0.2	50	6.33
2	40 60 80	0.3 0.4 0.3	60	15.49
3	40 60 80	0.3 0.4 0.3	60	15.49
4	60	1	60	0
5	50 70 90	0.33 0.34 0.33	70	16.23

解：以净现值作为评价指标，其期望值为：

$$
\begin{aligned}
E(\mathrm{NPV}) &= -170+50(1+0.15)^{-1}+60(1+0.15)^{-2} \\
&\quad +60(1+0.15)^{-3}+60(1+0.15)^{-4} \\
&\quad +70(1+0.15)^{-5} \\
&= 27.41(\text{万元})>0
\end{aligned}
$$

所以项目可行。

从例4-12来看（见表4-2），第2年和第3年的净现金流量期望值、标准差完全相同，说明这两年的风险程度相同。但第2年的净现金流量按 $(1+0.15)^{-2}$ 折现，而第3年按 $(1+0.15)^{-3}$ 折现，其中含有不应增大的风险因素，显然是不合理的。第4年的净现金流量是确定值，也就是说没有经营风险，本应按无风险折现率10%折现，却必须按含风险折现率折现，同样也是不合理的。

尽管如此，在无风险折现率的基础上再附加一个百分率，以使预期的收益中包含风险溢酬仍然是一种广泛应用的方法。

(四) 通货膨胀的影响

对于通货膨胀（inflation），人们往往理解为：国家纸币的发行量超过流通中需要的货币量，引起纸币贬值、物价上涨的现象。但这个概念是不全面的。其更广泛使用的定义是：商品和服务价格完全地、普遍地上升的一种经济现象。引起普涨的原因非常复杂，有多种理论解释，如需求拉动论、成本推动论、过分就业论、过多货币发行论等。

通货膨胀率（f）指一年内市场上商品和服务价格的变化率。国际上通常将居民消费价格指数（CPI）作为反映通货膨胀（或通货紧缩）程度的重要指标。

在此之前的例题中并未涉及通货膨胀，但它确实是伴随经济生活而存在的经济现象。那么，我们应当如何在折现率中包含通货膨胀的影响呢？

1. 包含通货膨胀的折现率

包含通货膨胀的折现率（u）的公式为：

$$u=i+f+if \tag{4-16}$$

或

$$i=\frac{u-f}{1+f} \tag{4-17}$$

式中，f 为通货膨胀率；u 为现时（含通货膨胀的）折现率，或称综合折现率，是与现时（时价的、即时的、含通货膨胀的）现金流量相关的折现率；i 为不变折现率，是与不变（价格不变的、无通货膨胀的）货币现金流量相关的折现率。

这样，u 可以相当于 i，直接查复利系数表得到。同时我们可以在已知 f 时，进行 u 和 i 之间的换算。

例 4-13

某投资项目方案A、B的现时（含通货膨胀的）现金流量如表4-3所示。投资者不含通货膨胀的机会成本为15%，若通货膨胀率每年保持为10%，试通过计算解释通货膨胀可否被忽视。

表 4-3　某项目方案A、B的现金流量　　单位：万元

年	A方案	B方案
0	−1 000	−1 200
1	600	550
2	500	550
3	400	550
4	300	550

解：(1) 如果使用不含通货膨胀的机会成本 $i=15\%$，直接求出各方案的NPV，则

$$\begin{aligned}NPV_A&=-1\,000+600(P/A,15\%,4)-100(P/G,15\%,4)\\&=334(\text{万元})>0\end{aligned}$$

$$\begin{aligned}NPV_B&=-1\,200+550(P/A,15\%,4)\\&=370(\text{万元})>0\end{aligned}$$

很明显，选B方案。

(2) 如果考虑通货膨胀，因为现金流量为现时（包含通货膨胀因素的各年时值）现金流量，为此，应当求出含通货膨胀的现时折现率 u，用 u 求出各方案的NPV，再加以比较。

$$\begin{aligned}u&=i+f+if\\&=0.15+0.10+0.015=0.265\end{aligned}$$

$$\begin{aligned}NPV_A&=-1\,000+600\times(1+0.265)^{-1}+500\times(1+0.265)^{-2}\\&\quad+400\times(1+0.265)^{-3}+300\times(1+0.265)^{-4}\\&=101.5(\text{万元})\end{aligned}$$

$$\begin{aligned}NPV_B&=-1\,200+550\times\frac{(1+0.265)^4-1}{0.265(1+0.265)^4}\\&=65(\text{万元})\end{aligned}$$

很明显，选A方案，结论与不考虑通货膨胀相反。所以通货膨胀不可忽视。

例4-14

向银行存入2 000元，每年以9.5%的复利计息。如果同年的通货膨胀率为9%。用年初的不变货币（元）表示，年底存款价值多少？

解：因为9.5%的复利年利率中应当包含f，所以$u=9.5\%$。该例题要求用不变货币表示年底存款，所以要计算不变折现率i。

$$i=\frac{u-f}{1+f}=\frac{0.095-0.09}{1+0.09}=0.004\,6=0.46\%$$

所以，用不变货币表示的年底存款为：

$$F=P(F/P,0.46\%,1)$$
$$=2\,000\times(1+0.004\,6)=2\,009.2(\text{元})$$

例4-15

某项目的现金流量如表4-4所示。已知项目寿命期内通货膨胀率不变，$f=20\%$。该项目的投资者不含通货膨胀的机会成本为15%，该项目是否可行？

表4-4　某项目的现金流量　　单位：万元

年	当年的净现金流量
0	−10 000
1～5	5 000

解：第一种解法，用现时折现率和现时现金流量计算NPV。因为各年现金流量应为当年的现时现金流量，而已知机会成本不含通货膨胀，所以需求出u。

$$u=i+f+if$$
$$=0.15+0.20+0.15\times0.2$$
$$=0.38$$

$$\text{NPV}=-10\,000+5\,000(P/A,38\%,5)$$
$$=-10\,000+5\,000\times\frac{(1+0.38)^5-1}{0.38\times(1+0.38)^5}$$
$$=-10\,000+5\,000\times2.105\,8$$
$$=529(\text{万元})$$

所以项目可行。

第二种解法，先由已知的现时现金流量求出各年不变（不含通货膨胀的）现金流量，再用不变机会成本和不变现金流量计算项目的NPV。计算过程如表4-5所示。

表 4-5　计算某项目的 NPV

年 (t)	现时现金流量 (万元)	现值系数 $(P/F, 20\%, t)$	不变现金流量 (万元)	现值系数 $(P/F, 15\%, t)$	现值 (万元)
0	−10 000	1.000	−10 000	1.000 0	−10 000
1	5 000	0.833 3	4 167	0.869 6	3 623
2	5 000	0.694 4	3 472	0.756 1	2 625
3	5 000	0.578 7	2 694	0.657 5	1 903
4	5 000	0.482 3	2 411	0.571 8	1 379
5	5 000	0.401 9	2 010	0.497 2	999
					NPV＝529

项目的 NPV＞0，可行。

两种计算方法不仅方案可行的结论相同，数值也相同。

从例 4-15 我们可以了解到，如果项目的现金流量是不变价格（相当于通货膨胀率为 0）的现金流量，我们应当使用不含通货膨胀的折现率来进行相关计算；如果项目的现金流量是现时（随通货膨胀率变化的）现金流量，则应当使用含通货膨胀的折现率。

2. 在项目评价中对通货膨胀影响的处理方法

在项目评价的实际工作中，准确地对较长时间内的通货膨胀率 f 进行预测是十分困难的。为了避免由于 f 的预测不准而产生指标计算上人为误差，《建设项目经济评价方法与参数》（第三版）中规定了简化的处理方法，即在考虑相对价格变动因素（政策变化或因商品供求关系变化引起的价格变动）的基础上：

（1）规定在比较短的建设期中，以预留涨价预备费（在财务评价中将详细介绍）的形式考虑通货膨胀对投资资金的影响。这样做相当于在建设期各年投资资金上采用了考虑通货膨胀的时价。

（2）规定在较长的建设期和运营期中，对通货膨胀的影响不予考虑。这是为了避免长期通货膨胀率测算不准确，反而产生人为误差。

这就是说，对于具有较长的建设期和运营期的项目，一般不考虑通货膨胀的影响。当然，由通货膨胀所产生的价格变化对于项目现金流量和项目的盈利能力确实是有影响的。对于它产生的影响，我们可以在不确定性分析或风险分析中予以考察、分析和判断（在第 6 章有详细介绍）。

3. 在确定基准收益率时对通货膨胀如何考虑

基于上述原因，一般项目的现金流量是用不变价格估算的，相应地，也应当使用不含通货膨胀的基准收益率。此时在确定基准收益率时可以不考虑通货膨胀的影响。

在现实中，银行利率、债券利率或者股东的最低期望收益率中可能都已经包括通货膨胀率，但可能它们并不是通货膨胀影响的全部。理论上讲，应当再加上未包含的其余部分的通货膨胀率 f，即

$$i_c = \text{MARR} + h_r + f \tag{4-18}$$

如果项目需要或能够使用即时价格估算现金流量，则其基准收益率应当包含通货膨胀率 f，即使用式（4－18）来计算。

第 3 节　基准收益率的其他确定方法

一、项目模拟实测法

（1）以实际项目为研究对象，对大量同类项目进行测算，根据该行业或同类企业的生产规模、产品方案、销售收入、生产成本、经营成本，以及税费等有关统计资料，构建一个反映该类项目财务状况的典型现金流量模型。

（2）计算其 IRR 和投资回收期。

（3）比较该 IRR 和投资回收期与同类新老项目指标的差异，分析原因。

（4）从产业政策、资源状况、价格变动、技术进步、资料精度等方面对项目指标的影响进行分析，经专家判断进行调整后，作为该类项目的部门或行业的内部收益率和投资回收期的参考值，为项目评价与决策人员提供比较、借鉴的基础。可以看出，该方法适用于某些制造业，但具有不同资金构成的同类项目不适用。

二、统计分析法

该方法依据描述统计学的基本原理和方法，选择适当的行业覆盖面和一定数量的项目个体作为分析样本，对项目的全部投资财务分析指标和自有资金财务分析指标等相关资料进行分析、统计和分类。在此基础上，按照不同行业确定其内部收益率的合理值作为行业的基准收益率。

该方法受样本数据来源的影响较大，同时也难以涵盖各种多元投资和不同资金构成的实际情况。

三、专家调查法

专家调查法也称德尔菲法，是被调查的专家经过多轮的意见征询，集体交流信息，最终归纳汇总为基本一致的意见的预测过程。其主要特点是匿名性、反馈性和收敛性。

四、采用多种方法测算、验证和协调

在实际中，项目的财务基准收益率不一定是采用上述某一种方法测定的，可以先采用多种方法进行测算，然后将不同方法测算的结果互相验证，最后经过调整或协调确定。

通过表4-6可以了解各行业财务基准收益率的测算和协调过程。在分行业测算中，各行业分别采用了CAPM、加权平均资金成本法、项目模拟实测法、统计分析法等不同方法。与此同时，组织了全国各行业500多位专家进行调查。最后组织了多次参数协调会议和专家审核会议，在力求体现国家政策并保持参数体系协调性、完整性的原则下，综合考虑各方面的意见和实际情况，最终予以确定并正式发布。

表4-6　部分行业建设项目财务基准收益率测算与协调（节选，%）

行业名称	财务基准收益率（融资前税前指标）			财务基准收益率（项目资本金税后指标）		
	专家调查结果	行业测算结果	协调结果	专家调查结果	行业测算结果	协调结果
农副业食品加工	10～12	8	8	12～15	—	8
林纸林化	13	12	12	15	12	12
陆上油（气）田开采	13	13（12）	13（12）	15	—	15
原油加工及石油制品制造	12	12	12	13	16	13
化肥	10	9	9	12	8	9
专用化学品制造（含精细化工）	15	13	13	15	15	15
固定通信	6	5	5	6	5	5
移动通信	12	9	10	13	12	12
水库发电工程	8	6～8	7	10	—	
钢铁冶炼	12	—		13	—	
卷烟制造	16	—		18	—	
棉、化纤纺织	12	—		13	—	
化学药品、原药制剂制造	15	—		16	—	

续表

行业名称	财务基准收益率（融资前税前指标）			财务基准收益率（项目资本金税后指标）		
	专家调查结果	行业测算结果	协调结果	专家调查结果	行业测算结果	协调结果
通用（专用）设备制造	12	—		13	—	
公路建设	6	—		7	—	
房地产开发项目	12	—		13	—	

资料来源：国家发展和改革委员会，建设部．建设项目经济评价方法与参数．3版．北京：中国计划出版社，2006.

这里再次强调：表4-6中正式发布的基准收益率，对于政府投资项目是必须采用的；对于其他各类投资项目是参考性的。除基准收益率外的其他所有参数，对于所有各类投资项目都是参考性的。因此，评价人员在很多情况下需要参考现有参数，对行业和项目的各类参数进行自主测算确定。这些参数既可以采用前面介绍的项目模拟实测法、统计分析法、专家调查法等基本方法测定，也可以同时采用多种方法进行测算、验证，经协调确定。

复习题

1. 如何正确认识基准收益率 i_C 的含义？它在项目评价中起什么作用？

2. 什么是资金成本？在用加权平均资金成本法确定基准收益率 i_C 时，为什么首先从项目的资金成本开始探讨？

3. 试述动态计算方法计算的资金成本与静态方法计算的资金成本在概念上的区别。

4. 试述确定 i_C 的主要方法及其适用的情况。

5. 试述运用加权平均资金成本法确定基准收益率的基本步骤。

6. 在用加权平均资金成本法确定基准收益率时，应当如何正确考虑通货膨胀的影响？

7. 某企业汽车配件生产项目的融资方案如下：

(1) 项目决定利用银行贷款3 000万元，在考虑担保费和所得税后，其资金成本为6.03%；

(2) 发行债券2 000万元，其资金成本为8.2%；

(3) 发行普通股股票200万股，每股12元，经计算其资金成本为10.25%；

(4) 接受海外捐赠合人民币400万元，资金成本比照债券取值；

(5) 未来实施项目时企业再投资600万元，机会成本为8.5%。

如果所在行业的风险补偿系数为2.5%，请你协助企业确定该项目的基准收益率 i_C。

第5章

多个备选方案的比选

随着科技进步和经济快速发展，某种目标的实现客观上可能存在多种方案可供选择。如果墨守成规，只提出一个或有限的方案，很可能根本就没有包含客观上最优的方案。所以在形成方案的过程中，必须有意识地尽可能了解并运用各种技术和经济信息，形成多种可替代的备选方案。例如，采用不同的技术、设备，不同的工艺，不同的原料和半成品；考虑不同的规模、厂址，不同的寿命期，不同的投资时间，不同的融资方法和还款方式等。只有这样，才能达到选出真正最优方案的目的。

从方案比选的角度看，投资方案有以下几种分类方法。

第一，单方案和多方案。

单方案指项目只有一个方案，没有其他可替代方案，故只需对项目做绝对效果评价，判断其是否可行，以决定是否投资。

多方案指项目具有如前所述的多种可替代方案供选择。

第二，独立方案和相关方案。

独立方案指项目各个方案的现金流量都是独立的，各方案的费用和收益在决策前可以独立地确定。每个方案是否被采纳，只取决于其自身的可行性如何，与其他方案最终选取与否无关。或者说各方案相互间不具有任何相关性。

例如，某企业的一车间需要建一条新的自动生产线；二车间需要建成柔性制造系统；三车间需要改建半自动生产流水线。上述任何一个方案的采用与否，只取决于其自身的经济合理性，不存在互相比选的问题。因此，各方案只需各自进行绝对效果评价，判断是否可行即可。

相关方案指在项目的多个方案间，接受或否决某一方案，将会改变其他方案的现金流量，或影响其他方案的取舍，即方案间具有相关性。相关的类型主要有互斥方案、现金流量相关型方案、资金约束相关型方案、混合相关型方案等。

第 1 节　互斥方案的比选

互斥方案之间正是由于互斥而具有相关的关系。其特点是：在多个备选方案间存在互不相容、互相排斥的相关关系，在决策时最多只能选择其中一个，必须淘汰其他方案。

对于互斥方案的比选方法我们已经比较熟悉，可以使用的指标有 NPV（或 NAV）、PC（或 AC）（对上述指标使用单独法或增量法均可）。至于 IRR 等比率型指标，在方案比选时必须使用其增量指标 ΔIRR 等。此外，特别值得注意的有如下三点：

（1）参与比选的互斥方案应具有可比性。主要包括：

1）时间（方案寿命期或计算期）上的可比性。

2）收益和费用估算上的可比性。指各互斥方案在测算费用和收益时，要相应采取合理一致的价格、一致的测算原则和方法。

3）各方案在风险水平上的可比性。即具有大致相同的风险。

（2）互斥方案的比选和决策必须分两步走：首先考察方案各自的可行性，即进行各自的绝对效果评价，在可行的基础上再考察哪个方案最优，即进行方案间的相对效果评价。

（3）在比选时，如果指标计算结果出现方案间差别不大的情况，则不应贸然判定方案的优劣。只有在比选指标计算结果存在较大的差距，并且能判断各类误差不足以使比选结论出现逆转时，才能认定该比选的结论有效（参见例 5-2）。

一、多方案的增量分析

通过前面静态、动态指标的学习，我们已经了解了在对项目或方案比选时，对指标 NPV（或 NAV）可以使用单独法或增量法，对指标 IRR 则必须使用 ΔIRR。

对于三个以上互斥方案的选择，可以通过增量分析决策流程图（见图 5-1），利用挑战者和防御者的概念，清晰地表达增量分析所遵循的步骤和逻辑。挑战者取代防御者的条件是 $\Delta NPV>0$ 或 $\Delta IRR>i_C$，其增量投资产生的增量收益必须是经济的，即应当达到 i_C 的水平。

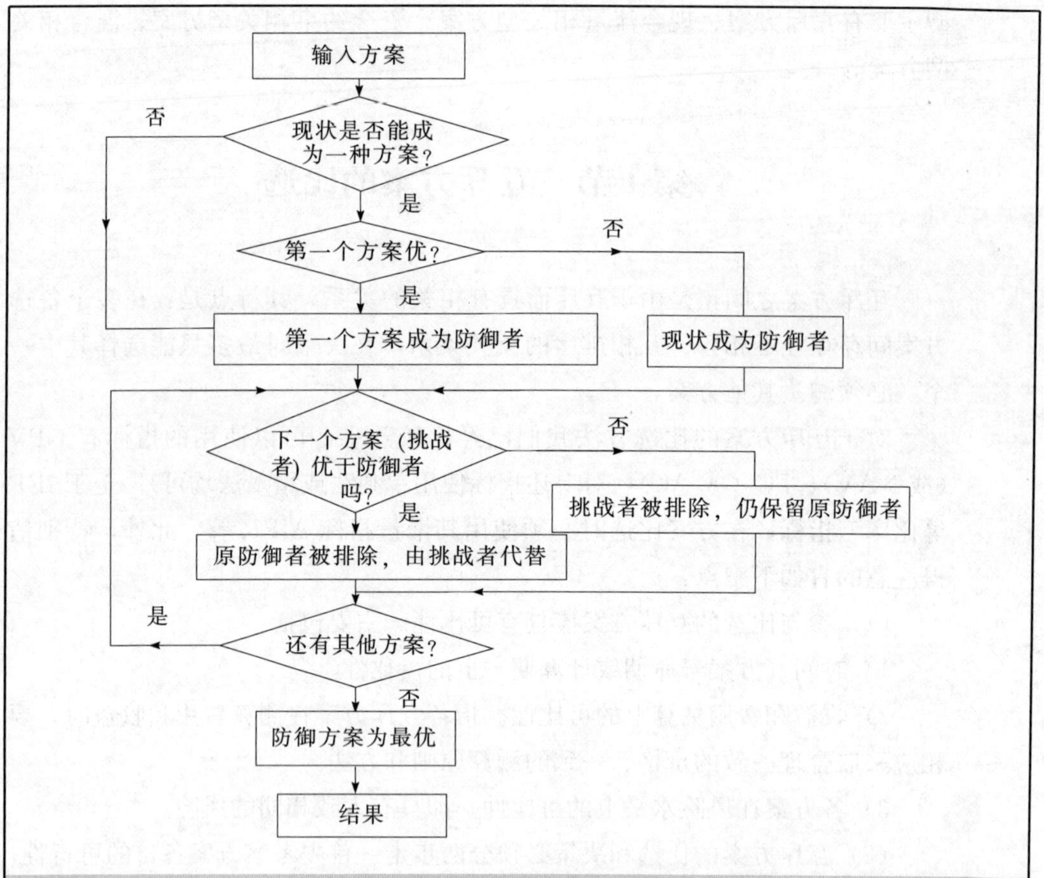

图 5-1　多方案选择的增量分析决策流程图

例 5-1

某项目 7 个备选方案的投资和年经营成本如表 5-1 所示，表中投资额已经从小到大排列。已知 $i_C=8\%$，寿命期 $n=15$ 年。试运用指标 ΔIRR 对其进行比选。

表 5-1　某项目 7 个备选方案的投资和年经营成本　　金额单位：万元

方案	初始投资	年经营成本	增量投资	年成本节约（看作增量收益）	ΔIRR	比选结论
0	0	1 800				
1	1 800	900	1 800	900	$49.9\%>i_C$	1 优于 0
2	2 545	590	745	310	$41.3\%>i_C$	2 优于 1
3	3 340	450	795	140	$15.6\%>i_C$	3 优于 2
4	4 360	360	1 020	90	$3.7\%<i_C$	3 优于 4
5	5 730	310	1 370	50	负值$<i_C$	4 优于 5 故 3 优于 5
6	7 280	285	3 940	165	负值$<i_C$	3 优于 6

解：在本题情况下运用 ΔIRR 指标时，计算增量现金流量的关键和实质是，将

增量投资所导致的费用的节约看成是增量收益。然后同样用 $\Delta NPV_{A-B}=0$ 或者 $NPV_A=NPV_B$ 建立求解 ΔIRR 的方程式。

维持现状的方案0有没有可能也是一种选择呢？从表5-1中可以看到，答案是肯定的。

注意：由于该题仅有增量收益，无法进行方案是否可行的绝对效果评价。

方案1与方案0比：

$$\Delta NPV_{1-0}=0$$
$$-1\,800+900(P/A,\Delta IRR_{1-0},15)=0$$
$$(P/A,\Delta IRR_{1-0},15)=1\,800/900=2$$

查复利系数表可知：

i	$(P/A,i,15)$
30%	3.268
40%	2.484

不必详细计算即可知 $\Delta IRR_{1-0}>40\%>8\%$（详算为49.9%），故投资大的方案1比不投资保持现状的方案0优。

方案2与方案1比：

$$\Delta NPV_{2-1}=0$$
$$-745+310(P/A,\Delta IRR_{2-1},15)=0$$
$$(P/A,\Delta IRR_{2-1},15)=745/310=2.4$$

查表可知 $\Delta IRR_{2-1}>40\%>8\%$（详算为41.3%），故投资大的方案2优。

方案3与方案2比：

$$\Delta NPV_{3-2}=0$$
$$-795+140(P/A,\Delta IRR_{3-2},15)=0$$
$$(P/A,\Delta IRR_{3-2},15)=795/140=5.678$$

查表可知 $15\%<\Delta IRR_{3-2}<20\%$，仍大于 $i_C=8\%$（详算为15.6%），故投资大的方案3优。

方案4与方案3比：

$$\Delta NPV_{4-3}=0$$
$$-1\,020+90(P/A,\Delta IRR_{4-3},15)=0$$
$$(P/A,\Delta IRR_{4-3},15)=1\,020/90=11.333$$

查复利系数表最小 i 为5%时，$(P/A,5\%,15)=10.380$，可知 $\Delta IRR_{4-3}<5\%<8\%$（详算为3.7%），故投资小的方案3优。

注意，此时应该将方案 3 与方案 5 比，但我们也可试算方案 5 与落选的方案 4 比的情况如何。

方案 5 与方案 4 比：

$$\Delta NPV_{5-4}=0$$

$$-1\,370+50(P/A,\Delta IRR_{5-4},15)=0$$

$$(P/A,\Delta IRR_{5-4},15)=1\,370/50=27.4$$

查表可以判断 $\Delta IRR_{5-4}<5\%<8\%$（详算应为负值，因为当 $i=0$，即不考虑资金的时间价值时，$\Delta NPV=-1\,320$，见图 5-2）。

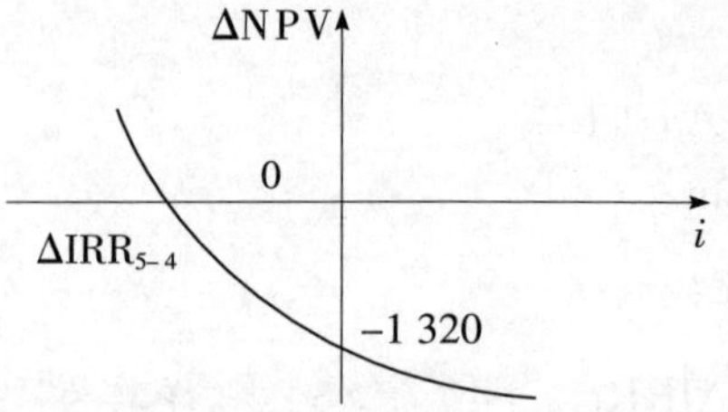

图 5-2　方案 5 与方案 4 相比的 ΔNPV 函数曲线

结论是方案 4 优于方案 5，但因方案 3 优于方案 4，故仍然是方案 3 优。

方案 6 与方案 3 比：

$$\Delta NPV_{6-3}=0$$

$$-(7\,280-3\,340)+(450-285)(P/A,\Delta IRR_{6-3},15)=0$$

$$-3\,940+165(P/A,\Delta IRR_{6-3},15)=0$$

$$(P/A,\Delta IRR_{6-3},15)=3\,940/165=23.88$$

$\Delta IRR_{6-3}<5\%<8\%$（详算为负值），最终投资小的方案 3 最优。

二、不同寿命期（计算期）方案的比选

（一）首选指标 NAV 和 AC

对于寿命期不同的互斥方案间的比选，由于失去了在时间上的可比性，因此直接使用 NPV 指标受到了限制。此时，首选指标应当是 NAV（或 AC）。也就是说，NAV（或 AC）——项目寿命期内，在 i_C 的水平上，每年等额的净盈利（或费用）的现值——对于寿命期不等的方案是具有可比性的。在各备选方案中，NAV 最大者（或 AC 最小者）优。

例 5-2

在水处理厂的项目中，有两个能满足相同需求的可替代方案，各自现金流量如表 5-2 所示。如果资金的机会成本为 10%，试分析应当选择哪种方案。

表 5-2 水处理厂备选方案

项目	甲方案	乙方案
寿命期（年）	15	20
初始成本（元）	7 000	10 000
年维修费（元）	800	500
残值（元）	700	1 000

解：由于两种方案能够满足相同的需求，且仅有费用现金流量，在寿命期不等时，应当首选指标 AC。这里，设费用为正值。

$$\begin{aligned}AC_{甲}&=7\,000(A/P,10\%,15)+800-700(A/F,10\%,15)\\&=7\,000\times0.131\,47+800-700\times0.031\,47\\&=1\,698.3(元)\end{aligned}$$

$$\begin{aligned}AC_{乙}&=10\,000(A/P,10\%,20)+500-1\,000(A/F,10\%,20)\\&=10\,000\times0.117\,46+500-1\,000\times0.017\,46\\&=1\,657.1(元)\end{aligned}$$

$$AC_{甲}>AC_{乙}$$

故应当采用乙方案。

但鉴于两方案 AC 数据非常接近，我们担心估算的初始投资和经营费用若有误差，是否会使比选结论出现逆转。所以我们借助不确定性分析中敏感性分析的方法，找出若不改变上述比较结论，初始投资和经营费用允许的变动范围，以确保比选结论的正确性。

(1) 求出使 $AC_{甲}=AC_{乙}$ 时，初始投资的变化率 X。

$$\begin{aligned}&7\,000(1+X)(A/P,10\%,15)+800-700(A/F,10\%,15)\\=&10\,000(1+X)(A/P,10\%,20)+500-1\,000(A/F,10\%,20)\\&902.29(1+X)+777.97=1\,174.6(1+X)+482.54\\&254.31(1+X)=295.43\\&1+X=1.162\\&X=16.2\%\end{aligned}$$

计算表明，只要两方案初始投资的增加值不超过估算额的 16.2%，乙方案优的结论不会逆转。故项目实施时，只要对投资进行认真控制，乙方案优的结论不会有问题。

(2) 求出使 $AC_{甲}=AC_{乙}$ 时，经营费用的变化率 Y。

$$7\,000(A/P,10\%,15)+800(1+Y)-700(A/F,10\%,15)$$
$$=10\,000(A/P,10\%,20)+500(1+Y)-1\,000(A/F,10\%,20)$$
$$920.29+800(1+Y)-22.03$$
$$=1\,174.6+500(1+Y)-17.46$$
$$300(1+Y)=258.88$$
$$1+Y=0.863$$
$$Y=-13.7\%$$

计算表明，只要两方案经营费用的减少值不超过估算额的13.7%，乙方案优的结论不会逆转。故在方案实施中只要对经营费用适当注意，上述结论不会有问题。

（二）在方案寿命期（计算期）不等的情况下，指标NPV的使用方法

如前所述，在方案寿命期（计算期）不等的情况下，由于时间上不可比，直接使用指标NPV已经不能解决问题。但是，如果我们在设定一个共同分析期的前提下，使不同方案获得时间上的可比性，就可以使用指标NPV了。共同分析期的处理方法一般有以下两种。

1. 寿命期最小公倍数法

该方法设定的共同分析期是各备选方案寿命期的最小公倍数，这样，必须假定将方案重复实施多次，使各方案在相同的时间段进行比较。

例5-3

为改善某城市公共交通状况，新建交通网有两个备选方案（见表5-3），如果设定其基准收益率为12%，期末无残值，试进行选择。

表5-3 某城市新建交通网的备选方案

方案	初始投资（万元）	年收益（万元）	服务寿命（年）
A	100	30	20
B	150	30	40

解：首先设定两方案的最小公倍数40年为共同分析期，则A方案被假定再重复实施一次（见图5-3）。

分别计算在共同分析期即40年中两方案的NPV：

$$NPV_A=-100-100(P/F,12\%,20)+30(P/A,12\%,40)$$
$$=-100-100\times0.103\,7+30\times8.244$$
$$=137(万元)$$
$$NPV_B=-150+30(P/A,12\%,40)$$
$$=-150+30\times8.244$$
$$=97.32(万元)$$

$NPV_A > NPV_B$

故选择A方案。

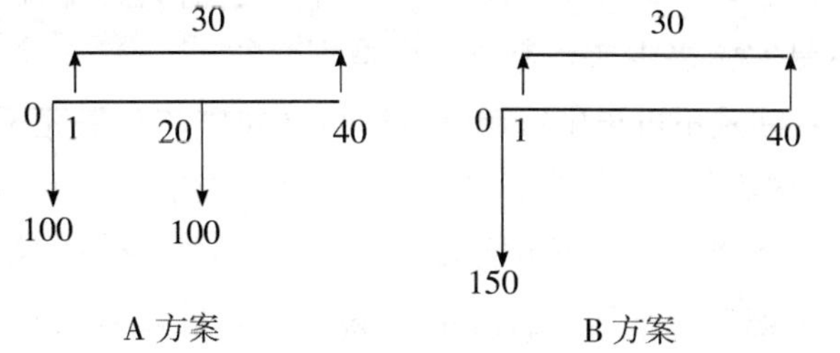

图5-3　某城市新建交通网备选方案的现金流量图

2. 年值折现法

该方法的步骤是：首先，选寿命短的方案的寿命期 n_1 为共同分析期；其次，计算寿命短的方案的现值 NPV_1；然后，对寿命长的方案，以其NPV为现值，求出分摊在其整个寿命期的年值 A；最后，求出 A 在 $N=n_1$ 时的现值 NPV_2，在相同的分析期 n_1 中与寿命短的方案的 NPV_1 相比较，大者优。

注意，该方法其实也隐含将方案重复实施的问题。

例5-4

某项目有两个备选方案，如表5-4所示，如果企业的期望收益率为12%，试用年值折现法进行选择。

表5-4　某项目的备选方案情况　　单位：万元

方案	年					
	0	1	2	3	4	5
A	−150	50	50	50	50	50
B	−100	45	45	45		

解：选择寿命短的B方案的寿命期 $n_1=3$ 年为共同分析期。

$$\begin{aligned}NPV_B &= -100+45(P/A,12\%,3)\\ &= -100+45\times 2.402\\ &= 8.09(\text{万元})\end{aligned}$$

$$\begin{aligned}NPV_A &= [-150+50(P/A,12\%,5)](A/P,12\%,5)(P/A,12\%,3)\\ &= (-150+50\times 3.605)\times 0.277\,41\times 2.402\\ &= 20.2(\text{万元})\end{aligned}$$

$NPV_A > NPV_B$

故A方案优。

(三) 重复实施的假设不可能成立情况下的互斥方案比选

值得注意的是：上述两种方法直接或间接将方案重复实施，达到方案在时间上的可比性。实际上，指标 NAV 本身也隐含方案重复实施的问题，不管将方案重复实施多少次，其 NAV 是不变的。

但是，在涉及不可再生资源开发项目（如矿产开采完了，不可能再开采若干年），以及方案涉及技术进步问题时（如不可能在若干年后重复购置老技术产品），方案重复实施的假定不可能成立，则上述方法，包括 NAV 法都无法使用。

此时可考虑的一种比较合理的方法是：以最短寿命期为共同分析期，长于此寿命期的方案截至该共同分析期，然后将寿命长的方案的资产净值或资金作为期末回收处理，最后使用指标 NPV 在相同的分析期中进行比选。

例 5-5

某工程公司需购买运输用卡车 10 辆，有两种方案可供选择，现金流量如表 5-5 所示。已知 $i_C=10\%$，A 方案第 8 年回收残值 2 万元。鉴于汽车技术在不断进步，一般不大可能在若干年后仍然再次购置各方案所使用的车辆。故 A、B 方案重复实施的假设在实际中是不可能成立的。如果以 A 方案寿命期 8 年为分析期，并预测 B 方案第 8 年汽车净资产可回收 20 万元，试从两方案中选优。

表 5-5 某工程公司购买运输用卡车的现金流量

方案	购置费（万元）	寿命期（年）	年运营费（万元）									
			1	2	3	4	5	6	7	8	9	10
A	200	8	20	20	20	25	25	30	30	30		
B	250	10	18	18	18	20	20	25	25	25	30	30

解：由于两种类型的卡车可以完成同样的任务，可用 PC 法比较。共同分析期为 8 年。

$$\begin{aligned}PC_A&=200+\sum_{t=1}^{8}CO_t(P/F,10\%,t)-2(P/F,10\%,8)\\&=200+128.66-0.93\\&=327.73(\text{万元})\end{aligned}$$

$$\begin{aligned}PC_B&=250+\sum_{t=1}^{8}CO_t(P/F,10\%,t)-20(P/F,10\%,8)\\&=250+109.45-9.33\\&=350.12(\text{万元})\end{aligned}$$

$$PC_B>PC_A$$

故 A 方案优于 B 方案。

三、寿命期无穷大方案间的比选

寿命期无穷大方案的特点是：在 $n=\infty$ 的情况下，等值计算公式 $A=P(A/P,i,\infty)$ 的系数 $(A/P,i,\infty)=i$，因此

$$A=Pi \tag{5-1}$$

$$P=\frac{A}{i}$$

例 5－6

有关部门正在考虑新建某地下传输线路的两个方案的比选问题（见图 5－4），可认为线路的寿命无限长。

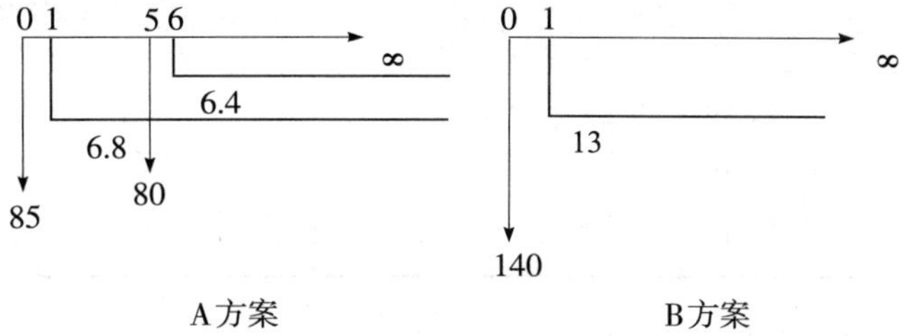

图 5－4　新建某地下传输线路的现金流量图

A 方案：预计投资为 85 万元，年底开始使用，每年管理及维修费为 6.8 万元。但需要在第 5 年末再铺设一条，投资为 80 万元，其年管理及维修费为 6.4 万元。

B 方案：同时铺设两条线路，需投资 140 万元，每年管理及维修费为 13 万元。

如果设基准收益率为 10%，试协助进行优选。

解：比较两方案的费用现值：

$$\begin{aligned}PC_A&=85+6.8/10\%+(80+6.4/10\%)(P/F,10\%,5)\\&=85+68+(80+64)\times 0.6209\\&=242.41(\text{万元})\end{aligned}$$

$$\begin{aligned}PC_B&=140+13/10\%\\&=270(\text{万元})\end{aligned}$$

$$PC_A<PC_B$$

故选择 A 方案。

四、不同资金结构方案的比选

不同资金结构的方案指项目投资资金采用不同来源，或各种来源所占比例不同的方案。承办企业需要从不同资金构成的方案中选择筹集资金成本最小的方案，以提高项目的经济性。

例 5－7

某项目决定利用贷款、发行债券和发行股票三种方式筹集资金，各筹资方式的资金成本已经计算确定（见表 5－6），现有各方式占不同比例的两种资金构成方案，请协助企业进行优选。

表 5－6　某项目的三种筹资方式和两种资金结构

筹资方式	资金结构（%）		各筹资方式的资金成本（%）
	A	B	
贷款	20	30	6
债券	40	40	8
股票	40	30	9

解：A 组综合资金成本＝6%×0.2＋8%×0.4＋9%×0.4
＝8%

B 组综合资金成本＝6%×0.3＋8%×0.4＋9%×0.3
＝7.7%

由于 B 组综合资金成本低，选其为最优资金结构。

例 5－8

某企业新项目的资金结构如表 5－7 所示，普通股股票每股面值 200 元，本年期望股息为 20 元，预计以后每年股息增加 5%。该项目投产后所得税税率为 33%，假设筹资费率均为 2%。在上述情况下，企业根据需要拟再增资 400 万元，有两个备选方案：

甲方案：发行长期债券 400 万元，年利率为 10%。同时将原普通股股息增至 25 元，年增长率为 6%。

乙方案：发行长期债券 200 万元，年利率为 10%。另增发普通股股票 200 万元，年股息为 25 元，以后每年增加 5%。

试比较两方案的综合资金成本，选择最佳筹资方案。

表 5-7　某企业新项目的资金结构　　单位：万元

各种资金来源	金额
1. 长期债券，年利率为 9%	600
2. 优先股，年股息率为 7%	200
3. 普通股，股利的年增长率为 5%	800
合计	1 600

解：(1) 计算甲方案的综合资金成本。

长期债券 $K_{B1}=\dfrac{9\%\times(1-33\%)}{1-2\%}=6.2\%$

所占比重 $P_{B1}=600/2\ 000=30\%$

新增长期债券 $K_{B2}=\dfrac{10\%\times(1-33\%)}{1-2\%}=6.8\%$

所占比重 $P_{B2}=400/2\ 000=20\%$

优先股 $K_P=\dfrac{7\%}{1-2\%}=7.1\%$

所占比重 $P_P=200/2\ 000=10\%$

普通股 $K_S=\dfrac{25}{200\times(1-2\%)}+6\%=18.8\%$

所占比重 $P_S=800/2\ 000=40\%$

甲方案的综合资金成本 $K_{甲}=6.2\%\times30\%+6.8\%\times20\%+7.1\%\times10\%+18.8\%\times40\%=11.5\%$

(2) 计算乙方案的综合资金成本。

长期债券 $K_{B1}=6.2\%$

所占比重 $P_{B1}=30\%$

新增长期债券 $K_{B2}=\dfrac{10\%\times(1-33\%)}{1-2\%}=6.8\%$

所占比重 $P_{B2}=200/2\ 000=10\%$

优先股 $K_P=7.1\%$

所占比重 $P_P=200/2\ 000=10\%$

原普通股 $K_{S1}=\dfrac{20}{200\times(1-2\%)}+5\%=15.2\%$

所占比重 $P_{S1}=800/2\ 000=40\%$

新增普通股 $K_{S2}=\dfrac{25}{200\times(1-2\%)}+5\%=17.8\%$

所占比重 $P_{S2}=200/2\ 000=10\%$

乙方案的综合资金成本 $K_{乙}=6.2\%\times30\%+6.8\%\times10\%+7.1\%$
$\times10\%+15.2\%\times40\%+17.8\times10\%$
$=11.1\%$

$K_{甲}>K_{乙}$

故乙方案为最优筹资方案。

第2节　公益性项目方案的比选

公益性项目不以商业利润为基本追求，而以社会公共福利为主要目标。因此，与营利性项目相比，这类项目的成本（费用）和效果（或效益）的识别与计量难度较大，评价方法和判别标准的规范性较差，因此，这类方案的比选具有一定的复杂性。

一、收益费用比法

在对公共事业项目的评价中，如果项目的收益和费用都可以用货币来计量，那么我们当然可以像营利性项目一样，使用NPV（或NAV）、ΔIRR来进行比选。此外，对于公共事业项目，还有一种比较常用的指标——收益费用比。

（一）绝对评价公式

$$(B/C)=\frac{\sum_{t=0}^{n}B_t(P/F,i_C,t)}{\sum_{t=0}^{n}C_t(P/F,i_C,t)} \tag{5-2}$$

式中，B/C 为项目或方案的收益费用比；B_t 为方案第 t 年的收益；C_t 为方案第 t 年的费用；i_C 为基准折现率；n 为方案的寿命期或计算期。

评价的准则是：$(B/C)\geqslant1$，方案可行；$(B/C)<1$，方案应予以否决。

注意：通常，人们对于收益费用比中的收益 B 和费用 C 可能有不同的认识，通过下例我们可以了解这一点。

例5-9

某项目的现金流量如图5-5所示。其中，图（A）表示的是现金流入和流出的情况，图（B）表示的是净现金流量。假定 $i_C=10\%$，试计算两种现金流量的收益费用比。

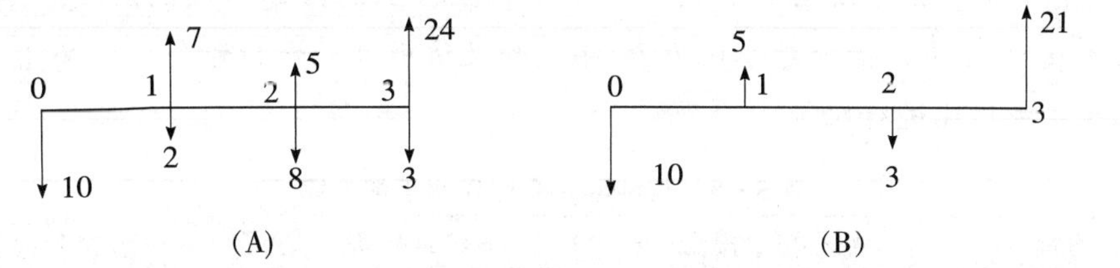

图5-5　某项目的现金流量图

解：

$$(B/C)_A=\frac{7(P/F,10\%,1)+5(P/F,10\%,2)+24(P/F,10\%,3)}{10+2(P/F,10\%,1)+8(P/F,10\%,2)+3(P/F,10\%,3)}$$
$$=1.379$$

$$(B/C)_B=\frac{5(P/F,10\%,1)+21(P/F,10\%,3)}{10+3(P/F,10\%,2)}=1.629$$

尽管两种计算结果不影响（B/C）>1的结论，但它们的数据是有差别的。应当说，按净现金流量计算是比较规范的，尤其是在项目比选时使用$\Delta B/\Delta C$更需要使用净现金流量。

此外，在公共事业项目中，收益费用比也可表达为：

$$(B/C)=\frac{AB}{AC} \tag{5-3}$$

式中，AB为收益年值，$AB=\sum_{t=0}^{n}B_t(P/F,\ i_C,\ t)(A/P,\ i_C,\ n)$；$AC$为费用年值，$AC=\sum_{t=0}^{n}C_t(P/F,\ i_C,\ t)(A/P,\ i_C,\ n)$。

（二）相对评价公式

如前所述，比率型评价指标仅用于绝对效果评价，若想进行方案的相对评价，只能用其增量指标。故进行项目的比选必须使用$\Delta B/\Delta C$指标。

$$(\Delta B/\Delta C)=\frac{\Delta B}{\Delta C}$$
$$=\frac{\text{两方案增量收益的现值}}{\text{两方案增量费用的现值}} \tag{5-4}$$

评价准则：（$\Delta B/\Delta C$）>1，则收益现值大的方案优；（$\Delta B/\Delta C$）<1，则收益现值小的方案优。

例 5-10

某地区为减少洪水灾害，共设计了4个相互独立的修建水坝的方案，各方案的费用列于表5-8中，估计寿命均为75年。如果该项目融资的资金成本为4%，请利用指标收益费用比进行比选。

表 5-8 某地区4个修建水坝的方案 单位：万元

方案	初始投资	年维护费	水灾年损失
0（不建）	0	0	240
A	1 120	28	150
B	880	21	170
C	720	18	200
D	480	12	215

解：表5-8中的初始投资和年费用是净现金流量，将每个方案所能减少水灾的损失视为方案的效益。分别计算各方案的收益费用比（或者视为与不建的方案0的 $\Delta B/\Delta C$ 比），判断各方案的可行性。

$$(B/C)_A=\frac{240-150}{1\,120(A/P,4\%,75)+28}=\frac{90}{75.3}=1.195>1$$

$$(B/C)_B=\frac{240-170}{880(A/P,4\%,75)+21}=\frac{70}{58.1}=1.205>1$$

$$(B/C)_C=\frac{240-200}{720(A/P,4\%,75)+18}=\frac{40}{48.4}=0.826<1$$

$$(B/C)_D=\frac{240-215}{480(A/P,4\%,75)+12}=\frac{25}{32.3}=0.774<1$$

可以看到，C方案和D方案不可行，即不比方案0（不建的方案）优，故予以淘汰。但是不能认为B方案的收益费用比比A方案大，就确定B方案优。我们必须使用增量指标 $\Delta B/\Delta C$ 对两方案进行比选。

$$(\Delta B/\Delta C)_{A-B}=\frac{90-70}{75.3-58.1}=\frac{20}{17.2}=1.163>1$$

因此，结论是A方案优于B方案。

二、费用效果分析

费用效果分析是用于公益性项目方案优选的常用方法，通常在项目效果难以或不能货币化，或货币化的效果不是项目的主要目标时使用。它通过比较项目预期的效果和所支付的费用，来判断项目费用的有效性或经济合理性，从而对项目进行比选。该方法在军事、国防、教育、卫生、公共设施、环境保护等领域的项目评价中得到了广泛应用。

(一) 部分公共事业项目的特点

1. 费用与效果的计量单位不同

部分公共事业项目的费用表现为货币性费用，但其产出或提供的服务缺乏市场价格，收益难以货币化。例如，急救中心项目所能挽救的人的生命的价值，无法用货币来衡量。因此，其产出往往是直接或间接用非货币单位计量的。

2. 无法进行绝对效果评价且优选也较困难

对于部分公共事业项目中费用和收益的不同量纲，由于人们难以给出评价的标准（准则），对这类项目一般无法判定其自身的经济性如何，难以确定应该接受还是拒绝。除了其中一部分方案可用 PC（或 AC）法进行优选，这类项目无法使用包括 $\Delta B/\Delta C$ 指标在内的所有评价指标进行优选。

于是人们试图使用费用效果分析法对此类项目进行相对评价，即进行优选。

(二) 使用费用效果分析法的方案应当具备的条件

（1）各方案是为实现同一使命而设计的，具有共同的目标或目的。

（2）各方案的费用采用货币单位计量，而收益采用同一非货币计量单位计量。

（3）具有两个以上互斥的备选方案，即最多只能选出一个。

(三) 需要注意的两个问题

（1）在有些情况下，项目的目标不止一个，对各目标效果可能无法使用同一单位的物理或其他量纲来计量。这种情况下，可以在专家调查的基础上，对目标实现的满意程度（分值）加权求和。对上述主观效果分值的最终计量，可以采用模糊矩阵法、层次分析法等实现。

（2）公共事业项目方案比选后，还应当进行不确定性分析，分析不确定因素对比选结论的影响，对可以控制的因素制定控制措施，或提出防范风险的对策，以确保方案比选的正确性及方案的顺利实施。

(四) 使用费用效果分析法的三种方式

费用效果分析法的三种方式应当依据项目的具体要求和特点选用。

1. 固定效果法（最小费用法）

该方法是在各方案具有相同效果的基础上，按费用最小准则进行方案间的比选。它适用于项目有比较固定目标要求的情况。

例如，急救中心项目在对各方案在缩短救护时间的目标上有严格的限定要求，即各方案对病人的救治具有相同的效果的情况下，可以选用固定效果法，即使用PC法（寿命不同的方案使用AC法）对各方案的费用——投资及运营费用的大小进行比较，选择发挥同样作用而费用最小的方案。

在有些项目中，可以使用单位功能费用最小准则予以选择。如医院项目中每张病床的投资费用、学校项目中每位学生的投资费用等。

2. 固定费用法（最佳效果法）

该方法是在各方案具有相同成本的基础上，按效果最好准则进行方案间的比选。它适用于项目费用有严格限定的情况。

例如，在急救中心的项目中，由于资金紧张，只能在限定的资金（同样投资和运营费用）条件下选取方案，此时可以采用固定费用法，即在花费同样费用的基础上，仅将方案的效果进行比较，如将紧急救护所需时间的长短视为效果进行比较。效果相对好（紧急救护所需时间短）者为优。

3. 最大效果费用比法

$$R_{E/C}=E/C \tag{5-5}$$

式中，$R_{E/C}$为效果费用比；E为项目的效果；C为项目的费用。

该方法按效果费用比最大为准则来比选方案，即单位费用的效果最大的方案为最优。该方法一般适用于各备选方案的效果或费用不尽相同的情况。

例如，急救中心项目各方案的效果是不同的——急救时间的长短不同，各方案的费用也各有差别，此时只能使用最大效果费用比法。

例5-11

为减少火灾损失，某地政府决定提高消防能力，并提出了3个备选方案。

A：对于原有的6个消防站，每站增加2辆消防车，并增配相应设施、器材和人员。

B：在A方案的基础上，同时在消防力量薄弱的2个地段新建2个消防站，每站配备3辆消防车及相应的设施、器材和人员。

C：新建6个消防站，用以改善地理分布不均的问题。每个新站配备2辆消防车及相应的设施、器材和人员。原有各站不变。

试协助进行方案的选择。

解：

1. 各方案费用估算

如表5-9所示，表中所列费用是相对于维持现状的方案0增加的支出。

表5-9　各方案的费用估算　单位：万元

方案	年			费用现值 ($i=10\%$)	费用年值 ($i=10\%$)
	1	2～10	11		
A	640	288	192	2 157	332
B	1 380	632	370	4 693	723
C	1 620	548	58	4 349	670

2. 方案效果的定义

提高消防能力的目的是减少火灾造成的人民生命与财产的损失，这种损失的减少即项目的效果。但是如前所述，不仅生命价值难以用货币估量，而且不同性质的火灾造成的损失各异，影响损失的因素极多，事先很难给出恰当的估计。因此本例为各方案规定了一个减少火灾损失的间接目标——缩短消防车的回应时间，即从接到报警至赶到火灾现场的时间。该时间缩短得越多，方案的效果越好。

我们可以将方案的效果分为两类：

(1) 与维持现有消防布局的方案0相比，A、B、C各方案能够使每次火灾平均回应时间缩短，回应时间缩短越多，救火的效果越好。

(2) 回应时间不超过20分钟的次数比率，该比率越高，救火的有效性越强。

3. 预测回应时间缩短的方法和结果

由于影响回应时间的因素很多，如道路交通状况、消防站与火灾现场的相对位置、消防车和人员的多少等，许多因素是随机变化的，很难用普通方法测算回应时间缩短的情况。本例采用蒙特卡洛模拟技术（反复进行随机抽样模拟各种随机变量的变化，通过计算确定预测数据）进行了预测，结果如表5-10所示。

表5-10　各方案回应时间预测结果

方案	每次火灾平均回应时间的缩短（分钟）	回应时间不超过20分钟的次数比率（%）
A	3.2	11
B	7.8	19
C	12.6	26

说明：回应时间的缩短是相对方案0而言的。

4. 评价指标与评价结论

(1) 3个评价指标如下：

1) 单位费用的回应时间缩短，即每次火灾的回应时间缩短/费用年值；

2) 回应时间不超过20分钟的次数比率；

3) 单位费用的回应时间不超过20分钟的次数比率，即回应时间不超过20分钟的次数比率/费用年值。

各方案指标的计算结果如表5-11所示。

表5-11 各方案指标计算

方案	单位费用的回应时间缩短（分钟/万元）	回应时间不超过20分钟的次数比率（%）	回应时间不超过20分钟的次数比率/费用年值
A	0.009 6	11	0.033
B	0.010 8	19	0.026
C	0.018 8	26	0.039

（2）方案的选择。如果特别重视平均回应时间的缩短和资金利用效率，可按回应时间缩短与费用年值的比值最大准则来选择。本例应选C方案。

如果资金上没有太多的限制，而是强调20分钟以内的回应率，则应按第2个指标最大准则进行选择。本例应选C方案。

如果既重视20分钟以内的回应率，又重视资金利用效率，则应当按第3个指标最大准则进行选择。本例也应当选择C方案。

综合上述分析，本例最终推荐C方案为最优方案。

（五）效果费用比的增量分析

1. 效率型指标只反映资金利用效率

有些读者也许已经想到，效果费用比是一个效率型指标，如上例中的单位费用的回应时间缩短，以及回应时间不超过20分钟的次数比率，都是比率型指标，它们可以反映方案的资金利用效率如何（如果需要判断是否可行，则需要一个作为判据的参数）。在上例中，我们直接用效率型指标进行了优选，选出的是效率最高的方案。

2. 效果费用比的增量分析

介绍评价指标时我们曾再三强调，在使用效率型指标进行相对评价时，应当采用增量指标，并且给出必要的判据，以衡量增量投资（费用）产生的增量效果是否达到某一要求，从而选出效果最好（而不是效率最高）的方案。

3. 关于增量效果费用比

$$\Delta R_{E/C}=\Delta E/\Delta C \tag{5-6}$$

注意：必须给出决策判据 ΔR，即制定一个决策参数，才能判断方案的优劣。

在公共事业项目的费用效果分析中，尽管确定判据有一定的难度，但仍然可以使用增量效果费用比指标，选出效果最好的方案。我们可以通过下面的例子理解这一点。

例5-12

某军事研究所研制了3种可以安装在直升机上用以摧毁重型坦克的武器系统。每种系统的费用用其经济寿命中投资（系统的价格）、运营费用和维修费的年值来表示，而每种系统的效果经过简化后，通过专家调查法确定，用每种系统能摧毁的坦克数表示（见表5-12）。要求使用增量费用效果分析法从中选出效果最佳的系统。

表5-12　3种武器系统的效果与费用

系统	效果（摧毁的坦克数，辆）	费用年值（百万元）
1	1 800	9
2	1 500	7.5
3	1 000	6

解：由于3种系统的效果和费用是有差别的，因此只能采用效果费用比指标。由于必须从3种系统中选择一个，因此可以不考虑系统是否可行的问题，只进行增量比选即可。我们定义的指标为单位费用（每百万元）可摧毁的坦克数。

首先考察系统2对系统3的增量费用效果指标：

$$\Delta R_{E/C(2-3)}=\frac{1\,500-1\,000}{7.5-6}=333$$

同理，系统1对系统2的增量费用效果指标为：

$$\Delta R_{E/C(1-2)}=\frac{1\,800-1\,500}{9-7.5}=200$$

虽然得出了计算结果，但现在的问题是缺少一个依据，用来判断增量费用产生的增量效果是否达到了某个要求（如 $\Delta IRR>i_C$，须知 i_C 为多少；$\Delta B/\Delta C>1$ 的判据为1），否则333和200说明不了任何问题。因此，最后的决策完全取决于有关专家或评价人员给出怎样的判据，即每百万元增量费用产生的增量效果（多摧毁的坦克数）为多少，才可以认为达到了要求。

如果专家给出的判据为100——每百万元增量费用获得多摧毁100辆坦克的效果，费用大者优。此时我们就可以判断系统2优于系统3，系统1又优于系统2，故最终系统1最优。但是，如果专家给出的判据为250辆坦克，我们将可以判断系统2优于系统3，而系统1的增量费用获得的增量效果——多摧毁200辆坦克没有达到250辆的要求，故最终费用小的系统2被选中。因此，专家或决策人员对评价参数的确定，对于最终的决策至关重要。

第3节 其他相关方案的比选

一、现金流量相关型方案的比选

该类型方案之间并不完全互斥，方案的现金流量之间具有相关性，即任何一个方案的取舍，都会导致其他方案的现金流量发生变化。解决这类问题的思路是：设法将各方案组合成具有互斥关系的方案（组），然后再按互斥方案的评价方法进行选择。

例5-13

某城市拟在旅游景点修建旅馆，并提出建于不同位置、各具特点的A、B两个方案。如果只建其中一个，两方案各自的现金流量如表5-13所示。如果两个旅馆都建，由于顾客分流的影响，两旅馆各自的营业净现金流量（见表5-14）都将比只建一个旅馆少。若i_C为10%，应如何进行决策？

表5-13 只建一个旅馆的净现金流量 单位：万元

方案	0年	1～20年
A	−200	80
B	−100	50

表5-14 建两个旅馆的净现金流量 单位：万元

方案	0年	1～20年
A	−200	60
B	−100	35

解：根据已知条件，我们可以将A、B两方案组成A、B和A+B三个互斥的方案，分别计算各自的NPV，进行比选（见表5-15）。

表5-15 各互斥方案的净现金流量及NPV 单位：万元

方案	0年	1～20年	NPV
A	−200	80	481.12
B	−100	50	325.70
A+B	−300	95	508.38

根据表5-15中NPV的计算，两个旅馆都建为最优方案。

二、资金约束型方案的比选

受资金约束的相关方案指原来相互独立的方案在有资金总额约束的情况下，接受某些方案，就意味着将放弃另一些方案，因而导致方案之间具有相关性。例如，原本独立的建设三个车间的三个方案，如果企业能够提供的投资资金小于三个方案所需的总投资额，就会造成三个方案的相关关系。在资金限制的情况下对方案进行选择的问题，在工程经济学中也称为资金预算。

为了保证在不超出预算总额的条件下选出能获得最大经济效果的方案，我们需采用互斥方案组法。

在各个方案均可行的前提下，该方法的步骤是：

（1）把 m 个原本独立的方案通过组合，构造出全部相互排斥的 N 个方案组，而

$$N=2^m-1 \tag{5-7}$$

注意，其中包括一个含有 m 个方案的组合。

（2）淘汰投资额之和超过总投资限额的方案组。

（3）按互斥方案的比选原则，选出最佳方案组。

例5-14

某工厂拟为三个车间各新建一条生产线，设为A、B、C方案，寿命均为10年，净现金流量如表5-16所示。若总投资限额为450万元，$i_C=8\%$，试用互斥方案组法对三个方案进行选择。

表5-16 三个独立方案的数据 单位：万元

方案	初始投资	1～10年净收益	NPV
A	100	23	54.33
B	250	49	78.79
C	300	58	89.18

解：第一步，需要构造出全部相互排斥的方案组。互斥方案组的个数应为：

$$N=2^m-1=2^3-1=7(\text{个})$$

然后在表5-17中列出所有的互斥方案组（“0”表示方案不选入组中，“1”表示方案选入组中）。

表5-17　互斥组合方案　单位：万元

互斥方案组序号	方案组组合状态			互斥方案组初始投资总额	互斥方案组NPV总和
	X_A	X_B	X_C		
1	1	0	0	100	54.33
2	0	1	0	250	78.79
3	0	0	1	300	89.18
4	1	1	0	350	133.12
5	1	0	1	400	143.51
6	0	1	1	550（超过限额）	167.67
7	1	1	1	650（超过限额）	222.30

第二步，第6组和第7组的投资总额都已超出限额450万元。应该将其淘汰。

第三步，在保留的第1～5组互斥方案组中，选择NPV总和最大的第5组，即A+C的方案组，其总投资为400万元，NPV总和为143.51万元。

在该类问题中，如果各方案的寿命期不同，可使用指标NAV解决。

三、混合相关型方案的比选

混合相关是指多个方案间的相关关系具有多种类型。通过仔细分析方案间的相关关系，我们仍然可以使用互斥方案组法进行选择。

例5-15

某企业拟新建A、B两个独立项目，而它们又各有两个可供选择的互斥方案A_1、A_2和B_1、B_2（见表5-18）。各方案的寿命期均为10年，i_C为8%，投资总额限制为4 000万元，试帮助该企业进行决策。

表5-18　各方案的净现金流量与净现值　单位：万元

方案	A		B	
	A_1	A_2	B_1	B_2
初始投资	2 000	3 000	1 000	2 000
1～10年净收益	649	805	160	473
方案的NPV	2 354.79	2 401.55	73.60	1 173.83

解：首先计算各方案的NPV（见表5-18），然后将A_1、A_2、B_1、B_2构成互斥方案组。方案组个数的公式为：

$$N=\prod_{j=1}^{M}(Q_j+1)$$

$$=(Q_1+1)(Q_2+1)\cdots(Q_M+1) \tag{5-8}$$

式中，M 为独立方案的个数；Q_j 为第 j 个独立方案所包含的互斥方案数。

注意，方案组中包括一个不投资的方案 0。

在本例中，$M=2$，$Q_1=2$，$Q_2=2$，所以组成互斥方案组数 $N=(2+1)(2+1)=9$个。

最后将构成的互斥方案组列于表 5-19 中。

表 5-19　互斥组合方案　　单位：万元

互斥方案组序号	方案组组合状态				互斥方案组初始投资总额	互斥方案组NPV 总和
	X_{A1}	X_{A2}	X_{B1}	X_{B2}		
1	0	0	0	0	0	0
2	1	0	0	0	2 000	2 354.79
3	0	1	0	0	3 000	2 401.55
4	0	0	1	0	1 000	73.60
5	0	0	0	1	2 000	1 173.83
6	1	0	1	0	3 000	2 428.39
7	1	0	0	1	4 000	3 528.62
8	0	1	1	0	4 000	2 475.15
9	0	1	0	1	5 000（超过限额）	3 575.38

选出第 7 组为最佳组合，其初始投资总额为 4 000 万元，NPV 总和为 3 528.62 万元。

第 4 节　万加特纳优化选择模型

对于上述各种相关方案，我们可以通过建立优化选择的数学模型，借助计算机及相应软件对目标函数和约束方程进行计算，得到最佳选择。特别是在方案（或项目）数量较多的情况下，无须烦琐地将方案一一列表，从而大大提高工作效率。

万加特纳（Weingartner）优化选择模型是将约束条件进行分类表述的 0-1 整数规划模型。该模型对于任何具有不可分性特点且原本独立的方案的选择结论只有两种可能：或者被选取（令其决策变量值为 1）；或者被拒绝（令其决策变量值为 0）。它适用于因约束条件而相关的方案的选择，以及项目群的选择。0-1 整数规划的原理与互斥方案组法的原理完全相同，都是从多个可行的组合方案中选取经济效果最好的组合。

一、影响方案相关性的因素

该模型将影响方案相关性的因素分为六类，将各因素以约束方程的形式予以表达。这六类因素为：

（1）资金、人力、物力等资源可用量的限制；

（2）方案间的互斥性；

（3）方案间的依存关系；

（4）方案间的紧密互补关系；

（5）方案间的非紧密互补关系；

（6）项目方案的不可分性。

二、模型的数学表达式

（一）目标函数的数学表达式

该模型以NPV最大为目标函数。在该目标函数和一定的约束条件下，力图寻求某一组合方案，使其NPV比其他任何可能的组合方案的NPV都大。即

$$\max \sum_{j=1}^{m} \sum_{t=0}^{n} (\mathrm{CI}_j - \mathrm{CO}_j)_t (1+i)^{-t} x_j \tag{5-9}$$

该目标函数表示在 m 个待选方案（项目）中选择NPV最大者。式中，j（$j=1, 2, \cdots, m$）为方案（项目）的序号；x_j 为决策变量。

$$x_j = \begin{cases} 0, \text{拒绝 } j \text{ 方案} \\ 1, \text{接受 } j \text{ 方案} \end{cases}$$

（二）需要满足的约束方程

1. 资金、人力、物力等资源的约束方程

$$\sum_{j=1}^{m} C_{jt} x_j \leqslant b_t,\ t=0,1,\cdots,n \tag{5-10}$$

式中，C_{jt} 为方案 j 在第 t 年的资源需用量；b_t 为某种资源在第 t 年的可用量。

例5-16

试将例5-14利用上述优化模型进行优选。

解：$\max \mathrm{NPV} = [-100 + 23(P/A,\ 8\%,\ 10)]X_A$

$\qquad + [-250 + 49(P/A,\ 8\%,\ 10)]X_B$

$$+[-300+58(P/A,8\%,10)]X_C$$

$$\max NPV=54.33X_A+78.79X_B+89.18X_C$$

式中，X_A、X_B、X_C 为 0－1 决策变量，需要满足的约束方程为：

$$100X_A+250X_B+300X_C\leqslant 450$$

然后利用整数规划计算机软件上机求解，得 $X_A=X_C=1$，$X_B=0$，即接受 A 方案和 C 方案，拒绝 B 方案。

$$NPV=54.33+89.18=143.51(万元)$$

可以看出，该结论与使用互斥方案组法是一致的。

---

2. 互斥方案约束方程

$$x_a+x_b+\cdots+x_k\leqslant 1 \qquad (5-11)$$

式中，x_a，x_b，…，x_k 是 m 个待选的互斥方案 a，b，…，k 的决策变量。式（5－11）表明在各互斥方案中，最多只能选一个。

3. 依存关系约束方程

$$x_a\leqslant x_b \qquad (5-12)$$

式中，a 为依存于 b 的项目或方案。这种依存关系是：如果不选取 b（$x_b=0$），则肯定也不选取 a（$x_a=0$）；如果 b 被选取（$x_b=1$），才可以考虑 a 的选取（$x_a=0$ 或 $x_a=1$）。

例如，一个炼油厂的项目（项目 b）被确定选取后，输油管道的项目（项目 a）才有存在的可能性。没有管道，炼油厂也可以生存，因为它可以从现有港口得到原油的供应。故管道项目依存于炼油厂项目。

4. 紧密互补型约束方程

$$x_c=x_d \qquad (5-13)$$

式中，c 和 d 为紧密互补型项目或方案。它们的关系是：两者或者都不选取，或者同时被选取。

例如，生产新型大炮项目与其专用炮弹项目，如果新型大炮项目被采纳，则必须上专用炮弹项目，否则专用炮弹项目就没有上的必要。它们的关系即为紧密互补型。

5. 非紧密互补型约束方程

$$\begin{cases}x_e+x_{ef}\leqslant 1\\x_f+x_{ef}\leqslant 1\end{cases} \qquad (5-14)$$

式中，e 和 f 为非紧密互补型方案。

例如，e 为生产橡胶的项目方案，f 为生产轮胎的方案，两者同被选取 ef 成为一个待选组合方案，因为橡胶和轮胎联合生产可能产生某些额外的节约和收益。式（5-14）强调了 ef 分别与 e 和 f 之间是互斥关系，即 ef 和 e 中只能选取一个，ef 与 f 中只能选取一个。

6. 项目不可分性约束方程

$$x_j=0,1,j=1,2,\cdots,m \tag{5-15}$$

该方程的意思是：任一方案 j，或者被选取（$x_j=1$），或者被拒绝($x_j=0$)，不允许只取完整方案的一个局部而舍弃其余部分，即不允许 $0<x_j<1$。

例 5-17

某地区高速公路部门正在考虑对表5-20中的项目进行比选。其中，项目1、2、3、6、7中都包含多个互斥方案。项目4和5的关系是：E依存于D，即D可以单独建设，但如果不建D，也就不能建E。项目8、9为独立的方案H和I。表5-20还给出了以10%的机会成本计算的每个方案的NPV。

问：(1) 如果没有资金约束，应当如何选择？

(2) 如果整个预算不能超过8亿元，应当如何选择？

表 5-20 某地区高速公路方案 单位：百万元

	项目																	
	1				2			3				4	5	6		7			8	9
方案	A_1	A_2	A_3	A_4	B_1	B_2	B_3	C_1	C_2	C_3	C_4	D	E	F_1	F_2	G_1	G_2	G_3	H	I
决策变量	X_{11}	X_{12}	X_{13}	X_{14}	X_{21}	X_{22}	X_{23}	X_{31}	X_{32}	X_{33}	X_{34}	X_4	X_5	X_{61}	X_{62}	X_{71}	X_{72}	X_{73}	X_8	X_9
初始费用	15	20	36	41	60	72	80	223	251	285	301	150	209	321	360	283	290	297	195	359
NPV	11	14	23	29	49	56	63	75	80	93	101	18	72	106	131	65	71	86	20	32

解：(1) 从表5-20中可以得知，如果没有资金约束，应当选择的方案是 A_4、B_3、C_4、D、E、F_2、G_3、H和I，总投资为19.92亿元。

(2) 写出目标函数和满足题意的约束方程。

目标函数为：

$$\begin{aligned}\max Z=&11X_{11}+14X_{12}+23X_{13}+29X_{14}+49X_{21}+56X_{22}\\&+63X_{23}+75X_{31}+80X_{32}+93X_{33}+101X_{34}+18X_4\\&+72X_5+106X_{61}+131X_{62}+65X_{71}+71X_{72}+86X_{73}\\&+20X_8+32X_9\end{aligned}$$

满足以下约束条件：

$$15X_{11}+20X_{12}+36X_{13}+41X_{14}+60X_{21}+72X_{22}+80X_{23}+223X_{31}$$

$+251X_{32}+285X_{33}+301X_{34}+150X_4+209X_5+321X_{61}+360X_{62}$
$+283X_{71}+290X_{72}+297X_{73}+195X_8+359X_9\leqslant 800$
$X_{11}+X_{12}+X_{13}+X_{14}\leqslant 1$
$X_{21}+X_{22}+X_{23}\leqslant 1$
$X_{31}+X_{32}+X_{33}+X_{34}\leqslant 1$
$X_{61}+X_{62}\leqslant 1$
$X_{71}+X_{72}+X_{73}\leqslant 1$
$X_5\leqslant X_4$
$X_{ij}=0,1,i,j=1,2,\cdots,9$

可以看出，上述约束条件包括资金（费用）约束、互斥约束、相互依存约束、整数（项目不可分）约束。

通过计算机计算可得出，在 8 亿元资金约束且符合各种相关关系的情况下，我们选出的方案为：A_4、B_3、C_4 和 F_2。其 $\sum NPV=3.24$ 亿元，$\sum C=7.82$ 亿元。

复习题

1. 在方案寿命期不等的情况下，可以采用哪些方法进行项目或方案的比选？首选指标是哪个？涉及不可再生资源开发项目以及技术进步较快项目时，应当采用什么方法进行方案的比选？为什么？

2. 进行不同资金结构方案的比选有什么意义？

3. 为什么一些公益性项目的方案比选需要使用费用效果分析？试述它的三种使用方式各应当在何种情况下采用。

4. 什么是独立方案和相关方案？我们学习了哪些类型的相关方案？

5. 如果你可以获得两个快餐项目的许可经营权，而且必须购买其中一个（现金流量如表 5-21 所示），并在第 3 年末将其卖出。假设你的最低期望收益率为 30%，试用 ΔIRR 法进行相关决策。（提示：$(P/A, 30\%, 3)=1.816$；$(P/A, 40\%, 3)=1.589$。）

表 5-21　　单位：万元

快餐项目	0 年	1 年	2 年	3 年
比萨饼	−50	10	60	170
汉堡包	−80	30	80	190

6. 假设可花费 40 000 元为建筑物涂上寿命为 5 年的漆，也可花 30 000 元涂上寿命为 3 年的漆。若最低期望收益率为 20%，应选择哪种漆？如果考虑到寿命较短

的漆成本可能要降为20 000元，寿命较长的漆成本不变，应当怎样选择？

7. 某企业欲购买设备，有表5-22所示的两个备选方案，由于该种设备技术进步很快，不可能采用重复实施方案的方法进行比选。另假定最低期望收益率为10%，试协助该企业进行决策。

表5-22

方案	初始费用（元）	年度运行费用（元）	寿命期（年）	残值（元）
A	9 000	5 000	6	0
B	16 000	4 000	9	4 000

8. 某地方政府收到3个建设期均为1年的投资项目申请，各项目数据如表5-23所示。

表5-23

项目	初始投资（万元）	年净收益（万元）	寿命期（年）
A	10	4	6
B	15	5	7
C	22	6	8

（1）如果只能建一个项目，应当批准哪个（该类项目的最低期望收益率为10%）？

（2）如果该地区可用于投资的资金只有40万元，应当如何进行决策？

第6章

投资项目的风险识别与评价

投资项目评价建立在评价人员对未来事件的预测、估算和判断的基础上。我们就是利用这些通过预测得到的基础数据，如投资、成本、产量、价格等，进行经济指标的计算，从而判断项目的各方案是否可行，并从可行的方案中选优。但是，这些对未来的预测和估算出来的基础数据总是不可避免地存在误差，这就使得方案实际的经济效果极可能偏离预期的目标，导致项目的失败。产生预测和估算误差，即产生数据不确定性的原因主要有：

（1）世界是永恒变化和发展的。未来不是过去或现在的简单延伸，社会、政治、文化、经济、技术、市场、自然条件和资源条件是不断变化的，且一般是没有规律的，随机性和偶然性是难以消除的。

（2）人的有限理性，即人的能力、经验等主观因素的限制，以及预测方法和工作条件的限制。

（3）人们所掌握信息的不完全性、不充分性，在质和量上都满足不了预测未来的需要。

综上所述，项目实施后的实际结果可能会在一定程度上偏离我们预测的基本方案，导致出现不利后果和严重影响。广义的风险是指未来变化偏离预期的可能性以及对目标产生影响的大小。在管理术语中，风险被视为变化或不确定性。因此，必须进行风险识别与评价，发现潜在的不确定因素和风险因素，提出风险管控方案，以加强对风险的规避和控制，提高项目的经济效益和社会效益。

第1节　几个基本概念

一、不确定性与风险

(一) 风险

1. 狭义的风险

狭义的风险（risk）只反映风险的一个方面，即风险是有害的和不利的，将给项目带来威胁。如英国风险管理学会（IRM）将风险定义为“不利结果出现或不幸事件发生的机会”。在管理术语中，风险被视为变化或不确定性；在保险界，风险被定义为可保险以规避事故或损失的项目或条款。还有学者将其定义为：风险是因采取特定的活动涉及的可变性导致经济和财产损失、身体伤害或伤亡等的可能性；风险是意外结果出现的概率；风险是特定威胁发生的概率或频率以及后果的严重性等。

2. 广义的风险

广义的风险概念认为，风险也可能是有利的和可以利用的，将给项目带来机会。越来越多的国际项目管理组织开始接受“风险是中性的”这一概念。广义的风险可以定义为：风险是未来变化偏离预期的可能性以及对目标产生影响的大小。

其特征是：(1) 风险是中性的，既可能产生不利影响，也可能带来有利影响。(2) 风险大小与变动发生的可能性有关，也与变动发生后对项目影响的大小有关。变动出现的可能性越大，变动出现后对目标的影响越大，风险就越高。

(二) 不确定性

不确定性（uncertainty）是与确定性（certainty）相对的一个概念，指某一事件、活动在未来可能发生，也可能不发生，其发生状况、时间及其结果的可能性或概率是未知的。这是由于存在多种可能，可能有多种结果，同时缺乏历史数据或类似事件信息，不能预测某一事件发生的概率。

(三) 不确定性与风险的区别

1921年美国经济学家弗兰克·奈特（Frank Knight）首先将风险与不确定性区分开来，认为风险是介于确定和不确定性之间的一种状态，其出现的可能性是可以知道的，而不确定性的概率是未知的。

不确定性与风险的区别主要如下：

（1）可否量化。风险是可以量化的，即其发生概率是已知的或通过努力可以知道的，因此风险分析可以采用概率树分析方法，分析各种情况发生的概率及其影响；不确定性是不可以量化的，只能进行假设分析，假定某些因素发生后，分析不确定因素对事件、活动的影响。

（2）可否保险。风险是可以保险的，风险的概率是可以知道的，理论上保险公司可以计算确定的保险收益，从而提供有关保险产品。而不确定性是不可以保险的。

（3）概率获得性。不确定性发生概率未知；而风险发生概率可知，或可以测定，可以用概率分布来描述。

（4）影响大小。不确定性代表不可知事件，因而可能有更大的影响。而如果同样的事件可以量化风险，其影响就可以防范并得到有效的降低。

二、不确定性分析与风险分析

由于不确定性与风险的区别，就出现了基于概率的风险分析和未知概率的不确定性分析两种决策分析方法。

（一）共同点

不确定性分析与风险分析的目的都是识别、分析、评价影响项目的主要因素，防范不利影响，提高项目的成功率。

（二）主要区别

不确定性分析与风险分析的主要区别是分析方法不同。

不确定性分析是对影响项目的不确定因素进行分析，测算它们的增减变化对项目效益的影响，并粗略地了解项目的抗风险能力。主要方法是盈亏平衡分析（只用于财务评价）和敏感性分析。

风险分析则是识别风险因素、估计风险概率、评价风险影响并制定风险对策的过程。主要方法有专家调查法、概率树分析、蒙特卡洛模拟等。但是全面的风险分析（如专题风险分析）不仅应当包括风险识别、风险估计、风险评价和风险对策四个基本阶段，而且应当贯穿项目可行性研究的主要环节（包括市场、技术、环境、经济、社会评价中相应的风险分析）和全过程，并进行全面的风险综合分析和评价。所以，风险分析超出了市场、技术、经济分析的范畴，是一种系统分析。

（三）两者间的联系

就一般投资项目评价中的不确定性分析与风险分析来讲，敏感性分析是初步识别风险因素的重要手段，但不能确定影响发生的可能性。如需得知可能性，就必须借助概率树分析。而敏感性分析找出的敏感因素可以作为概率树分析风险因素的确定依据。

第2节　盈亏平衡分析

在经济评价中所预测的带有不确定性的基本数据，在项目的实际实施中都有可能发生一定的变化，当该变化达到某一临界值时，项目或方案就会由可行变为不可行。盈亏平衡分析指通过计算项目达产年的盈亏平衡点（break even point，BEP），分析项目成本和收入的平衡关系，从而判断项目对产出数量变化的适应能力和抗风险能力。它只用于财务评价。

一、线性盈亏平衡分析

（一）线性盈亏平衡分析的假设条件

（1）项目的销售收入 S 是产品销量 X 的线性函数，即 $S=PX$。如果将 S 考虑为扣除税金后的销售收入，则

$$S=PX-T_0X \tag{6-1}$$

式中，T_0 为单位产品税金及附加（不含增值税）；销量 X 等于产量，即假设各年产品全部售出；单位产品售价 P 不随 X 变化。这里假设产品的销售不影响市场供求关系，或看作无市场竞争。

（2）项目的总成本 C 也是 X 的线性函数，即

$$C=C_vX+C_f \tag{6-2}$$

产品的固定成本 C_f 在生产期一定规模内保持不变（不随 X 变化）。单位产品的可变成本 C_v 与产量 X 成正比变动。半变动成本（与生产批量有关的运输、工艺装备、消耗材料、附加工资等，呈阶梯形直线）由于所占比例较小，可以近似地认为也随 X 成正比变动。

（3）项目只生产单一产品，如生产多种产品应折算为某种基本产品。

（4）各数据应采用达到设计生产能力的正常年份的数据。

综上所述，我们研究的是 S 和 C 都与 X 成正比的线性盈亏平衡问题。

（二）线性盈亏平衡分析图与平衡点

将图6-1中的 $S=PX-T_0X$ 和图6-2中的 $C=C_vX+C_f$ 在同一坐标图中表示出来，形成图6-3的盈亏平衡分析图，也称为线性本-量-利分析图。

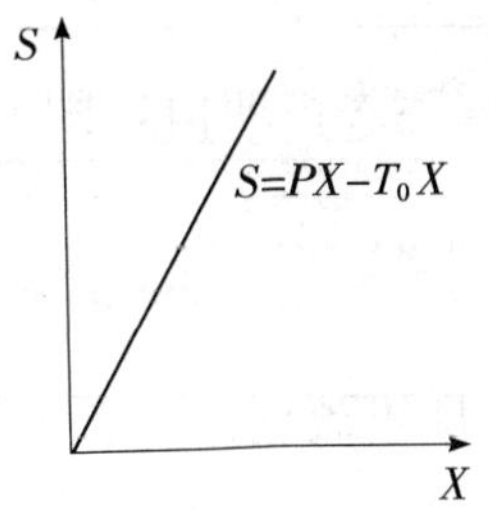

图 6-1 S-X 图

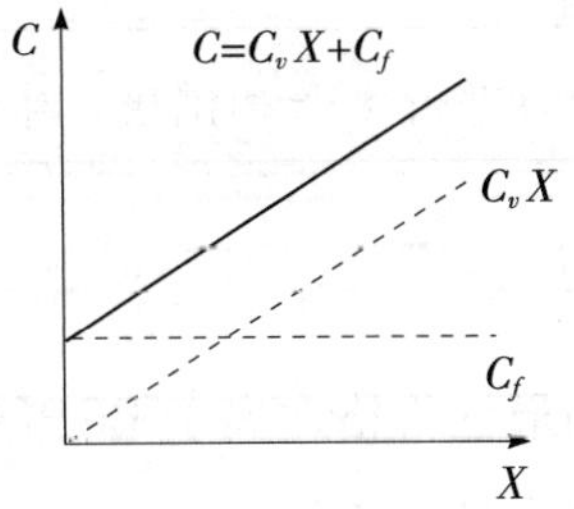

图 6-2 C-X 图

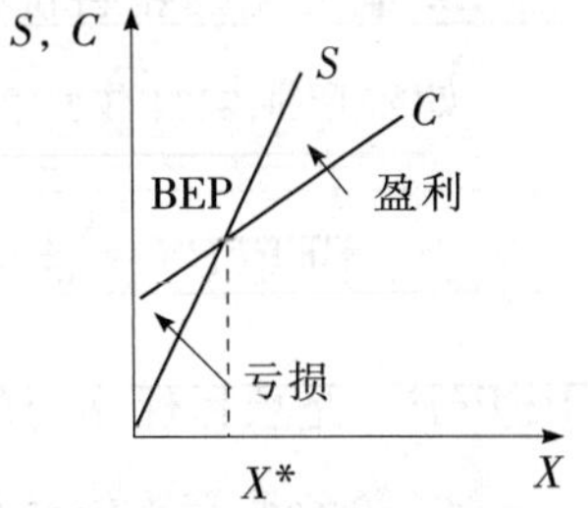

图 6-3 盈亏平衡分析图

图 6-3 中，纵坐标表示销售收入 S 和总成本 C，横坐标表示产品产量 X。销售收入线 S 与总成本线 C 的交点即为盈亏平衡点，也就是项目盈利与亏损的临界点。在盈亏平衡点的左边，总成本 C 大于销售收入 S，项目亏损；在盈亏平衡点的右边，销售收入 S 大于总成本 C，项目盈利。

在盈亏平衡点上，项目不盈不亏，即

$$S=C$$

$$PX-T_0X=C_vX+C_f \tag{6-3}$$

(三) 盈亏平衡点的计算公式

在 S 与 C 都和产量 X 呈线性关系的情况下，由式（6-3）可以很容易分别求出用产量 X、生产能力利用率表示的盈亏平衡点——盈亏平衡产量，必要时还可求出盈亏平衡生产能力利用率。

1. 盈亏平衡产量

由式（6-3）可得

$$\mathrm{BEP}(X)=X^*=\frac{C_f}{P-T_0-C_v} \tag{6-4}$$

BEP(X) 是项目保本（不发生亏损）时的最低产量，其值越小（相对于设计产量），说明项目抗风险的能力越强，即项目达到较低的年产量就能保本。

2. 盈亏平衡生产能力利用率

若项目设计生产能力为 X，销售单价和生产成本为预期值，则

$$\mathrm{BEP}(E)=\frac{X^*}{X}\times 100\%=\frac{C_f}{(P-T_0-C_v)X}\times 100\% \tag{6-5}$$

BEP(E) 是项目保本时的最低生产能力利用率，大于 BEP(E) 即可盈利。该利用率越低，说明项目的抗风险能力越强。

3. 盈亏平衡销售价格

如果按照设计生产能力进行生产和销售，生产成本为预期值，则

$$\text{BEP}(P)=\frac{C_f}{X}+C_v+T_0 \tag{6-6}$$

BEP(P) 是项目保本时的最低价格，高于 BEP(P) 即可盈利。

4. 盈亏平衡单位产品变动成本

如果按设计生产能力进行生产和销售，固定成本和销售单价为预期值，则

$$\text{BEP}(C_v)=P-T_0-\frac{C_f}{X} \tag{6-7}$$

BEP(C_v) 是项目保本时的最高单位产品变动成本，小于 BEP(C_v) 即可盈利。

例 6-1

洗衣机厂年设计生产能力为 4.5 万台，市场预测售价为 500 元/台，年税金及附加为 225 万元，年生产总成本估计为1 570万元，其中固定成本为 400 万元。试在销售收入、总成本均与产量（即销量）呈线性关系的情况下，分别求出以产量、生产能力利用率、销售价格、单位产品变动成本表示的盈亏平衡点，并进行分析。

解：$C_v=\frac{C-C_f}{X}=\frac{1\,570-400}{4.5}=260$(元/台)

$$T_0=\frac{T}{X}=\frac{225}{4.5}=50(\text{元/台})$$

$$\text{BEP}(X)=\frac{C_f}{P-T_0-C_v}=\frac{400\times10^4}{500-50-260}=21\,053(\text{台})$$

$$\text{BEP}(E)=\frac{X^*}{X}\times100\%=\frac{21\,053}{45\,000}\times100\%=47\%$$

$$\text{BEP}(P)=\frac{C+T}{X}=\frac{1\,570+225}{4.5}=399(\text{元/台})$$

$$\text{BEP}(C_v)=P-T_0-\frac{C_f}{X}=500-50-\frac{400}{4.5}=361(\text{元/台})$$

通过计算盈亏平衡点，结合市场预测，可判断项目不发生亏损的条件分别为：

如果未来的 P、C_f、C_v 与预期值相同，则年销量应满足 $X>$ 21 053台，生产能力利用率应满足 $E>47\%$；可以看出项目抗风险的能力比较强。

如果按设计生产能力生产，并能全部销售，C 为预期值，则产品价格应满足 $P>$399元/台。与预测的 500 元/台相比，可以看出抗风险能力较强。

如果X、P为预期值，单位产品变动成本应满足$C_v<361$元/台。与预测的260元/台相比，也可以看出抗风险能力较强。

二、非线性盈亏平衡分析

实际上，年总成本与产量、销售收入与产量之间的线性关系仅在产量较低时近似成立。销售收入只是在一定销量的范围内，随产量的增加而增加。当销量超过一定范围时，将明显影响市场供求状况。此时，随产量增加，产品价格有所下降，销售收入随之增加的幅度越来越小，两者间呈下凹的非线性曲线关系。同样，单位产品的变动成本也只在一定产量范围内才近似是常数。超过这个产量范围，由于生产条件逐渐恶化，如设备磨损，原材料、动力、燃料价格上涨等，单位产品的变动成本会有所提高，生产成本增加的速度超过产量增加的速度，生产成本和产量之间呈上凸的非线性曲线关系。

从图6-4可知，在图中的三种情况下，项目都有两个盈亏平衡点，即X_1和X_2。图6-4（C）中，区域（1）即$X<X_1$的区域；区域（2）即区间（X_1，X_2）为盈利区；区域（3）即$X>X_2$的区域为亏损区；区域（4）为盈利区投影，在盈利区有一个最大盈利点X_{max}。

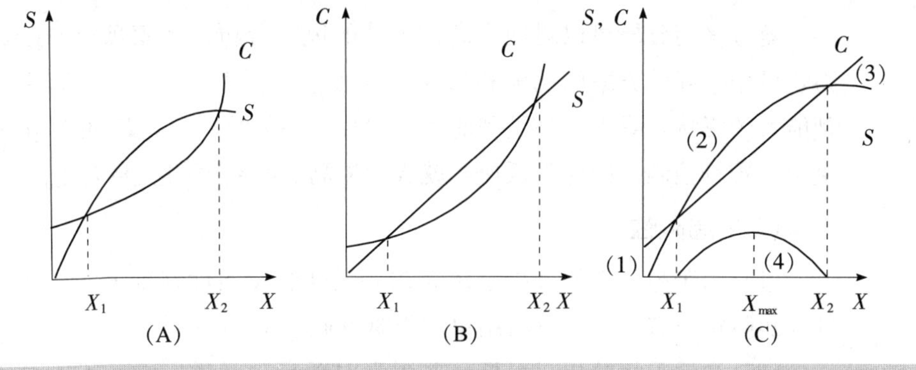

图6-4　非线性盈亏平衡图

例6-2

项目生产期正常年份的销售收入（元）、生产总成本（元）和产量（件）的关系是：$S=260X-0.01X^2$，$C=280\ 000+80X+0.01X^2$，试进行盈亏平衡分析。

解：达到盈亏平衡时有$S=C$，即

$$260X-0.01X^2=280\ 000+80X+0.01X^2$$

$$-0.02X^2+180X-280\ 000=0$$

求得盈亏平衡点：$X_1=2\ 000$，$X_2=7\ 000$。由此可知，当产量大于2 000件、小于7 000件时，该项目可盈利；而产量小于2 000件或大于7 000件时，该项目亏损。因此产量应该保持在2 000～7 000件之间。

进一步用高等数学的极值原理求出最大盈利点。该项目盈利函数为：

$$Y(X)=-0.02X^2+180X-280\ 000$$

$Y(X)$ 的极大值对应的 X 值即最大盈利点。因此对 $Y(X)$ 求导数，并令导数为零。

$$\frac{dY(X)}{dX}=-0.04X+180=0$$

$$X=4\ 500(件)$$

因为当 $X=4\ 500$ 时，$\frac{d^2Y(X)}{dX^2}=-0.04<0$，所以，$X=4\ 500$ 是盈利函数的极大值点，最大盈利为：

$$-0.02\times 4\ 500^2+180\times 4\ 500-280\ 000=125\ 000(元)$$

三、盈亏平衡分析的作用和局限性

(一) 作用

盈亏平衡分析可以对项目进行定性的风险分析，考察项目承受风险的能力，可用于互斥方案的比较和选择。可通过分析 P、X、C 等因素对项目盈利能力的影响，寻求提高盈利能力的途径。一般情况下，P 和 X 主要由市场决定，较难控制。因此降低成本就成为提高盈利能力的主要途径。

(二) 局限性

(1) 由于盈亏平衡分析是建立在一系列假设条件基础上的，如果假设条件与实际情况有出入，分析结果就很难准确。

(2) 盈亏平衡分析只分析一些因素对项目盈亏的影响，无法对项目的盈利能力进行判断。

(3) 盈亏平衡分析虽然能对项目的风险进行定性分析，但难以定量测度风险的大小。

(4) 盈亏平衡分析是静态分析，不考虑资金的时间价值和项目寿命期内现金流量的变化，因而分析是比较粗糙的。

然而，由于计算简单，盈亏平衡分析仍然是财务评价中重要的不确定性分析方法，但需要与其他方法结合使用，以提高分析的效果。

四、互斥方案的盈亏平衡分析

在互斥方案的比选中，如果一个共有的不确定因素影响方案的取舍，也可利用盈亏平衡分析帮助决策。具体步骤是：

（1）把影响互斥方案的不确定因素 y 看作一个变量，把两方案的某一经济效果指标（例如 E）都表示为 y 的函数，即

$$E_1=f_1(y)$$
$$E_2=f_2(y)$$

（2）在两方案的经济指标相等时，有 $f_1(y)=f_2(y)$，解出使该方程成立的 y 值，就是两方案的盈亏平衡点，亦即确定它们优劣的临界点。

（3）结合对不确定因素 y 的未来取值范围的预测，即可作出方案取舍的决策。

在不同的情况下，投资、价格、成本、贷款利率、方案寿命期均可当作共有变量。而 NPV、NAV、IRR 等，都可以作为经济指标使用。

例 6-3

生产某种产品有三个互斥的工艺方案，各方案的总成本分别为 C_1、C_2、C_3，均表示为产量 X（单位：万件）的函数。已知

$$C_1=C_{f1}+C_{v1}X=800+10X$$
$$C_2=C_{f2}+C_{v2}X=500+20X$$
$$C_3=C_{f3}+C_{v3}X=300+30X$$

试应用盈亏平衡分析对方案进行选择。

解：首先作出三个方案的总成本函数曲线（见图 6-5）。可看出三条曲线相交于三点，三个交点所对应的产量 X_A、X_B、X_C 就是三个互斥工艺方案的盈亏平衡点。

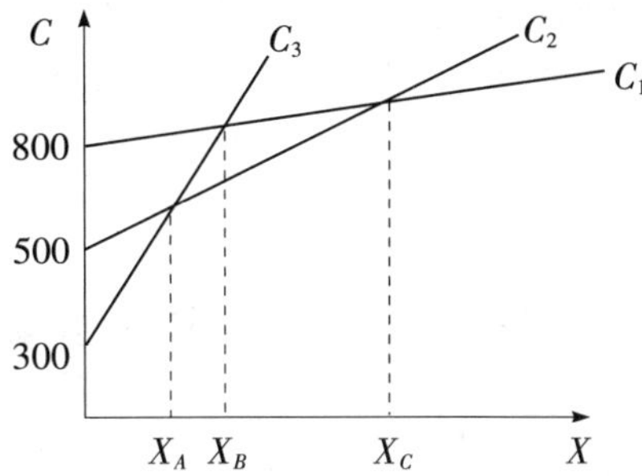

图 6-5　各方案的年总成本的函数曲线

然后，利用 $C_1=C_2$，可得

$$X_C=\frac{800-500}{20-10}=30(\text{万件})$$

利用 $C_2=C_3$，可得

$$X_A=\frac{500-300}{30-20}=20(\text{万件})$$

显然，当 $X<X_A$ 时，方案3的总成本最低，应采用方案3。当 $X_A<X<X_C$ 时，方案2的总成本最低，应采用方案2。当 $X>X_C$ 时，方案1的总成本最低，应采用方案1。

例6-4

某企业有A、B两互斥建设方案，现金流量如表6-1所示，不考虑残值以及风险和通货膨胀的影响。该企业的最低期望收益率为15%。鉴于产品的市场寿命具有较大的不确定性，试就寿命期 n 分析两方案的取舍临界点。

表6-1 A、B方案的现金流量

单位：万元

方案	初始投资	年净收益
A	70	15
B	170	35

解：将不确定因素寿命期 n 作为共有的变量，以NPV为经济指标。则有

$$NPV_A=-70+15(P/A,15\%,n)$$
$$NPV_B=-170+35(P/A,15\%,n)$$

当 $NPV_A=NPV_B$ 时，有

$$-100+20(P/A,15\%,n)=0$$
$$(P/A,15\%,n)=5$$

查表可知 $n\approx10$ 年，这就是以项目寿命期 n 为共有变量时，A、B方案的盈亏平衡点。由于B方案的年净收益较高，寿命延长对其有利，因此，可以判断：如果根据市场预测，$n<10$，应采用A方案；$n>10$，则应采用B方案。

第3节 敏感性分析

一、敏感性分析的概念

(一) 敏感性分析

敏感性分析是通过考察项目的不确定因素的变化对项目评价指标的影

响程度，判断项目承受风险的能力的一种不确定性分析方法。它是项目评价的不确定性分析中广泛应用的主要方法之一，是初步识别风险因素的重要手段。

（二）不确定因素

在项目寿命期（或计算期）内可能发生变化的因素主要有：产品产量、产品价格、成本（主要是可变成本）、投资（主要是固定资产投资）。此外还有折现率、汇率、建设期、投产时的产出能力及达到设计生产能力所需的时间、项目期末的资产残值等。由于它们都带有一定程度的不确定性，因此称为不确定因素。它们的数值所发生的变动，都将对项目经济效果产生影响。

（三）敏感因素

事实上，上述不确定因素的数值在同一变动幅度下，对项目经济评价指标的影响程度是不同的。换句话说，各个指标（如 NPV、IRR 等）值对各种不确定因素变化的敏感程度是不同的。而所谓敏感因素，就是指其数值的变动对项目经济评价指标产生显著影响的因素。

敏感因素的变化对项目经济评价指标的影响，就是对项目经济效果的影响。该影响越大，则项目的风险越大。因此，了解哪些不确定因素是项目评价指标的敏感因素及其对项目经济效果的影响，就可以对投资方案承受风险的能力作出判断。必要时，对项目的敏感因素要重新进行设计、预测或估算，以尽量减小项目的风险。或者在项目实施时，要对敏感因素进行严格控制，以减少对经济效果的影响。

二、单因素敏感性分析

单因素敏感性分析就是假定其他因素保持不变，仅就单个不确定因素的变动对项目经济效果的影响所作的分析。

单因素敏感性分析的步骤如下：

第一步，选择并计算敏感性分析的评价指标。前面所讨论过的动态、静态的评价指标——NPV（或 NAV）、IRR、P_t 等，都可以作为敏感性分析的经济效果评价指标。在确定评价指标后，计算出指标值作为目标值。

第二步，选择不确定因素作为敏感性分析变量。前面所列举的不确定因素当然都可以选择，但一般选择投资、价格、成本、产量。此外应当考虑：（1）未来其数值变动的可能性比较大的因素；（2）在确定性评价中，对其数据准确性把握不大的因素。

第三步，选定不确定因素的变动范围。变量的变动范围应当根据历史统计资料以及对市场的调查、预测进行估计。估计值可以比历史资料和市场预测值略微偏大。

第四步，逐一计算在其他因素不变时，某一不确定因素的数值在可能的变动范围内变动所引起的经济评价指标的变动值，并建立一一对应的关系，用表格和图形表示。

第五步，计算敏感度系数，通过比较，确定项目的敏感因素。

敏感度系数 S_{AF} 的计算公式如下：

$$S_{AF}=\frac{\Delta A/A}{\Delta F/F} \tag{6-8}$$

式中，S_{AF} 为评价指标 A 相对于不确定因素 F 的敏感度系数；F 为该因素的预期值（估计值）；A 为该指标的目标值；$\Delta F/F$ 为不确定因素 F 的变化率；$\Delta A/A$ 为不确定因素 F 发生 ΔF 变化时，评价指标的相应变化率。

$S_{AF}>0$，表示评价指标与不确定因素的变化同方向；$S_{AF}<0$，表示评价指标与不确定因素的变化反方向。$|S_{AF}|$ 较大，说明该因素的变化对项目指标的影响比较大。

第六步，分别求出在项目可行的前提下，不确定因素的允许变动范围（使项目由可行变为不可行的临界点），以及相对应的不确定因素的数值（临界值），它们是判断项目风险大小的依据。

第七步，项目风险分析和建议。分析项目抗风险能力——不确定因素允许变动的范围越大，项目的风险越小；不确定因素允许变动的范围越小，项目的风险越大。同时提出控制风险的建议。

例 6-5

某工厂欲新建一条自动生产线，据估算初始投资为100万元，寿命期为10年，每年可节约生产费用20万元。若该行业的基准收益率为12%，试分别就初始投资 I、生产费用节约额 C 和使用年限 n 各变动 $\pm10\%$，对该项目的IRR作敏感性分析。

解：(1) 按题意确定分析的经济效果评价指标为IRR，并计算出其数值作为目标值。列方程如下：

$$\mathrm{NPV}=-100+20(P/A,\mathrm{IRR},10)=0$$

$$(P/A,\mathrm{IRR},10)=\frac{100}{20}=5$$

经查表，在15%～20%之间插入，得

$$\mathrm{IRR}=15\%+\frac{5.019-5.0}{5.019-4.192}\times(20-15)\%$$
$$=15.1\%$$

(2) 计算各不确定因素分别在±10%的范围内变动时，对IRR目标值的影响。

1) 设初始投资变动的百分比为 x，计算IRR的相应变动数值。

$$-100(1+x)+20(P/A,\mathrm{IRR},10)=0$$

当 $x=-10\%$时，方程为：

$$-100\times0.9+20(P/A,\mathrm{IRR},10)=0$$
$$-90+20(P/A,\mathrm{IRR},10)=0$$
$$\mathrm{IRR}=18.1\%$$

当 $x=10\%$时，方程为：

$$-100\times1.1+20(P/A,\mathrm{IRR},10)=0$$
$$-110+20(P/A,\mathrm{IRR},10)=0$$
$$\mathrm{IRR}=12.7\%$$

2) 设生产费用节约额变动的百分比为 y，计算IRR的相应变动数值。

$$-100+20(1+y)(P/A,\mathrm{IRR},10)=0$$

当 $y=-10\%$时，方程为：

$$-100+18(P/A,\mathrm{IRR},10)=0$$
$$\mathrm{IRR}=12.5\%$$

当 $y=10\%$时，方程为：

$$-100+22(P/A,\mathrm{IRR},10)=0$$
$$\mathrm{IRR}=17.9\%$$

3) 设使用年限变动的百分比为 z，计算IRR的相应变动数值。

$$-100+2[P/A,\mathrm{IRR},10(1+z)]=0$$

当 $z=-10\%$时，方程为：

$$-100+20(P/A,\mathrm{IRR},9)=0$$
$$\mathrm{IRR}=13.8\%$$

当 $z=10\%$时，方程为：

$$-100+20(P/A,\mathrm{IRR},11)=0$$
$$\mathrm{IRR}=16.3\%$$

(3) 计算每个不确定因素的敏感度系数 S_{AF}。

1) 初始投资的敏感度系数。

$$S_{AF}I_1=\frac{(18.1-15.1)/15.1}{-0.1}=\frac{0.1987}{-0.1}=-1.99$$

$$S_{AF}I_2=\frac{(12.7-15.1)/15.1}{0.1}=\frac{-0.1589}{0.1}=-1.59$$

2) 生产费用节约额的敏感度系数。

$S_{AF}C_1=1.72$

$S_{AF}C_2=1.85$

3) 使用年限的敏感度系数。

$S_{AF}n_1=0.86$

$S_{AF}n_2=0.80$

(4) 填写表6-2，并作出图6-6。

表6-2 不确定因素敏感性分析表

序号	不确定因素	变动率（%）	内部收益率（%）	敏感度系数	临界点（%）	临界值（万元）
1	初始投资	−10	18.1	−1.99	13	113
		10	12.7	−1.59		
2	生产费用节约额	−10	12.5	1.72	−11.5	17.7
		10	17.9	1.85		
3	使用年限	−10	13.8	0.86	—	—
		10	16.3	0.80		

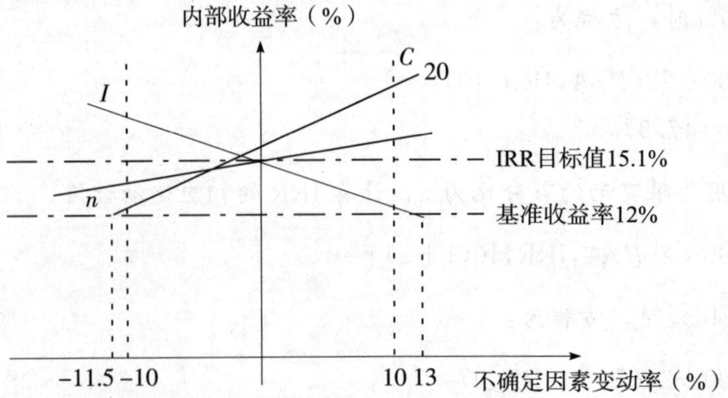

图6-6 敏感性分析图

从表6-2和图6-6中可以明显地看出，三个不确定因素对IRR的影响从大到小排列，依次为 $I \approx C > n$。I 和 C 对IRR的影响较大。可确定 I 和 C 为该项目的敏感因素。

(5) 分别求出若使项目可行（IRR≥12%），敏感因素 I、C 的允许变动范围（临界点及其对应的 I 和 C 的临界值）。

首先求出 I 和 C 这两条影响曲线与基准收益率（12%）的交点（当然，在方格纸上，也可以近似地在图 6-6 上作出各交点），也就是在 IRR=12%时 x 和 y 的值。

求曲线 I 与 i_C 的交点：

$$-100(1+x)+20(P/A,\text{IRR},10)=0$$

当 $\text{IRR}=i_C=12\%$时，求出 x 的值：

$$-100(1+x)+20(P/A,12\%,10)=0$$

$$x=\frac{20\times 5.650}{100}-1$$

$$=13.0\%$$

此时

$$I=100\times(1+0.13)=113(\text{万元})$$

同理，求曲线 C 与 i_C 的交点：

$$-100+20(1+y)(P/A,12\%,10)=0$$

$$y=\frac{100}{20\times 5.65}-1$$

$$=-11.5\%$$

此时

$$C=20\times(1-0.115)=17.7(\text{万元})$$

至此，可以判断出：若使项目可行（IRR≥12%），在其他不确定因素不变的情况下，I 的变动幅度应小于（或等于）13%；同样，在其他不确定因素不变的情况下，C 的变动幅度应不超过−11.5%。

(6) 分析项目的抗风险能力。分析表 6-2 和图 6-6 可知，若使项目可行，敏感因素 I 和 C 的允许变动范围都比较小。这就是说，该项目抵御风险的能力比较令人担心。或者说，如果 I 超出原预期值 13%或者 C 低于原预期值 11.5%的可能性比较大，则意味着该项目将面临较大的风险。

所以，在作出该项目的最后决策之前，有必要对初始投资和生产费用节约额作出更认真、精确的预测和估算。如果项目得以实施，我们必须注意严格控制初始投资的额度，并尽量提高生产费用节约额，以使预期的经济效果得以实现。

三、多因素敏感性分析

实际上，许多因素的变动具有相关性，一个因素的变动也伴随着其他因素的变动。对于单因素敏感性分析的局限性，改进的方法是进行多因素敏感性分析，即考察多个不确定因素同时变动对项目经济效果的影响。

例 6－6

根据例 6－5 的数据，进行多因素敏感性分析。

解：(1) 双因素敏感性分析（见图 6－7）。

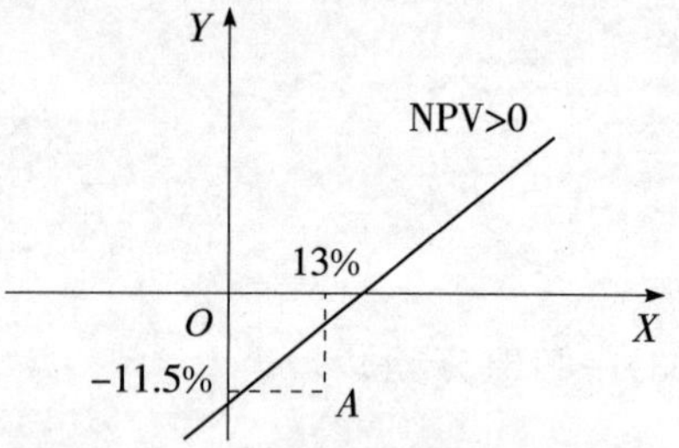

图 6－7 双因素敏感性分析

$$NPV_{(12\%)}=-100(1+X)+20(1+Y)(P/A,12\%,10)=0$$
$$-100-100X+113+113Y=0$$
$$-100X+113Y+13=0$$

这是一个直线方程，是 NPV＝0 的临界线。该线与两轴的交点是－11.5％和 13％。当 $X=0$ 时，$Y=-13/113=-11.5\%$；当 $Y=0$ 时，$X=13/100=13\%$。可以看出，NPV＞0 的区域位于临界线的左上方。如果 X 和 Y 同时变化，X 变化 10％，Y 变化－10％，则状态点 A 落在临界线下方，方案变得不可行。这样就可以判断在 X 和 Y 同时变化的各种状况下项目的可行性。

(2) 三因素敏感性分析（见图 6－8）。

$$NPV_{(12\%)}=-100(1+X)+20(1+Y)[P/A,12\%,10(1+Z)]=0$$

当 $Z=10\%$ 时：

$$-100(1+X)+20(1+Y)(P/A,12\%,11)=0$$
$$-100X+118.76Y+18.76=0$$
$$X=0\text{ 时},Y=-15.8\%$$

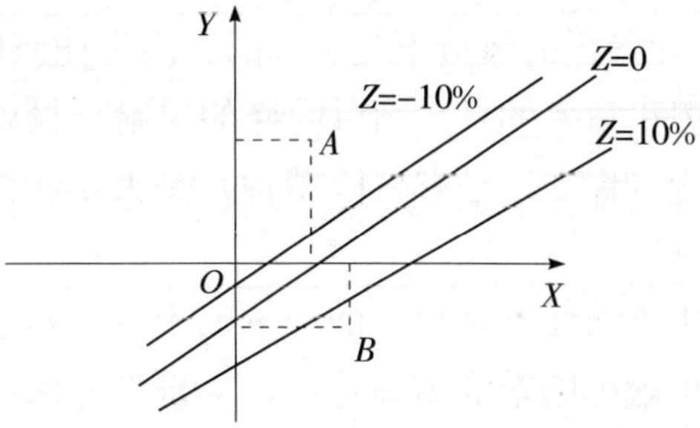

图6－8　三因素敏感性分析

$Y=0$ 时，$X=18.76\%$

当 $Z=-10\%$ 时：

$-100(1+X)+20(1+Y)(P/A,12\%,9)=0$

$-100X+106.56Y+6.56=0$

$X=0$ 时，$Y=-6.16\%$

$Y=0$ 时，$X=6.56\%$

当 $Z=0$ 时：

$-100(1+X)+20(1+Y)(P/A,12\%,10)$

$-100X+113Y+13=0$

$X=0$ 时，$Y=-11.5\%$

$Y=0$ 时，$X=13\%$

由此可以看出，不同寿命期的临界线左上方区域 NPV>0。随着项目寿命期的增加，临界线向右下方移动，使 NPV>0 的区域加大。由此可以分析状态点 A、B 的可行性。

四、对敏感性分析的认识

(一) 敏感性分析的优点

(1) 敏感性分析使用了项目寿命期内的现金流量及其他经济数据，在一定程度上就各种不确定因素的变动对项目经济效果的影响作出了定量描述。我们可以从不确定因素中识别项目经济评价指标的敏感因素，以及在项目可行的前提下敏感因素允许变动的范围，从而考察项目的风险程度。

注意：虽然计算出了临界点和临界值，在一定程度上定量地描述了项目的风险状况，但是我们无法提出一个统一的判据（以此作为项目取舍的依据），来确定项目在怎样的风险下是可选的。因为任何风险分析，首先要看项目风险的大小，但更重要的是，面对同样的风险，投资者（企业）对于风险的承受能力和态度（保守还是有冒险精神）是大不相同的，因而它们作出的决策往往大相径庭。

（2）提供在决策前重点对项目的敏感因素进一步进行精确预测、估算和研究的机会，减少敏感因素的不确定性，尽量降低敏感因素可能引起的项目风险。

（3）便于在未来项目的实施中，采取有力措施控制敏感因素的变动，降低项目风险，以保证项目获得预期的经济效果。

（二）敏感性分析的局限性

敏感性分析不能预测各种不确定因素在未来发生变动的概率，因而在一定程度上将影响分析结论的准确性。也许实际上另外的、不大敏感的不确定因素未来发生对项目不利的变动的概率相当大，将比敏感因素带来更大的风险。这是敏感性分析无法解决的问题。

第4节　概率树分析

如前所述，敏感性分析无法预测不确定因素在未来发生变动的概率，从而影响分析结论的准确性。对于这个问题，可以借助概率树分析的方法来弥补和解决。

简单地说，概率树分析是一种借助概率论和数理统计的原理，计算项目净现值小于零的概率，定量测定项目风险的风险分析方法。

一、随机变量NCF和NPV的概率描述

（一）随机变量NCF和NPV

对影响项目经济效果的各种因素进行百分之百准确的预测是不可能的，种种原因导致了它们的随机性，因此它们都是随机变量。

投资项目每个周期（各年）的NCF——净现金流量序列，就是由上述多种随机因素的取值确定的。所以，项目每年的净现金流量都是独立的随机变量。项目的NPV是每年净现金流量的现值之和，必然也是一个随机变量——随机净现值。

例如，某项目两互斥方案的NPV并不是我们在确定性评价中计算出来

的确定的 NPV。通过表 6-3 可以看出，市场需求所造成的销量的不确定性也造成了方案净现金流量的不确定性，进而使该项目每个方案产生三种可能的 NPV。

表 6-3　某项目两方案的随机 NPV 及其概率

市场需求	发生的概率	NPV_j（万元）	
		方案 1	方案 2
大	0.25	70	30
中	0.50	8	7
小	0.25	−50	−10

(二) 随机 NPV 的概率描述

对于一个随机变量，可以通过概率分布和参数来完整地予以描述。

1. 描述随机变量的主要参数

(1) 期望值。即随机变量所有可能取值的加权平均值，权重就是各种可能取值出现的概率。期望值的计算公式为：

$$E(\mathrm{NPV})=\sum_{j=1}^{m}\mathrm{NPV}_j\cdot P_j \qquad (6-9)$$

式中，NPV_j 为 NPV 可能出现的第 j 个（$j=1, 2, \cdots, m$）离散值；P_j 为各 NPV_j 出现的概率。如果由净现金流量来计算，求项目或方案 NPV 期望值的公式为：

$$E(\mathrm{NPV})=\sum_{t=0}^{n}E(X_t)(1+i)^{-t} \qquad (6-10)$$

式中，$E(X_t)$ 为第 t 年（$t=0, 1, \cdots, n$）净现金流量的期望值；n 为项目寿命期；i 为无风险折现率。其中

$$E(X_t)=\sum_{j=1}^{m}X_{tj}P_{tj}$$

式中，X_{tj} 为第 t 年净现金流量的第 j 个（$j=0, 1, 2, \cdots, m$）离散值；P_{tj} 为相应 X_{tj} 出现的概率。

(2) 方差。即反映随机变量的可能取值与其期望值偏离（离散）程度的参数。求项目 NPV 方差的公式为：

$$D(\mathrm{NPV})=\sum_{j=1}^{m}[\mathrm{NPV}_j-E(\mathrm{NPV})]^2P_j \qquad (6-11)$$

(3) 标准差。净现值与其方差的量纲不同，为了便于分析，通常采用与净现值量纲相同的参数——标准差 σ 来反映随机 NPV 取值的离散程度。

$$\sigma(\text{NPV})=\sqrt{D(\text{NPV})} \tag{6-12}$$

标准差用于测度和比较方案的相对风险，标准差越小，说明各个 NPV 的取值越集中靠近其期望值，故风险越小。

例 6-7

试对表 6-3 所展示的两互斥方案进行风险分析，并作出决策。

解：首先求出两方案 NPV 的期望值：

$$E_1=70\times0.25+8\times0.50+(-50)\times0.25=9(\text{万元})$$

$$E_2=30\times0.25+7\times0.50+(-10)\times0.25=8.5(\text{万元})$$

$$E_1>E_2$$

是否应选择方案 1 呢？进一步分析两方案的 NPV 分布情况，发现方案 1 的 NPV 分布为－50～70；而方案 2 为－10～30。显然，方案 2 比方案 1 密集。为了说明这一点，分别计算两方案 NPV 的标准差。

$$D_1=(70-9)^2\times0.25+(8-9)^2\times0.5+(-50-9)^2\times0.25=1\,801$$

$$\sigma_1=\sqrt{D_1}=\sqrt{1\,801}=42.44(\text{万元})$$

$$D_2=(30-8.5)^2\times0.25+(7-8.5)^2\times0.5+(-10-8.5)^2\times0.25$$
$$=202.3$$

$$\sigma_2=\sqrt{D_2}=\sqrt{202.3}=14.22(\text{万元})$$

因为 σ_2 远小于 σ_1，而 E_1 和 E_2 比较接近，所以应选择方案 2。

2. 概率分布

随机变量的各个可能取值对应的概率分布情况称为概率分布。一般来说，在多数情况下可以认为工业投资项目的随机现金流量、随机 NPV 近似服从正态分布（见图 6-9）。

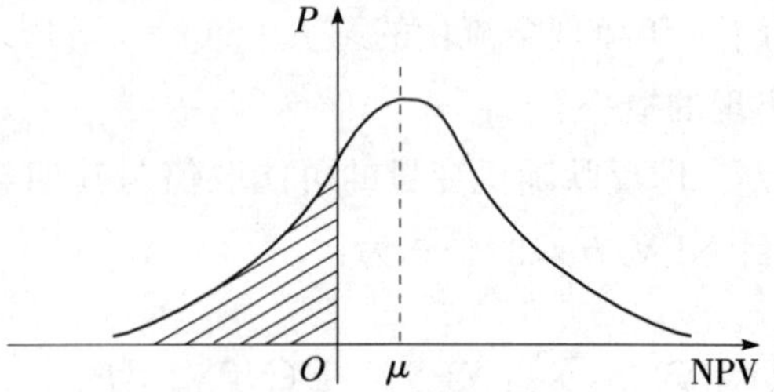

图 6-9　NPV 的概率分布

下面以随机 NPV 为例，说明正态分布曲线的特点。

μ 的值（即期望值）决定了正态分布曲线在横坐标上的位置，是随机 NPV 所取各值的分布中心。σ 为标准差，刻画各个 NPV 对于其均值的分散程度。它的值决定了正态分布曲线的“胖瘦”。σ 的值大，则曲线较“胖”，说明随机 NPV 的可能取值偏离其期望值的离散程度较大，概率分布密集程度较低，亦即随机 NPV 的不确定性程度较大，项目的风险大。相反，σ 的值小，则曲线较“瘦”，说明随机 NPV 的可能取值偏离其期望值的离散程度较小，概率分布密集程度较高，亦即随机 NPV 的不确定性程度较小，项目的风险小。

正态分布曲线和 x 轴所围成的全部面积等于 1，曲线与区间（x_1，x_2）围成的面积表示随机 NPV 在区间（x_1，x_2）取值的概率。利用这一点，可以使用标准正态分布表求出 NPV 小于零的概率，这样就对项目的风险有了一个定量的描述。

例 6－8

利用例 6－7 的计算结果，分别求出两方案 NPV<0 的概率。

解：根据概率论的有关知识可知：如果净现值服从正态分布，则 $Z=\dfrac{\text{NPV}-E(\text{NPV})}{\sigma(\text{NPV})}$服从标准正态分布。通过标准正态分布表，可以求出各NPV<0的概率。

$$
\begin{aligned}
P_1(\text{NPV}<0)&=P\left[Z<\frac{0-E(\text{NPV})}{\sigma(\text{NPV})}\right]\\
&=P\left(Z<-\frac{9}{42.44}\right)\\
&=P(Z<-0.212\,1)\\
&=0.416
\end{aligned}
$$

$$
\begin{aligned}
P_2(\text{NPV}<0)&=P\left(Z<-\frac{8.5}{14.22}\right)\\
&=P(Z<-0.597\,7)\\
&=0.275\,1
\end{aligned}
$$

从小于零的概率来看，仍然是方案 2 优于方案 1。

二、概率树分析的步骤

第一步，给出不确定因素可能出现的各种状态及其发生的概率。在概率树分析的实际工作中，可以分成客观概率分析和主观概率分析。

客观概率分析指根据历史统计资料来估算项目寿命期内的基础数据——不确定因素各种状态的取值及其发生的概率。对于一些项目，通过历史统计资料估算的基础数据及其发生概率，在未来的项目寿命期内会以同样的规律出现，如水利工程就是一个典型案例，因为历史洪水水位、径流量等的规律同样会出现在未来。

而对大量工业和其他项目来说，未来和历史的情况不可能相同。此时，基础数据的各种状态及其发生概率的确定，只能凭主观预测、分析和估算，这就是主观概率分析。

第二步，完成多种不确定因素不同状态的组合。可以借助概率树来完成对各种因素不同状态的组合，并求出方案所有可能出现的净现金流量序列及其发生的概率，以便求出方案所有可能出现的 NPV 及其发生的概率。

第三步，计算项目或方案 NPV 的期望值和标准差。

第四步，用解析法或图解法求出项目 NPV 大于（或小于）零的概率，从而完成对项目风险的定量分析。

例 6-9

已知某工程项目寿命期为10年，基础数据如表6-4所示。基准折现率为10%。通过统计资料分析和主观预测、估计，给出了年销售收入和经营成本两个独立的不确定因素可能发生的变动及相应的概率(见表6-5)。试对项目进行概率树分析。

表 6-4　工程项目基础数据表　　单位：万元

项目	年	
	0	1～10
投资 I	200	
年销售收入 S		80
年经营成本 C		40

表 6-5　项目不确定因素变动率及概率

不确定因素	状态 1 +20%	状态 2 0	状态 3 −20%
年销售收入 S	0.5	0.4	0.1
年经营成本 C	0.5	0.4	0.1

解：第一步：题目本身已经完成上述概率树分析的第一步，即已经得到 S 和 C 两种独立的不确定因素可能发生的变动率及其概率。

由已知的 S 和 C 的变动率，可求出它们各自三种状态下的数据及其发生的概率，如表6-6所示（i=1，2，3）。

表 6-6　三种状态下的数据

三种状态下的 S_i		三种状态下的 C_i	
数据（万元）	发生的概率	数据（万元）	发生的概率
$S_1=80\times(1+20\%)=96$	$P_{S_1}=0.5$	$C_1=40\times(1+20\%)=48$	$P_{C_1}=0.5$
$S_2=80$	$P_{S_2}=0.4$	$C_2=40$	$P_{C_2}=0.4$
$S_3=80\times(1-20\%)=64$	$P_{S_3}=0.1$	$C_3=40\times(1-20\%)=32$	$P_{C_3}=0.1$

第二步：借助概率树完成各个不确定因素不同状态的组合（见图 6-10 和表 6-7）。

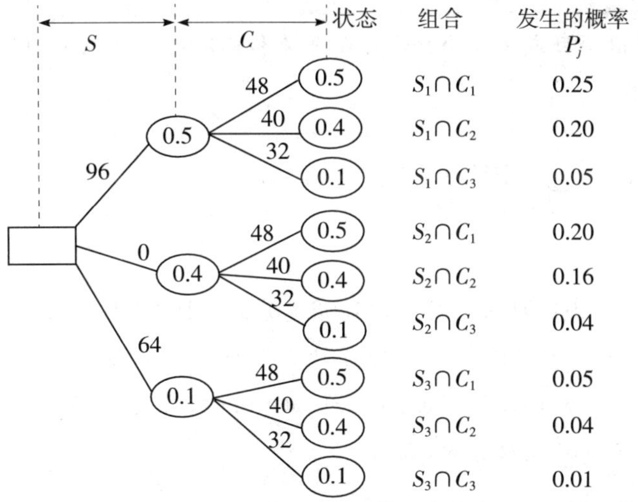

图 6-10　概率树

表 6-7　NPV_j 计算表　　单位：万元

年净现金流量		NPV_j ($i=10\%$)	加权 NPV_j
0	1～10		
−200	96−48=48	94.91	94.91×0.25=23.73
−200	96−40=56	144.06	144.06×0.20=28.81
−200	96−32=64	193.22	193.22×0.05=9.66
−200	80−48=32	−3.39	−3.39×0.20=−0.68
−200	80−40=40	45.76	45.76×0.16=7.32
−200	80−32=48	94.91	94.91×0.04=3.80
−200	64−48=16	−101.70	−101.70×0.05=−5.09
−200	64−40=24	−52.54	−52.54×0.04=−2.10
−200	64−32=32	−3.39	−3.39×0.01=−0.03
		项目 NPV 的期望值 $E(NPV)=65.42$	

借助概率树，把 S 每种不同的状态分别与 C 的三种不同状态进行组合，从概率树的根部到每一个分枝末端，每一条路径都代表一种状态组合。概率树上形成 $S_1 \cap C_1$，$S_1 \cap C_2$，…，$S_3 \cap C_3$ 共9个分枝，即代表9种不同状态的组合。

$S_1 \cap C_1$ 即 S_1 且 C_1，称为 S_1 与 C_1 的积，意味着 S_1 和 C_1 都发生的一种状态组合。该状态出现的概率 $P = P_{S1}P_{C1}$。

在上述9种状态组合下，有9种年销售收入与年经营成本的差 $S_i - C_i$，形成了方案1～10年的9种净收益。与不变的初始投资200万元一起，就形成了项目的9种不同净现金流量。由此就可以计算出9种不同状态组合下的9个不同的NPV。

第三步：求出项目或方案NPV的期望值和标准差。借助式（6-9）可以求出9个NPV的期望值。

$$E(\text{NPV}) = \sum_{j=1}^{m} \text{NPV}_j \cdot P_j$$

$m=9$，则

$$\begin{aligned} E(\text{NPV}) &= 94.91 \times 0.25 + 144.06 \times 0.20 + 193.22 \times 0.05 \\ &\quad - 3.39 \times 0.2 + 45.76 \times 0.16 + 94.91 \times 0.04 \\ &\quad - 101.70 \times 0.05 - 52.54 \times 0.04 - 3.39 \times 0.01 \\ &= 65.42(\text{万元}) \end{aligned}$$

然后，通过式（6-11）求出项目NPV的标准差。

$$D(\text{NPV}) = \sum_{j=1}^{m} [\text{NPV}_j - E(\text{NPV})]^2 \cdot P_j$$

$m=9$，则

$$\begin{aligned} D(\text{NPV}) &= \sum_{j=1}^{9} (\text{NPV}_j - 65.42)^2 \cdot P_j \\ &= (94.91 - 65.42)^2 \times 0.25 + (144.06 - 65.42)^2 \times 0.20 \\ &\quad + (193.22 - 65.42)^2 \times 0.05 + (-3.39 - 65.42)^2 \times 0.2 \\ &\quad + (45.76 - 65.42)^2 \times 0.16 + (94.91 - 65.42)^2 \times 0.04 \\ &\quad + (-101.70 - 65.42)^2 \times 0.05 + (-52.54 - 65.42)^2 \times 0.04 \\ &\quad + (-3.39 - 65.42)^2 \times 0.01 \\ &= 5\,314.88 \end{aligned}$$

$$\sigma(\text{NPV}) = \sqrt{D} = \sqrt{5\,314.88} = 72.90(\text{万元})$$

第四步：对项目进行风险估计。现在需要求出项目NPV小于（或大于）零的概率，从而完成对项目风险的定量描述。通常使用的方法有解析法和图示法。

(1) 解析法。根据概率论的有关知识，连续随机变量 X 服从参数为 μ、σ 的正态分布。如果令 $u=\frac{t-\mu}{\sigma}$，原正态分布函数可化为标准正态函数：

$$F(x)=\frac{1}{\sqrt{2\pi}}\int_{-\infty}^{\frac{x-\mu}{\sigma}} e^{-u^2/2}du=\Phi\left(\frac{x-\mu}{\sigma}\right)$$

令 $Y=\frac{x-\mu}{\sigma}$，由标准正态分布表就可直接查出 $x<x_0$ 的概率值。

$$P(x<x_0)=P\left(Y<\frac{x_0-\mu}{\sigma}\right)=\Phi\left(\frac{x_0-\mu}{\sigma}\right)$$

在本例中，如果把项目的 NPV 看成连续随机变量，现已知

$$\mu=E(\text{NPV})=65.42(\text{万元})$$
$$\sigma=\sigma(\text{NPV})=72.90(\text{万元})$$
$$Y=\frac{\text{NPV}-E(\text{NPV})}{\sigma(\text{NPV})}=\frac{\text{NPV}-65.42}{72.90}$$

可以计算 NPV 小于零的概率：

$$\begin{aligned}P(\text{NPV}<0)&=P\left(Y<\frac{0-65.42}{72.90}\right)\\&=P(Y<-0.8974)\\&=1-P(Y<0.8974)\\&=1-0.8152\\&=0.1848\end{aligned}$$

即项目 NPV 小于零的概率为 0.184 8。还可以计算 NPV 大于等于 95 万元的概率为：

$$\begin{aligned}P(\text{NPV}\geqslant 95)&=1-P(\text{NPV}<95)\\&=1-P\left(Y<\frac{95-65.42}{72.90}\right)\\&=1-P(Y<0.4058)\\&=1-0.6575\\&=0.3425\end{aligned}$$

(2) 图示法。在已知 9 种不同状态组合的 NPV 及其发生概率的情况下，可以通过累计概率表和风险分析图，对项目的风险进行定量描述（见表 6-8）。

表6-8 项目各状态组合的 NPV_j 及累计概率表

NPV_j（万元）	发生的概率	累计概率
−101.70	0.05	0.05
−52.54	0.04	0.09
−3.39	0.20	0.29
−3.39	0.01	0.30
45.76	0.16	0.46
94.91	0.25	0.71
94.91	0.04	0.75
144.06	0.20	0.95
193.22	0.01	1.00

借助表6-8，将表6-7中的各种不同状态组合所产生的 NPV_j 从小到大排列，并将它们发生的概率依次累计。通过插入法计算，从表中可以得出，NPV小于零的概率约为0.31。NPV大于95万元的概率约为0.25。依据表6-8的数据，可以绘制出下面的风险分析图（见图6-11）。

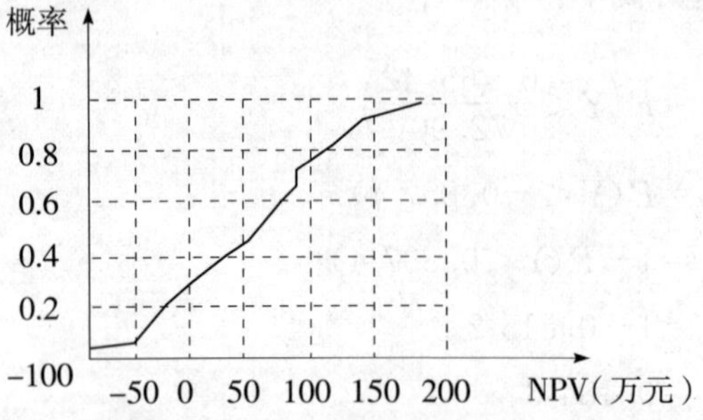

图6-11 项目风险分析图

可以看出，两种方法的风险分析有一定的误差。这是因为图示法直接使用随机NPV的离散数据累计概率和绘制风险分析图，在计算NPV大于（或小于）零或等于某个任意值的概率时，使用插入法计算也会产生误差。而解析法虽然假定项目的NPV是服从正态分布的连续随机变量，但它是在使用离散数据求得的概率分布参数（μ，σ）之后，按连续分布函数进行风险估计的。因此误差是肯定存在的。图示法不仅适用于经济效果指标服从典型概率分布的情况，当项目的经济效果指标的概率分布类型不明，或无法使用典型概率分布描述时也同样适用。而此时解析法就无能为力了。

三、对概率树分析的认识

概率树分析的主要优点是可以给出项目 NPV 小于零的概率，从而定量地测定项目不可行的风险有多大。对于投资者来说，这是进行投资决策的重要信息。

注意：对于概率树分析求出的项目 NPV 小于零的概率，我们仍然无法提供一个决定项目取舍的标准或依据，但这并不是概率树分析本身的不足。因为对于任何风险决策问题，项目的取舍都取决于两个方面：一是风险的大小；二是投资者对风险的态度和承受能力。例如，某项目 NPV 的期望值为 65.42 万元，但存在 NPV 小于零的可能性为 18.5%的风险。该项目是否被采纳，要看投资者是否能够或敢于为取得 65.42 万元的 NPV 期望值而去冒 18.5%亏损可能性的风险。

在概率树分析中，不论使用客观概率分析还是主观概率分析，基础数据的取值及其发生概率的估算对分析的准确程度都有很大的影响。这时，工作人员的经验和能力就成为重要的因素。

四、蒙特卡洛模拟简介

(一) 概念

蒙特卡洛模拟是一种以数理统计理论为指导的模拟技术，是用反复进行随机抽样的方法模拟各种随机变量的变化，进而通过计算了解项目经济效果指标的概率分布的分析方法。当项目评价中输入的随机变量多于三个，每个输入变量可能出现三个以上以至无限多种状态时，就必须采用蒙特卡洛模拟技术。

(二) 步骤

蒙特卡洛模拟的步骤如图 6－12 所示。

从理论上讲，蒙特卡洛模拟次数越多越精确，但实际上模拟次数过多，费时费力费用高，也无必要，但次数过少，随机数的分布就不均匀，影响模拟结果的可靠性。一般在 200～500 次之间为宜。由于计算量巨大，蒙特卡洛模拟需要借助计算机来完成。

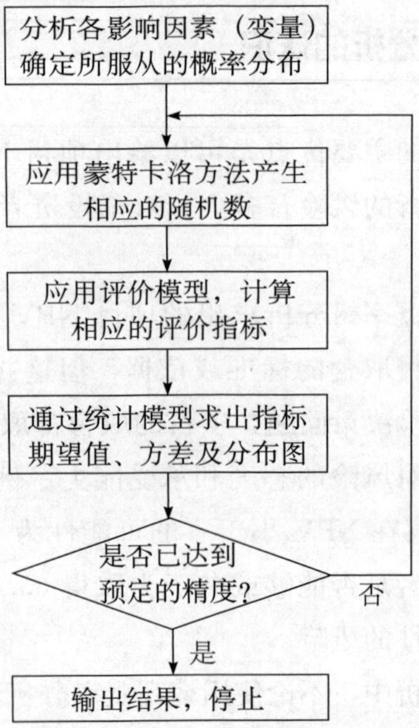

图 6-12　蒙特卡洛模拟步骤框图

第 5 节　多方案的风险决策

前面讨论了相同风险条件下方案间比选的问题。但在投资活动中，往往会遇到多个备选方案又具有多种可能发生的状态的情况。这类问题的比选决策也称多方案风险决策。下面将系统地介绍多方案风险决策的方法和原则。

一、风险决策的条件

（1）存在两个或两个以上不依决策者主观意志转移的自然状态，要求各种状态之间不仅是互斥的，而且是完备的，即各种状态的概率之和等于 1。

（2）存在两个或两个以上备选方案。

（3）可以计算出不同方案在不同状态下的损益值（费用或收益的度量结果），并存在决策者希望达到的目标。

（4）决策者能给出每种状态出现的概率，但不能肯定哪种状态将出现。

二、风险决策的方法

常用的风险决策的方法主要有矩阵法和决策树法。

(一) 矩阵法

风险决策矩阵模型的一般形式如表 6-9 所示。它给出了进行风险决策的所有要素，包括状态、各状态发生的概率、备选方案以及各方案在不同状态下的损益值。

表 6-9　通用风险决策矩阵模型

方案	状态					
	θ_1	θ_2	…	θ_j	…	θ_n
	概率					
	P_1	P_2	…	P_j	…	P_n
A_1	v_{11}	v_{12}	…	v_{1j}	…	v_{1n}
A_2	v_{21}	v_{22}	…	v_{2j}	…	v_{2n}
⋮	⋮	⋮		⋮		⋮
A_i	v_{i1}	v_{i2}		v_{ij}		v_{in}
⋮	⋮	⋮		⋮		⋮
A_m	v_{m1}	v_{m2}	…	v_{mj}	…	v_{mn}

$$V=\begin{bmatrix} v_{11} & v_{12} & \cdots & v_{1n} \\ v_{21} & v_{22} & \cdots & v_{2n} \\ \vdots & \vdots & & \vdots \\ v_{m1} & v_{m2} & \cdots & v_{mn} \end{bmatrix}$$

$$P=\begin{bmatrix} P_1 \\ P_2 \\ \vdots \\ P_n \end{bmatrix}$$

$$E=\begin{bmatrix} E_1 \\ E_2 \\ \vdots \\ E_m \end{bmatrix}$$

式中，V 为损益矩阵；P 为概率向量；E 为损益期望值向量。可以方便地求出 $E=VP$。利用矩阵模型的形式，可采用多种决策原则（后面详述）进行多方案的风险决策。

例 6-10

某公司打算经销一种产品，进货价为 200 元/千克，售价为 400 元/千克。经预测，销售状况良好的概率为 0.3；销售状况中等的概率为 0.4；销售状况较差的概率为 0.3。现有两种进货方案：一是进货 4 万千克，在三种销售状况下，利润分别为 800 万元、400 万元和 0；二是进货 3 万千克，在三种销售状况下利润分别为 600 万元、600 万元和 200 万元。

解：列出问题的决策矩阵以帮助进行风险决策（见表 6-10）。

表 6-10　某公司的决策矩阵　　单位：万元

方案	状态		
	销路良好（售 4 万千克）	销路中等（售 3 万千克）	销路较差（售 2 万千克）
	概率		
	0.3	0.4	0.3
1. 进货 4 万千克	800	400	0
2. 进货 3 万千克	600	600	200

在该矩阵的基础上，根据具体情况，我们可以选择某种决策原则进行方案的风险决策（后面具体论述）。

(二) 决策树法

借助决策树进行风险分析也是常用的方法。决策树法一般采用期望值原则对方案进行选择（见图 6-13）。

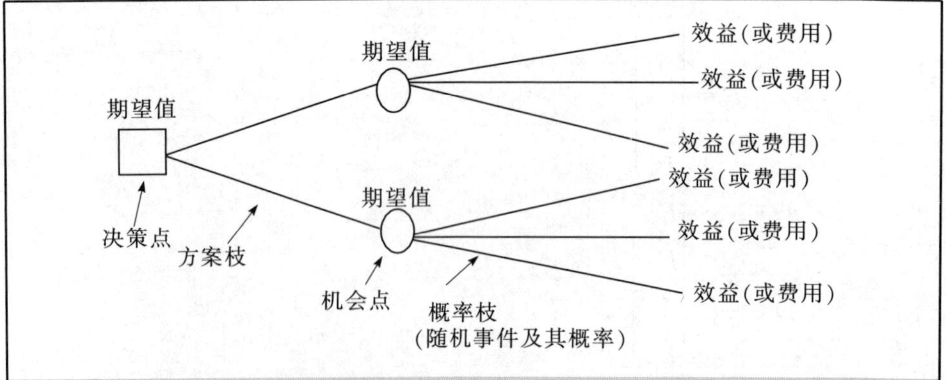

图 6-13　决策树示意图

根据图 6-13，作出例 6-10 中的决策树，如图 6-14 所示。

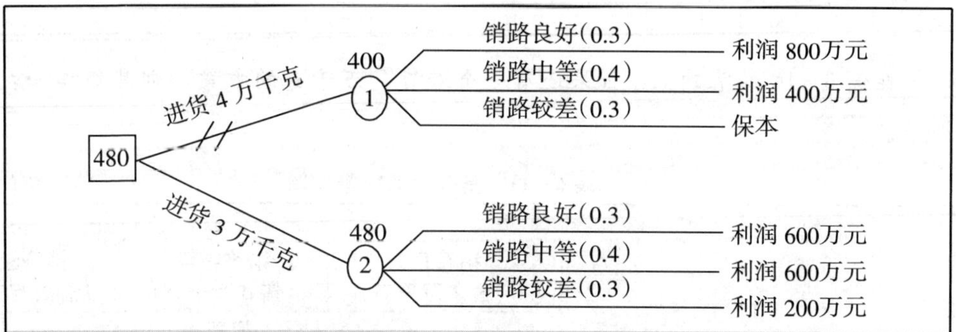

图6-14　某公司的决策树

画出决策树后，分别计算每一方案的损益期望值，并标注在相应的机会点上方，就可以直观地作出判断。在期望值较小的方案枝上，用符号“//”进行剪枝，以示淘汰。最后将最优方案的损益期望值写在决策点上方（例6-10中决策树的具体计算稍后讲解）。

三、风险决策的原则

（一）优势原则

优势原则表述如下：在给定的A、B两方案中，如果不论在什么状态下，A总是优于B，则可认定B为劣势方案，应当将其从备选方案中剔除。应用优势原则一般不能决定最佳方案，但能淘汰劣势方案，缩小决策范围。因此，它是一种及早淘汰方案的方法。在采用其他决策原则之前，应当首先采用优势原则剔除劣势方案。

优势原则的数学描述分为两种情况：

（1）当损益值用费用类指标表示时，对于备选方案A_{kj}和A_{ij}而言，若满足

$$V_{kj}<V_{ij},j=1,2,\cdots,n$$

则说明A_k比A_i有优势。

（2）当损益值用效益类指标表示时，对于备选方案A_{kj}和A_{ij}而言，若满足

$$V_{kj}>V_{ij},j=1,2,\cdots,n$$

则说明A_k比A_i有优势。

在例6-10的矩阵中（见表6-10），$V_{11}>V_{21}$，$V_{12}<V_{22}$，$V_{13}<V_{23}$。不满足优势条件，因此不存在优势方案。

例 6-11

在例 6-10 的基础上，如果还有一个进货 5 万千克的方案，则其矩阵如表 6-11 所示。

表 6-11 某公司的决策矩阵 单位：万元

方案	状态		
	销路良好（售 4 万千克）	销路中等（售 3 万千克）	销路较差（售 2 万千克）
	概率		
	0.3	0.4	0.3
1. 进货 4 万千克	800	400	0
2. 进货 3 万千克	600	600	200
3. 进货 5 万千克	600	200	−200

解：从表 6-11 中可以判断出，进货 5 万千克的方案 3，在各种状态下的利润值都比进货 4 万千克的方案 1 小，应当作为劣势方案淘汰。然后采用其他决策原则，对另两个方案进行风险决策。

（二）期望值原则

该原则即根据各备选方案损益值的期望值进行决策。当损益值用费用类指标表示时，应当选择费用期望值最小的方案，即 $\min\{E_i \mid i=1, 2, \cdots, m\}$；当损益值用效益类指标表示时，应当选择效益期望值最大的方案，即 $\max\{E_i \mid i=1, 2, \cdots, m\}$。

例 6-12

采用期望值原则对例 6-10 进行风险决策。

解：首先作出例 6-10 的决策矩阵（见表 6-10）。

（1）决策树。先画出决策树（见图 6-14），然后计算各方案的利润期望值。

$$E_1=800\times0.3+400\times0.4+0\times0.3=400(\text{万元})$$
$$E_2=600\times0.3+600\times0.4+200\times0.3=480(\text{万元})$$

在图 6-14 中把两方案的利润期望值写在机会点的上方。由于 480>400，按照期望值原则应当选择方案 2。把 E_2 的 480 写在决策点的方框内，并对方案 1 剪枝。

（2）用矩阵法的形式。由于 $E=VP$，故有

$$\begin{pmatrix}E_1\\E_2\end{pmatrix}=\begin{pmatrix}800 & 400 & 0\\600 & 600 & 200\end{pmatrix}\begin{pmatrix}0.3\\0.4\\0.3\end{pmatrix}=\begin{pmatrix}400\\480\end{pmatrix}$$

$\max\{E_i | i=1,2\}=E_2=480$(万元)

即按期望值最大原则，应当选择方案2。

(三) 最小方差原则

方差表示方案的损益值偏离期望值的程度，方差大，则风险大。所以有的投资者倾向于选择损益值方差小的方案。

计算例6-10的两个方案的方差，比较它们风险的大小。

$$D_1=(800-400)^2\times0.3+(400-400)^2\times0.4+(0-400)^2\times0.3$$
$$=96\,000$$
$$D_2=(600-480)^2\times0.3+(600-480)^2\times0.4+(200-480)^2\times0.3$$
$$=33\,600$$

显然方案2的风险比较小，应当选择方案2。

但是，期望值原则和最小方差原则的使用应当注意：由于期望值与方差可能组成如表6-12所示的四种情况，期望值原则与最小方差原则可能产生矛盾。

表6-12 在决策中比较期望值和方差

1	$E_2>E_1$	$\sigma_2=\sigma_1$	选择方案2
2	$E_2=E_1$	$\sigma_2<\sigma_1$	选择方案2
3	$E_2>E_1$	$\sigma_2<\sigma_1$	选择方案2
4	$E_2<E_1$	$\sigma_2<\sigma_1$	取决于E与σ之间的折算

(1) 当各备选方案的风险大小(方差D或标准差σ)相同或接近时，一般应当根据期望值原则，选择效益期望值较大(或费用期望值较小)的方案。

(2) 在各备选方案的期望值相同或接近时，一般应当根据最小方差原则，选择风险较小的方案。

(3) 情况3最易作出判断，应选E大σ小者，即方案2(如同例6-10中我们选方案2)。也就是说，在上述三种情况中，期望值原则与最小方差原则没有矛盾。

(4) 对于效益期望值大(或费用期望值小)风险也大或者效益期望值小(或费用期望值大)风险也小的多方案比选问题，期望值原则和最小方差原则失去作用。即使我们使用测度和比较“相对风险”的变异系数$CV=\sigma/E$，也难以符合人们的实际判断。

例 6-13

如果已知两方案 $E_1=9$ 万元，$E_2=5$ 万元；而 $\sigma_1=42.44$ 万元，$\sigma_2=15$ 万元。试使用变异系数进行方案的风险决策。

解：可求得 $CV_1=42.44/9=4.72$，$CV_2=15/5=3$。按照概念机械地进行判断，似乎方案2的相对风险较小，应当选择方案2。但是实际中，不同的投资者面对相同的风险，作出的决策往往是不同的。这一方面取决于投资及决策者的胆略和冒险精神，另一方面取决于投资主体对风险的承受能力。冒险精神和风险承受能力强者，倾向于按期望值原则进行决策，在本例中可能选择方案1；反之，冒险精神和风险承受能力较差者，则倾向于按最小方差原则进行决策，在本例中可能会选择方案2，宁可期望收益不太高，但是更安全。

可以利用 E 与 σ 之间的折算值作为判据来解决上述情况。这需要给出 $\Delta\sigma/\Delta E$ 的标准，即1元钱的增量期望值 ΔE 最多应当与多少增量风险——增量标准差 $\Delta\sigma$ 相抵。

例 6-14

航空公司面临两个互斥方案的抉择。$E_1(\text{NPV})=1\ 169$ 万元，$\sigma_1=291$ 万元；$E_2(\text{NPV})=1\ 272$ 万元，$\sigma_2=672$ 万元。应当选哪一个？

解：如果确定1元的 ΔE 最多能与 $0.25\Delta\sigma$ 相抵，即确定判据为：

$$\Delta\sigma/\Delta E<0.25$$

则

$$\Delta E=1\ 272-1\ 169=103(\text{万元})$$
$$\Delta\sigma=672-291=381(\text{万元})$$
$$\Delta\sigma/\Delta E=381/103=3.699>0.25$$

所以，应当选择 E 和 σ 都小的方案1。

可以看出，要想使用这种方法，确定判据（即判断的标准）也是一个难点。

(四) 满意原则

对于实际决策而言，问题的复杂性使人们难以找出最佳方案，因而就会采取一种比较现实的原则，即满意原则。该原则把决策效果目标定在一个足够满意的水平上，将各备选方案不同状态下的损益值与该目标相比较，优于或等于该满意目标值的方案中，概率最大者为当选方案。通常满意目标可以是：达到某一水平的IRR；NPV≥0；实现某一数额的利润等。

在例6-10中，假定满意目标定为利润不少于600万元，则方案 1：

$$P(V\geqslant 600\text{ 万元})=P_1=0.3$$

方案 2：

$$P(V\geqslant 600\text{ 万元})=P_1+P_2=0.3+0.4=0.7$$

方案 2 达到满意目标的可能性最大，按满意原则应当选择方案 2。

(五) 最大可能原则

在风险决策时，如果其中一种状态发生的概率明显高于其他状态发生的概率，此时，将这种最大概率的状态看作确定状态（概率为 1），根据这种状态下各方案损益值的大小进行决策，而将其他状态发生的可能性看作零（发生的概率为零）。该原则即最大可能原则，它将风险决策问题转化为确定性问题予以求解。

必须注意的是，该原则有如下使用条件：

(1) 存在某一状态，其发生的概率大大高于其他状态发生的概率。在例 6-10 中，销路中等的状态概率最大（0.4），如果按最大可能原则，应选择在该状态下利润最大的方案，即方案 2。但是，必须注意到，该状态发生的概率与其他状态发生的概率相差并不大，不符合最大可能原则的思路和使用条件。如果硬性使用，在有些项目中将得出错误结论。

(2) 各方案在不同状态下损益值的差别应当不悬殊。

例 6-15

某项目有如下决策矩阵（见表 6-13，损益值为 NPV，金额单位为万元），试用最大可能原则进行决策。

表 6-13　某项目的决策矩阵

方案	状态 1	状态 2	状态 3
	概率		
	0.1	0.8	0.1
1	60	50	−20
2	70	100	−200
3	50	40	−2

解：采用最大可能原则应当选择方案 2。但必须注意，选择方案 2，仍然避免不了有 10%的可能要遭受 200 万元损失。如果投资者认为无法承受这样的风险，就不能采用最大可能原则。

四、多阶段风险决策方法

前面讨论的都是一次性风险决策的情况，实际中，在项目的寿命周期中也许还需要进行多次风险决策，它可以看作多方案风险决策的一种特例，也称为多阶段风险决策问题。解决这类问题的最好方法是决策树法，同时，使用期望值原则选出最优方案。

例6-16

某公司欲为生产一种新产品而投资建厂，生产期为10年。根据市场研究，有三种可能的市场前景：

(1) 前2年销路良好（H_1）、后8年销路也良好（H_2）发生的概率$P(H_1H_2)=2/5$；

(2) 前2年销路良好（H_1）、后8年销路较差（L_2）发生的概率$P(H_1L_2)=1/5$；

(3) 前2年销路较差（L_1）、后8年销路较差（L_2）发生的概率$P(L_1L_2)=2/5$。

该项目有以下两个备选方案：

方案1：建大厂，初始投资为400万元，预测前2年若销路良好，年净收益为86.1万元；若销路较差（不论前2年还是后8年），年净收益为59.8万元。如果前2年销路良好，后8年销路也良好，年净收益为165万元；后8年销路较差，则年净收益为85.4万元。

方案2：建小厂，初始投资为260万元，若销路较差，年净收益为69.7万元；前2年若销路良好，年净收益为73.8万元，可考虑两个方案——扩建与不扩建。(1) 如果扩建，再追加投资317.3万元，扩建后若销路良好，可获年净收益183万元；若销路较差，则年净收益为47.1万元。(2) 如果不扩建，若销路良好，可获年净收益82.5万元；若销路较差，则年净收益为59.8万元。

如果该公司的基准收益率为15%，试采用决策树法为该公司选择建厂方案。

解：(1) 根据已知条件，画出决策树，见图6-15（单位：万元）。

(2) 求出决策树中显示的8种状态的净现值（记入图6-16相应线的末端）。

$$
\begin{aligned}
NPV_1 &= -400+86.1(P/A,15\%,2) \\
&\quad +165(P/A,15\%,8)(P/F,15\%,2) \\
&=300(\text{万元})
\end{aligned}
$$

$$
\begin{aligned}
NPV_2 &= -400+86.1(P/A,15\%,2) \\
&\quad +85.4(P/A,15\%,8)(P/F,15\%,2) \\
&=30(\text{万元})
\end{aligned}
$$

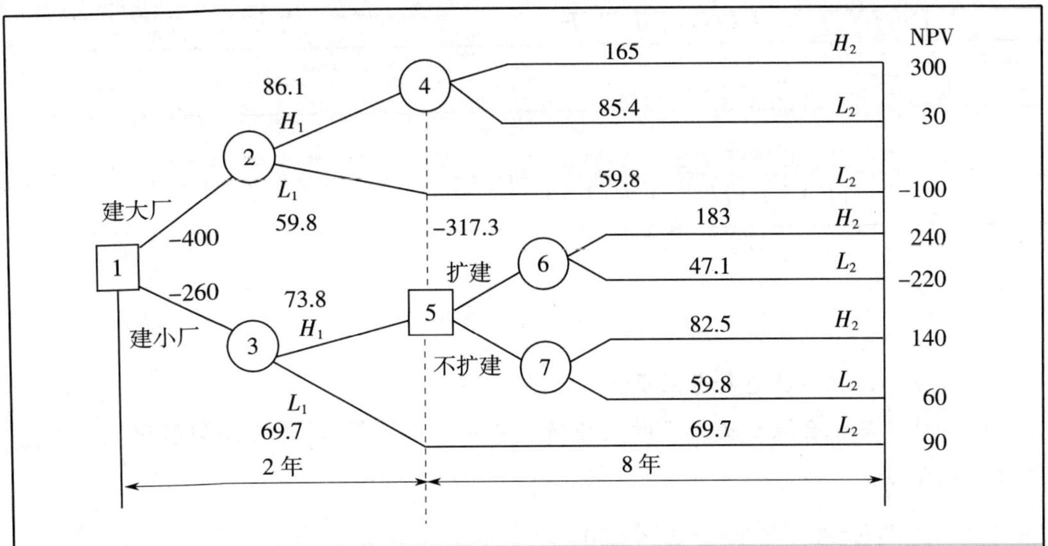

图 6-15　某公司建厂方案的决策树

$$NPV_3=-400+59.8(P/A,15\%,10)$$
$$=-100(\text{万元})$$

$$NPV_4=-260+73.8(P/A,15\%,2)-317.3(P/F,15\%,2)$$
$$+183(P/A,15\%,8)(P/F,15\%,2)$$
$$=240(\text{万元})$$

$$NPV_5=-260+73.8(P/A,15\%,2)-317.3(P/F,15\%,2)$$
$$+47.1(P/A,15\%,8)(P/F,15\%,2)$$
$$=-220(\text{万元})$$

$$NPV_6=-260+73.8(P/A,15\%,2)$$
$$+82.5(P/A,15\%,8)(P/F,15\%,2)$$
$$=140(\text{万元})$$

$$NPV_7=-260+73.8(P/A,15\%,2)$$
$$+59.5(P/A,15\%,8)(P/F,15\%,2)$$
$$=60(\text{万元})$$

$$NPV_8=-260+69.7(P/A,15\%,10)$$
$$=90(\text{万元})$$

(3) 由已知概率求出决策树上所需概率。

$$P(H_1)=P(H_1H_2)+P(H_1L_2)$$
$$=2/5+1/5$$
$$=3/5$$

$$P(H_2|H_1)=P(H_1H_2)/P(H_1)$$
$$=\frac{2/5}{3/5}$$
$$=2/3$$
$$P(L_2|H_1)=P(H_1L_2)/P(H_1)$$
$$=\frac{1/5}{3/5}$$
$$=1/3$$

将各概率记在各状态符号后面。

(4) 计算各机会点和决策点的期望值（从右向左推算），并将期望值记在机会点的上方或下方。

点 4：$E=2/3\times300+1/3\times30$
$=210$(万元)

点 2：$E=3/5\times210+2/5\times(-100)$
$=86$(万元)

此即建大厂方案的 NPV 期望值。

点 6：$E=2/3\times240+1/3\times(-220)$
$=86.7$(万元)

此即建小厂再扩建的 NPV 期望值。

点 7：$E=2/3\times140+1/3\times60$
$=113.3$(万元)

此即建小厂不扩建的 NPV 期望值。

由此可知，不扩建方案的 NPV 期望值较大，在决策树上扩建的方案枝上作“//”记号，以示淘汰。

点 3：$E=3/5\times113.3+2/5\times90$
$=104$(万元)

此即建小厂方案的 NPV 期望值。

将建大小工厂的 NPV 期望值相比较，建小厂的方案期望值较大，在决策树上建大厂的方案枝上作“//”记号，以示淘汰。最终的决策采用建小厂且不扩建的方案（见图 6-16）。

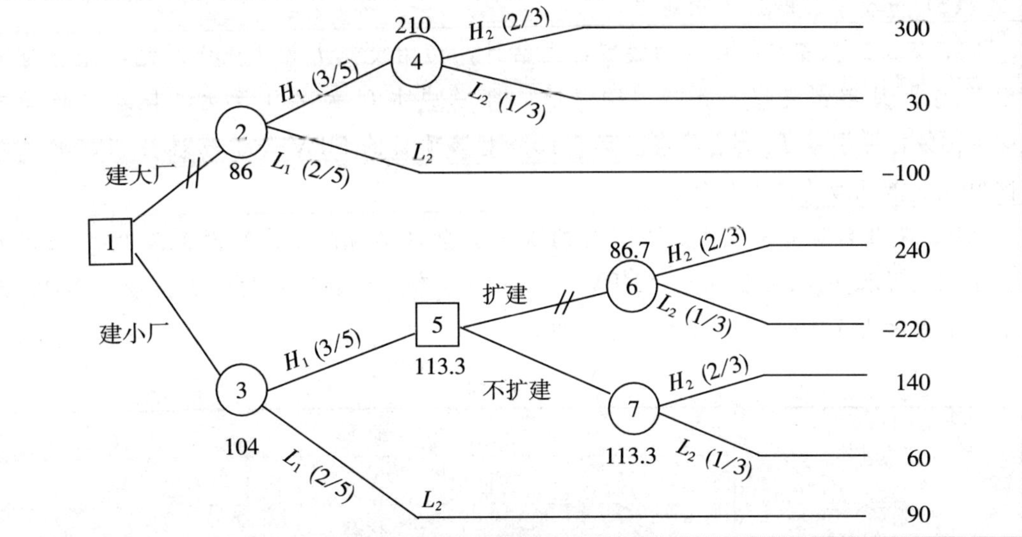

图6-16　建厂方案的决策树

复习题

1. 什么是不确定性和风险？怎样区分？

2. 在一般投资项目评价中，不确定性分析与风险分析的主要分析方法各是什么？它们之间有什么联系？

3. 在盈亏平衡分析中，求出用产量、生产能力利用率等表示的盈亏平衡点是分析的目的吗？怎样判断项目的风险大小？

4. 在敏感性分析中，判断项目风险大小的依据是什么？确定项目的敏感因素的目的是什么？应当如何对待它们？

5. 通过概率树分析，如何判断项目承受风险的能力？能够找专家给出一个统一的判据（NPV 小于零的概率是多少，即为可行）供我们进行决策吗？

6. 在使用解析法和图示法完成对项目风险的估计时，为什么在数值上会有一定的差距？

7. 风险决策的方法主要有哪两种？在实际中，面对已经了解的项目风险，不同的投资者往往作出不同的决策或选择，原因是什么？

8. 某机械项目，年设计生产能力为 5 万件，单位产品售价为 2 000 元，生产总成本为 5 200 万元，其中固定成本为 2 000 万元，总变动成本与产量成正比变动。

(1) 试求以产量、销售价格表示的盈亏平衡点，并计算盈亏平衡生产能力利用率。

（2）分析项目的抗风险能力。

9. 某工厂拟安装一种自动装置，据估计，初始投资 I 为 1 000 万元，服务期限为 10 年，每年销售收入 S 为 450 万元，年总成本 C 为 280 万元，若基准收益率 $i_C=10\%$，分别就 I、S、C 各变动 ±10% 对该项目的 NPV 作敏感性分析，并判断该项目抵御风险的能力如何。

10. 某项目可能出现的三种状态的现金流量（单位：万元）及其发生的概率如表 6-14 所示。若 i_C 为 10%，NPV 服从正态分布，试利用解析法求出项目 NPV 大于等于零和大于期望值的概率各为多少。

表 6-14

年末	概率		
	X_1	X_2	X_3
	状态		
	$P_1=0.4$	$P_2=0.3$	$P_3=0.3$
0	—1 500	—1 650	—1 800
1～9	180	460	530
10	380	660	730

11. 如果在概率树分析中，已经得出 9 种组合状态下的 9 个净现值（单位：亿元）及其发生的概率分别为：

NPV_i	0.42	−0.62	−1.66	1.86	0.82	−0.22	3.30	−0.10	1.22
P_i	0.04	0.10	0.06	0.10	0.25	0.15	0.06	0.15	0.09

（1）试求出其期望值 $E(\text{NPV})$。

（2）请利用图示法（画出累计概率表）求出项目 NPV 小于零的概率，并判断该项目风险的大小。

第7章

投资项目的财务评价

第1节　财务评价概述

一、财务评价的概念

（一）财务评价的含义

财务评价又称为财务分析，如本书第1章所述，它是项目可行性研究中项目评价的第一个层次。财务评价是根据国家现行财税制度和价格体系，分析、计算项目直接发生的财务效益和费用，编制财务报表，计算相应的评价指标，考察项目的盈利能力、偿债能力和财务生存能力（财务可持续性）等，判断项目的财务可行性，明确项目对财务主体的价值和对投资者的贡献，为投资决策、融资决策以及银行信贷提供依据。

（二）财务评价的两个层次

1. 影响项目经济效果的因素

（1）由项目方案设计本身的特性决定的因素。项目本身的技术方案、规模和市场条件等一经确定，项目的投资、产量、成本、价格等也就相应确定下来，它们是影响项目经济效果的主要因素。

（2）由融资条件或融资方案决定的因素。投资项目资金的来源、构成比例，以及借贷资金的偿还方式，同样影响项目的现金流量，影响项目的经济效果。

2. 财务评价的两个层次

鉴于存在影响项目评价经济效果的两方面因素，在进行项目的财务分析时，需要分两步来考察项目的经济效果。

（1）融资前（before funding）财务效果分析。即排除（不考虑）融资条件（资金来源与构成，以及借款还本付息的方式）的影响，从项目投资（包括建设投资和流动资金投资）总盈利能力的角度，考察项目方案设计的合理性，并进行方案比选。融资前分析只考察项目盈利能力指标，故其指标计算的作用是进行初步投资决策和方案比选，当然也是进一步融资条件下财务分析的依据和基础。只有融资前分析指标合格了，才进行下一步融资后分析。

前面的所有例题，包括判断可行性及方案的比选，都属于融资前分析，因为根本没有提到投资中资金的来源与构成问题，更没有涉及借款的还本付息问题，即与融资条件无关。

（2）融资后（after funding）财务效果分析。即在融资前分析结果可以接受的前提下，进一步考察融资条件对项目的影响，分析项目在融资条件下的盈利能力（包括投资方的盈利能力）、偿债能力、利润与利润状况，以及财务生存能力等，进而判断项目方案在融资条件下的合理性。它是比选融资方案、进行融资决策和投资者最终决定出资的依据。

（三）财务评价的作用

1. 考察项目的盈利能力、财务生存能力（财务可持续性）等

（1）考察项目方案本身的盈利能力。通过融资前分析，编制项目投资现金流量表，得出盈利能力指标 FNPV、FIRR、P_t、ROI 或 ROE，判断项目方案本身的财务可行性，为方案的比选和初步投资决策提供依据。

（2）考察项目在融资条件下的盈利能力。通过融资后分析，编制项目资本金现金流量表，得出项目在融资条件下的 FNPV、FIRR，判断融资方案的盈利能力，为融资方案比选和决策提供依据。

（3）考察项目的财务生存能力。通过编制财务计划现金流量表，计算项目的累计盈余资金，分析项目是否有足够的净现金流量维持每年的正常运营，以实现财务上资金的可持续性。

（4）考察项目的偿债能力。通过编制相应财务报表，计算项目的利息备付率、偿债备付率和资产负债率等，分析项目的偿债能力。

（5）考察项目的利润状况，以及利润分配情况。

（6）考察项目各投资方的盈利能力，是否满足了投资者预期的资产增值要求。

2. 为企业制定资金规划

为企业制定资金规划即为项目进行资金筹措和资金使用的安排。

3. 为协调企业利益和国家利益提供依据

当国民经济评价可行、财务评价不可行而发生矛盾时，即如第 1 章所述，宏观效果好，对国家、社会有利，而微观效果不理想的情况下，考虑到企业是独立的经营单位，是投资后果的直接承担者，需要重新进行财务评价。可考虑：

通过对财务评价的分析，提出再设计（对包括技术方案在内的方案各方面进行合理适当修改）的建议。

在必要时，可通过考察有关经济参数的变动对财务评价结果的影响，寻找经济调节的方式和幅度，向国家提出采取经济优惠措施的建议（如在价格、税收、利率上给企业以适当优惠），使项目具有财务上的生存能力，并具有一定的发展前景，从而达到企业利益与国家利益一致的目的。这对于国家技术和产业政策所鼓励、支持的高技术项目尤其具有重要意义。

二、 财务评价的内容和财务报表

(一) 财务评价的主要内容

1. 财务预测和资金规划

在可行性研究前期工作对投资项目的市场、环境、技术方案等各方面充分调查研究的基础上，对项目或方案的基础数据进行财务预测和融资方案及资金的规划。

2. 计算和分析财务效果

借助编制一系列辅助报表和基本报表，包括财务现金流量表，使用规范的评价方法和参数，计算有关经济效果评价指标，评价项目的可行性，以及在多个方案中选优，同时对于项目的利润、生存能力、偿债能力、权益资金盈利能力、投资者盈利能力等进行分析。

3. 不确定性及风险分析

分析各种不确定因素的变动对投资效果的影响，以及项目的抗风险能力，作出项目在不确定情况下的决策结论或建议。

4. 作出财务评价结论

综合确定性和不确定性分析的结果，作出项目财务评价的结论。

(二) 财务报表

使用财务报表进行财务分析是财务评价方法的特点之一。财务评价所使用的主要报表分为基本报表、辅助报表和基础报表，如图7-1所示。

- 基本报表
  1. 项目投资现金流量表——融资前盈利能力分析
  2. 项目资本金现金流量表——融资后盈利能力分析
  3. 投资各方现金流量表——投资方盈利能力分析
  4. 利润与利润分配表——项目利润和利润分配状况分析
  5. 财务计划现金流量表——项目生存能力分析
  6. 资产负债表——偿债能力（资产负债率）分析
  7. 借款还本付息计划表——偿债能力（利息备付率、偿债备付率）分析
- 辅助报表
  1. 总投资估算表
  2. 建设投资估算表
  3. 流动资金估算表
  4. 项目总投资使用计划与资金筹措表
  5. 营业收入、税金及附加和增值税估算表
  6. 总成本估算表
- 基础报表
  1. 外购原材料费估算表
  2. 外购燃料和动力费估算表
  3. 固定资产折旧费估算表
  4. 无形资产和其他资产摊销估算表
  5. 工资及福利费估算表

图7-1　财务评价报表简介

三、财务评价的价格、汇率和计算期

(一) 财务评价的价格

1. 采用预测价格

投资项目经济评价是对未来活动经济效果的估计，投入和产出都在未来一段时间内发生，所以要采用预测价格对项目的费用和效益进行估计。财务评价应当采用以市场价格体系为基础的预测价格。

2. 影响市场价格变动的因素

（1）相对价格变动因素。主要由价格政策变化、商品供求关系变化，以及劳动生产率变化等引起的商品间比价的改变。

（2）物价总体水平上涨因素。物价总体水平上涨，即相对于通货膨胀的另一种更流行且广泛使用的定义：商品和服务价格完全、普遍地上升的一种经济现象。但不仅仅指由通货膨胀（由于国家纸币发行量超过流通中所需要

的货币量引起纸币贬值、物价上涨的现象）引起的上涨。人们对引起价格普涨的因素有不同的看法，如需求拉动论、成本推动论、过分就业论、过多货币发行论等。

原则上，在预测现行价格时，上述两类因素都要考虑。但是，为了使项目评价指标与评价参数具有可比性，对项目盈利能力的分析只考虑相对价格变动因素，不考虑通货膨胀因素的影响。而偿债能力的分析应当采用时价，即相对价格变动和通货膨胀的因素都要考虑，这样才能使投资估算、资金筹措及偿债能力的计算与项目实施中实际发生的数值一致。

3. 对市场价格变动的简化处理

在计算期较长的时间里，价格的变化不易准确预测，如果硬性采用不准确的价格，反而会导致指标计算的误差人为地增加。因此，《建设项目经济评价方法与参数》（第 3 版）对上述原则作了简化处理：

（1）在建设期相对较短的情况下，投入物价格可以采用建设期初始年（基年）的预测价格（以后各年采用不变价格）。同时由于需要预测的年限比较短，易于预测价格总体上涨系数，因而可以预留涨价预备费的形式，考虑物价总体上涨因素，“打足投资，不留缺口”。

（2）对于运营期（也包括比较长的建设期）的投入物和产出物的价格，一般只预测到运营期初（生产期初），以后各年采用不变价格。

读者可能考虑到，采用不变价格是否影响评价指标的准确性？关于价格变化对评价指标的影响，实际上并没有忽视它，我们可以在敏感性分析中予以考察和分析。

4. 一般定价方法

对于大多数价格比较稳定的货物，一般可以参考国际同类产品的进口价格，预测到建设期初或运营期初，以后采用不变价格。注意：产出物计算为出厂价（见图 7－2）；投入物计算为到厂价。

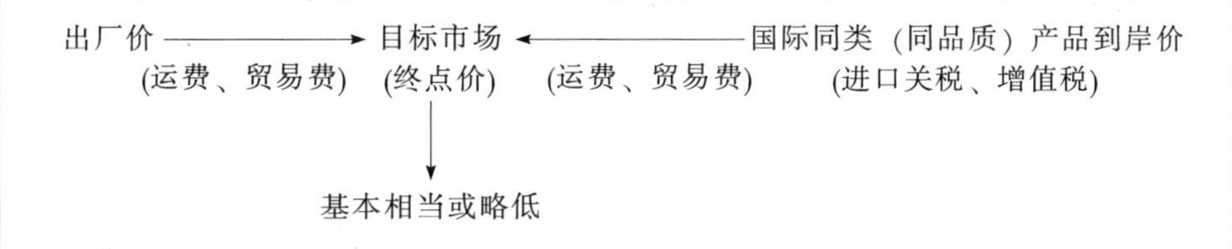

图 7－2　价格确定示意图

如有必要，在某些情况下，也可以考虑采用变动价格——投入物和产出物各年取不同价格，但前提是，其变动能够比较可靠、准确地预测。变动的价格应当由相应的权威机构认定，避免随意性。同时，对于诸如成本中的材料、燃料、工资等的价格变化，应当分项考虑，通盘以同一比率变化是不合适的。

如果投入物、产出物的价格具备考虑总体上涨因素的条件（物价总体上涨系数能够比较可靠地预测），则其采用的财务基准收益率中也应当包含前述通货膨胀的影响。

(二) 汇率

财务评价使用的汇率应当采用国家适时公布的外汇牌价。

(三) 项目的计算期

项目的计算期包括建设期和运营期。建设期根据合理工期和预测进度而定。一般来说，运营期不宜过长。一方面30年后的投入物、产出物的价格不易估计；另一方面收益的折现值数值渐微，对评价的可行性一般不会产生关键的影响。对于某些水利、交通等服务年限很长的公共项目，运营期的年限可适当延长，甚至可达30～40年。

第2节　项目现金流量的构成

通过前面各章的学习我们已经知道，必须在已知现金流量的基础上，才能计算出项目或方案的各个经济评价指标。而每年的净现金流量是该年现金流入（收益）和现金流出（费用）的代数和。所以，在进行财务评价时，必须逐一识别项目的费用项和收益项。

识别财务评价的费用和收益的原则是：

(1) 凡是增加项目（企业）收入的就是财务收益；凡是减少项目（企业）收入的就是财务费用。

(2) 财务评价只计算项目（企业）范围内的直接支出和收入，对于那些虽然由项目的实施引起但发生在项目之外，不为项目所支付或获取的间接（外部）费用和效益，则不计算在内。项目现金流量的主要组成如图7-3所示。

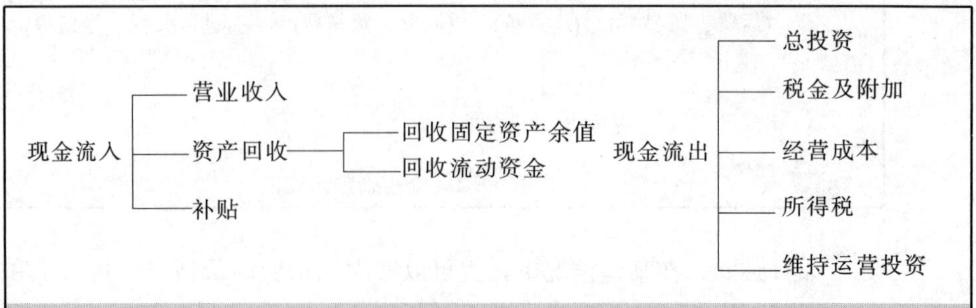

图7-3　项目现金流量组成

一、项目的费用——现金流出项

(一) 总投资

依形成资产法分类，项目的总投资构成如图 7-4 所示。值得注意的是，在项目投资估算中，建设投资、流动资金投资和运营期内维持运营的投资，应当采用含增值税的价格。投资构成中的主要概念简介如下。

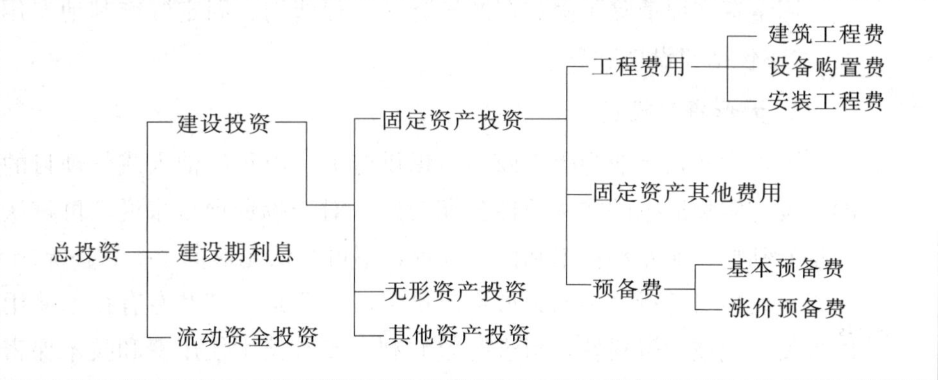

图 7-4　项目总投资构成

1. 固定资产投资

(1) 固定资产是指同时具有下列特征的有形资产：

1) 为生产商品、提供劳务、出租或经营管理而持有。

2) 使用寿命超过一个会计年度。

(2) 固定资产其他费用主要包括：

1) 建设管理费：含建设单位管理费、工程监理费、工程质量监督费。

2) 建设用地费：含土地征用及补偿费、征用耕地按规定一次性缴纳的耕地占用税、建设单位租用建设项目土地使用权在建设期支付的租地费用。

3) 各类研究评价费：可行性研究费、研究试验费、勘察设计费、环境影响评价费、劳动安全卫生评价费。

4) 场地准备及临时设施费，含建设场地准备费和建设单位临时设施费。

5) 引进技术和引进设备其他费用：引进项目图纸资料翻译复制费、备品备件测绘费、出国人员费用、来华人员费用、银行担保和承诺费。

6) 工程保险费。

7) 联合试运转费。

8) 特殊设备安全监督检验费。

9) 市政公用设施费。

(3) 预备费。预备费是为了防止出现投资资金缺口而预留的资金，由基本预备费和涨价预备费组成。

基本预备费是为难以预料的工程费等预留的费用。包括不可预见的设计变更、工程洽商、一般自然灾害处理、工程缺陷修复、未预见的地下障碍物以及大型设备运输过程中增加的相关费用等。

涨价预备费是考虑在项目建设期国内工程费用物价总体上涨而预留的投资费用。涨价预备费的计算方法将在财务预测部分予以介绍。

固定资产原值除了固定资产投资（工程费用、固定资产其他费用、预备费），还包括建设期利息。

2. 无形资产投资

无形资产指企业为生产商品或提供劳务、出租给他人或管理目的而持有的、没有实物形态的非货币性长期资产。对于投资项目来说，可辨认无形资产指专利权、非专利技术和商标权等，不可辨认无形资产指商誉等。

建设项目总投资中的无形资产投资，主要是专利及专有技术使用费（含国外设计及技术资料费，引进有效专利、专有技术使用费和技术保密费，国内有效专利、专有技术使用费）、商标权、商誉和特许经营权费等。

3. 其他资产投资（原递延资产投资）

其他资产指建设投资中除形成固定资产、无形资产以外的资产，以及在项目筹建期间发生的费用。其他资产费用包括生产准备和开办费（含人员培训费及提前进厂费，为保证初期正常生产或营业使用所必需的生产办公、生活家具用具购置费，为保证初期正常生产或营业使用所必需的第一套不够固定资产标准的生产工具、器具、用具购置费）、样品样机购置费和农业项目开荒费等。该费用先作为待摊费用归集，从项目开始生产经营起进行摊销。

4. 建设期利息

建设期利息指建设投资中的长期负债部分（包括长期借款、长期债券和其他长期应付款等），在建设期应当支付的利息。不论这部分利息在建设期内是否必须偿还（有些贷款并不要求在建设期偿还利息，而是累积到生产期偿还），基于负债费用资本化的原则，即负债费用作为购置某些资产的一部分历史成本，应列为资本支出。所以，建设期利息应该按有关规定，单独立项，计入总投资中。同时还应计入固定资产（或无形资产）原值中。

此外，建设期利息还应包括其他融资费用——某些债务融资中发生的手续费、承诺费、管理费、信贷保险费等。

5. 流动资金投资

流动资金指项目建成投产前预先垫付，为投产后维持正常生产，用于购买原材料（包括备品备件）、燃料、动力，支付工资和其他费用，以及被在产品、半成品、产成品和其他存货占用的经常性的周转资金。在项目的生产经营中，它以现金（包括存款）、存货、应收和应付账款的形式出现。

在项目的整个寿命期内，它始终被占用，并且循环周转。直到项目寿命期结束，全部流动资金才能退出生产和流通，以货币的形式，作为流动资金回收列入现金流入项。

（二）税金及附加

税金及附加指从营业收入中扣除的销售税，包括消费税、资源税、城市维护建设税、教育费附加等。后两种税是以实际缴纳的增值税和消费税为计税依据而计算的（后面将适当予以介绍）。

（三）经营成本

经营成本即项目生产经营过程中的支出，是为了便于进行经济评价，从总成本中分离出来的一部分费用（见图 7－5）。

$$经营成本=总成本-折旧费和摊销费-利息支出 \quad (7-1)$$

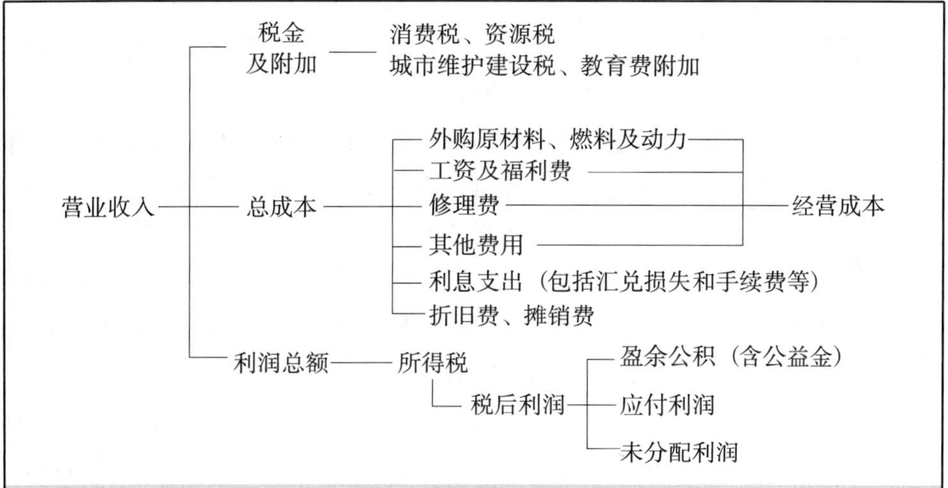

图 7－5　营业收入与总成本及利润的关系示意图

1. 总成本的组成（参见案例 1 中的表 C1－10）

总成本是项目在运营期内为生产产品或提供服务所发生的全部费用。

（1）生产成本加期间费用的估算法。

$$总成本=生产成本+管理费用+财务费用+销售费用 \quad (7-2)$$

1）生产成本：包括原材料、燃料、工资等直接支出和制造费用。

2）管理费用：企业为管理和组织生产经营活动所发生的费用。

3）财务费用：企业为筹集资金而发生的费用，包括利息支出和汇兑损失、手续费等。

4）销售费用：企业为销售商品和提供服（劳）务而发生的费用。

(2) 成本要素估算法。该方法是将上述四项费用中性质相同的各要素进行归并，按式（7－3）所示，计算总成本。

$$\begin{aligned}总成本=&外购原材料、燃料及动力+工资及福利费\\&+修理费+其他费用+折旧费\\&+摊销费+利息支出\end{aligned} \tag{7-3}$$

其他费用由其他制造费用、其他管理费用和其他营业费用组成。它们是由制造费用、管理费用和销售费用中扣除相应的工资与福利费、折旧费、摊销费及修理费后的剩余部分。其他费用还包括产品出口退税和减免税项目按规定不能抵扣的进项税额。

2. 与经营成本有关的部分内容说明

(1) 固定资产折旧费。固定资产在使用过程中，由于逐渐发生损耗（包括有形和无形磨损）而贬值，人们将其价值逐年转移到产品成本中，在产品销售收入中得到补偿，转化为货币资金。这种伴随着固定资产的损耗而发生的价值转移，称为固定资产折旧。

每年转移的价值以折旧费的形式计入产品成本中，通过产品的销售，包含在销售收入中回到企业，企业又从中把折旧费提取出来。① 一般折旧费应首先用于偿还借款的本金，然后才可作为更新固定资产的资金使用。

折旧费是一笔具有独立经济意义的资金，它不是真正的现金流出。它是被人为地计入总成本中的（仅仅是一种会计手段）。而且，因为在购置固定资产时固定资产投资已经流出，没有必要也不应该再一次流出，否则会发生重复计算。在投资项目评价中，所谓的现金流入和流出，应当是真正从所分析的系统中流入和流出的资金。所以，在经营成本中，不包括折旧费，即必须从总成本中将其剔除。

(2) 摊销费。摊销费包括无形资产摊销费和其他资产摊销费两部分。与固定资产类似，无形资产和其他资产以摊销的方式进行补偿和回收。

无形资产的价值也要在其有效服务期内，逐年转移到产品价值中。故需要从其使用日起，根据有关的合同、协议，在其有效期（或受益期）内平均摊销。没有受益期的需要按相应税法要求，一般不少于10年的期限平均摊

① 缴纳所得税前的利润总额＝销售收入－税金及附加－总成本。在减去总成本时，企业把折旧费提了出来。如某些教材所说，被“留在企业内部”，没有包含在税前利润中。

销，没有残值。

同样，其他资产也应在项目投产起，按相应税法要求，一般不少于5年的期限平均摊销，没有残值。

上述两种摊销费也具有独立的经济意义。与固定资产折旧费的性质一样，它们均计入产品成本中，并从销售收入中提取。它们同折旧费一样，不属于真正的现金流出，故在经济评价使用的经营成本中也不应包含摊销费，应从总成本中剔除。摊销费也应首先作为偿还借款本金之用。

（3）利息支出。利息支出包括长期借款利息（包括债券利息）、流动资金借款利息以及必要的短期贷款利息。它们作为财务费用计入总成本中，是真正的现金流出。就本质而言，它们是剩余价值的转化形态，原本是利润的一部分。[①] 利息是由利润调节的，这部分利润通过利息形态，转化为金融资本报酬。

那么，为什么在经营成本中不包括利息呢？这是因为财务评价的融资前分析（即息税前分析）中，不考虑借款，也就不考虑还本付息的问题，故现金流出或财务费用中应当没有利息这一项；而在融资后分析中，必须考虑借款和还本付息的问题，此时，虽然两种分析使用的是同一个经营成本，即其中并不包含利息，但在融资后分析中，借款利息是单独列出的（参见案例1中的表C1－15）。因此，在两种分析中，使用同一个不包含借款利息的经营成本是很方便的。

注意：与借款还本付息有关的外币借款汇兑损失，也应作与借款利息一样的处理。

（四）所得税

所得税是以单位（法人）或个人（自然人）在一定时期内的纯所得额为征税对象的税种。

（五）维持运营投资

维持运营投资指某些项目在运营期，为维持正常运营需要投入的固定资产投资，例如设备更新、油田开发、矿山井巷开拓延伸等费用。该费用应作为现金流出，列入现金流量表（参见案例1中的表C1－14），并参与财务生存能力分析（参见案例1中的表C1－12）。

二、项目收益——现金流入项

（一）营业收入

营业收入指销售产品或者提供服务所获得的收入。它一般是由产品和服

---

① 由于利息包含在总成本中，因此，在销售收入减去总成本所得到的利润中，已经不包括这部分资金。

务的价格和数量两个因素确定的。在项目的运营期内，它们有可能是变化的。

（二）资产回收

资产回收指在项目的寿命期末，可回收的固定资产余值（折旧的残值或固定资产的转售价值）和应回收的全部流动资金。

（三）补贴

补贴指国家为鼓励或扶持某些项目的开发所给予的与收益相关的补贴。注意：这里不包括价格、汇率、税收上的优惠，因为它们已经体现在收入、成本等的增减上。此外，他人对项目的捐赠资金和先征后返的增值税也可以列在这里。

第 3 节　投资项目财务预测

财务预测是指对财务评价所需要的一系列投入、产出基础数据，进行预测和估算的工作。财务预测的质量是决定财务评价质量及其成败的关键，是项目正确决策的重要保证之一。因此，评价人员在掌握有关基本概念的基础上，必须重视调查研究，力求实事求是、客观、完整、科学地把工作做细做好。

一、投资估算

根据国家有关投资估算的规定，项目投资要打足，包括建设期利息、国家调整汇率、物价上涨等因素，不留缺口。因此，正确估算出项目的总投资，是项目顺利实施的重要保证。

（一）固定资产投资的估算

对项目固定资产投资，通常可采用以下两类估算方法。

1. 简单算法

在项目建议书和初步可行性研究阶段，可以使用简便粗略的扩大指数估算法，即套用已有类似企业的实际投资指标进行估算。但是需要积累大量有关的投资数据，经过科学系统的整理后使用。

（1）单位生产能力估算法。其计算公式为：

$$Y_2 = \frac{Y_1}{X_1} \cdot X_2 \cdot CF \tag{7-4}$$

式中，Y_2 和 Y_1 分别为拟建和已建项目的建设投资；X_2 和 X_1 分别为拟建和已建项目的生产能力；CF 为不同时期、地点的定额、单价、费用变更等的综合调整系数（例如，可设为 1.1、1.25 等）。

（2）生产能力指数估算法。其计算公式为：

$$Y_2 = Y_1 \cdot \left(\frac{X_2}{X_1}\right)^n \cdot CF \tag{7-5}$$

式中，Y_2、Y_1、X_2、X_1、CF 含义同前；n 为生产能力指数，按不同类型企业的统计资料确定，一般 $0 \leqslant n \leqslant 1$。

例 7-1

现拟建生产能力为 15 万吨的化工厂，建设期为 3 年。已知两年前建成的一个类似的生产能力为 10 万吨的化工厂固定资产投资为 2 500 万元，投资生产能力指数 n 为 0.72。据调查，近年该类相关设备与物资的价格上涨率平均为 3%。试估算拟建化工厂的投资额。

解：按生产能力指数估算法，并考虑相关的价格上涨率，将投资额换算到当前（即编制可行性研究报告的年份。从当前直至建设期中的涨价预备费，不在这里考虑）。

$$\begin{aligned} I_C &= 2\,500 \times (15/10)^{0.72} \times (F/P, 3\%, 2) \\ &= 2\,500 \times 1.339 \times 1.093 \\ &= 3\,659(\text{万元}) \end{aligned}$$

（3）比例估算法。这是一种由设备费用导出项目固定资产（或建设投资额）的方法。其计算公式为：

$$I_C = \frac{1}{K} \sum_{i=1}^{n} Q_i P_i \tag{7-6}$$

式中，K 为同类企业主要设备占全厂固定资产投资（或建设投资）的比例；n 为设备种类；Q_i 为第 i 种设备的数量；P_i 为第 i 种设备的单价（到厂价）。

2. 逐项详细估算法（参见案例 1 中的表 C1-2）

在可行性研究阶段，一般都必须按图 7-4 所示的构成逐项详细估算项目的投资额。其中固定资产投资、无形资产和递延资产投资可分别通过编制各自的投资估算表进行逐项估算。注意：这部分投入物价格应当是含增值税价格。

这里简单介绍几个与固定资产投资相关的费用的估算方法。

（1）基本预备费。

$$\text{基本预备费} = (\text{工程费用} + \text{固定资产其他费用}) \times \text{预备费率} \tag{7-7}$$

一般工程项目的预备费率为12%～15%。

（2）涨价预备费（注意：只计算国内部分工程费用的涨价预备费）。其计算公式为：

$$C=\sum_{t=1}^{m} G_t[(1+x)^{(n+t)}-1] \tag{7-8}$$

式中，C为涨价预备费；G_t为项目建设期第t年的国内工程费用（用编制可行性研究报告当年的价格计算）；n为自可行性研究报告编制至项目建设期前的年份数；m为建设期年份数；t为建设期第t年；x为设备、材料价格上涨指数。

从式（7-8）可以看出，将按编制可行性研究报告时的价格计算的各年费用折算到其使用年份的终值，再减去按编制可行性研究报告时的价格计算的各年费用，即为预留的涨价预备费。

例7-2

某项目在建设期的3年里，分别投入30万元、40万元、50万元（国内工程费），设$n=0$。试求出该项目的涨价预备费（设价格上涨指数为6%）。

解：$C=30\times(1.06^1-1)+40\times(1.06^2-1)+50\times(1.06^3-1)$

$=16.29$(万元)

（二）建设期利息

借款利息如果按实际提款、还款日期计算，是十分复杂的。所以《建设项目经济评价方法与参数》（第3版）规定：一般在年中借款，在年末还本，借款当年按半年计息，其余年份按全年计息。这样可将计算利息的公式简化为：

$$\text{建设期年利息额}=\left(\text{年初借款本息累计}+\frac{\text{本年借款额}}{2}\right)\times\text{年利率} \tag{7-9}$$

建设期利息是通过编制借款还本付息表得出的。

例7-3

已知项目在建设期第1年、第2年分别借款100万元和50万元，利率为10%，如果：（1）建设期不必支付利息；（2）建设期必须支付利息，试计算项目的建设期利息。

解：（1）建设期不必支付利息。

第1年建设期利息$=100/2\times10\%=5$(万元)

因建设期不必偿还利息，所以累计于下一年。

第 2 年初本息累计＝100＋5＝105(万元)

第 2 年建设期利息＝(105＋50/2)×10%＝13(万元)

建设期利息＝5＋13＝18(万元)

(2) 建设期必须支付利息。

第 1 年建设期利息＝100/2×10%＝5(万元)

因要偿还利息，所以

第 2 年初本息累计＝100(万元)

第 2 年建设期利息＝(100＋50/2)×10%＝12.5(万元)

建设期利息＝5＋12.5＝17.5(万元)

(三) 流动资金投资的估算

1. 流动资金投资的估算方法

(1) 扩大指标估算法。根据项目的特点，参照以往已建同类企业的相关数据，按某一比例（应来自比较可靠的统计数据）予以估算。例如，机械制造项目可按年经营成本的15%～20%估算；钢铁联合企业可按固定资产投资的 8%～10%估算；销售类项目可按销售收入的 10%～15%估算。由于项目自身产品特点、原料供应、销售渠道等各不相同，这种估算方法的误差较大，只适用于机会研究和初步可行性研究阶段。

(2) 分项详细估算法。在可行性研究阶段，必须使用分项详细估算法。其步骤为：

1) 进行项目的成本估算，利用总成本估算表的数据（表 7－1 和案例 1 中的表 C1－10），再进行分项计算。注意：需将投入物的销项税额和营业收入中的进项税额包括进去（总成本估算表中投入物价格不含税）。

2) 确定外购原材料、燃料、动力、在产品、产成品、现金、预收和预付账款以及经营成本的最低周转天数和年周转次数。

年周转次数＝360÷最低周转天数

3) 通过流动资金估算表（表 7－2 和案例 1 中的表 C1－4），借助成本估算表（表 7－1 和案例 1 中的表 C1－10），按各构成部分的相应公式计算各年所需的流动资金和投资（增加额）。

2. 分项详细估算

流动资产指可以在一年或者超过一年的一个营业周期内变现或耗用的资产。

应收账款指企业对外销售商品、提供劳务尚未收回的资金。

预付账款指企业购买各类原材料、燃料或服务所预先支付的款项。

存货指企业在日常生产经营过程中持有以备出售，或者仍然处在生产过程，或者在生产以及提供劳务过程中将消耗的材料、物料等。

现金指为维持日常生产运营所必须预留的货币资金，包括库存现金和银行存款。

其他费用包括其他制造费用、其他管理费用和其他销售费用。它们分别是从制造费用、管理费用、销售费用中扣除相应的工资及福利费、折旧费、摊销费、修理费后的剩余部分。

其他材料指在修理费中核算的备品备件等修理材料。

流动负债指将在一年（含一年）或者超过一年的一个营业周期内偿还的债务。

应付账款指因购买材料、商品或接受劳务等应当付给供应单位的款项，但由于取得物资与支付货款在时间上不一致而产生的负债。

预收账款涉及销货方按照合同或协议规定，在发出商品之前向购货方预先收取部分或全部货款的信用行为。相当于卖方向买方先借一笔款项，然后用商品归还，从而形成了销货方的负债。

流动资金 = 流动资产 − 流动负债　(7-10)

流动负债 = 应付账款 + 预收账款　(7-11)

应付账款 = 年外购原材料、燃料、动力及其他材料费用 ÷ 应付账款年周转次数　(7-12)

预收账款 = 预收的年营业收入 ÷ 预收账款年周转次数　(7-13)

流动资产 = 应收账款 + 预付账款 + 存货 + 现金　(7-14)

现金 = (年工资及福利费 + 年其他费用) ÷ 现金年周转次数　(7-15)

存货(每周期) = 外购原材料、燃料+ 其他材料 + 在产品 + 产成品　(7-16)

式中：

外购原材料、燃料 = 年外购原材料、燃料费 ÷ 分项年周转次数　(7-17)

其他材料 = 年其他材料费 ÷ 其他材料年周转次数　(7-18)

在产品 = (年外购原材料、燃料、动力 + 年工资及福利费 + 年修理费 + 年其他制造费用) ÷ 在产品年周转次数　(7-19)

产成品 = (年经营成本 − 年其他销售费用) ÷ 产成品年周转次数　(7-20)

应收账款 = 年经营成本 ÷ 应收账款年周转次数　(7-21)

预付账款 = 预付的外购商品或服务年费用金额 ÷ 预付账款年周转次数　(7-22)

本年流动资金投资 = 本年流动资金 − 上年流动资金　(7-23)

例7-4

某拟建项目建设期为3年，其总成本估算表如表7-1所示。各项流动资产和流动负债的周转天数如表7-2所示。试填写流动资金估算表，从中估算投产期各年需要的流动资金及流动资金投资。已知投入物和产出物的增值税税率为17%，项目的销售收入第4年为5 364万元，第5年为6 973万元，第7～10年均为7 200万元。设每年预收营业收入的30%；预付外购投入物费用的30%。

表7-1 总成本估算表

单位：万元

序号	项目	投产期		达产期	
		第4年	第5年	第6年	第7～10年
1	外购原材料	2 055	3 475	4 125	4 125
2	外购燃料	13	25	27	27
3	外购动力	29	48	58	58
4	其他材料	1 087	1 208	725	725
5	工资及福利费	213	228	228	228
6	修理费	15	15	69	69
7	其他费用	324	441	507	507
	其他制造费用	124	204	244	244
	其他管理费用	100	100	100	100
	其他销售费用	100	137	163	163
8	经营成本	3 736	5 440	5 739	5 739
9	折旧费	224	224	224	224
10	摊销费	70	70	70	70
11	利息支出	234	196	151	130
12	总成本费用（8～11之和）	4 264	5 930	6 184	6 163

表7-2 流动资金估算表

单位：万元

序号	项目	最低周转天数	周转次数	投产期		达产期	
				第4年	第5年	第6年	第7～10年
1	流动资产			1 548	2 255	2 323	2 323
1.1	应收账款	40	9	475	694	731	731
1.2	存货	—	—	927	1 348	1 369	1 369
1.2.1	原材料	50	7.2	334	565	670	670
1.2.2	其他材料	90	4	318	353	212	212
1.2.3	燃料	60	6	3	5	5	5
1.2.4	在产品	20	18	156	255	304	304
1.2.5	产成品	10	36	116	170	178	178
1.3	现金	15	24	22	28	31	31
1.4	预付账款	40	9	124	185	192	192
2	流动负债			623	850	882	882
2.1	应付账款	40	9	414	618	642	642
2.2	预收账款	40	9	209	232	240	240
3	流动资金（1—2）			925	1 405	1 441	1 441
4	流动资金本年增加额			925	480	36	0

解：(1) 首先计算第4年流动资产＝应收账款＋预付账款＋存货＋现金（其各项组成使用上述公式分别求出，注意：因总成本估算表中投入物为不含税价格，所以在计算流动资金各组成部分时，应当将投入物的进项税额及销售收入的销项税额加入相应的计算中）。

第4年应收账款＝[3 736＋(2 055＋1 087＋13＋29)×17%]/9
＝475(万元)

第4年预付账款＝(2 055＋1 087＋13＋29)×1.17×30%/9
＝124(万元)

第4年存货组成如下：

1）原材料：

2 055×1.17/7.2＝334(万元)

2）其他材料：

1 087×1.17/4＝318(万元)

3）外购燃料：

13×1.17/6＝3(万元)

4）在产品：

[(2 055＋13＋29)×1.17＋213＋15＋124]/18＝156(万元)

5）产成品：

[3 736＋(2 055＋1 087＋13＋29)×17%－100]/36＝116(万元)

第4年存货＝334＋318＋3＋156＋116＝927(万元)

第4年现金＝(213＋324)/24＝22(万元)

第4年流动资产＝475＋124＋927＋22＝1 548(万元)

(2) 再求出第4年流动负债＝应付账款＋预收账款。

第4年应付账款＝(2 055＋1 087＋13＋29)×1.17/9＝414(万元)

第4年预收账款＝5 364×1.17×30%/9＝209(万元)

第4年流动负债＝414＋209＝623(万元)

根据式（7-10），第4年流动资金＝流动资产－流动负债＝1 548－623＝925万元（请读者自己计算第5年、第6年的流动资金，并将计算结果填入表7-2中）。

各年必须投入的流动资金投资即表中流动资金本年增加额，按式（7-23）计算：

第4年为925万元；

第5年为1 405－925＝480万元；

第 6 年为 1 441－1 405＝36 万元；

第 6 年后，由于已经达到设计产量，流动资金不需要再投入，将保持在 1 441 万元的水平上周转使用。

二、成本估算

成本是指项目在生产经营过程中的全部消耗。它在生产期中长期起作用，其估算的准确程度直接制约和影响着财务评价结论的正确性和科学性。

对总成本费用的估算，通常使用成本要素法。要对其构成要素分别进行估算和分析，即分别通过各辅助报表得出，然后通过总成本估算表（见表 7-1）和式（7-3）加以汇总。

为了得到总成本和经营成本，还需解释以下问题。

1. 外购原材料、燃料、动力

它们的价格应按入库价格计，即到厂价并考虑途库损耗。注意：在成本估算时，其价格为不含税价格。

2. 工资及福利费

该费用指企业为获得职工提供的服务而给予的各种形式的报酬，通常包括职工工资、奖金、津贴、补贴及福利费。各类保险和住房公积金中由企业缴付的部分，应按规定计入其他管理费用。

3. 修理费

修理费是为保持项目固定资产的正常运转和使用，进行必要修理的费用（包括大、中、小修）。可以按固定资产原值（扣除所含的建设期利息）的一定百分比估算。

4. 折旧费（参见案例 1 中的表 C1-6）

由于每个项目拥有多项固定资产，折旧的方法一般为：

（1）个别折旧法：以每一项固定资产为对象，分别计算折旧额，再加以汇总。

（2）分类折旧法：以每一类固定资产为对象计算折旧额，再加以汇总。

（3）综合折旧法：以全部固定资产为对象，确定平均折旧年限、综合折旧率，综合计算折旧额。

企业一般希望多提、快提折旧费和摊销费，以期少缴和缓缴所得税。从政府角度来看，则需要保证正常的税收。因此折旧费的计算方法和折旧年限在税法允许的范围内，由企业自行确定。

折旧费有以下多种计算方法。

(1) 直线折旧法（年限平均法）。无论是国内还是国外，一般都采用这种方法折旧。

$$年折旧额=固定资产原值\times年折旧率=固定资产原值\times\frac{1-预计净残值率}{折旧年限} \quad (7-24)$$

式中，预计净残值率一般为 3%～5%；固定资产原值可参照总投资的构成（见图7-4）来理解它的计算公式。

固定资产原值＝固定资产投资＋建设期利息 (7-25)

＝总投资－无形资产、其他资产投资－流动资金

＝建设投资－无形资产、其他资产投资＋建设期利息

(2) 双倍余额递减法和年数总和法。我国税法允许某些机器设备的折旧采用这两种快速折旧法。

1) 双倍余额递减法。

$$年折旧率=\frac{2}{折旧年限}\times100\% \quad (7-26)$$

年折旧额＝固定资产净值×年折旧率

2) 年数总和法。

$$年折旧率=\frac{折旧年限-已使用年数}{折旧年限\times(折旧年限+1)\div2}\times100\% \quad (7-27)$$

注意：该式的分子为各年固定资产可以使用的年限，分母为折旧年限逐年相加的总和（折旧年限的阶乘）。

年折旧额＝(固定资产原值－预计净残值)×年折旧率 (7-28)

(3) 工作量法。企业的客、货运汽车，以及大型设备可以采用这种折旧法。

1) 按行驶里程计算：

$$单位里程折旧额=\frac{原值\times(1-预计净残值率)}{总行驶里程} \quad (7-29)$$

年折旧额＝单位里程折旧额×年行驶里程 (7-30)

2) 按工作小时计算：

$$每工作小时折旧额=\frac{原值\times(1-预计净残值率)}{总工作小时} \quad (7-31)$$

年折旧额＝每工作小时折旧额×年工作小时 (7-32)

例7-5

某机械厂新项目中，一批通用机械设备的资产原值（包括购置费、安装费、调试费、建设期利息）为2 500万元，折旧年限为10年，预计净残值率为5%，请分别按年限平均法、双倍余额递减法和年数总和法计算其折旧费。

解：按年限平均法计算：

$$年折旧率=(1-5\%)\div 10=9.5\%$$

$$年折旧额=2\ 500\times 9.5\%=237.5(万元)$$

按双倍余额递减法计算：

$$年折旧率=2\div 10\times 100\%=20\%$$

折旧额每年不同，逐年减少，如表7-3所示。然后按规定，在固定资产折旧年限到期的最后2年，将（第9年）固定资产净值扣除预计净残值后，平均摊销。即

$$(419-2\ 500\times 5\%)\div 2=147(万元)$$

表7-3 双倍余额递减法折旧 单位：万元

	折旧年限										
	1	2	3	4	5	6	7	8	9	10	
资产净值	2 500	2 000	1 600	1 280	1 024	819	655	524	419	272	残值 125
年折旧额	500	400	320	256	205	164	131	105	147	147	折旧合计 2 375

按年数总和法计算：这种方法的折旧率和折旧额每年不同。如第1年：

$$年折旧率=\frac{10-0}{10\times(1+10)/2}=10/55$$

$$年折旧额=(2\ 500-2\ 500\times 5\%)\times 10/55=432(万元)$$

以此类推，各年数据如表7-4所示。

表7-4 年数总和法折旧

	折旧年限										合计
	1	2	3	4	5	6	7	8	9	10	
年折旧率	10/55	9/55	8/55	7/55	6/55	5/55	4/55	3/55	2/55	1/55	
年折旧额（万元）	432	389	345	302	259	216	173	130	86	43	2 375

对以上三种折旧方法进行比较：三种方法下的折旧费都进入成本，使总成本增大，减少了总利润（参见案例1中的表C1-10），少缴了所得税。从静态角度考虑：三种方法下虽然每年的折旧额不同，但折旧总额都等于固定资产原值减去净残值，即2 375万元。少缴税金的总金额也相等（见表7-5）。从动态角度考虑：与年限平均法相比，快速折旧法由于前期的折旧额较大，可以尽早得到资金进行再投资。通

过计算这三种方法各年少缴税金的现值和（求其终值和也可以，主要是为了换算到同一时点加以比较），发现年限平均法少缴税金的现值明显小，而两种快速折旧法少缴税金的现值明显大。本例中，年数总和法少缴税金的现值稍大一些。

表7-5　三种折旧方法因少缴税金所获资金的效果比较　　金额单位：万元

年	一次支付现值系数($i=10\%$)	年限平均法			双倍余额递减法			年数总和法		
		年折旧费	少缴税金	少缴的税金现值	年折旧费	少缴税金	少缴的税金现值	年折旧费	少缴税金	少缴的税金现值
1	0.909 1	237.5	78.38	71.3	500	165	150	432	142.6	129.6
2	0.826 4	237.5	78.38	64.8	400	132	109.1	389	128.4	106.1
3	0.751 3	237.5	78.38	58.9	320	105.6	79.3	345	113.9	85.6
4	0.683 0	237.5	78.38	53.5	256	84.5	57.7	302	99.7	68.1
5	0.620 9	237.5	78.38	48.7	205	67.7	42	259	85.5	53.1
6	0.564 5	237.5	78.38	44.2	164	54.1	30.5	216	71.3	40.2
7	0.513 2	237.5	78.38	40.2	131	42.2	21.7	173	57.1	29.3
8	0.466 5	237.5	78.38	36.6	105	34.7	16.3	130	42.9	20
9	0.424 1	237.5	78.38	33.2	147	48.5	20.6	86	28.4	12
10	0.385 5	237.5	78.38	30.2	147	48.5	18.7	43	14.2	5.5
合计		2 375	783.8	481.6	2 375	783.1	545.7	2 375	784.0	549.5

5. 摊销费（参见案例1中的表C1-6）

（1）无形资产从使用日起，根据税法的要求，在受益期或有效期内平均摊销。（例如根据《专利法》，发明专利权的期限为20年；根据《商标法》，注册商标的有效期为10年。）没有规定受益期或有效期的，应按不少于10年确定摊销年限，不计残值。

（2）其他资产：自投产营业之日起，按照不少于5年的期限分期摊销；对于以租赁方式租入的固定资产的改良支出，应在租赁有效期内，分期平均摊销，不计残值。

6. 利息支出（参见案例1中的表C1-10）

（1）长期借款利息。长期借款利息指在项目建设期间的借款余额（含未支付的建设期利息）应当在运营期支付的利息。它的计算与还款方式有关。

（2）流动资金借款利息。流动资金借款利息也要列入各年总成本的财务费用。

流动资金借款使用等额利息法的还本付息方法，本金于项目寿命期末偿还，各年均计全年利息（包括借款当年）。

$$\text{各年流动资金利息}=\text{各年占用的流动资金借款}\times\text{流动资金借款年利率} \tag{7-33}$$

例 7-6

某工程项目建设期为 1 年，于第 2 年投产，寿命期为 10 年。在第 2 年、第 3 年分别借入流动资金借款 20 万元和 30 万元，年利率为 8%。试求对项目的流动资金借款如何进行还本付息。

解：第 2 年流动资金利息＝20×8% ＝1.6(万元)

第 3～10 年每年的流动资金利息＝(20＋30) ×8%＝4(万元)

流动资金借款的本金共 50 万元，于第 10 年即寿命期末偿还。

（3）短期借款利息。短期借款一般是在项目运营期为了弥补资金短缺而发生的，在借款当年或第二年连本带利一并归还。

短期借款利息＝短期贷款金额×短期贷款利率

三、营业收入及利润的估算

（一）营业收入的估算

项目可行性研究前期市场分析时，在投资项目经济评价中，项目的产品产量被假设等于销量。

营业收入＝产品产量(或服务量)×价格

产品的销售价格一般应采用出厂价。需要时也可加上相应的运费和贸易费，采用到达用户的价格或离岸价。

（二）增值税和税金及附加的估算

前面已经介绍过，税金及附加包括消费税、资源税、城市维护建设税和教育费附加。

1. 增值税

增值税是以商品生产、流通和劳动服务各个环节的新增价值为课税对象的一种流转税。它的基本特点是：以应税产品的销售额为计税依据，同时又准许从税额中扣除（上一个环节）已纳税部分的税额，以其余额为应纳税额。即

应纳增值税额＝当期销项税额－当期进项税额

按照现行税法的规定，增值税作为价外税，不包括在税金及附加中。但在财务评价中必须单独计算增值税，作为城市维护建设税和教育费附加的计算基数。

（1）增值税是价外税，它应以不含增值税的价格为计税依据。此时：

$$销项税额=销售额\times税率 \tag{7-34}$$

进项税额=购进货物或应税劳务已缴纳的增值税

（2）当销售收入为含税销售额，或购入货物的费用为含税费用时：

$$销项税额=\frac{销售额}{1+税率}\times税率 \tag{7-35}$$

$$进项税额=\frac{外购原料、燃料、动力等}{1+税率}\times税率 \tag{7-36}$$

由于国家鼓励出口，为使出口产品以不含税价格进入国际市场，增强产品的竞争力，对出口产品分别实行免税并退税、免税不退税和不免税也不退税的政策。

2. 营业税

营业税是对在中国境内提供应税劳务、转化无形资产或销售不动产的单位和个人就其所得的营业额征收的一种税。

$$应纳税额=营业额\times税率 \tag{7-37}$$

2017年12月，《国务院关于废止〈中华人民共和国营业税暂行条例〉和修改〈中华人民共和国增值税暂行条例〉的决定》公布，全面取消营业税，改为按增值税征收。

3. 消费税

消费税是在普遍征收增值税的基础上，根据消费政策、产业政策的要求，有选择地对部分消费品的生产再征收的一种税，用以发挥特殊调节的作用。

在项目的经济评价中，对适用消费税的产品，应按税法规定，计算消费税。

4. 城市维护建设税

城市维护建设税是为满足我国城乡建设规模日益扩大的资金需求，对缴纳增值税、消费税的单位或个人征收的一种附加税。

$$应纳城市维护建设税=\begin{matrix}纳税人实际缴纳的\\增值税、消费税税额\end{matrix}\times\begin{matrix}适用\\税率\end{matrix} \tag{7-38}$$

税率为：市区7%；县、镇5%；市区、县、镇以外的地区1%。

5. 教育费附加

教育费附加是为了发展我国中小学教育事业，对缴纳增值税的生产经营单位或个人征收的一种费用，以增值税为计征基础，费率为3%。①

6. 资源税

资源税是对因资源生成和开发条件的差异而客观形成的级差收入征收的一种税。对开采原油、天然气、煤炭、其他非金属矿原矿、黑色金属和有色金属矿原矿以及生产盐的项目都要计算资源税。

$$\text{应纳税额}=\text{课税数量}\times\text{单位税额} \tag{7-39}$$

式中，课税数量为实际产量或自用量；单位税额根据资源生成和开发条件的差异所形成的级差收入的不同而有所不同。

（三）项目利润的估算

利润与利润分配表（参见案例1中的表C1-11）反映项目计算期内各年的利润总额、所得税及税后利润的分配情况，并可借助计算ROI和ROE等指标予以定量说明。

1. 利润总额（税前利润）

$$\text{利润总额}=\text{产品销售收入}-\text{税金及附加}-\text{总成本} \tag{7-40}$$

2. 所得税

$$\text{应纳税额}=\text{应纳税所得额}\times\text{税率} \tag{7-41}$$

计算所得税的基础是利润总额，但是以下两点应该注意：

（1）按有关优惠政策规定予以免征或减征的，应依照规定执行。

（2）企业发生年度亏损，可以用下一年度的利润弥补，下一年度的利润不足弥补的，可以在5年内用所得税前的利润延续弥补。在5年内未弥补完亏损的企业，也应从第6年起，就其生产经营的应纳税所得缴纳所得税，未弥补完的亏损，应以企业的税后利润或盈余公积来弥补。

3. 法定盈余公积

在清偿借款之后，按净利润的10%提取。当该基金已达到注册资本的50%时，可以不再提取。它可以用于弥补亏损，或按有关规定转增资本金，但转增资本金后，企业的法定盈余公积一般不低于注册资金的25%。

4. 公益金

公益金是用于企业职工集体福利的资金。它与任意公积金相似，提取的

---

① 我国相关税法已将此处改为：以增值税和消费税为计税基础。费率请参照有关税法执行。

比例按企业章程或董事会决议确定，而且企业的性质或组织形式不同，提取的程序先后也有所不同。因此，在项目的经济评价中，因缺乏预测的依据，一般不对公益金和任意公积金进行测算。

5. 可供投资者分配的利润

在保证企业生存、发展的前提下，为满足投资者的获利要求，可以对投资者按计划分配利润（在表中是累计值）。

6. 累计未分配利润

累计未分配利润即项目累计的暂未作分配的净利润。它首先应该和折旧费、摊销费一起，用于偿还借款的本金，然后再作他用。

第 4 节 投资项目的资金筹措和规划

资金筹措与规划是项目得以进行的先决条件，其主要内容是资金筹措和资金的使用安排。资金筹措包括确定筹资方式和各方式所筹措数量的选择；资金的使用安排包括资金的投入、贷款和利息的偿还计划。一个好的资金规划是在各种可行的资金筹集、运用方案中挑选出的最佳方案。因此，资金的筹措和规划工作是保证项目可行和提高财务效果的重要手段。

一、 资金结构与财务风险

资金结构指融资方案中各种资金之间的比例关系——资本金（权益资金）与债务资金间的比例、项目资本金内部的结构比例，以及债务资金内部的结构比例等。从财务风险的角度出发，这里仅对资本金（权益资金）与债务资金间的比例问题予以简要说明。

（一）资金结构与财务风险的关系

1. 从投资者角度来看

投资者希望投入较少的资本金，获得较多的债务资金。对于借款，除了需要偿还本金，项目付出的代价仅仅是利息而已，而且利息是在缴纳所得税前支付的，还可起到减税的作用。

在项目收益不变的情况下，只要项目投资财务内部收益率（融资前税前 IRR）高于借贷的利率，由于财务杠杆的作用，资本金所占比例越低，资本金财务内部收益率（融资后税后 IRR）就越高。

项目的收益实际是不确定的，在财务杠杆的作用下，项目资本金所占比例越小，就越有可能获得更高的利润，但也可能发生更大的亏损，即承担的风险也越大。

2. 从债权人角度来看

为了避免为项目承担过大的财务风险，债权人一方面需要考察借贷方的财务状况，判断其是否具有一定的偿债能力；另一方面则希望项目资本金占有一定的比例，即借贷方也必须为项目承担一定的风险。资本金的比例越低，由债权人承担的风险就越大。

因此，确定资本金与债务资金间的比例，需要符合国家有关资本金比例规定、金融机构信贷法规，以及债权人有关资产负债比例要求，同时要满足权益投资者的获利期望，以及考虑怎样更好地防范财务风险。

（二）关于资本金制度

资本金有准抵押的性质，意味着项目法人必须承担一定的风险。我国固定资产投资项目资本金制度既是宏观调控手段，也是风险约束机制。该制度自1996年建立以来，对改善宏观调控、促进结构调整、控制企业投资风险、保障金融机构稳健经营、防范金融风险发挥了积极作用。

本教材第6版中，我们介绍了国务院2009年和2015年发布的有关调整和完善固定资产投资项目资本金制度的通知。在2019年11月，国务院又发布了《国务院关于加强固定资产投资项目资本金管理的通知》（国发〔2019〕26号）。该通知除了在完善投资项目资本金制度方面提出了相应要求，还在“二、适当调整基础设施项目最低资本金比例”部分提出了以下几点：

（1）港口、沿海及内河航运项目，项目最低资本金比例由25%调整为20%。

（2）机场项目最低资本金比例维持25%不变，其他基础设施项目维持20%不变。其中，公路（含政府收费公路）、铁路、城建、物流、生态环保、社会民生等领域的补短板基础设施项目，在投资回报机制明确、收益可靠、风险可控的前提下，可以适当降低项目最低资本金比例，但下调不得超过5个百分点。实行审批制的项目，审批部门可以明确项目单位按此规定合理确定的投资项目资本金比例。实行核准或备案制的项目，项目单位与金融机构可以按此规定自主调整投资项目资本金比例。

（3）法律、行政法规和国务院对有关投资项目资本金比例另有规定的，从其规定。

二、资金筹措

(一) 项目资本金的筹措

国家规定，不能搞无本投资，项目首先要有充足的法定最低资本金，包括铺底（自有）流动资金。为了使项目保持合理的资产结构，应根据各投资方和项目的具体情况选择项目资本金的出资方式。

项目资本金的来源和筹措方式如下：

(1) 企业再投资资金。包括企业的盈余公积、公益金和未分配的税后利润，还包括出售过剩资产所得资金、折旧费、摊销费等。这是企业自有资金的重要来源，其优点是不发生筹资费。

(2) 增发股票取得的股票融资。包括公募和私募两种形式。

(3) 股东直接投资，指企业按照“共同投资、共同经营、共担风险、共享利润”的原则，吸收国家、法人、个人、外商投入资金的筹集自有资金的方式。

吸收直接投资的出资方式主要有现金投资、实物（厂房、建筑物设备等固定资产和材料、燃料、商品等流动资产）投资、工业产权（专利权、专有技术、商标权等无形资产）投资、资源开采权投资、土地使用权投资、场地使用权投资等。

(4) 接受捐赠。

(5) 以资本金注入等方式投入的政府投资资金。

(二) 债务资金的筹措

债务资金是项目投资中以负债方式从金融机构、证券市场等资本市场取得的资金。

1. 渠道

目前债务资金筹措的渠道有：

(1) 国内：可以通过各级地方政府、企业、集体、商业和政策性银行及个人等渠道。

(2) 国外：可以通过外国政府、财团、国际金融机构、外国银行和外国企业等渠道。

2. 方式

债务资金筹措的方式有各类银行和金融机构贷款、发行债券、融资租赁、补偿贸易、出口信贷、合资（包括中外合资）、合作经营（包括中外合作经营）等。

(三) 正确地进行资金的筹措与规划

在项目财务评价中，需要通过编制投资使用计划与资金筹措表（见表 7－6)，安排各种资金来源的各年数量，以保证满足各年度各类投资的需求。

表 7－6　项目总投资使用计划与资金筹措表（简化）　　单位：万元

序号	项目	第 1 年	第 2 年	第 3 年	合计
1	投资总额	3 050	1 080	230	4 360
1.1	建设投资	3 002	600		3 602
1.2	建设期利息	48			48
1.3	流动资金		480	230	710
2	资金筹措	3 050	1 080	230	4 360
2.1	权益资金（包括建设期利息）	1 450	280	100	1 830
2.1.1	甲方投资（60%）	870	168	60	1 098
2.1.2	乙方投资（40%）	580	112	40	732
2.2	长期借款	1 600	500		2 100
2.3	流动资金借款		300	130	430

表 7－6 的上部是总投资各分项的分年度需求额（来自总投资估算表)。表 7－6 的下部是筹措的各种来源的资金。应特别注意的是，要保证自有资金在建设投资和流动资金中应占的比例，即法定最低额度。表中第 1 年有建设期利息＝(1 600/2)×6%＝48 万元，由权益资金在第 1 年偿还。

三、 债务偿还

偿债能力分析是财务评价的重要内容之一，因为企业关心自身是否有偿还贷款本息的能力，贷款的提供者关心借出资金的本息能否如期收回。

(一) 偿还贷款（本金）的资金来源

一般偿还贷款（本金）的资金来源主要是项目生产期各年的未分配利润、折旧费、摊销费和其他可用来还款的资金。贷款的利息则计入财务费用，进入成本中（参见案例 1 中的表 C1－1)。

国外债务应该用外汇来偿还，除了利息，还要另计管理费和承诺费等进入财务费用。为了简化计算，可采用适当提高利率的方法进行处理。偿还所用外汇，可以用项目出口产品的外汇收入，或在外汇市场上用人民币换取外汇（在换取外汇时，如高于国家外汇牌价，则产生汇兑损失，应将其计入财务费用，进入成本）。在计算财务效果时，应按国家当时外汇牌价将贷款折算成人民币，以人民币计算项目的偿债能力。

（二）还款方式

国内外贷款的偿还方式很多，不同还款方式每期还本付息额的计算公式如表 7－7 所示。

表 7－7　各种还款方式的计算公式

还款方式	偿还利息额	偿还本金额
等额利息法	$INT_t = L_a i$ $t=1, 2, \cdots, n$	$CP_t = \begin{cases} 0, & t=1, 2, \cdots, n-1 \\ L_a, & t=n \end{cases}$
等额本金法	$INT_t = i[L_a - L_a/n\ (t-1)]$ $t=1, 2, \cdots, n$	$CP_t = L_a/n$ $t=1, 2, \cdots, n$
偿债基金法	$INT_t = L_a i$ $t=1, 2, \cdots, n$	$CP_t = L_a(A/F, i_S, n)$ $t=1, 2, \cdots, n$
等额摊还法	$INT_t + CP_t = L_a(A/P, i, n), t=1, 2, \cdots, n$	
一次性偿付法	$INT_t + CP_t = 0, t=1, 2, \cdots, n-1$ $L_a(F/P, i, n), t=n$	

说明：INT_t 为第 t 期付息额；CP_t 为第 t 期还本额；L_a 为贷款总额；i 为银行贷款利率；i_S 为银行存款利率。

1. 等额利息法

每期付息额相等，为 $L_a i$，于最后一期归还本金 L_a。

2. 等额本金法

每期归还相等的本金 L_a/n 和相应的利息 $i[L_a - L_a/n(t-1)]$。

3. 偿债基金法

每期付息额相等，为 $L_a i$。同时每期向银行存入一笔等额资金 $A = L_a(A/F, i_S, n)$，到期末取出刚好等于本金 L_a（此处 i_S 为存款利率）。

4. 等额摊还法

每期偿还相等的本息总额，即 $A = L_a(A/P, i, n)$。

5. 一次性偿付法

仅在最后一期偿还所有的本息，即本金的终值$= L_a(F/P, i, n)$。

6. 气球法

气球法一般情况下指根据项目的偿还能力（使用每年全部的折旧费、摊销费、未分配利润等）偿还借款本金，以显示项目偿还能力的方法。

实际中，可以在满足债权人所要求的偿还期的前提下，安排自己的偿还计划，即并非必须倾尽每年全部未分配利润来偿还借款本金（但原则上，折旧费和摊销费应首先用于还债）。晚还债比早还债可得到大一些的净现值。

使用气球法在计算偿还本金的同时，可计算出每年的应付利息，并计入财务费用。

生产期长期借款利息＝各年长期借款年初累计×年利率　　(7-42)

不同的还款方式对项目的经济效益可产生不同的影响，应根据贷款方的要求通过分析比较，选择有利的还款方式。

例 7-7

某企业于年初获得一笔8万元的贷款，偿还期为4年，年利率为10%。试计算以表7-7中各种方式以及气球法偿还贷款，需偿还本金和利息各为多少。（设存款年利率为8%。）在使用气球法时，已知建设期不要求偿还利息，生产期可用于还本的折旧费、摊销费和未分配利润每年合计为3万元，请求出借款偿还期。

解：(1) 等额利息法。

本金：第4年末一次偿还8万元

利息(每年相等)＝8×10%＝0.8(万元)

(2) 等额本金法。

每年偿还本金$=L_a/n=8/4=2$(万元)

每年利息$=i[L_a-L_a(t-1)]=10\%\times[8-2(t-1)]$

第1年$t=1$，利息为0.8万元；

第2年$t=2$，利息为0.6万元；

第3年$t=3$，利息为0.4万元；

第4年$t=4$，利息为0.2万元。

(3) 偿债基金法。

每年付息$=L_a i=8\times 10\%=0.8$(万元)

本金偿还的方法是以8%的存款利率，每年存入银行等额的A，于第4年末取出$F=8$万元。所以，每年存入资金

$$\begin{aligned}A&=8\times(A/F,8\%,4)\\&=8\times 0.221\,92\\&=1.775\,4(\text{万元})\end{aligned}$$

(4) 等额摊还法。每年偿还等额资金（包括本金和利息在内）：

$$A=8\times(A/P,10\%,4)=8\times 0.315\,47=2.523\,7(\text{万元})$$

（5）一次性偿付法。

$$第4年末一次偿付本息=8\times(F/P,10\%,4)$$
$$=8\times1.464$$
$$=11.712(万元)$$

（6）气球法。假设在建设期（第1年）中不要求偿还利息，设每年可用于偿还本金的资金为3万元。可作出下面的借款还本付息计划表（见表7-8）。

表7-8　借款还本付息计划表　　单位：万元

序号	项目	第1年	第2年	第3年	第4年
1	借款	8			
1.1	期初借款余额		8.4	5.4	2.4
1.2	当期还本付息		3.84	3.54	2.64
	其中：还本		3	3	2.4
	付息	0.4	0.84	0.54	0.24
1.3	期末借款余额	8.4	5.4	2.4	0
2	偿还本金的资金		3	3	2.4

第1年应付利息=8/2×10%=0.4(万元)

由于不要求在建设期偿还，累计入本金。因此

第1年末(第2年初)借款余额=8+0.4=8.4(万元)

第2年应付利息=8.4×10%=0.84(万元)

第2年偿还本金=3(万元)

第2年末(第3年初)借款余额=8.4-3=5.4(万元)

第3年应付利息=5.4×10%=0.54(万元)

第3年末(第4年初)借款余额=5.4-3=2.4(万元)

第4年应付利息=2.4×10%=0.24(万元)

第4年只需偿还2.4万元，即将借款全部还完，说明满足了偿还期4年的要求。

例7-8

已知项目在第1年、第2年各借款120万元和80万元，利率为10%，生产期（3～6年）可用于偿还本金的资金如表7-9所示。如果债权人要求借款在6年内偿清，建设期必须支付利息，试通过借款还本付息计划表，使用气球法计算项目应偿付的借款本金和利息。

表7-9　借款还本付息计划表　　单位：万元

序号	项目	第1年	第2年	第3年	第4年	第5年	第6年
1	借款	120	80				
1.1	期初借款余额		120	200	150	90	40
1.2	当期还本付息	6	16	70	75	59	44
	其中：还本			50	60	50	40
	付息	6	16	20	15	9	4
1.3	期末借款余额	120	200	150	90	40	0
2	偿还本金的资金			50	60	50	40
3	偿付建设期利息的自有资金	6	16				

解：由于要求建设期必须支付借款利息，需准备一定的资金（自有资金）进行偿付。

$$第1年应付利息=120/2\times10\%=6(万元)$$

用自有资金偿还建设期利息6万元。

$$第1年末(第2年初)本息累计=120(万元)$$

$$第2年应付利息=(120+80/2)\times10\%=16(万元)$$

同样用自有资金偿还建设期利息16万元。

$$第2年末(第3年初)本息累计=120+80=200(万元)$$

$$第3年应付利息=200\times10\%=20(万元)$$

第3年偿还本金50万元。

$$第3年末(第4年初)本息累计=200-50=150(万元)$$

$$第4年应付利息=150\times10\%=15(万元)$$

第4年偿还本金60万元。

$$第4年末(第5年初)本息累计=150-60=90(万元)$$

$$第5年应付利息=90\times10\%=9(万元)$$

第5年偿还本金50万元。

$$第5年末(第6年初)本息累计=90-50=40(万元)$$

$$第6年应付利息=40\times10\%=4(万元)$$

第6年偿还本金40万元，将借款偿清。满足债权人要求，说明项目具有偿债能力。

第5节 财务效果计算与分析

一、两种盈利能力指标的计算

在财务评价中，以是否考虑债务融资为区别，需要进行融资前和融资后两种分析。由此，计算出项目融资前和融资后的两种盈利能力指标。

(一) 项目融资前盈利能力分析

融资前分析是排除（不考虑）融资条件的影响，从项目投资总盈利能力的角度，考察项目方案设计的合理性。它需要通过编制项目投资现金流量表，计算出反映项目融资前盈利能力的指标。

1. 项目投资现金流量表的特点及目的

项目投资现金流量表的特点是不考虑债务融资，包括借贷、还本付息等在内的融资条件的影响。其目的在于：（1）判断项目或方案的可行性，是否有投资的价值；（2）便于在共同的基础上（不考虑融资条件）进行项目或方案的比选。

2. 现金流量的组成（参见案例1中的表C1－14）

现金流入项（3项）——销售收入、回收固定资产余值、回收流动资金投资。

现金流出项（4项）——建设投资（不含建设期利息）、流动资金投资、经营成本、税金及附加。

注意：由于总投资中已经将建设期利息计入，但融资前分析不考虑资金来源等问题，因此在融资前分析中，应当将建设期利息从总投资中剔除。

3. 指标计算

融资前分析利用上述项目投资现金流量表的净现金流量，计算出项目所得税前指标（不受融资方案和所得税政策变化的影响）：

静态投资回收期 P_t

项目投资财务净现值(FNPV)$\geqslant 0$

项目投资财务内部收益率(FIRR)$\geqslant i_C$

后两个指标是判断项目方案本身合理性以及初步投资决策的主要指标。注意：它们的计算和判据参数 i_C 指的是融资前税前财务基准收益率。

如果需要进行融资前税后指标的计算，纳入项目投资现金流量表的所得税应当称为调整所得税。因为严格来说，不考虑融资条件的融资前分析应当不受利息因素的影响，所以，调整所得税＝息税前利润（EBIT）×所得税税率。

另外需要说明的一点是：考虑和不考虑建设期利息，将使固定资产原值、折旧，以及利润和 EBIT 的计算值出现数额不同的两套计算值。为简化起见，当建设期利息占总投资的比例不是很大时，也可按利润表（融资后、考虑建设期利息）中的 EBIT 计算。

其实，在融资前分析和融资后分析中，固定资产期末回收也应当是不同的（与不同的折旧额出于同样的原因），但由于暂时未见统一的说法而被忽略。

（二）项目融资后盈利能力分析

反映项目融资后盈利能力的指标需要通过编制项目资本金现金流量表（参见案例 1 中的表 C1－15）来计算。

1. 项目资本金现金流量表的特点和目的

与融资前分析不同，项目资本金现金流量表考虑包括融资条件（项目资本金的来源与构成、借贷资金的偿还方式）在内的全部因素对项目的影响。其目的在于：（1）考察项目或方案在某一设定的融资条件下的经济合理性；（2）比选不同的融资方案，有助于进行融资决策和投资者作出最终出资决策。

2. 现金流量的组成

现金流入项（3 项）与融资前分析相同。

现金流出项（6 项）——权益资金投资、借款本金偿还、借款利息支付、经营成本、税金及附加、所得税。

3. 需要解释的问题

比较难以理解的是，在项目资本金现金流量表的投资一栏中，为什么只有权益资金投资被列出？对此，正确的解释应当是：项目作为一个被分析的经济系统，从债权人那里获得的借款应当作为项目的现金流入，本应出现在项目资本金现金流量表的现金流入栏中；同样，用于投资的借款包含在总投资里，也应当列入现金流出栏中。在计算净现金流量时，因为流入的借款与用于投资而流出的借款正负相抵（注意：并不等于不存在），所以通常在项目资本金现金流量表中只剩下了权益资金投资部分。

利用现金流量图对此问题进行说明（见图 7－6，图中省略了净收益部分）。

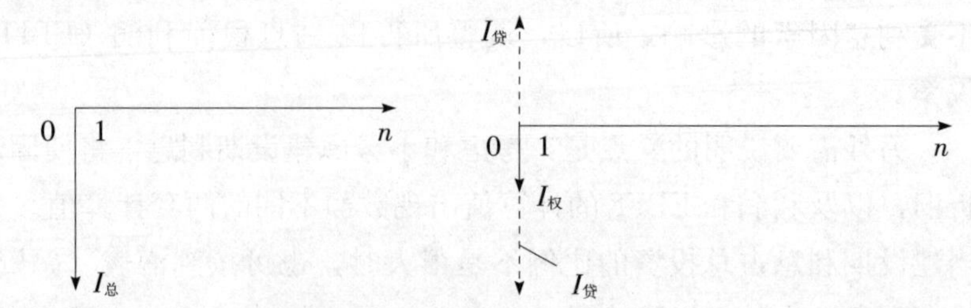

(A)融资前分析，初始投资为总投资　(B)融资后分析，初始投资为项目资本金

图 7-6　现金流量图对比

图 7-6（A）为项目的融资前现金流量图。在融资前分析中，不考虑投资的构成、来源以及借贷的偿还问题，因此图中的投资为总投资 $I_{总}$。

图 7-6（B）为项目资本金现金流量图。由于考虑借贷与还本付息问题，借贷资金当然是从债权人那里流入项目，然后借贷资金与权益资金投资一起形成总投资而流出。借贷资金在现金流量图中正负相抵，只剩下权益资金投资。

值得注意的是，项目资本金现金流量表以项目资本金为计算基础，其求出的指标为项目资本金财务净现值、项目资本金财务内部收益率等说法和称谓，极易引起人们的误解。因为项目的净收益和利润（不论是息税前还是息税后）都是由借款和权益资金共同创造的，绝非权益资金自身所能够获得的。因此，融资后指标计算——考虑还本付息、所得税后计算出的指标，正是项目比较真实的或接近实际的指标。

全部使用政府直接投资的项目一般为非营利项目，不必进行融资后分析。

4. 指标计算

由项目资本金现金流量表可计算融资条件下项目息税后盈利能力指标——项目资本金净现值 $FNPV_{权}$、项目资本金内部收益率 $FIRR_{权}$。它们的计算和判据参数 i_C 是项目资本金税后基准收益率。

二、偿债能力分析

对于筹措了债务资金（借款）的项目，在财务评价中要进行偿债能力分析，即考察项目是否具有按计划偿还借款的能力。这是债权人和投资者都特别关心的问题。对表征项目偿债能力的指标作如下介绍。

（一）关于借款偿还期

借款偿还期是债权人或贷款机构要求的一个期限（一般情况下从借款年开始计算）。通过编制（长期）借款还本付息计划表（参见案例 1 中的表

C1－7)，依据未分配利润、折旧费、摊销费，以及其他可用于偿还借款本金的资金，安排每年偿还的本金，只要满足债权人的还款期限要求，即认为项目具有偿还能力。

(二) 利息备付率和偿债备付率

它们是反映项目偿付债务本息的保障程度以及支付能力的指标。

(1) 利息备付率（ICR），指借款偿还期内，各年的息税前利润与当年应付利息的比值。

$$ICR=\frac{EBIT}{PI} \tag{7-43}$$

式中，EBIT为息税前利润；PI为计入总成本费用的应付利息。ICR是从付息资金来源的充裕性角度，反映项目偿付债务利息的保障程度和支付能力的指标，应当分年计算。

(2) 偿债备付率（DSCR），指借款偿还期内，各年可用于还本付息的资金与当年应还本付息金额的比值。

$$DSCR=\frac{EBITDA-T_{AX}}{PD} \tag{7-44}$$

式中，EBITDA为息税前利润加折旧和摊销；T_{AX}为项目所得税；PD为应还本付息金额，包括每年偿还本金额、计入总成本费用的利息。DSCR是从还本付息资金来源的充裕性角度，反映项目偿还债务本息的保障程度和支付能力的指标，应当分年计算。

(3) ICR和DSCR的判据参数。对于上述两个指标的判据参数，应当测定其最低可接受值。参考国际经验和国内行业的具体情况，根据我国企业历史数据统计分析，一般情况下，利息备付率不宜低于2，偿债备付率不宜低于1.3。

项目的具体情况千差万别，不同行业的项目也存在差异，由国家统一组织的测算给出的是行业正常运营情况下ICR和DSCR的判据参数的平均值，反映了行业的平均水平，供具体项目参考，但它们不是项目必须达到的基准值（见表7－10）。

表7－10　部分行业建设项目偿债能力测算与协调（节选）

行业名称	资产负债率的合理区间（%）			利息备付率的最低可接受值			偿债备付率的最低可接受值		
	专家调查	行业测算	协调结果	专家调查	行业测算	协调结果	专家调查	行业测算	协调结果
农副业食品加工	40～60	50	30～50	2	10	2	1.3	50	1.3
陆上油田开采	40～60	50	40～60	2	1.9	2	1.3	1.2	1.3

续表

行业名称	资产负债率的合理区间（%）			利息备付率的最低可接受值			偿债备付率的最低可接受值		
	专家调查	行业测算	协调结果	专家调查	行业测算	协调结果	专家调查	行业测算	协调结果
原油加工及石油制品制造	40～60	45	40～60	2	4～5	2	1.3	2～3	1.3
无机化学原料制造	40～60	30～60	30～60	2	2	2	1.3	1.1	1.3
专用化学品制造（含精细化工）	40～60	40～70	40～70	2	2	2	1.3	1.2	1.3
固定通信	40～60	45～60	40～60	2	1.5	2	1.3	1.3	1.3
移动通信	40～60	50～60	40～60	2	2	2	1.3	1.3	1.3
钢铁冶炼	40～60			2			1.3		
卷烟制造	50～70			2			1.3		
化学药品、原药制剂制造	40～60			2			1.3		
通用设备制造	40～60			2			1.3		
汽车制造	40～60			2			1.3		
房地产开发项目	35～65			2			1.3		

资料来源：国家发展改革委，建设部．建设项目经济评价方法与参数．3版．北京：中国计划出版社，2006.

（三）资产负债率

1. 资产负债表（参见案例1中的表C1－13）

资产负债率是通过资产负债表的数据计算得到的。

资产负债表以资产＝负债＋所有者权益这一会计等式为依据，综合反映了项目计算期内各年末的资产、负债和所有者权益的增减变化及对应关系，以考察项目资产、负债和所有者权益的结构是否合理，并计算资产负债率，进行项目偿债能力分析。

资产负债表的上方反映项目的资产状况，资产按流动性从大到小分项列出，顺次为流动资产、在建工程（长期投资年累计额，即建设投资和建设期利息的年累计额）、固定资产净值、无形资产和递延资产净值。

资产负债表的下方反映项目的负债（包括流动负债和长期负债）与所有者权益资本（主要包括资本金、累计盈余公积、累计未分配利润等）逐年的状况，用以说明项目每年资金的来源——有多少来自债权人，有多少来自项目所有者投资。

2. 资产负债率

资产负债率是一个反映项目偿债能力和所面临财务风险的比率。

$$资产负债率=\frac{负债合计}{资产合计}\times 100\% \tag{7-45}$$

它是项目各年负债总额与资产总额的比率，反映项目某年的资产总额中，有多少是通过举债得到的。例如，资产负债率为0.4，表明项目该年的资产有40%源于举债。

从债权人的角度来看，这个比率越低越好。低，说明项目债务轻，自有资本雄厚，偿债能力强。反之，则说明在项目的全部资产中，负债比重太高（权益资金所占比重太低），这样，项目的财务风险就主要由债权人承担，其贷款的安全缺乏可靠的保障。所以该比率反映债权人发放贷款的安全程度。

同时，该比率表明项目利用债权人提供的资金进行经营活动的能力。但是，负债必须有一定的限度，负债比率过高，项目的财务风险将增大，资产负债率超过1，则说明项目资不抵债，一旦市场或生产出现问题，企业破产的危险将比较大。

对于资产负债率的判据参数，可参考表7-10确立一个取值的合理区间。

三、项目生存能力（财务可持续性）分析

由于在NPV ≥ 0的情况下，项目某些年份的资金运转仍然可能发生入不敷出的情况，因此，必须通过编制财务计划现金流量表，考察和分析项目的生存能力，即项目能创造足够的净现金流量，以维持项目正常运营的能力。

（一）财务计划现金流量表的编制要求

财务计划现金流量表（参见案例1中的表C1-12）能够反映项目各年资金运行的全貌。它综合考察项目计算期内各年的投资活动、融资活动和经营活动所产生的各项现金流入和流出，计算出净现金流量和累计盈余资金，分析是否有足够的净现金流量维持项目正常运营，以实现财务的可持续性。因此，该表的编制要求是：任何一年的累计盈余资金必须大于（或等于）零，即每年的流入与流出必须平衡或有余。

（二）短期融资补足资金短缺

如果净现金流量和累计盈余资金在某年出现负值，则说明该年会出现资金短缺，使生产或经营无法正常进行，不仅影响项目的生存，而且这种拆东墙补西墙式的非正常运营将严重影响企业未来的健康发展。

对于这种情况，营利性项目一般需要通过短期融资实现资金平衡，维持正常运营。短期借款一般在借款的当年或次年连本带利归还，其借款、还本和付息额应当记入财务计划现金流量表、成本估算表和资产负债表。所以财

务计划现金流量表除了能够反映项目的生存能力，还可用于制定短期借款筹措和还款计划。

以案例1中的表C1-12为例。方案第4年借入短期借款98.96万元，使第4年的流入流出达到平衡，可维持正常运营。在第5年需要对短期贷款还本付息。项目的第5年及以后各年都拥有盈余的净现金流量，达到了各年资金流入流出平衡有余的要求，说明方案具有生存能力。

（三）非营利项目

没有营业收入的项目，无须进行盈利能力分析，主要考察其财务生存能力。此类项目通常需要得到政府长期补贴才能维持运营，需要合理估算项目运营期间各年所需的政府补贴数额，并分析政府补贴的可能性和支付能力。

有营业收入，但一定时期内收入不足以补偿全部成本费用的项目，在运营前期一般需要政府补贴维持运营，因此，同样需要通过生存能力分析和制表估算所需补贴额，为实施政府补贴提供依据。

四、项目利润及利润分配状况分析

在社会主义市场经济不断发展的情况下，不仅要关注项目的NPV或IRR是否可行，还需要考察项目在运营期间所获得的利润达到了怎样的水平，以及利润的分配状况如何。

（一）项目利润状况（参见案例1中的表C1-11）

（1）通过编制利润与利润分配表，可以了解项目的利润状况，包括利润总额（税前利润）、净利润（税后利润）、未分配利润（可以用于偿还借款本金的利润）、EBIT（息税前利润）、EBITDA（EBIT＋折旧＋摊销，该数据用于计算偿债指标）等。

（2）可以计算指标ROI和ROE，了解项目获取的利润处于何等水平。

（3）建议采用以下几个比较成熟的企业绩效评价指标，考察项目获得的利润在同等企业中居于优秀、良好、平均、较低、较差中的哪种水平。

1）平均销售利润率＝各年平均年利润总额/各年平均年销售收入。该指标表明，项目平均每1元销售收入所能够得到的毛利润。

在案例1中使用该指标进行了计算：

$$\text{平均销售利润率}=\frac{132\ 051.41/9}{571\ 322.14/9}\times 100\%=23.11\%$$

参考该项目所在行业的小企业主营业务利润率的标准值——优秀为24.3%，良好为19.5%，可判断项目该指标处于优秀和良好之间。

2）净资产收益率＝各年平均净利润/各年平均所有者权益。该指标可参考企业净资产收益率的标准值。

3）总资产报酬率＝各年平均息税前利润（平均EBIT）/各年平均资产总额。该指标可参考企业总资产报酬率标准值。

(二) 项目利润分配情况

利润的合理分配对于项目和投资方都是十分重要的。在确保项目正常经营和发展对资金的需求的情况下，还需要兼顾投资方对利润分配的要求。通过案例1中的表C1－11，可以清楚地了解项目各年的利润与利润分配情况。

五、项目投资方盈利能力分析

项目投资方盈利能力分析也是财务评价的重要内容之一，因为在投资者整体盈利能力达到要求的情况下，需要考察各投资方投资价值的增值是否达到了他们的期望。这是每个投资者都十分关心的，也是各投资方作出投资决策的重要依据。

进行投资方盈利能力分析需要编制投资方现金流量表（参见案例1中的表C1－16），该表根据投资方实际收入和支出（包括期末资产收益分配和资产清分），确定其现金流入和流出，通过计算净现值、内部收益率、投资回收期，考察投资方的收益水平。

一般情况下，各投资方按股本比例分配利润和分担风险，利益是均等的，不必计算所有各方的盈利能力。当各方有股权之外不等的利益分配时，需要计算各方的盈利能力，以考察各方收益是否均衡，或者其非均衡性是否在一个合理的水平上，以达到平等互利的目的。

案例1中表C1－16的多数数据来自表C1－11，通过对甲方的投资、股利分配、资产清分等流入流出数据进行计算，可以得出其IRR＝12.87％，NPV(12％)＝582.24万元，静态投资回收期为9.2年，可以满足甲方12％的收益期望。如果出现计算结果不理想的情况，则需要在保证项目正常运营和生存发展的前提下，适当提前或增加对投资方的利润分配，以提高其收益能力。

六、小结

通过财务评价五个方面的分析可以认识到，在财务评价中仅仅融资前、融资后盈利能力和偿债能力达到相应要求是远远不够的。

（1）即使在NPV≥0的情况下，项目也有可能出现资金入不敷出的情况，因此必须进行项目生存能力的考察，确保项目各年有足够的资金维持正常运营，从而得以生存和发展。

(2) 必须考察项目的利润状况及所处水平，同时考察项目利润的分配是否正确合理。

(3) 在投资者整体盈利能力达到要求的情况下，必须站在各投资方的角度，考察各投资方的收益水平是否达到了其期望值，以利于投资方作出投资决策。

注意：在以上各方面分析完成之后，应当进行正规的投资项目风险识别与评价，判断项目或方案的风险状况。

经过上述全面分析和综合考虑，才能作出放心和比较满意的决策。

第6节　改扩建项目的决策

一、改扩建项目简介

(一) 范畴和目的

改扩建项目指利用既有企业的部分或全部资产，以既有法人为融资主体，投资形成新的生产（服务）设施，扩大或完善原有生产（服务）系统的活动。它包括改建、扩建、迁建和停产复建等。

整体改扩建项目的范围包括整个既有企业，投资、融资、还贷主体与经营主体是统一的，项目范围就是企业范围。而局部改扩建项目的范围只包括既有企业的一部分，投资、融资、还贷主体可能与经营主体分离。

改扩建项目的目的在于增加产品产量、开发新型产品、调整产品结构、提高技术水平、降低资源消耗、节省运行费用、提高产品质量、改善劳动条件、治理生产环境等。由于目的不同，项目的效益有些可以直接体现，有些只能间接表现。

(二) 特点

(1) 项目在不同程度上利用了既有企业的资产和资源，并且不发生产权转移。

(2) 项目的融资主体和还款主体都是既有企业。

(3) 项目建设与既有企业的生产（运营）可能同时进行。

(4) 项目依托于既有企业原有的生产（运营）活动，既有联系又有区别，效益和费用的识别比较复杂。

（三）改扩建项目涉及的五套数据

（1）现状数据反映既有企业原有生产运营（老产出）在项目实施起点上的效益、费用，是一个时点数据，是预测无项目数据的基点数据。

（2）无项目数据指不实施改扩建项目时，对既有企业的原有生产运营（老产出）预测的、在项目计算期内可能发生的效益和费用，是时间序列数据。

（3）有项目数据指实施改扩建项目后，在项目计算期内，既有企业老产出与改扩建新产出的总量效益和费用，是时间序列数据。

（4）新增数据是由项目数据减现状数据得出的时间序列数据。新增投资是改扩建项目筹措资金的依据。

（5）增量数据是有项目和无项目效益、费用数据的差额。

（四）改扩建项目评价的内容

（1）融资分析。项目的权益资金全部来源于既有企业，债务资金也以既有企业的名义借贷。企业的信用和还款能力是银行（债权人）考察的重点。

（2）盈利能力分析。改扩建项目需要使用有项目与无项目的数据，进行总量分析或增量分析。增量分析指进行有无对比的增量现金流量分析。

（3）偿债能力分析。当改扩建项目范围为局部改扩建时，一般需要进行项目和企业两个层次的偿债能力分析，即不仅需要无项目的财务、债务状况数据，还需要有项目的收益偿还新增债务的状况数据。

（4）改扩建项目还须分析有项目状态下的生存能力。

二、改扩建项目的决策依据——盈利能力分析

在改扩建项目的评价中，五套数据的预测大大增加了评价的工作量。尤其在企业规模比较大时，有些必要的数据难以获得，可靠性也比较差。本教材只侧重交代改扩建项目决策的最重要依据——盈利能力分析的方法。

（一）总量法和增量法

1. 总量法

总量法，即从总量上考察改与不改的各自效果的方法。其核心思想是，企业原有资产具有实物和价值形态，对于该部分资产必须予以考虑。设想，如果不使用该资产（例 7－9 中的固定资产 500 万元、流动资产 200 万元），可以将其出让，获得现有价值的收入。但是，如果现在必须使用它，或者不使用，但不打算出售，就失去了获得该收入的机会，成为一种机会损失。因此，在经济分析中应当用支出，或视为投资来反映使用该资产的效果，

如图7-7所示。注意：可利用的资产应按其净值计提折旧费和修理费；不可利用但不出售或报废的，仍然是资产的一部分，但不计提折旧费和修理费。

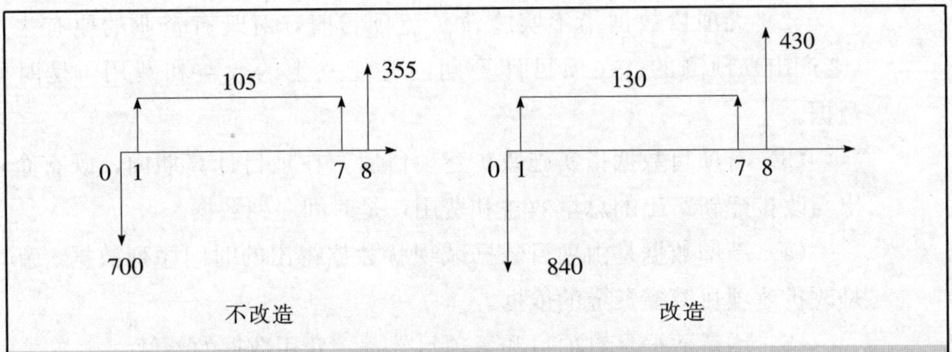

图7-7 总量法的现金流量图

2. 增量法

增量法是省略改与不改两方案相同的现金流量——省略原有资产，不将其作为投入或机会损失来看待，对改与不改两方案进行选择的方法。（使用增量法，例7-9的现金流量如图7-8所示。）

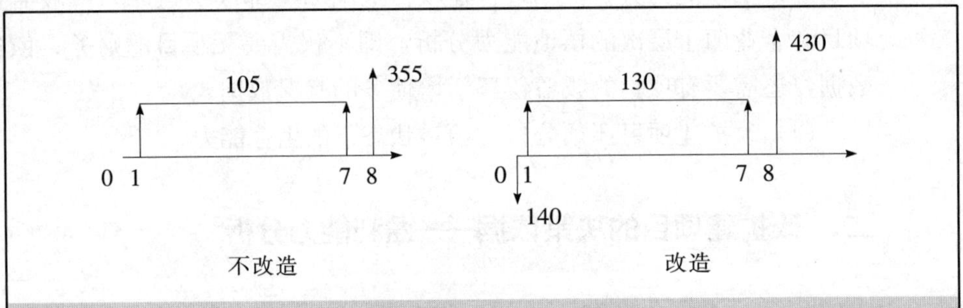

图7-8 增量法的现金流量图

由于省略了反映使用原有资产效果的机会损失，实际上改与不改两方案的现金流量都已经是不完整的现金流量，相当于相对效果评价的增量分析。

试用上述两种方法分析例7-9。

例7-9

某企业现有固定资产500万元，流动资金200万元。如果进行技术改造则需再投资140万元，改造当年生效。预测未来8年改（有项目）与不改（无项目）的现金流量如表7-11所示。如果最低期望收益率为10%，请问该企业是否应当进行技术改造？

表 7－11　预测的现金流量表　　单位：万元

	不改造（无项目）	改造（有项目）
年净收益	105	130
期末资产回收	250	300

解：(1) 使用增量法。

$$NPV_1 = 105(P/A,10\%,7) + 355(P/F,10\%,8)$$
$$= 676.8(万元)$$

$$NPV_2 = -140 + 130(P/A,10\%,7) + 430(P/F,10\%,8)$$
$$= 693.5(万元)$$

$$\Delta NPV_{2-1} = -140 + 25(P/A,10\%,7) + 75(P/F,10\%,8)$$
$$= 16.7(万元)$$

所以应当选择进行改造。

(2) 使用总量法。

$$NPV_1 = -700 + 105(P/A,10\%,7) + 355(P/F,10\%,8)$$
$$= -23.2(万元)$$

$$NPV_2 = -840 + 130(P/A,10\%,7) + 430(P/F,10\%,8)$$
$$= -6.5(万元)$$

可以看出，两方案都不可行，不能轻易作出改造的决策。

总量法的优点是，既能考察方案的绝对效果，又能考察其相对效果。但是，总量法必须将原有资产视为投资，从而必须对原有资产进行资产评估，在实际中其工作量与难度甚至超过了项目评价本身。而增量法仅作相对效果评价，容易将实际上不可行的方案选为最优。若想弥补增量法的缺陷，只有先将不改造作总量绝对评价，检验无项目是否可行，如可行，再考察两方案的增量现金流量的经济性，但这样做仍然无法回避对企业原有资产进行评估的问题。

(二) 增量分析在决策中的正确性

为了解决上述问题，人们将总量、增量效果的各种可能性（共六种）列于表中（见表 7－12）。"＋"表示可行或经济效果好；"－"表示不可行或经济效果不好。

表 7－12　增量效果和总量效果的可能性排列

序号	增量效果	总量效果		应作出的决策
		不改	改	
1	＋	＋	＋	改

续表

序号	增量效果	总量效果		应作出的决策
		不改	改	
2	＋	－	＋	改
3	＋	－	－	?
4	－	＋	＋	不改
5	－	＋	－	不改
6	－	－	－	不改

说明：还有两种不可能发生的情况：＋，＋，－ 和－，－，＋。

可以看出，除了第 3 种情况，增量效果与总量效果所作出的决策都是一致的，不会发生错误。我们进一步研究第 3 种情况（总量分析时改与不改都不可行；增量分析时改比不改好）。在这种情况下，可供选择的方案是：

方案 1：不改，继续生产经营。

方案 2：改，因为虽然都不可行，但改比不改强。

方案 3：关闭工厂，拍卖现有资产。

前两个方案相比较，由于增量效果好，因此 2 比 1 优。后两个方案（改造与关闭、拍卖）相比较时，则必须由企业全面权衡而定。

综上所述，只要既有企业不存在关停、转让的可能性，使用增量法计算改扩建项目的盈利能力或进行决策，就能够得到正确和可靠的结论。因此，在改扩建项目的盈利能力分析和决策中，采用的是增量分析和增量指标。

例 7－10

A 公司要进行一条自动控制的生产线改造，以降低成本和残次品损失。设销售收入不变，原流动资金不变。改造项目于年初投入，当年投入运营并实现效益，运营期为 5 年。改造预计新投入资金 69 500 万元（无债务资金），旧设备全部卖出，可获 12 000 万元。设定税前 $i=15\%$，其他数据如表 7－13 所示。试计算该技术改造项目的税前投资回收期、净现值和内部收益率，并评价项目的可行性。

表 7－13　A 公司生产线改造有关数据

现状数据	
年工资（万元）	20 000
年运营维护费（万元）	8 500
年残次品损失（万元）	7 200
旧设备出售价值（万元）	12 000
无项目数据（不改造的预测数据）	
设定同现状数据	
有项目数据（改造后的预测数据）	
年工资（万元）	2 000
年运营维护费（万元）	6 800

续表

现状数据	
年残次品损失（万元）	1 800
设备预计使用寿命（年）	5
预计净残值（万元）	0
新增数据	
更新改造投资（万元）	69 500

解：本例中的A公司不存在关停、转让的可能性，因此使用增量法对该改造项目进行决策。

（1）识别和计算无项目和有项目的税前现金流量（分析中，已知销售收入和流动资金在改造前后不变，可在现金流量中省略）。

1）无项目（不改造）现金流量。已知无项目数据（不进行改造）同现状数据，即在改扩建项目设定的5年运营期中，各年运营成本均为：

20 000＋8 500＋7 200＝35 700(万元)

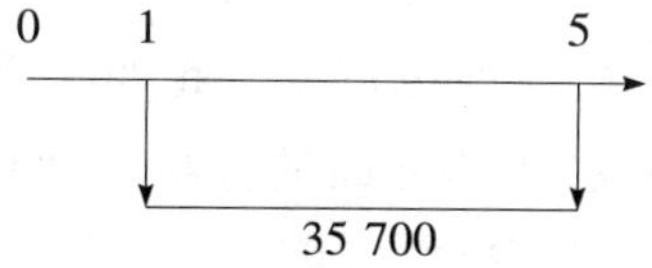

2）有项目（改造）现金流量。在时点0，有（卖旧设备）现金流入12 000万元，有更新改造投资（流出）69 500万元。

在改造的1～5年运营期中，各年运营成本为：

2 000＋6 800＋1 800＝10 600(万元)

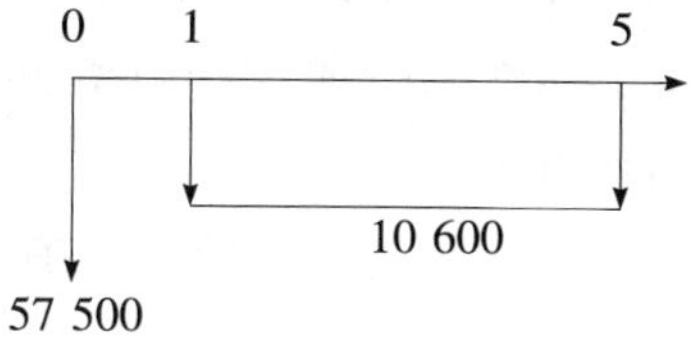

（2）计算增量现金流量。

增量现金流量＝有项目现金流量－无项目现金流量

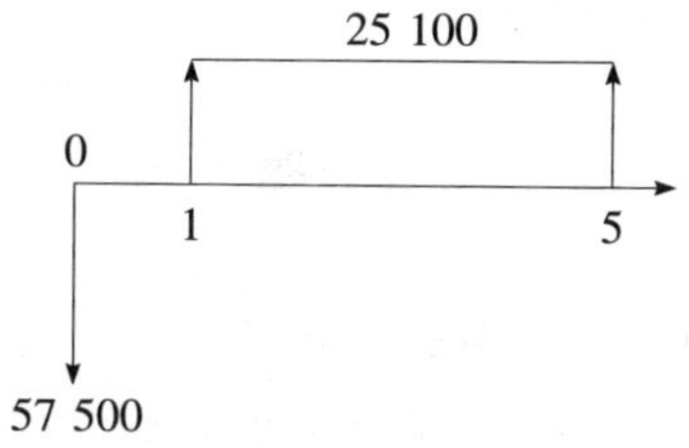

可以看出，有项目每年费用的节约就是项目改造增加的收益。

(3) 计算税前盈利能力指标。由于各年净收益相等，建设期=0，则有

投资回收期=57 500/25 100+0=2.29(年)

ΔNPV=−57 500+25 100(P/A,15%,5)=26 635.2(万元)>0

说明改造（有项目）比不改造（无项目）效果好。

经计算，ΔIRR=33%>15%，同样说明投资“大”的有项目优。

结论：根据该改造项目的盈利能力分析，该改造项目是可行的，A公司可以决策实施。

三、改扩建项目财务评价的简化处理

改扩建项目一般要用到有项目、无项目、现状、新增和增量等数据，增加了数据预测的复杂性。在既有企业规模比较大时，一些必要的数据一般难以获得，即使得到，其可靠性也较差。此外，还款主体与经营主体错位，需要进行项目层次和企业层次两方面的分析。针对改扩建项目的这些复杂性，《建设项目经济评价方法与参数》（第三版）提出了简化处理的办法，指出符合下列特定条件之一的改扩建项目，可按新建项目进行评价。

(1) 项目的投入和产出与既有企业的生产经营活动相对独立，即项目的边界比较清楚。

(2) 以增加产出为目的的项目，增量产出占既有企业比例较小，即增量产出不会对既有企业现金流量产生比较大的影响，项目相对独立。

(3) 利用既有企业的资产与资源量和新增量相比较小，新增投资和其他新增流入流出是主要组成部分。

(4) 效益和费用的增量现金流量比较容易确定。

(5) 其他特定情况。

《建设项目经济评价方法与参数》（第三版）还指出，符合简化条件时，一定要阐明简化处理的理由，然后只进行项目层次的分析——盈利能力分析、偿债能力分析、生存能力分析。

复习题

1. 财务评价融资前分析和融资后分析在概念和作用上有什么不同？
2. 试比较项目投资现金流量表与项目资本金现金流量表的区别。

3. 项目的总投资由哪几大项构成？应当如何计算和处置项目的建设期利息？

4. 如何确定项目的流动资金投资？流动资金借款采用何种偿还方式？列出计算项目生产期各年所需流动资金的最主要的会计公式。

5. 预备费包含哪些内容？各起什么作用？

6. 什么是经营成本？为什么不将折旧费、摊销费和借款利息包含在其中？

7. 如何计算项目的折旧费和摊销费？

8. 税金及附加包括哪些内容？计算增值税的目的是什么？

9. 可以用哪些资金来偿还长期借款本金？

10. 项目资金筹措与安排依靠哪些财务报表？各有哪些基本要求？

11. 财务评价应当包括哪些方面的分析才能作出比较放心的决策？

12. 在涉及改扩建项目时，使用总量法和增量法各有何利弊？

13. 试述改扩建项目涉及的五套数据各是什么。

14. 某公司新项目建设投资额为 4 254 万元，其中，固定资产投资为 4 000 万元，无形资产和其他资产为 200 万元，预备费为 54 万元，流动资金投资为 700 万元。项目寿命期为 12 年。建设期 3 年中，分别投入借款 560 万元、1 500万元、800 万元（年利率为 10%，建设期内不要求偿还利息）。试采用直线法，求出项目的折旧费（残值率为 5%）。

15. 已知项目借款年利率为 10%。(1) 请填写贷款偿还表（见表 7-14）（气球法，建设期不要求偿还利息）；(2) 如果银行要求借款在 4 年内清偿，试判断项目是否有偿还能力。

表 7-14　贷款偿还表　　单位：万元

序号	项目	第 1 年	第 2 年	第 3 年	第 4 年	第 5 年
1	借款及还本付息					
1.1	年初借款累计					
1.2	本年借款	130	0	0	0	0
1.3	本年付息					
1.4	本年还本					
2	偿还本金的资金来源					
2.1	利润		25	33	46	46
2.2	折旧费与摊销费		12	12	12	12

16. (1) 完成下面的项目投资计划与资金筹措表（见表 7-15），投资不足部分由自有资金补齐。长期借款年利率为 10%，在建设期内无须归还建设期利息（要求写出建设期利息的计算过程，计算精确到小数点后 1 位）。

(2) 计算生产期各年的流动资金利息。流动资金借款年利率为 8%，项目寿命期为 12 年。

(3) 流动资金借款的本金是多少？如何归还？

表7-15　投资计划与资金筹措表（简化）　　单位：万元

序号	项目	合计	建设期		生产期		
			第1年	第2年	第3年	第4年	第5年
1	总投资						
1.1	建设投资	600	240	360			
1.2	建设期利息						
1.3	流动资金投资	60			36	12	12
2	资金筹措						
2.1	自有资金						
	其中：流动资金投资						
2.2	借款						
2.2.1	长期借款	400	160	240			
2.2.2	建设期利息						
2.2.3	流动资金借款	40			24	8	8

17. 什么是改扩建项目？它具有什么特点？

18. 为什么在改扩建项目的盈利能力分析和决策中，一般要采用增量分析和增量指标？

第8章

投资项目的经济费用效益评价

众所周知，资源稀缺是人类社会面临的一个基本事实。一个国家，无论其资源禀赋如何，相对于人们日益增长的需求来说，资源总是有限和稀缺的。增加资源供给或者抑制人们的需求欲望，都不是解决问题的根本办法。而考虑如何把有限的资源运用到对国民经济贡献最大的项目中，即寻求有限资源的合理配置，才是解决该问题的有效途径，才能保证国民经济持续、稳定增长。

经济费用效益评价（也称经济费用效益分析，即原国民经济评价）是从社会资源合理配置的角度，分析项目投资的经济效率和对社会福利所作的贡献，从而判断项目的经济合理性。它是项目经济评价的第二个层次。经济费用效益评价的理论基础是新古典经济学有关资源优化配置的理论。从经济学角度看，经济活动的目的是通过配置稀缺经济资源，用于生产产品和提供服务，尽可能满足社会需要。当经济体系功能发挥正常，社会消费的价值达到最大时，就认为取得了经济效率，达到了帕累托最优。所以，经济费用效益评价的主要目标是优化经济资源的配置，它研究项目投资的经济效率和项目对国家经济资源的贡献或耗费，关心项目涉及的所有成员和群众的利益，有助于设计和选择能够对国家的福利作出贡献的项目。

第1节　经济费用效益评价概述

一、经济费用效益评价历史沿革

20世纪30年代，资本主义国家进入大萧条时期，为了挽救萧条的经济，以美国为代表的一些国家的政府不得不采取新的财政货币政策，以及建设公共工程等措施，将其作为国家宏观经济调控的常规手段，并取得了一定成效。第二次世界大战后，为恢复与重建国民经济，各国政府运用政策和行政干预来控制国家经济事务，动员人力、物力和财力以实现国家目标。政府实行福利政策，大量增加公共开支，对文化、教育、医疗卫生、环境治理、水利等公共福利设施和工程项目进行投资。由于这些项目难以通过市场调节使企业利益与社会利益相一致，一般不便于私人经营。这致使政府的投资增加，经济的国有化程度有了一定的提高。

公共和社会福利项目是以宏观经济效益与社会效益为主，单纯采用企业盈利性分析，即进行财务评价不能反映其实际的社会效益，满足不了对这类项目评价的要求。此时，应运而生的福利经济学以及西方宏观经济学的代表——凯恩斯理论，为公共项目的经济评价提供了基本概念，为各国政府干预社会经济事务提供了理论依据，为公共项目的经济评价开辟了新的发展前景。从20世纪50年代起，西方经济学家逐步研究形成了一种为评价公共项目所需的社会费用效益分析方法（social cost-benefit analysis，SCBA），把公共项目的经济评价扩展成对单个微观项目的宏观意义的研究分析，成为一种项目的宏观效益评价。

20世纪六七十年代，该方法经过进一步深化、完善和精密化，在应用范围上扩展到一般工业和非工业项目；同时，国际经济组织和工业发达国家在对发展中国家进行项目投资时，把这种用于评价公共投资项目的方法移植到发展中国家，并通过在这些国家中项目评价的实践，丰富和发展了费用效益分析的理论和方法。

例如，1968年经济合作与发展组织（OECD）出版《发展中国家工业项目分析手册》[①]（简称OECD法，即L-M法），并于1974年补充修改成为《发展中国家项目评价与规划》。1972年由联合国工业发展组织出版的《项目评价准则》（简称UNIDO法或准则法）及1980年由联合国工业发展组织和阿拉伯国家工业发展中心（IDCAS）联合编写的《工业项目评价手册》（简称阿拉伯法）等，都是针对发展中国家的需要而制定的。此外还有法国的《项目经济评价手册——影响方法》等。根据这些方法的本质差异和内在联系，可将其分为两大体系：基于影子价格的价格体系和基于项目对国民经济的影响分析的影响体系。阿拉伯法介于这两者之间。这三种基本方法虽然形式不同，但评价结果是一致的。

---

① 由英国牛津大学著名福利经济学家利特尔（I. M. D. Little）和经济学教授米尔利斯（J. A. Mirrlees）合著。

发展中国家为了促进本国的经济发展，大多采用集中计划、行政管理和公共投资等手段。其经济构成中，国有成分占比较大，国家对私人投资的干预也较多，同时普遍存在通货膨胀、外汇短缺、劳动力过剩，以及为了保护民族工业所采取的增加进口税和限额进口等保护性措施，致使这些国家的国内价格不能真实反映其社会费用和效益，造成商品价格与劳务价格的失真。这就使费用效益分析方法在发展中国家的应用更有意义。

1979 年，我国开始引进西方的项目可行性研究，其中包括国民经济评价方法。国家计委和建设部的《建设项目经济评价方法与参数》(第一版和第二版）对建设项目的国民经济评价的实际应用作了详细的规定，对提高国民经济评价的科学性、可操作性起到了较好的促进作用。

二、经济费用效益评价的重要性

改革开放以后，在加强和完善宏观调控、建立社会主义市场经济的过程中，经济费用效益评价得到了进一步肯定和重视。在 2006 年国家发展改革委与建设部颁布的《建设项目经济评价方法与参数》(第三版）中，也特别强调了这个问题。

由于市场本身和政府不恰当的干预导致的市场资源配置失灵，市场价格难以反映项目的真实经济价值的情况仍然存在，财务价格的扭曲不能真实反映项目产出的全部经济价值，财务成本不能包含对资源的全部消耗，因此客观上需要通过经济费用效益评价来反映项目的真实经济价值，判断投资的经济合理性，其他分析不能替代其功能和作用。

经济费用效益评价是市场经济体制下政府对公共项目进行评价的重要方法，是市场经济国家政府部门干预投资活动的重要手段。在新的投资体制下，国家对项目的审批和核准重点放在项目的外部效果、公共性方面。经济费用效益评价强调从资源配置经济效率的角度分析项目的外部效果，分析国家为项目付出的代价，以及项目为增加社会福利作出的贡献，分析利益相关者付出的代价和获得的收益，从而判断项目的经济合理性，是政府审批或核准项目的重要依据。

经济费用效益评价的内容符合全面协调可持续发展的要求，有利于建设资源节约型、环境友好型和谐社会。我国目前发展的任务很重，需要进行经济费用效益评价的项目很多，因此，适时正确地进行经济费用效益评价，必将对推动我国社会主义现代化和社会经济又好又快地发展作出应有的贡献。

三、经济费用效益评价的相关概念

(一) 经济费用效益评价与财务评价的区别

前面已经提到，投资项目经济评价分为经济费用效益评价和财务评价两个层次。这两个层次的评价各有其任务和作用。它们的主要区别如表8-1所示。

表8-1 经济费用效益评价与财务评价的区别

项目	财务评价	经济费用效益评价
评价的角度	项目（企业）财务角度	国家整体角度
评价的目的	以项目净收益最大化为目标。考察项目的盈利能力、偿债能力、生存能力、利润和分配情况、各投资方的盈利能力等	以实现社会资源的最优配置和有效利用为目的，考察分析项目投资的经济效率和对社会福利所作出的贡献，以及整个社会为项目所付出的代价，评价项目的经济合理性
效益与费用的含义	着眼于货币的流入与流出。凡增加项目收入的均计为财务收益；凡减少项目收入的均计为财务费用。因此，补贴、税金、各种利息均属财务收支	着眼于项目引起的社会资源的变动。凡增加社会资源的项目产出均计为效益；凡消耗社会资源的项目投入均计为费用。因此，补贴、税金（部分）和国内借款利息作为转移支付剔除
效益与费用的范围	将项目作为独立的经济系统进行分析，因此仅包括发生在项目范围内，上述流入流出项目的货币金额	将整个国家作为独立的经济系统进行分析，包括项目产生的直接费用和效益、间接（外部）费用和效益。不仅包括有形外部费用和效益，还包括无形外部费用和效益
采用的价格	采用国内现行市场价格	采用更能反映货物真实经济价值、更有利于合理配置社会资源的影子价格
使用的参数和判据	采用行业基准收益率或投资者所能接受的最低收益率、国家统一发布的外汇汇率	采用社会折现率、影子汇率、影子价格及其换算系数

综上所述，如果仅依据财务评价的结论来确定投资行为的经济合理性，则可能将财务评价效果不好而对整个社会极为有利的项目否决，或者使财务评价效果好但不利于社会资源合理配置的项目准予建设，这将给国家和社会带来无法弥补的损失。

(二) 经济费用效益评价的主要目的

（1）全面识别整个社会为项目付出的代价，以及项目为增加社会福利所作出的贡献，评价项目投资的经济合理性。

（2）分析项目的经济费用效益流量与财务现金流量的差别，以及造成这些差别的原因，提出相应的政策调整建议。

（3）对于市场化运作的基础设施等项目，通过经济费用效益评价来论证项目的经济价值，为制定财务方案提供依据。

（4）分析各利益相关者为项目付出的代价及获得的收益，通过对受损者及受益者的经济费用效益评价，为社会评价提供依据。

（三）需要进行经济费用效益评价的项目范围

1. 需要进行经济费用效益评价的项目

（1）自然垄断项目。对于电力、电信、交通运输等行业的项目，存在规模效益递增的产业条件，企业一般不会按照帕累托最优规则进行运作，从而导致资源的市场配置失灵。

（2）公共产品项目。公共产品项目提供的产品或服务在同一时间内可以被共同消费，具有消费的非排他性（未花钱购买公共产品的人不能被排除在此产品或服务的消费之外）和非竞争性特征（某人消费一种公共产品并不以牺牲其他人的消费为代价）。由于市场机制只有通过将那些不愿意付费的消费者排除在该物品的消费之外才能有效运作，因此市场机制对公共产品项目的资源配置失灵。

（3）具有明显外部效果的项目。产生外部效果的行为主体由于不受预算约束，因此常常不考虑外部结果承受者的损益情况。这样，这类行为主体在其行为过程中常会低效率甚至无效率地使用资源，造成消费者剩余与生产者剩余的损失及市场失灵。

（4）涉及国家控制的战略性资源开发及涉及国家安全的项目。这些项目往往具有公共性、外部效果等综合特征，不能完全依靠市场配置资源。

（5）国家及地方政府参与投资的项目，以及国家给予补贴或者减免税收的项目。政府对经济活动进行干预，如果影响了正常的经济活动效率，也会导致市场失灵。

2. 从投资管理的角度，现阶段需要进行经济费用效益评价的项目分类

（1）政府预算内投资（包括国债基金）的关系国家安全、国土开发和市场不能有效配置资源的公益性项目和公共基础设施建设项目，保护和改善生态环境、重大战略性资源开发项目。

（2）政府各类专项建设基金投资的交通运输、农林水利等基础设施、基础产业建设项目。

（3）利用国际金融组织和外国政府贷款，需要政府主权信用担保的建设项目。

（4）法律法规规定的其他政府性投资的建设项目。

（5）企业投资的涉及国家经济安全、影响环境资源、影响公共利益、可能出现垄断、涉及整体布局等公共性问题，需要政府核准的建设项目。

3. 上述无法完全依靠市场配置资源的项目所具有的特征

（1）项目的产出物没有市场价格。由于公共产品和外部效果等因素的影响，无法对其进行市场定价。

（2）市场价格虽然存在，但无法确切地反映投入物和产出物的边际社会效益和成本，因而在竞争性市场上提供的产品或服务得到的收益将无法充分地反映这些供给产生的社会净效益。

第2节　影子价格的概念和相关参数

一、影子价格的概念

（一）边际产出价值

在任何一种投入产出活动中，投入物的边际产出价值是指：在其他投入量不变的情况下，某一投入物增加一个单位的投入（即边际增加）所导致的产出价值的增加量。

例8-1

某农场现有玉米、水稻耕地各一块。所施化肥计划价格为0.6元/千克。稻谷和玉米的销售价格分别为0.3元/千克和0.2元/千克。水稻田和玉米田的产量及化肥施用量的对应关系如表8-2所示。试就该农场进行分析。

表8-2　水稻田、玉米田的产量与化肥施用量的对应关系

化肥施用量（千克）	水稻田			玉米田		
	总产量（千克）	总产值（元）	边际产出价值（元）	总产量（千克）	总产值（元）	边际产出价值（元）
0	2 000	600		1 490	298	
10	2 160	648	4.8	1 630	326	2.8
20	2 300	690	4.2	1 760	352	2.6
30	2 430	729	3.9	1 880	376	2.4
40	2 540	762	3.3	1 970	396	2.0
50	2 620	786	2.4	2 060	414	1.8
60	2 690	807	2.1	2 130	428	1.4

续表

化肥施用量（千克）	水稻田			玉米田		
	总产量（千克）	总产值（元）	边际产出价值（元）	总产量（千克）	总产值（元）	边际产出价值（元）
70	2 740	822	1.5	2 180	438	1.0
80	2 760	828	0.6	2 220	446	0.8
90	2 770	831	0.3	2 250	452	0.6
100	2 750	825	−0.6	2 270	456	0.4
110	2 700	810	−1.5	2 280	458	0.2
120				2 250	452	−0.6
130				2 180	438	−1.4

解：通过表8-2，可以理解以下几个问题：

(1) 可以求出在各个施肥水平上的边际产出价值（注意：这里不是真正的"边际"，而是平均产出价值）。

例如，在施肥0～10千克的水平上：

水稻田的边际产出价值＝(648－600)/10＝4.8(元)

玉米田的边际产出价值＝(326－298)/10＝2.8(元)

即在0～10千克的施肥水平上，每施用1千克化肥，花费0.6元（边际成本），水稻田可增加产值4.8元，玉米田可增加产值2.8元（水稻田和玉米田净收入增加分别为4.2元和2.2元）。

但化肥的施用量不是越多越好，边际产出价值随着施肥总量的增加而递减。当然，净收入的增加值也随之递减。

(2) 产值最大时，净收入并不是最大。水稻田施肥量由80千克增加到90千克时，可得到最大产值831元。此时：

产值增加＝831－828＝3(元)

边际产出价值＝3/10＝0.3(元)

成本增加＝0.6×10＝6(元)

净收入增加＝3－6＝－3(元)

这显然是得不偿失的。原因是：此时，边际产出价值0.3元＜化肥价格（边际成本）0.6元。需要减少化肥施用量才能使净收益增加。所以，以追求产值最大为目标将导致资源需求增加，造成资源使用上的低效和浪费。

(3) 当施用化肥的边际产出价值大于化肥的价格时，增加化肥的用量可使净收入增加；反之，将使净收入减少。所以，确定最佳施肥量的正确原则是，在最佳施肥量的水平上：

边际产出价值＝化肥的价格

就水稻田来说，在施肥70～80千克的水平上，边际产出价值为0.6元，等于化肥的价格0.6元。也就是说，水稻田的最佳施肥量是80千克，此时，可获最大净收益＝828－80×0.6＝780元。同理，玉米田的最佳施肥量为90千克。

（二）机会成本

机会成本是经济学中的一个重要概念，它在经济评价中的含义是：资源用于本项目，而不得不放弃的国民经济其他用途中最好的边际收益。这被迫放弃的收益，就是本项目使用这种资源的机会成本。

在例8-1中，若无其他限制，在化肥价格为0.6元/千克时，水稻田和玉米田的最佳施肥量分别是80千克和90千克，即农场共需170千克化肥。假定由于定量配给，或者农场资金有限，农场只能得到80千克化肥，那么对整个农场来说，这些化肥应如何分配才是最佳方案呢？

如果将80千克化肥全部分给水稻田施用，水稻田可获最大净收益。但是，对整个农场来说，是否就是最佳方案呢？我们试着将80千克中的10千克抽出，用于玉米田：玉米田施肥量在0～10千克时，增加边际产出价值2.8元；水稻田施肥量在70～80千克时，放弃边际产出价值0.6元（即玉米田使用这10千克化肥的机会成本）。由于玉米田使用这10千克化肥的机会成本＜边际产出价值，故将10千克化肥用于玉米田是合理的。

如果继续将化肥分给玉米田：在玉米田施用化肥10～20千克时，边际产出价值2.6元，机会成本1.5元；20～30千克时，边际产出价值2.4元，机会成本2.1元；30～40千克时，边际产出价值2.0元，机会成本2.4元。

显然，玉米田不应施用第40千克化肥（或者说水稻田不应放弃第50千克化肥）。所以，当水稻田施用50千克、玉米田施用30千克化肥时，即玉米田的边际产出价值与其机会成本（水稻田放弃的边际产出价值）相等，均为2.4元时，是化肥分配的最佳方案。

（三）资源分配与价格

假定例8-1中的两块地由两家企业经营，在化肥的计划价格为0.6元/千克时，根据净收益最大的原则，水稻田企业和玉米田企业将分别需要80千克和90千克化肥，无论谁增加或减少施用量都将减少净收益。但是如果总共只有80千克化肥，在该计划价格下，则无法保证按水稻田50千克、玉米田30千克进行最优分配。

但是，假定化肥价格不是0.6元/千克，而是2.4元/千克，任由用户在市场上购买，这时，水稻田企业肯定只买50千克，玉米田企业肯定只买30千克。因为只有如此，在此化肥价格下两家企业的净收益才达到最大。从这里可以看出，通过价格这只“看不见的手”可实现化肥的最优分配，并做到供需均衡。

在图8-1中，S为某种货物的供应曲线，D为需求曲线。如果没有外来干预，就会形成供需均衡时的价格P（如化肥2.4元/千克），Q^*则为供需均衡时的最佳产量（如化肥80千克）。但是，如果此时政府限价为P_1（如化肥定价0.6元），由于价格降低，消费者愿意购买Q_1数量的货物（如化肥170千克），而在这一价格下，生产者只愿意生产Q_2数量的货物，结果出现供不应求的局面。而且，在供应量为Q_2时，该货物的影子价格应该是P_2，高于限价P。只有完全竞争市场上的供需关系才唯一地决定供需均衡时的最佳产量和价格，保证资源得到合理分配和有效利用。

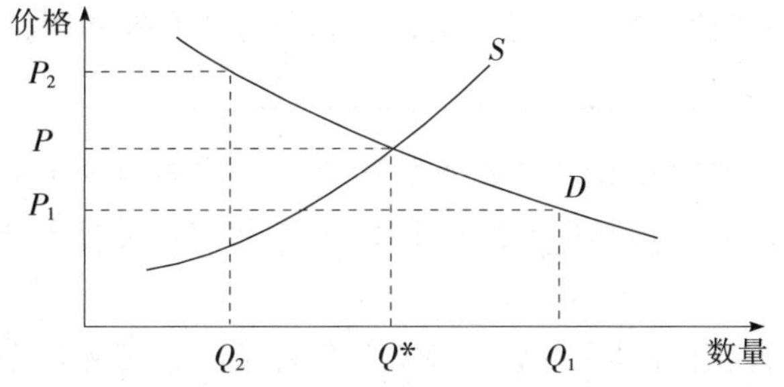

图8-1　价格与资源分配的关系

经济理论告诉我们，要想使化肥的价格达到或接近2.4元/千克的水平，起到合理分配资源、均衡供需的作用，首要条件是必须有一个比较完善的市场，只有借助市场供求关系形成的价格才能反映资源的真实价值。

上述价格与资源分配关系的原理适用于整个社会。由于价格偏离资源的真实经济价值，使用它们不能保证社会资源得到合理分配，因此，我们引出影子价格的概念，用以解决社会资源合理分配的问题。

（四）影子价格的概念

影子价格即商品或生产要素可用量的任一边际变化对国家基本目标——国民收入增长的贡献值。它是由国家的经济增长目标和资源可用量的边际变化赖以产生的经济环境决定的，又称效率影子价格，因为各时期国民收入的增长取决于资源的利用效率。

影子价格的概念是20世纪30年代末40年代初，由荷兰数理经济学、计量经济学创始人之一詹恩·丁伯根和苏联数学家、经济学家、诺贝尔经济学奖获得者康特洛维奇分别提出的。

对影子价格的定义应有如下认识：

(1) 影子价格是在完善的市场条件下，通过供求因素的自发调节，使资源得到最优配置和利用时形成的均衡价格。

(2) 影子价格也称最优计划价格，它的经济含义是：在最优计划下，单位资源增量所产生的效益增量，即资源的边际价值，是资源合理利用时的社会经济效益。

(3) 影子价格能更好地反映各种社会资源的社会价值、稀缺程度和市场供求关系。资源的影子价格高，表明短缺程度严重；而数量无限的资源，影子价格为零。它是能更合理利用资源的效率价格。

(4) 一般而言，它是人为制定的，是人们对资源的一种评价，是用于预测、计划和项目评价的价格。在经济评价中，可将其作为合理利用资源的价格尺度，借以消除价格扭曲对投资项目决策的影响，合理度量资源、货物和服务的经济价值，实现社会资源的合理分配和有效利用。

例8-2

在例8-1中，假设原有化肥总量为70千克，水稻田和玉米田已经分别分得40千克和30千克。此时，化肥厂又生产了10千克化肥，并准备用于玉米田。请问该“项目”是否可行?

解：下面采用两种价格来分析“项目”的效益，以判断其是否可行。

(1) 若化肥采用财务价格（计划价格）——0.6元/千克，则玉米田：

新增成本＝0.6×10＝6(元)

新增收入＝2×10＝20(元)

净增收入＝20－6＝14(元)

因为盈利，所以“项目”可行。

(2) 若化肥采用影子价格（机会成本，即将10千克化肥施用于玉米田，致使水稻田不能施用第50千克化肥而放弃的边际产出价值2.4元/千克），则玉米田：

新增成本＝2.4×10＝24(元)

新增收入＝2×10＝20(元)

净增收入＝20－24＝－4(元)

因为亏损，说明“项目”不经济，不可行。即资源的运用不合理（不是最佳用途）。因为化肥对玉米田的边际产出价值2元小于其机会成本2.4元，即若将化肥施用给水稻田，会比玉米田有更大的产出价值。所以，使用影子价格可以纠正按财务价格评价的错误结论，从而使资源得到最优配置。

(五) 影子价格的确定方法

1. 理论方法

理论上，理想的影子价格，对于静态离散型的，可用最优线性规划的对偶解求得；对于动态连续型的，可用拉格朗日乘子法来计算。

(1) 运用最优线性规划的对偶解计算影子价格——最优计划价格。影子价格这一概念最早源于数学规划，由经济学家詹恩·丁伯根首先提出，其定义为：资源（如资金、劳动力、自然资源）对社会目标（收益）的边际贡献，即资源在最优产出水平下所具有的价值和有用性。经济学家康特洛维奇和库普曼用线性规划证明了资源的最优利用与影子价格密切相关。从数学角度来看，影子价格即为线性对偶规划的最优解，是目标函数极值对其常数项的一阶偏导数，也称资源的边际价值。

通过线性规划，各种最优计划价格就如影随形地产生了。这就是影子价格一词的由来，也就是通常所说的影子价格是线性规划对偶解的含义。但实际上，由于不可能及时正确地获取建立线性规划模型所需要的各类详细数据，它可能涉及几百种资源、几万种产品以及更大数量级的消耗关系，资源的价格和产品的价格被庞大的数学规划联系在一起，牵一发而动全身，无论从计划水平还是技术水平来看，都是十分困难的。所以用线性规划方法建立全社会最优计划模型、求解最优计划价格这一方法，只有理论上的意义，很难在经济分析、项目评价中实际应用。

(2) 运用拉格朗日乘子法计算影子价格——市场均衡价格。运用拉格朗日乘子法计算的资源边际价值，作为假定在完全竞争市场条件下的市场均衡价格，即为经济费用效益评价中的影子价格。它泛指反映社会价值的价格，即在市场均衡的条件下，边际收益等于边际成本的市场价格，

$$P=\frac{\mathrm{d}R}{\mathrm{d}q}=\frac{\mathrm{d}C}{\mathrm{d}q}$$

以市场价格作为影子价格的理论依据是完全竞争市场条件下资源的边际效用价值理论。也就是在市场均衡条件下，社会边际收益、社会边际成本、企业边际收益、企业边际成本都等于市场价格，即影子价格，如图 8－2 所示。这时社会资源得到最优配置。用市场供需均衡价格作为项目评价中采用的影子价格，符合用拉格朗日乘子法计算的资源边际效用价格的理论依据。

这种均衡状态是在理想的完全竞争市场条件下形成的，但是，在现实经济社会中，完全竞争市场仅仅是一种理想的市场类型。由于现行政治、经济和社会生活中的种种限制，没有一个市场合乎理想的自由竞争状态，因此该方法仅仅具有理论意义。

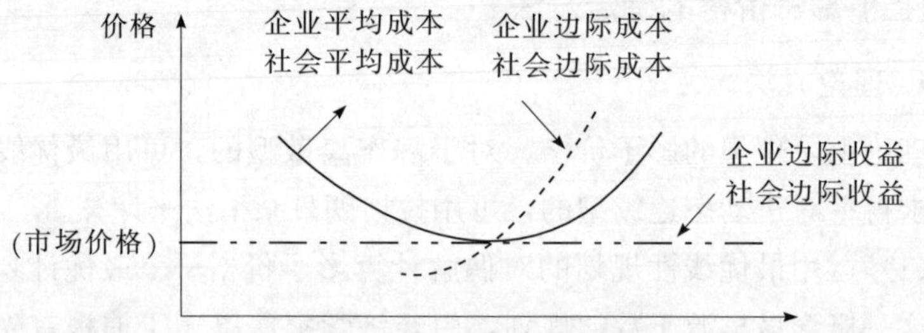

图8-2　理想的完全竞争状态

2. 影子价格的实际测算方法

（1）国际上的主要方法。国际上流行的经济费用效益评价方法很多，从本质上看，比较完整的方法主要是L-M法和UNIDO法，它们均属于影子价格体系。其他方法或者观点与它们接近，或者是它们的简单化和实用化。

L-M法建议采用以国际价格（世界市场价格）为基础的价格体系，即计算价格，并将货物分为贸易货物和非贸易货物进行具体计算。

UNIDO法采用的是以国内价格为基础的价格体系。它从项目产出物和投入物两个角度出发，分别估算其影子价格，用支付意愿来衡量。

（2）我国目前的影子价格的测算方法和原则。在经济费用效益评价中，目前我国采用的影子价格的测算方法和原则如表8-3所示。本书将在后面部分给出比较详细的解释。

表8-3　我国当前影子价格测算方法和原则

<table>
<tr><th>分类</th><th colspan="2">细目</th><th>测算影子价格依据的理论原则或方法</th></tr>
<tr><td rowspan="2">1. 具有市场价格的投入、产出</td><td colspan="2">外贸品</td><td>以实际发生的口岸价格为基础确定</td></tr>
<tr><td colspan="2">非外贸品</td><td>以竞争性市场环境下的市场价格为依据</td></tr>
<tr><td rowspan="2">2. 不具有市场价格或市场价格难以反映经济价值的产出或服务</td><td colspan="3">根据消费者支付意愿的原则，按照显示偏好的方法</td></tr>
<tr><td colspan="3">根据意愿调查法，按照陈述偏好的方法</td></tr>
<tr><td rowspan="5">3. 特殊投入物</td><td colspan="2">人力资源</td><td>机会成本＋新增资源消耗</td></tr>
<tr><td rowspan="2">土地</td><td>生产性用地</td><td>土地的机会成本＋新增资源消耗</td></tr>
<tr><td>非生产性用地</td><td>该地出售者的支付意愿或市场交易价格</td></tr>
<tr><td colspan="2" rowspan="2">资源资产</td><td>不可再生的按机会成本</td></tr>
<tr><td>可再生的按资源再生费</td></tr>
</table>

二、社会折现率

(一) 社会折现率的含义

社会折现率（social discount rate，SDR）是指基于全社会的角度对政策、公共投资项目或其他相关方面进行费用效益分析的适用（或参考）折现率。它在理论上具有双重含义：

一是对于社会费用效益价值的时间偏好，即代表人们对于现在社会价值与未来价值之间的权衡或估计。它被用作项目费用和效益不同时间价值之间的折现率。

二是它代表社会投资所要求的最低盈利水平，即社会投资的机会成本（社会投资的边际收益率）。

在实践中，国家根据宏观调控意图和现实经济状况，制定发布统一的社会折现率，以利于统一评价标准，避免参数选择的随意性。

(二) 社会折现率的作用

1. 从微观上看

社会折现率是经济评价中项目经济可行性和方案比选的主要参数和判据。

(1) 作为计算参数，用来计算经济净现值。

(2) 作为判据，对项目的经济内部收益率进行检验。

2. 从宏观上看

社会折现率是国家调节控制投资流动的主要手段之一。由于社会折现率是投资项目应达到的最低投资收益率标准，采用适当的社会折现率进行经济评价，有助于间接地调节资金的供需平衡、引导投资方向、调控投资规模、提高投资效益，以及促进资金在长线和短线项目间合理配置。

(三) 社会折现率的确定

目前社会折现率的确定主要有两种基本思路：一种是基于投资的社会机会成本的方法；另一种是基于社会时间偏好率的方法。

考虑到社会时间偏好与社会资本收益率之间的折中，《建设项目经济评价方法与参数》(第三版) 推荐的社会折现率为8%。

这一社会折现率的取值没有采用不同行业使用不同社会折现率的方案，但对于远期收益较大的项目，允许采取较低的折现率。对于永久性工程或受益期超长的项目，例如水利设施等大型基础设施和具有长远环境保护效益的工程项目，宜采用低于8%的社会折现率。水利和环境资源的价值会随时间的推移不断增长，某些不可再生资源，其价值增长速度甚至会快于国民经济的增长速度。因此，对于超长期的项目，社会折现率可用按时间分段递减的取值方法，不仅仅由社会折现率来调整，更应当着眼于对费用效益价值本身的估算。

发达国家近年来有降低社会折现率的趋势。部分国家和国际组织的社会折现率如表8-4所示。

表8-4 部分国家和国际组织的社会折现率

国家和国际组织	社会折现率
美国	6%～3.2%（3～30年） 2%～3%
英国	6%（2003年3月前） 3.5%（2003年4月后）
德国	3%
比利时	4%
法国	8%（自1984年）
瑞典	4%
新西兰	10% 4%（无风险）
亚洲开发银行	10%～12%
日本	4%
欧盟	5%
西班牙	交通6%；水利4%
意大利	5%

资料来源：国家发展改革委，建设部．建设项目经济评价方法与参数．3版．北京：中国计划出版社，2006：216.

三、影子汇率

汇率是一国货币与另一国货币间的交换比例，反映两国货币间的比价关系。汇率有法定汇率（即以前的官方汇率，现在的国家外汇牌价，具有法律效力）和市场汇率（交易者在市场上实际使用的汇率）之分，它们都属于实际汇率。我国与其他发展中国家一样，由于外汇短缺或其他原因，政府不同程度地对外汇实行管制，人民币不能自由兑换外币，故国家外汇牌价规定的汇率尚不能反映外币的真实价值，需要建立一种合理的转换关系。影子汇率属于理论汇率，它与市场汇率关系密切，在没有生产扭曲的情况下，两者应当基本一致。

（一）影子汇率及其测定原则和方法

影子汇率即单位外汇的影子价格，它等于外汇的社会边际成本或边际贡献，是国家每增加或减少一个单位的外汇收入所需要付出或节约的社会成本。国际上对影子汇率的研究比较多，存在多种测定方法。

1. 以影子汇率基本概念为基础的测算方法

在现有的外汇收支状况下，国家在现有水平上增加一个单位的外汇收入，可以一部分用于增加进口，另一部分用于减少出口。一般认为，在边际上，这一单位外汇中有多少用于进口或出口，取决于国家外贸的进出口弹性。用于增加进口，可增加国内消费或投资，获得社会经济效益；用于减少出口，可减少国内生产出口产品的资源消耗费用。一个单位外汇的社会经济价值，取决于用于增加进口而获得的经济效益，以及减少出口获得的社会资源消耗费用节省这两部分之和。社会经济效益应当以使用者的支付意愿定价；资源费用的节省由这些社会资源的社会经济价值决定，应当也取决于这些资源的社会使用者的支付意愿。基于这种理论，影子汇率的计算可以采用下面的公式：

$$\mathrm{SER}=\sum_{i=1}^{n} f_i \times \frac{\mathrm{PD}_i}{\mathrm{PC}_i}+\sum_{i=1}^{m} x_i \times \frac{\mathrm{PD}_i}{\mathrm{PF}_i} \tag{8-1}$$

式中，SER 为影子汇率；f_i 为边际上增加单位外汇时将用于进口 i 货物的那部分外汇；x_i 为边际上增加一单位外汇时将导致减少出口 i 货物的那部分外汇；PD_i 为 i 货物的国内市场价格（人民币计价）；PC_i 为 i 货物的进口到岸价（人民币计价）；PF_i 为 i 货物的出口离岸价（人民币计价）；f_i 与 x_i 代表边际上单位外汇使用与各种进出口货物的分配权重，其总和为 1。

2. 以均衡汇率理论为基础的测定方法

如果外汇的边际成本等于边际贡献，那么国家的外汇收支应当处于可以由市场自动平衡的状态，即外汇收支处于均衡状态，这种可以使外汇收支平衡的汇率称为均衡汇率。影子汇率的一种理论上的确定方法是以均衡汇率为基础的。由于国家的外汇收支并没有处于市场自动平衡的状态，国家外汇牌价与影子汇率存在差异，该差异一方面来自外汇牌价对均衡汇率的扭曲，另一方面来自进出口关税带来的扭曲。采用均衡汇率理论测定影子汇率的方法可以用下面的公式表示，但还需要通过一定的模型估算。

$$\begin{aligned}
&\mathrm{SER}=W_s\times\mathrm{BER}\times(1+T_o)+W_d\times\mathrm{BER}\times(1+T_i)\\
&W_s+W_d=1\\
&W_d(\text{外汇需求权重})=\frac{-U_i\times(Q_i/Q_o)}{U_o-[U_i\times(Q_i/Q_o)]}\\
&W_s(\text{外汇供给权重})=\frac{U_o}{U_o-[U_i\times(Q_i/Q_o)]}
\end{aligned} \tag{8-2}$$

式中，SER 为影子汇率；BER 为均衡汇率；T_o 为出口补贴税率；T_i 为进口平均税率；U_i 为进口价格弹性；U_o 为出口价格弹性；Q_i 为进口总额；Q_o 为出口总额。

3. 测定影子汇率的多种实用简化方法

（1）采用进出口平均关税确定影子汇率；

（2）采用进出口贸易逆差确定影子汇率；

（3）以出口换汇成本确定影子汇率；

（4）黑市汇率通常也可以给出影子汇率的一定取值参考。

(二) 影子汇率换算系数

影子汇率换算系数是影子汇率与国家外汇牌价的比值，可以直观地反映外汇影子价格与官方汇率的溢价比例，反映国家外汇牌价对于外汇经济价值的低估比率。

影子汇率换算系数在项目经济效益费用评价中用于计算外汇影子价格，直接或间接地影响项目的进出口货物价值。

$$影子汇率=国家外汇牌价\times 影子汇率换算系数 \tag{8-3}$$

作为项目经济效益费用评价的重要参数，影子汇率换算系数如果取值较高，反映外汇的影子价格较高，使主要产出物是外贸货物的项目收入的外汇社会价值较高；而对于投入物中有较多进口货物的项目，投入外汇的社会成本较高。因此，影子汇率换算系数的取值对于项目产出物或投入物进出口的抉择和项目决策有着重要的影响。

在《建设项目经济评价方法与参数》（第三版）中，已确立我国影子汇率换算系数取值为1.08。计算影子汇率的关键是对名义汇率（国家外汇牌价）贸易政策扭曲和汇率失调扭曲进行调整。有研究表明，如果人民币名义汇率根据经济基本面变化积极调整，或者说我国在未来时期内成功保持了相对灵活的汇率制度，人民币影子汇率和名义汇率差异将主要由贸易政策扭曲所造成。目前，对于影子汇率换算系数，尚无权威机构的新研究和国家相关部门的新数据发布。

实际使用时很多情况下，进口货物的影子价格计算值会低于财务价格，主要是因为财务价格中含有进口关税和增值税，而影子价格中不再单独计算进口关税和增值税，仅以影子汇率乘以进口货物的到岸价加上国内贸易费和运输费。

第3节　经济费用效益评价中费用和效益的识别

一、经济费用效益评价中费用和效益的概念

如前财务评价中所述，费用和效益都是相对于目标而言的。效益就是对目标的贡献；费用就是对目标的负贡献。经济费用效益分析的主要目标是优

化经济资源的配置，它研究的是项目对社会资源的贡献或耗费，试图设计和选择能够对国家的福利作出贡献的项目。

因此，在经济费用效益评价中，费用和效益的识别应当着眼于项目投入和产出所引起社会资源的变动。

(1) 费用。凡是减少社会资源的项目投入即为费用。国民收入是由全社会最终产品的总和决定的。项目的投入消耗了社会资源，就意味着减少了这些资源在社会其他方面的可用量，也就减少了全社会其他方面最终产品的产出量，是社会为项目付出的代价。

(2) 效益。凡是增加社会资源的项目产出即为效益。项目生产出了新产品，就意味着增加了最终产品即社会资源，它是对全社会的贡献。

如果项目的产出效果表现为对人力资本、生命延续或疾病预防等方面的影响，如教育、卫生项目，环境改善工程或交通运输项目等，应根据项目的具体情况测算其效果的价值。如果货币化缺乏可靠依据，应采用非货币化方法进行量化。

在经济费用效益评价中，由于分析的系统是整个国家，即从全社会整体利益出发，因此其费用和效益分为直接和间接（外部）两部分。

二、关于间接（外部）费用和效益

在经济费用效益评价中，不限于项目自身的直接费用和效益，还要从全社会的利益出发，考察项目的间接（外部）费用和效益，对项目所涉及的社会成员、组织或利益群体因项目而付出的代价（费用或负面影响），以及项目为它们作出的贡献（效益或正面影响）进行识别和计算。

（一）间接效果必须满足的条件

间接费用和效益指由项目引起的对社会其他群体产生的正面或负面影响，但项目本身却不承担其相应货币费用或享有其相应货币效益。该部分影响造成的费用和效益在项目直接费用和效益中未得到体现。间接费用和效益可分为有形和无形两部分。它们应当同时满足的两个条件是：

(1) 相关条件。它们是项目对与其自身无直接关系的社会其他利益群体或成员产生的影响。

(2) 不计价条件。上述影响无须计价和补偿（受损方已经得到项目补偿的不能再计为项目的间接费用，例如在征用土地时的各类补偿费用）。

（二）有形间接费用和效益

有形间接费用和效益指可以直接或间接用货币来计量的间接效果。例如某水利枢纽工程减少河流下游淤积效益估算为年均60 782万元，保护干流滩区耕地和财产的防洪效益分别估算为年均13 908万元和36 626万元。某新建铁路经有项目与无项目对照，每年运输费用节约67 490万元，旅客时间节约效益568万元，缩短货物在途时间效益132万元，提高运输质量效益620万元等。

又如，作为项目间接效果的原本“无价”的非市场产品（服务）的价格，通过相关方法和原则进行定量评估，以货币形式表现出来。

（三）无形间接费用和效益

无形间接费用和效益指难以或不能用货币计量，没有市场价格，以及完全不能确定其社会价值的间接费用和效益。

1. 能用其他非货币计量单位或指标量化的

例如，项目投产后产生的噪声污染（以分贝计量）、排放的粉尘污染（以克/立方米计量）、项目导致生活条件改善的人数等。必要时可借助定量分析指标，如收入分配效益指标、就业效益指标、节约自然资源指标等。

2. 完全无法量化的

无法或难以量化的间接费用和效益大多是存在于项目外的非经济性效果。如项目对自然景观、文物古迹的保护或破坏效果，对提高人民物质文化生活水平及增强民族团结的影响等。可以通过文字、图表等形式作出定性描述、说明或分析。

三、费用和效益识别的原则和注意点

（一）增量分析原则

增量分析原则即按照有无对比增量分析的方法，将项目实施后效果与无项目时的情况对比分析，作为新增效果的依据。沉没成本和已经实现的效果不应再考虑。

例如，新建铁路的效益不是用项目实施后的营业收入来衡量，而主要是用有项目的效益（即铁路建成后，铁路、公路、航空各自的效益）与无项目的效益（即原公路、航空各自的效益）对比分析后计算得出的。主要包括：

（1）铁路分别从公路、民航转移客运、货运部分成本节约的效益。

（2）转移客运、货运部分运输时间节约的效益（空运为负值）。

（3）转移客运、货运部分运输质量提高的效益（旅客舒适度和货运损失的减少）。

（4）转移客运、货运部分提高安全的效益（减少了交通事故的损失）。

（5）新建铁路的诱增客货运量产生的效益。该效益是由于项目的建设，使相关产业发展而产生的。理论上，相关产业发展所产生的增加值应为诱增运量的效益。

（6）环境影响（一般为日常环境维护费，属负效益）。

（二）关联效果原则

关联效果原则即由于项目的建设和运行，在项目以外对相关联的社会部门、利益群体等引起的关联效应。前面所列举的水利枢纽和新建铁路的例子，都是依据这种关联效果原则来考虑的。

注意：由于项目的投入产出引起某些商品和服务价格的升降所造成的价格连锁变化（货币性外效），可能出现社会其他成员（或企业）成本和利润发生变化的情况。这种情况在经济费用效益评价中不予考虑。可以这样解释：在不足以影响社会生产和消费水平的情况下，这种价格连锁效果是在社会成员间的货币转移性质的分配变动，具有转移支付的性质，没有发生社会资源的增减。此外，该效果的作用机理十分复杂，进一步识别和计量相当困难，而且从整个社会来看，一般正负效果并存且相互抵消，故不予考虑。

（三）考虑技术外溢效果

该类效果反映项目引起的生产消费和社会福利的真实变化，应当作为项目的外部效果处理。

（1）环境和生态效果。可以用相关非市场产品价值评估的方法，估算其货币价值（如新型农药所产生的对环境和农民健康的保护效果），或用相应的环保指标予以计量。

（2）技术扩散和示范效果，指技术先进、管理水平高的项目能造就高水平的技术和管理人员，给新产业的形成和社会其他方面带来益处。如果计量有困难，可作定性描述。

（四）考虑乘数效果

考虑乘数效果是指项目的投入物由于利用剩余生产能力生产导致固定成本的节约。该节约的成本费用是项目的外部收益。该效果如果比较大，可以考虑（一些学者认为，在经济比较落后的地区应当考虑），但只考虑一级乘数效应即可。

（五）分析项目在本国影响的原则

分析项目在本国影响的原则即项目对本国以外的社会群体所产生的效果，应当单独陈述。

(六) 对于项目的外部效果的识别是否妥当，应当进行评估

特别应当注意防止漏算和重复计算。例如，对于新建地铁项目，如果已经计算了时间节约、成本节约和减少事故的效果，就不能再计算沿线房价上涨使房地产增值的效果。正是由于项目引起上述诸效果，才导致房价上涨。

四、非市场产品（物质或服务）的价值评估方法简介

任何经济中都同时存在市场和非市场产品（物质或服务）。对于市场产品（物质或服务），由于市场的交易形成市场价格，因此它直接反映了市场产品的价值，并成为社会经济生活中资源分配的杠杆，调节着各方面的经济利益。长期以来，人们也形成了商品价值观。但是，对于那些不能转化为商品的物质，由于社会不承认其价值的存在，因而为人们所忽视。例如只强调劳动产品，忽视或无视自然资本。由于将其视为“无价”的，因此环境退化和资源耗竭而产生的损失在成本中得不到反映，这导致了资源短缺、环境污染、生态恶化或社会不公平、不和谐等弊端。

因此，许多不能转化成商品的物质的“无价”，是传统经济学和价值观的一个重大缺陷，与现代经济发展越来越不相适应。随着环境和资源开发保护问题日益严重，以及增强可持续发展能力、实现经济又好又快发展的迫切需要，对这些原来不能转化成商品的物质的价值评估，逐步引起了人们的重视。尤其在项目的经济费用效益评价中，其目的是分析整个社会为项目付出的代价，以及项目对社会福利作出的贡献，对于上述“无价”的非商品物质的估价，成为新的课题和研究热点。

非市场产品的价值评估方法如图 8-3 所示。

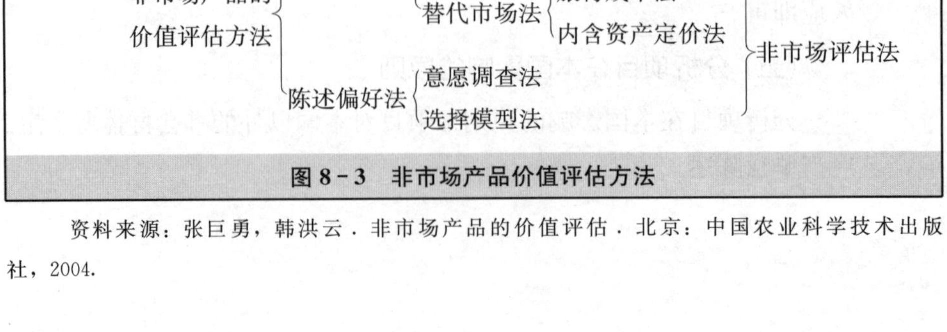

图 8-3　非市场产品价值评估方法

资料来源：张巨勇，韩洪云．非市场产品的价值评估．北京：中国农业科学技术出版社，2004.

（一）显示偏好法

显示偏好法（revealed preference approach，RP）是从市场中人们的实际选择（显现行为），如购买价格和购买数量，推断出非市场产品价值的一种方法。尽管非市场产品本身的价值不能通过市场衡量，但是许多非市场产品可以影响市场产品，或者其替代品的价值可以通过市场衡量。显示偏好法主要用于可以通过直接观察市场或替代市场得出结论的情况。简单市场评估法使用生产率、收入的变化或替换成本、预防支出、重置资产或重新选址成本等损害成本的变化来表示非市场产品的价值。它反映的往往是非市场产品效益或成本的最低估值。替代市场法使用替代物的市场价格来衡量没有市场价格的产品的价格。例如新建铁路项目旅客舒适度提高的间接效益，其旅客舒适度的货币换算利用模型计算或旅客的支付意愿调查取得。

显示偏好法是追溯性的（retrospective），它的缺陷和不足是：只能用于评估使用价值，不能用于非使用价值；不能用于评估未曾经历的（环境）质量问题；人们在作出现实选择时往往缺乏完备的信息；要求非市场产品与市场之间存在一定的联系。

（二）陈述偏好法

在替代市场也难以找到的情况下，只能人为地创造假想市场来衡量非市场产品的价值。陈述偏好法（stated preference approach，SP）是通过调查问卷让人们自己说出对于非市场产品的价值判断（意愿行为）。陈述偏好法克服了显示偏好法的许多缺陷，具有灵活、能够预期未来的特征。在许多情况下，它是唯一有效的非市场产品价值的评估方法。陈述偏好法要谨慎使用，如果缺乏设计良好的调查问卷和经过认真培训的调查人员，该方法可能产生许多潜在的误差。

意愿调查法（contingent valuation method，CVM）是陈述偏好法中最典型、最常用的一种。它是在假想的市场情况下，直接调查和询问人们对于某一环境效益改善或资源保护的措施的支付意愿（willingness to pay，WTP），或者对环境或资源质量损失的接受补偿意愿（willingness to accept，WTA），以人们的WTP或WTA来估计环境效益的改善或者环境质量损失的经济价值。意愿调查法是近10年来国外生态与环境经济学中最重要和最广泛使用的关于公共物品（非市场产品）价值评估的方法。

例如某案例使用意愿调查法，评价某种新农药项目所产生的不污染环境、不影响农民身体健康的效果的经济价值。福建水稻生产者对于好环境的支付意愿平均为45.36元/人年，占其目前（旧）农药支出的58.86%；对于健康的支付意愿为44.28元/人年，占其目前农药支出的55.51%。

支付意愿是个人为得到商品愿意支付的最高价格，是一种支付（购买）价格；接受补偿意愿是个人放弃某一商品所要求的最低补偿，是一种补偿（销售）价格。从理论上讲两者是相似的，但实际上它们之间存在偏差已经被普遍承认，但就产生偏差的原因理论界尚存在不同意见。

五、转移支付的处理

转移支付即项目与社会实体之间并不伴随资源变动的纯粹货币性质的转移。由于这种转移未伴有资源的相应投入和产出，不影响社会最终产品的增减，即不反映国民收入的变化，只表现为资源的支配权或购买力在项目和社会实体间转移，因而不属于经济费用效益评价的效益或费用。在以财务评价为基础进行经济评价时，需在原财务评价的效益、费用中将其剔除。

在经济评价中，常见的转移支付有税金和补贴、国内借款及其还本付息。

税金和补贴可以理解为对市场的干预，税收会提高供给价格，而补贴会降低供给价格。相对于市场均衡价格即影子价格来说，税金和补贴是一种价格扭曲。所以，应当剔除税金和补贴，以对扭曲的价格进行修正。

（一）税金

税金是政府规定的、由企业向国家缴付的支出。在财务评价中，作为项目的流出项列为费用的税金有：

（1）从营业收入中直接扣除的税金及附加（城市维护建设税、资源税、教育费附加等）；

（2）进入产品成本的房产税、车船税、土地使用税、进口原材料和备品备件的关税；

（3）从利润中扣除的所得税；

（4）建设投资中的进口设备、材料等的关税。

在经济评价的系统范围中，从资源增减的角度来考察，上述税金仅仅代表了相应资源的分配使用权从企业转移到政府，并未造成任何资源的增加或减少，因此应作为转移支付处理。

但在某些情况下，影子价格内含流转税（后面有详述）。

（二）补贴

这里指政府为鼓励或扶持项目的建设，给予一定的价格补贴。不论何种形式的补贴——直接补贴（将投入物压价或将产出物抬价）或间接补贴（如禁止某种货物进口，或对进口商品高额征税，以保护国产商品在国内市场的高价），对财务评价来说，都可以直接或间接减少项目的费用，增加项目的收入，增加项目的净收益。在经济费用效益评价中，各类补贴并不影响社会资源的增减，是与税金反向的转移支付。

第 4 节　影子价格的计算

一、具有市场价格的产品或服务的影子价格

（一）外贸货物的影子价格

外贸产出物和投入物的影子价格应基于口岸价格进行计算，可以反映其价格取值具有一定的国际竞争力。

一方面，由于我国市场经济不够发达，一些因素仍然会使价格偏离社会价值。尽管绝大多数商品的价格已经放开，但尚不能认为已经达到完全与国际价格接轨的程度。另一方面，尽管国际市场存在少数国家的垄断、控制和保护政策的限制（例如发达国家有意压低发展中国家初级产品的价格，控制高技术产品的生产技术向发展中国家转移，以维持高技术产品的垄断价格），但在一般情况下，在国际市场上起主导作用的还是市场机制，各种商品的价格主要由供需规律决定。因此，可认为国际市场价格能在一定程度上反映资源的真实价值。

到岸价（cost insurance freight，CIF）指进口货物到达我国口岸交货的价格，包括国外离境交货价格、运抵我国口岸所需的运费、卸货费和保险费。

离岸价（free on boart，FOB）指出口货物的离境交货价格。如为海港交货，则指船上交货价格，包括货物在离开口岸时的装船费，以及货物到港口的运费和贸易费（货物在商贸部门中流转的费用，如果货物由生产厂家直接提供，不必计算贸易费）。

$$\begin{matrix}\text{外贸产出物的}\\\text{影子价格(出厂价)}\end{matrix}=\begin{matrix}\text{离岸价}\\\text{(FOB)}\end{matrix}\times\text{影子汇率}-\text{出口费用} \tag{8-4}$$

$$\begin{matrix}\text{外贸投入物的}\\\text{影子价格(到厂价)}\end{matrix}=\begin{matrix}\text{到岸价}\\\text{(CIF)}\end{matrix}\times\text{影子汇率}+\text{进口费用} \tag{8-5}$$

式中，出口费用和进口费用指货物进出口环节在国内发生的所有相关费用，包括运费、储运费、装卸费、运输保险费等，以及物流环节的各种损失、损耗等。

如果外贸货物以财务成本或价格为基础调整计算，应注意：

（1）如果不存在关税、增值税、消费税补贴等转移支付因素，则项目的投入物、产出物直接采用口岸价格调整计算；

（2）如果在货物的进出口环节存在转移支付因素，应区分不同情况处理。

例8-3

某项目需要一种进口设备A，已知设备A在美国港口的离岸价为40万美元，其他相关数据列于表8-5中，试利用该表估算进口设备A的影子价格（到厂价）。

解：具体如表8-5所示。

表8-5　进口设备A的影子价格估算

计算步骤	有关说明与数据	经济价值
1. 美国港口的离岸价		40万美元
2. 至我国港口的运费、保险费、卸船费	3万美元	
3. 至我国港口的到岸价	(1+2)	43万美元
4. 将到岸价（美元）换算为人民币	当时国家外汇牌价中人民币与美元的比价为7.95∶1 影子汇率换算系数为1.08	43×7.95×1.08=369.2（万元）
5. 我国港口贸易费用估算	场地费等0.5万元	
6. 我国港口到项目所在地的运费估算	汽车运费0.6万元	
7. 进口设备A的到厂价	(4+5+6)	370.3万元

例8-4

某项目设备购置费的财务价格为4 233万元，其中进口设备到岸价为270万美元，已知关税税率为5%，增值税税率为17%，外汇牌价为7.950 8元/美元，进口和国内设备运费等共200万元。试求调整后的设备购置费。

解：需要从设备费的财务价格中剔除进口设备的关税和增值税，以及国产设备的增值税。

进口设备到岸价(折合人民币，财务价格)=270×7.950 8

=2 146.72(万元)

进口设备影子价格=270×7.950 8×1.08=2 318.45(万元)

进口设备关税=2 146.72×5%=107.34(万元)

进口设备增值税=(2 146.72+107.34)×17%=383.19(万元)

外购国产设备的财务价格(不含增值税)

=(4 233-2 146.72-107.34-383.19-200)÷1.17

=1 192.95(万元)

已知国产设备的价格无须调整。

调整后的设备购置费＝2 318.45＋1 192.95＋200
＝3 711.40（万元）

或

外购国产设备的增值税＝1 192.95×17％＝202.80（万元）
调整后的设备购置费＝4 233－107.34－383.19－202.80
－2 146.72＋270×7.950 8×1.08
＝3 711.40（万元）

(二) 非外贸货物的影子价格

(1) 如果货物或服务处于竞争性市场中，市场价格能够反映支付意愿或机会成本，可直接采用市场价格作为计算项目产出物或投入物的影子价格的依据。

投入物影子价格（到厂价）＝市场价格＋国内运杂费　　(8－6)

产出物影子价格（出厂价）＝市场价格－国内运杂费　　(8－7)

(2) 如果项目产出物或投入物的规模很大，项目的实施足以影响其投入物或产出物的市场价格，导致有项目（价格 P_1）和无项目（价格 P_0）两种情况下市场价格不一致，那么在项目评价中，货物的影子价格 $SP=1/2(P_0+P_1)$。该价格的计算建立在消费者剩余和市场供需均衡理论的基础上。

(3) 投入物与产出物的影子价格中流转税（如消费税、增值税等）按下列原则处理：

1) 对于产出物：增加供给满足国内市场的，影子价格按支付意愿确定，含流转税；替代原有市场的，影子价格按机会成本确定，不含流转税。

2) 对于投入物：靠新增供给来满足项目的需要的，影子价格按机会成本确定，不含流转税；挤占原有用户需求满足项目需求的，影子价格按支付意愿确定，含流转税。

3) 在不能判别项目产出物是属于增加供给还是替代原有市场，或不能判别项目投入物是靠新增供给还是挤占原有用户的情况下，可以简化处理为：产出物的影子价格一般包含实际缴纳的流转税；投入物的影子价格一般不含实际缴纳的流转税。

二、不具有市场价格的产品或服务的影子价格测算

当项目的产出物或服务不具有市场价格，或其价格难以反映真实的经济

价值时，可以使用以下方法对项目的产出物或服务的影子价格进行测算。

（1）按照消费者支付意愿的原则，通过其他相关市场信号，按照显示偏好法寻找揭示这些影响的隐含价值，对其效果进行间接估算。如项目的外部效果导致关联对象产出水平或成本费用的变动，则对这些变动进行客观量化分析，作为对项目外部效果进行量化的依据。

（2）根据意愿调查评估法，按照陈述偏好法的原则进行间接估算。一般通过对被评估者的直接调查，直接评价调查对象的支付意愿或接受补偿的意愿，从中推断出项目造成的有关外部影响的影子价格。应注意调查评估中可能出现以下偏差：

1）如果调查对象相信他们的回答能影响决策，从而使他们实际支付的私人成本低于正常条件下的预期值，调查结果可能产生策略性偏倚。

2）如果调查者对各种备选方案的介绍不完全或使人误解，调查结果可能产生资料性偏倚。

3）如果问卷假设的收款或付款方式不当，调查结果可能产生手段性偏倚。

4）调查对象长期免费享受环境和生态资源等所形成的搭便车心理，导致调查对象将这种享受视为天赋权利而反对为此付费，从而导致调查结果假想性偏倚。

三、特殊投入物的影子价格

（一）人力资源的影子价格——影子工资

影子工资体现社会为项目使用的人力资源而付出的代价。理论上影子工资由两部分组成：

$$影子工资=人力资源的机会成本+新增资源消耗 \quad (8-8)$$

1. 人力资源的机会成本

人力资源的机会成本指由于项目占用人力资源，而不能再用于其他部门或不能享受闲暇时间而被迫放弃的价值。该价值应根据项目所在地的人力资源市场及人力资源就业状况，按下列原则分析确定：

（1）过去服务于别处，由于本项目的实施而转移过来的人员，其影子工资应是所放弃的就业机会的工资（含工资性福利）及支付的税金之和。

（2）对于原自愿失业人员，影子工资应等于本项目为使用其劳动所支付的税后净工资，以反映将边际人力资源投入到人力资源市场所必须支付的金额。

（3）原非自愿失业人员的影子工资，应反映他们为了工作放弃休闲而愿意接受的最低工资金额，其数值应低于本项目为使用其劳动所支付的税后净工资，并高于支付的最低生活保障收入。当缺少信息时，可以按非自愿失业人员所能接受的最低生活保障收入和税后净工资的平均值近似计算。

2. 新增资源消耗

新增资源消耗指由于人力资源在本项目就业，或从其他就业岗位转移到本项目而发生的经济资源消耗。这种消耗与就业人员生活水平的提高无关。如增加的就业引起的生活资料运输搬迁费、培训费、增加的城市交通运输及管理费等。

3. 影子工资换算系数

在实际中，影子工资一般使用影子工资换算系数求得：

$$影子工资=名义工资\times 影子工资换算系数 \tag{8-9}$$

式中，名义工资即财务评价中的项目职工工资加福利费。

在《建设项目经济评价方法与参数》（第三版）中，结合当前社会现实情况，规定了几种主要情况下的影子工资换算系数取值。

（1）对于大量使用农村转移人力资源的项目，推荐其影子工资换算系数一般宜取值为0.25～0.8，由项目评价人员根据项目的具体情况确定。

（2）对于技术人力资源，所采取的影子工资换算系数为1，即影子工资等于财务工资。

（3）对于非技术人力资源，推荐影子工资换算系数为0.25～0.8。考虑到我国各地经济发展不平衡，劳动力供求关系有一定差别，应当按照当地非技术劳动力供给富裕程度调整影子价格换算系数。

（二）土地的影子价格

土地是有限的、重要的经济资源，国家对项目使用土地实行政府管制。由于受到该管制的影响，土地的使用价格可能并不能反映土地的真实社会价值。土地的影子价格代表土地资源的真实经济价值。因此在项目的经济费用效益评价中，要正确衡量土地资源的影子价格，提高土地资源的利用效率。

1. 生产性用地的影子价格

生产性用地主要指农业、林业、牧业、渔业及其他生产性用地。

$$生产性用地的影子价格=机会成本+新增资源消耗 \tag{8-10}$$

（1）生产性用地的机会成本。生产性用地的机会成本应当按照这些土地未来可以提供的消费品的支付意愿价格进行分析计算，即以项目占用的土地在无项目情况下的最佳可行替代用途的（土地所有可能的用途中净产出最大的）净效益现值，作为该土地的机会成本。可使用下面的公式计算：

$$OC=\sum_{t=1}^{n} NB_0(1+g)^{t+\tau}(1+i_s)^{-t} \tag{8-11}$$

$$=\begin{cases} NB_0(1+g)^{\tau+1}\left[\dfrac{1-(1+g)^n(1+i_s)^{-n}}{i-g}\right], i\neq g & (8-12) \\ NB_0(1+g)^{\tau}, i=g & (8-13) \end{cases}$$

式中，OC为机会成本；n 为项目占用土地的期限，一般为项目计算期；t 为年序数；NB_0 为建设初始年土地的最佳可行替代用途的单位面积年净收益；τ 为土地净收益测算年距项目开工年的年数；g 为土地最佳可行替代用途的年均净收益增长率；i_s 为社会折现率。

（2）生产性用地的新增资源消耗。新增资源消耗应按照在有项目的情况下，由于土地的征用，造成原有地上附属物或财产的损失，以及其他资源消耗来计算。土地平整等开发成本应计入工程建设成本中，在土地经济成本估算中不再重复计算。

例如征用农村土地，应当按建设用地费调整计算其影子价格。1）在征地过程中收取的征地管理费、耕地占用税、耕地开垦费、土地管理费、土地开发费等各种费税，应视为转移支付，不列入土地的影子价格中。2）耕地补偿费和青苗补偿费应视为机会成本。3）地上建筑物补偿费（如拆迁费）及安置补助费（如剩余劳动力安置费、养老保险费）应视为新增资源消耗。如果就这些费用与农民进行了充分协商并获得认可，可直接按财务价格计算为影子价格。如果存在征地优惠，或在征地中没有与农民进行充分协商，导致补偿和安置补助低于市场定价，不能充分保证农民利益，则应按当地正常征地补偿标准调整计算土地的影子价格。如果政府另外以货币或非货币形式对农民进行额外补偿，则相应的土地影子价格需要进行调整。

例8-5

假设案例1发生在江苏省，占用耕地30年，共100亩，土地最好可行替代用途的年均净收益增长率 $g=2\%$，若项目2003年开工，试计算占用土地的机会成本。该区域2001年不同农作物每亩年净收益如表8-6所示。

表8-6 不同农作物的年净收益 单位：元/亩

粳稻	小麦	玉米	大豆	花生	油菜籽	大棚西红柿	大棚黄瓜	圆白菜
328.27	78.81	174.66	105.37	200.23	51.25	3 109.21	938.1	436.81

资料来源：建设部标准定额研究所．建设项目经济评价参数研究．北京：中国计划出版社，2004：129-132.

解：将表8-6中的大棚西红柿定为最好可行替代用途。将 $\tau=2$ 代入式（8-12）得

$$OC=3\ 109\times(1+2\%)^{2+1}\times\frac{1-(1+0.02)^{30}(1+0.08)^{-30}}{0.08-0.06}$$
$$=45\ 087(\text{元/亩})$$

因此100亩地的机会成本为450.87万元。

例8-6

接上例，如果建设用地的实际财务费用如表8-7所示，试计算该土地的影子价格。

表8-7 建设用地的实际财务费用

费用类别	费用（万元）	费用性质分析
耕地补偿费	310	机会成本
青苗补偿费	31	机会成本
地上建筑物补偿费	439	新增资源消耗
安置补助费	270	新增资源消耗
耕地占用税	40	转移支付
新菜地开发建设基金	40	转移支付
土地管理费	30	转移支付
耕地开垦费	24	转移支付
不可预见费	16	转移支付
合计	1 200	

解：首先对上述各项费用进行性质分析。请注意，表8-7中前两种属于机会成本的补偿，已经包含在例8-5的机会成本中。此外，需剔除各项转移支付。

新增资源消耗＝439＋270＝709(万元)

项目占用土地的影子价格＝450.87＋709＝1 159.87(万元)

---

2. 非生产性用地的影子价格

非生产性用地指住宅、休闲用地等。市场完善的，应以市场交易价格作为土地的影子价格；市场不完善或无市场交易价格的，应按消费者的支付意愿确定土地的影子价格。

(三) 资源资产的影子价格

自然资源是由自然形成的，在一定的经济、技术条件下可以开发利用，以提高人们生活福利水平和生存能力，同时具有某种稀缺性的实物性资源的总称。

在项目的经济费用效益评价中，将自然资源分为资源资产和非资源资产，在影子价格的计算中只考虑资源资产。资源资产指所有权已经界定，或者随着项目的实施可以界定，所有者能够有效控制并能够在目前或可预见的将来产生预期经济效益的自然资源。资源资产属于经济资产范畴，包括土地、森林、矿产和水资源等。

项目的建设和运营需要投入的资源资产，是项目投资所付出的代价，无论在财务上是否付费，在经济费用效益评价中都必须测算其经济价值。即这些代价要用资源的经济价值而不是市场价格表示。可以用项目投入物的替代物的成本，或将这些资源资产用于其他用途的机会成本等进行分析计算。可再生资源资产的影子价格应当按资源再生费用计算。

第5节　经济费用效益评价的步骤及效果分析

经济费用效益评价需要通过编制经济费用效益流量表来计算项目的经济费用效益指标，并进行效果分析。经济费用效益流量表可以直接按费用效益识别和计算的原则和方法进行编制，也可以在财务分析的基础上，将财务现金流量经过调整转换为反映真正资源变动状况的经济费用效益流量。

一、直接进行经济费用效益评价

（一）进行费用效益的识别和计算

可将投入物和产出物分为：具有市场价格的货物（包括外贸货物和非外贸货物）；不具有市场价格的货物；特殊投入物（人力资源、土地、资产资源）。按经济费用效益识别和计算的方法和原则，分别计算其经济价值。

对于难以货币化的效果，应尽可能采用其他量纲予以量化。难以或不能量化的，应进行定性描述，以全面反映项目正负两方面的效果。

（二）估算投资费用和经营费用

1. 编制投资费用估算表

在投资费用估算中需注意：

（1）由于采用影子价格，不考虑涨价因素，因此预备费中不包括涨价预备费。

（2）由于不考虑融资问题，投资费用中不含建设期利息。

（3）固定资产其他费用中的土地费用，应当根据实际情况按生产性用地或非生产性用地的测算原则估算。

（4）流动资金部分应当按投入物的影子价格计算，并且不包含现金、应收账款、应付账款、预收账款、预付账款等不反映实际资源耗费的部分。

2. 编制经营费用估算表

在经营费用估算中，投入物必须使用影子价格并且不考虑流转税，工资须按影子工资，在其他费用一栏中不包含各种税费。

（三）编制经济费用效益流量表

将尽可能货币化的间接费用和效益填入表内。注意：产出物（非外贸货物）的影子价格含流转税。计算出经济内部收益率和经济净现值。对用其他量纲计量的和完全无法计量的间接费用和效益，分别进行定量和定性的描述。

（四）进行不确定性分析和风险分析

在经济费用效益分析中，虽然采用影子价格体系，但是估算和预测出来的数据不可避免地存在不确定性，所以必须通过敏感性分析、概率树分析判断项目的抗风险能力，为决策提供依据。

二、在财务评价基础上进行经济费用效益评价

（一）用影子价格对原财务价格予以调整

项目投入物和产出物的原财务价格，需要逐一甄别，按相关原则采用影子价格。使用外汇的部分，用影子价格换算系数予以调整。

（二）剔除转移支付因素

（1）在总投资中剔除：建设期利息；进口设备、材料的关税和增值税；流动资金投资中不反映实际资源耗费的现金和应收账款、应付账款、预收账款、预付账款。

（2）在原财务经营成本中剔除：其他费用中的车船税、土地使用税等税项；进口材料、备品备件的关税和增值税。

注意：在项目产出物（非外贸货物）的影子价格中，一般应当包括应缴纳的流转税。

（三）剔除总投资中的涨价预备费

由于影子价格与涨价因素无关，因此应将财务评价项目总投资中的涨价预备费剔除。

（四）调整外汇价值

涉及外汇收入和支出时均需要用影子汇率计算外汇价值，即将外汇价格乘以影子汇率，转换成人民币。

(五) 按各相关原则对间接费用和效益进行估算

在原来的财务评价中，仅包括项目的直接费用和效益，所以应按前面介绍的各有关原则，对有形（可货币化的）间接费用和效益进行测算。无形间接效果则尽可能予以量化或定性说明。

(六) 编制经济费用效益流量表（参见案例 2 中的表 C2－16）

表中必须包含货币化的间接费用和效益。计算出经济内部收益率和经济净现值。对以其他量纲计量的以及完全无法计量的间接费用和效益，分别进行定量和定性的描述。

(七) 进行不确定性分析和风险分析

参见案例 2 中的有关内容。

例 8－7

在案例 1 中的表 C1－2 总投资估算表的基础上，试对原财务评价的投资费用估算进行调整（见表 8－8）。

表 8－8　经济费用效益评价投资费用估算调整表

序号	项目	财务评价			经济费用效益评价			两种评价增减（万元）
		外币（万美元）	人民币（万元）	合计（万元）	外币影子价格（万元）	人民币（万元）	合计（万元）	
1	建设投资	2 641.24	57 490.03	78 490	22 679.97	44 999.05	67 679.02	－10 810.98
1.1	固定资产投资	2 600.24	47 856.01	68 530	22 327.91	39 647.03	61 974.94	－6 555.06
1.1.1	工程费	2 600.24	46 256.01	66 930	22 327.91	38 087.16	60 415.07	－6 514.93
1.1.1.1	建筑工程费		6 940	6 940		6 940	6 940	
1.1.1.2	设备购置费	2 200	26 548.24	44 040	18 891.10	19 404.88	38 295.98	－5 744.02
1.1.1.3	安装工程费	400.24	12 767.77	15 950	3 436.81	11 742.28	15 179.09	－770.91
1.1.2	固定资产其他费用		1 600	1 600		1 559.87	1 559.87	－40.13
	其中：土地费用		1 200	1 200		1 159.87	1 159.87	－40.13
1.2	无形资产投资	41	150.02	476	352.06	150.02	502.08	＋26.08
1.3	其他资产投资		405	405		405	405	
1.4	预备费		9 079	9 079		4 797	4 797	－4 282
1.4.1	基本预备费		4 797	4 797		4 797	4 797	
1.4.2	涨价预备费		4 282	4 282		0	0	－4 282
2	建设期利息	306.12	3 252.39	5 686.29	0	0	0	－5 686.29
3	流动资金投资			12 286.01		12 742.73	12 742.73	＋456.72
	合计	2 947.36	73 028.43	96 462.30	22 679.97	57 741.78	80 421.75	－16 040.55

解：(1) 建筑工程费不调整。

(2) 设备购置费中需要剔除：进口设备的关税（税率 6%）、增值税（税率

17%)、国产设备的增值税。设全部设备运杂费为2 100万元。(下面仅给出计算结果，请读者按例8-4的步骤，自己进行更详细的计算。)

进口设备关税＝1 049.51(万元)

进口设备增值税＝3 152.02(万元)

进口设备折合人民币价值＝18 891.10(万元)

国产设备财务价格＝17 304.88(万元)(设其价格不调整)

人民币部分价值＝17 304.88＋2 100＝19 404.88(万元)

调整后的设备购置费＝18 891.10＋19 404.88＝38 295.98(万元)

(3) 安装工程费中，100.24万美元为聘用国外工程技术人员费用；其余为进口机具、材料费300万美元，关税为0，需要剔除其增值税。另知国内工具材料的增值税为620万元。

进口机具、材料的增值税＝300×7.950 8×0.17
＝405.49(万元)

聘用国外工程技术人员费用不调整，所以

外币部分的人民币价格＝400.24×7.950 8×1.08
＝3 436.81(万元)

安装工程费的人民币部分，需要剔除国内工具材料的增值税620万元，还需要剔除进口部分的增值税。

调整后的安装工程费人民币部分＝12 767.77－620－405.49
＝11 742.28(万元)

调整后的安装工程费合计＝3 436.81＋11 742.28
＝15 179.09(万元)

(4) 固定资产其他费用中的土地价格参见例8-5和例8-6，由原财务价格1 200万元调整为1 159.87万元。

(5) 无形资产投资外币部分的影子价格＝41×7.950 8×1.08＝352.06万元。人民币部分不调整，则合计＝352.06＋150.02＝502.08万元。

(6) 其他资产投资不调整。

(7) 基本预备费不调整，涨价预备费剔除。

(8) 国内外建设期利息剔除。

(9) 流动资金投资估算，在财务评价流动资金估算表的基础上(参见案例1中的表C1-4)，剔除现金、应收账款、应付账款、预收账款、预付账款等不反映实际资源耗费的部分。通过表8-9，得出调整后的流动资金投资总额为12 742.73万元。

表 8-9　经济费用效益评价流动资金估算调整表　　单位：万元

序号	项目	最低周转天数	周转次数	投产期	达产期		
				4	5	6	7～12
1	流动资产			7 284.60	10 923.35	12 742.73	12 742.73
1.1	应收账款						
1.2	存货			7 284.60	10 923.35	12 742.73	12 742.73
1.2.1	原材料	60	6	3 343.52	5 167.26	6 079.13	6 079.13
1.2.2	燃料	60	6	163.02	251.94	296.40	296.40
1.2.3	在产品	30	12	2 242.50	3 278.16	3 795.98	3 795.98
1.2.4	产成品	20	18	1 535.56	2 225.99	2 571.21	2 571.21
1.3	现金						
1.4	预付账款						
2	流动负债			0.00	0.00	0.00	0.00
2.1	应付账款						
2.2	预收账款						
3	流动资金（1－2）			7 284.60	10 923.35	12 742.73	12 742.73
4	流动资金当期增加额			7 284.60	3 638.75	1 819.38	0.00

最终得出调整后的总投资的影子费用为 80 421.75 万元，比财务费用少 16 040.55万元。

例 8-8

以案例 1 中的表 C1-10 为基础，将其经营成本调整为经营费用（见表 8-10）。

表 8-10　经济费用效益评价经营费用估算调整表　　单位：万元

序号	项目	合计	投产期		达产期						
			4	5	6	7	8	9	10	11	12
1	外购原材料	261 870.17	17 146.26	26 498.77	31 175.02	31 175.02	31 175.02	31 175.02	31 175.02	31 175.02	31 175.02
2	外购燃料	12 768.00	836.00	1 292.00	1 520.00	1 520.00	1 520.00	1 520.00	1 520.00	1 520.00	1 520.00
3	外购动力	22 780.80	1 491.60	2 305.20	2 712.00	2 712.00	2 712.00	2 712.00	2 712.00	2 712.00	2 712.00
4	工资、福利费	13 392.00	1 488.00	1 488.00	1 488.00	1 488.00	1 488.00	1 488.00	1 488.00	1 488.00	1 488.00
5	修理费	23 738.40	2 637.60	2 637.60	2 637.60	2 637.60	2 637.60	2 637.60	2 637.60	2 637.60	2 637.60
6	其他费用	4 050.00	450.00	450.00	450.00	450.00	450.00	450.00	450.00	450.00	450.00
	其中：各种税项	0.00	0.00	0.00	0.00	0.00	0.00	0.00	0.00	0.00	0.00
7	经营费用	338 599.37	24 049.46	34 671.57	39 982.62	39 982.62	39 982.62	39 982.62	39 982.62	39 982.62	39 982.62

解：(1) 由于原财务评价的总成本估算中，外购原材料、燃料、动力均为市场价格，并且没有进口货物（没有关税），因此不予调整。此外，原财务价格中不包括增值税，所以不必剔除。

(2) 由于项目以技术人力资源为主，考虑其影子工资换算系数为 1，即等于原财务工资。

(3) 修理费不予调整。

(4) 在其他费用栏中原来包含的各项税负属于转移支付，予以剔除。

最终可得出用于经济费用效益评价的各年经营费用。

三、 经济费用效益评价指标及对策建议分析

(一) 经济费用效益评价指标

(1) 经济净现值（ENPV）是项目按照社会折现率计算的净现值。它是经济费用效益评价的主要评价指标。

$$ENPV=\sum_{t=1}^{n}(B_t-C_t)(1+i_s)^{-t} \tag{8-14}$$

式中，B 为经济效益流量；C 为经济费用流量；t 为项目计算期；i_s 为社会折现率。

在经济费用效益评价中，ENPV≥0 说明项目达到或超过了社会折现率要求的效率水平，认为该项目从经济资源配置的角度可以接受。

(2) 经济内部收益率（EIRR）是项目在计算期内 ENPV=0 时的折现率，是经济费用效益评价的辅助评价指标。

$$\sum_{t=1}^{n}(B_t-C_t)(1+EIRR)^{-t}=0 \tag{8-15}$$

如果 $EIRR \geqslant i_s$，说明项目资源配置的经济效率达到或超过了社会折现率要求的水平。

(3) 效益费用比（R_{BC}）是项目计算期内效益流量现值与费用流量现值的比率，是经济费用效益评价的辅助评价指标。

$$R_{BC}=\frac{\sum_{t=1}^{n}B_t(1+i_s)^{-t}}{\sum_{t=1}^{n}C_t(1+i_s)^{-t}} \tag{8-16}$$

式中，B_t 为第 t 期的经济效益；C_t 为第 t 期的费用。

如果 $R_{BC}>1$，表明项目资源配置的经济效率达到了可以接受的水平。

(二) 经济费用效益评价应当提出的对策和建议

经济费用效益评价一方面站在全社会的角度，从资源优化配置出发，分析项目投资的经济合理性；另一方面通过经济费用效益评价与财务评价结果的对比，分析市场扭曲的情况，判断政府公共投资是否有必要介入项目的投

资建设，并为本项目的财务状况和进行政策调整提出分析意见。因此在项目的经济费用效益分析中，必须重视对策建议分析工作。

(1) 经济费用效益评价强调以受益者支付意愿测算项目产出效果的经济价值，对于基础设施等公共项目，它是分析建设投资的经济价值及市场化运作能力的重要依据。

(2) 通过财务现金流量与经济费用效益流量的对比，判断两者出现的差异及其原因，分析项目所在行业或部门存在的导致市场失灵的现行政策，提出纠正政策干预失当、改革现行政策法规制度、提高部门效率的政策建议。

例如案例 2 中的新建铁路项目，项目经济费用效益评价效果比较好，而项目的财务评价表明，项目运营期间严重亏损，长期处于资金短缺状况，即不具备生存能力。在这种情况下，应当进行经济费用效益评价与财务评价的差异分析，提出相应的政策建议和其他有效措施，改善财务生存条件，使项目在财务上可持续发展，达到微观、宏观分析的效果统一（详见书末案例 2）。

(3) 通过项目费用及效益在不同利益相关者之间分布状况的分析，评价项目对不同利益相关群体的影响程度，分析项目利益相关群体受益及受损状况的经济合理性。

复习题

1. 试述项目经济费用效益评价的重要性。
2. 经济费用效益评价与财务评价的区别何在？
3. 需要进行经济费用效益评价的项目的主要特点是什么？
4. 你对影子价格有哪些认识？我国影子价格测算的方法和原则是什么？
5. 掌握下列名词的含义和用途：
(1) 社会折现率；
(2) 影子汇率；
(3) 影子汇率换算系数；
(4) 影子工资换算系数。
6. 特殊投入物是什么？如何确定它们的影子价格？
7. 请掌握以下概念：
(1) 人力资源的机会成本及其新增资源消耗；
(2) 生产性用地的机会成本及其新增资源消耗；
(3) 非生产性用地的影子价格；
(4) 自然资源、资源资产。
8. 在经济费用效益评价的投资估算中如何处置以下因素？为什么？

(1) 涨价预备费、建设期利息、建设用地费;

(2) 流动资金中的现金、应收账款、应付账款、预收账款、预付账款。

9. 在经济费用效益评价中对于财务评价中列为费用的哪些税金应作为转移支付处理?为什么?其中投入物和产出物的流转税应如何处理?

10. 在项目的经济费用效益评价中,为什么必须特别重视对策建议分析?

第9章

特大型建设项目区域与宏观经济影响分析概要

第1节　基本概念

一、特大型建设项目的特征和类型

特大型建设项目是一个相对的概念，随着经济发展，生产力水平不断提高，当时称得上是特大型项目，也许后来只能算一般工程。

(一) 特大型建设项目的特征

(1) 在国民经济和社会发展中占有很重要的战略地位；

(2) 建设工期或实施周期长（跨五年或十年规划）；

(3) 投资总额或人力、物力、财力的投入量大，而且年度投入量的分布非常不均匀；

(4) 项目上马前和完成后，国家经济发展水平有很大的变化，潜在需求变化大，效益的突变性大；

(5) 项目的技术风险大；

(6) 对生态环境会产生很大影响；

(7) 对国家经济安全带来较大影响。

(二) 特大型建设项目的具体类型

(1) 特大型基础设施项目：如铁路、高速公路、水利工程、港口等。

(2) 特大型资源开发项目：如油气田开发、其他矿藏开发、油气长距离管道输送等。

（3）特大型重型工业企业建设。

（4）大规模区域开发项目。

（5）特大型高科技攻关项目：如尖端科研国际合作项目，航空、航天、国防等高科技关键技术攻关项目等。

（6）特大型生态保护工程等。

二、特大型建设项目区域与宏观经济影响分析的内容

区域与宏观经济影响分析立足于项目的实施能够促进和保障经济有序、高效运行和可持续发展，分析重点应是项目与区域发展战略和国家长远规划的关系。分析内容包括：

（1）直接贡献：促进经济增长，优化经济结构，提高居民收入，增加就业，减少贫困，扩大进出口，改善生态环境，增加地方或国家财政收入，保障国家经济安全，等等。

（2）间接贡献：促进人口合理分布和流动，促进城镇化，带动相关产业，克服经济瓶颈，促进经济社会均衡发展，提高居民生活质量，合理开发、有效利用资源，促进技术进步，提高产业国际竞争力，等等。

（3）项目可能产生的不利影响：非有效占用土地资源，污染环境，损害生态平衡，危害历史文化遗产；出现供求关系与生产格局的失衡，引发通货膨胀；冲击地方传统经济；产生新的相对贫困阶层及隐性失业；对国家经济安全可能带来不利影响；等等。

三、特大型建设项目区域与宏观经济影响分析的比较

表 9-1 列出了特大型建设项目区域与宏观经济影响分析的比较。

表 9-1　特大型建设项目区域与宏观经济影响分析的比较

	区域经济影响分析	宏观经济影响分析
概念	指从区域经济的角度出发，综合分析特大型建设项目对所在区域乃至较大区域的经济活动的各方面影响，包括对区域现有发展条件、经济结构、城镇建设、劳动就业、土地利用、生态环境等方面现实和长远影响的分析。	指从国民经济整体角度出发，综合分析特大型建设项目对国家宏观经济各方面的影响，包括对国民经济总量增长、产业结构调整、生产力布局、自然资源开发、生态环境保护、劳动就业结构变化、物价变化、收入分配等方面的影响的分析，以及国家承担项目建设的能力即国力的分析、项目时机选择对国民经济影响的分析等。

续表

	区域经济影响分析	宏观经济影响分析
目的	通过分析，做到有效地开发利用资源；合理配置人力、财力、物力，使部门之间、企业之间、生产性建设和非生产性建设之间在地区分布上协调组合，提高社会经济效果，保持良好的生态环境，促进地区开发建设顺利进行。	通过分析，判断国家承担项目投资建设的能力，项目对国民经济总量增长和结构改善的贡献，项目对劳动就业、收入分配、物价变化等方面的影响，项目可能存在的各种风险，从而选择有利的投资机会和上马时机，促进项目开发顺利进行，实现生产力在宏观范围内合理布局，推动国民经济协调发展。

四、区域与宏观经济影响分析同经济费用效益评价的比较

特大型建设项目的区域与宏观经济影响分析同一般经济费用效益评价既有相同的方面，又有不同的方面。

(一) 相同的方面

它们都着眼于项目对经济整体的影响，分析项目可能带来的各方面效益和需要的各种投入，都具有促进资源优化配置、实现社会福利最大化的目的。

(二) 不同的方面

(1) 经济费用效益评价主要通过货物影子价格、影子工资、影子汇率和社会折现率等经济参数，分析、计算项目对国民经济的净贡献，评价项目的经济合理性。由于基于现行价格和评价价格的不变性，假定的时间因素的不变性，仅以社会折现率对费用和效益进行时间贴现，实际上没有完全体现动态特征。

对于特大型建设项目，由于建设周期相当长，资源的供求关系变化很大，在建设期间，巨大的物力、人力和财力的投入有可能改变资源供求格局，以至于工程投产时经济态势已完全改变了。因此，一般经济费用效益评价的假设和分析方法已不适用，需要进行多方面的分析和考虑。特大型建设项目的效益也是多方面的，如果仅使用社会折现率，则会低估或高估一些指标，无法反映效益的真实性。

(2) 一般经济费用效益评价将国际市场价格视为评价价格的比较基础，以此达到实现引导投资、调整产业结构的目的，但这有可能对我国特定的产业结构产生不利的影响。因此，对特大型建设项目的宏观经济影响分析要立足于我国的现实国情，具体情况具体对待。

(3) 对于特大型建设项目来说，仅进行总量指标分析是不全面的，还需要进行结构分析才能真正把握项目的经济效益。区域与宏观经济影响分析立

足于项目的实施能够促进和保障经济有序、高效运行和可持续发展，分析重点应是项目与区域发展战略和国家长远规划的关系。

（4）一般经济费用效益评价忽略不同利益主体的偏好差异，认为只要项目有净效益，就必然对各个利益主体（或者对社会的每一个人）都有利，不必考虑各利益主体之间的矛盾以及最终分配。特大型建设项目涉及的利益主体复杂，不仅包括中央政府或主管的政府部门，而且包括项目所在地区的政府、居民、项目主持单位、项目受益单位等，彼此价值判断不同，因而要全面权衡，使各主体利益协调一致。

第 2 节 特大型建设项目区域与宏观经济影响分析的方法

一、特大型建设项目区域与宏观经济影响分析的原则

（一）系统性原则

特大型建设项目本身就是一个系统，但从国民经济的全局来看，它又是国民经济这个大系统中的一个子系统。一个子系统的产生与发展对于原有的大系统内部结构和运行机制将会带来冲击。原来的大系统会由于特大型项目的加入而改变原来的运行轨迹或运行规律。按照协同理论，系统总是可以按照自身的结构和机制，使得原有的大系统能够容忍或接纳特大型建设项目的存在。这种协调的过程，或者使特大型建设项目与国民经济融为一体；或者使特大型建设项目适当改变自己的结构与机制，以适应国民经济大系统的运行规律；或者使特大型建设项目被排除在国民经济大系统之外，后者意味着特大型建设项目的失败。为了保证特大型建设项目的建设成功和国民经济系统的稳定运行，对特大型建设项目一定要从全局的观点，用系统论的方法来分析其可能带来的各方面的影响，尤其是对区域经济和宏观经济的影响。

（二）综合性原则

特大型建设项目建设周期长，投资巨大，影响广泛。特大型建设项目的投入（包括建设和投产）将给原有经济系统的结构（包括产业结构、投资结构、就业结构、供给结构、消费结构、价格体系和区域经济等）、状态和运行带来重大的变化。它不仅影响经济总量，而且影响经济结构；不仅影响资源开发，而且影响资源利用，人力、物力、财力配置；不仅对局部区域有影响，而且对国民经济整体产生影响。因此，分析特大型建设项目对区域与宏观经济的影响要坚持综合性原则，进行综合分析，不能仅分析某一方面的影响而忽略其他方面。

（三）定量分析与定性分析相结合的原则

特大型建设项目对区域与宏观经济的影响是广泛而深刻的，既包括实实在在的有形效果和经济效果，可以用价值型指标进行量化，也包括更大量的无形效果和非经济效果，难以用价值型指标进行量化。对于前者无疑要以定量分析为主，把握其数值大小；对于后者必须进行定性分析或比较性描述，或者用其他类型指标或指标体系进行描述或数量分析，以便对其作出准确评价，为项目决策提供充分依据。

二、特大型建设项目区域与宏观经济影响分析的指标体系

（一）总量指标

总量指标反映项目对国民经济总量的贡献。以下三个指标的年值可分别由各自的总现值折算。由于特大型建设项目一般为综合性项目，具有多种效益，具体计算时应根据项目发挥效益的类别逐项计算。

1. 增加值

增加值是指项目投产后对国民经济的净贡献，即每年形成的国内生产总值。对项目而言，按收入法计算增加值较为方便。

$$\text{增加值}=\text{项目范围内全部劳动者报酬}+\text{固定资产折旧}+\text{生产税净额}+\text{营业余额}$$

2. 净产值

净产值是指项目全部效益扣除各项费用（不包括工资及附加费）后的余额。

3. 社会纯收入

社会纯收入是指净产值扣除工资及附加费后的余额。

（二）结构指标

结构指标反映项目对经济结构的影响。

1. 影响力系数

影响力系数也称带动度系数，是指特大型建设项目所在的产业，当它增加产出满足社会需求，每增加一个单位最终需求时，对国民经济各部门产生的增加产出的影响。用公式表示为：

$$\text{影响力系数}=\sum_{i=1}^{n}b_{ij}\Big/\left(\sum_{j=1}^{n}\sum_{i=1}^{n}b_{ij}/n\right) \tag{9-1}$$

式中，b_{ij}为列昂惕夫逆矩阵系数，即完全消耗系数，表示生产第j个部门的

一个最终产品对第 i 个部门的完全消耗量；n 为国民经济的产业部门总数。

影响力系数大于1表示该产业部门增加产出对其他产业部门产出的影响程度超过社会平均水平。影响力系数越大，该产业部门对其他产业部门的带动作用越大，对经济增长的影响越大。

2. 三次产业结构（三次产业贡献率）

三次产业结构可以按各产业增加值计算，反映项目增加的三次产业增加值在全部增加值（国内生产总值）中所占份额的大小及其分配比率。特大型项目建设前后所在地区产业结构的变化，反映了项目对当地产业结构的影响。

3. 就业结构

就业结构包括就业的产业结构、就业的知识结构等。前者指各产业就业人数的比例，后者指不同知识水平就业人数的比例。特大型建设项目建设前后就业结构的变化，反映了项目对就业结构的影响。

(三) 社会与环境指标

1. 就业效果指标

社会充分就业是宏观经济致力于实现的重要目标之一。评价特大型建设项目的就业效果，对存在大量过剩劳动力的我国尤其具有意义。劳动力就业效果一般用项目单位投资带来的新增就业人数表示。

(1) 总就业效果。

$$\text{单位投资就业效果}=\frac{\text{新增总就业人数(包括本项目与相关项目)}}{\text{项目总投资(包括直接投资与间接投资)}}$$

总就业效果可分为直接投资所产生的直接就业效果和与该项目直接相关的其他项目的投资产生的间接就业效果。

(2) 直接就业效果。

$$\text{直接就业效果}=\frac{\text{本项目新增的就业人数}}{\text{本项目的直接投资}}$$

(3) 间接就业效果。

$$\text{间接就业效果}=\frac{\text{相关项目新增的就业人数}}{\text{相关项目的投资}}$$

2. 收益分配效果

收益分配效果指标用于检验项目收益分配在国家、地方、企业、职工间的分配比重是否合理，主要有：

$$国家收益分配比重=\frac{项目上缴国家的收益}{项目的总收益}\times 100\%$$

$$地方收益分配比重=\frac{项目上缴地方的收益}{项目的总收益}\times 100\%$$

$$企业收益分配比重=\frac{企业的收益}{项目的总收益}\times 100\%$$

$$职工收益分配比重=\frac{职工的收益}{项目的总收益}\times 100\%$$

为体现国家对老、少、边、穷等地区的重视，使这类地区的项目得以优先通过，也可设置经济落后地区收益分配指标，通过对经济落后地区赋予较高的收益分配权重，判定其对经济落后地区收益分配的贡献。

3. 对资源和环境的影响效果指标

（1）节能效果指标。节能效果以项目的综合能耗水平（可折合成年吨标煤消耗）来反映。综合能耗水平低于社会平均能耗水平，说明项目具有较好的节能效果。

$$项目的综合能耗水平=\frac{项目的综合能耗}{项目的净产值}$$

（2）节约时间效果指标。节约时间效果分析应结合具体项目进行。此类指标对交通运输类特大型建设项目尤其具有意义。

（3）节约用地效果指标。节约用地效果用单位投资占地反映。单位投资占地低于社会平均水平，则说明项目具有较好的节约用地效果。

$$单位投资占地=\frac{项目土地占用量}{项目总投资}$$

（4）节约用水效果指标。节约用水效果以项目单位产值或产品耗水量来反映。项目单位产值耗水量同国家与地区规定的定额比较，可判定项目的节水效果。对生产性项目应分别计算单位产品生产用水和项目人均耗水量，单位产品耗水量应与行业规定的定额进行比较。

$$项目单位产值耗水量=\frac{项目总耗水量}{项目总产值}$$

（四）国力适应性指标

国力适应性指标用于反映国家的人力、物力和财力承担特大型建设项目的能力。特大型建设项目的建设规模巨大，需要耗费大量的人力、物力、财力和自然资源等，自然会产生国力能否承受的问题。如果耗费和投入品过多，或挤占资源过多，必然会影响国民经济其他地区、其他部门的建设和发展；

或者影响其他领域的资源供应，并阻碍其发展；或者引发物资供应紧张，抬升重要物资的价格，乃至加剧通货膨胀，从而说明国力承担该项目的能力不足。

特大型建设项目的国力承担能力评价需要结合对国家未来经济发展的预测进行。

1. 人力

由于我国劳动力资源比较丰富，因而对国力适应性的评价主要分析财力和物力。但项目对于特殊技能人才的需求、项目对人才资源的开发和利用也需要作专门分析。

2. 财力

国家财力指一定时期内国家拥有的资金实力，其构成要素包括国内生产总值（或国民收入）、国家财政收入、信贷总额、外汇储备、可利用的国外资金等。其中最主要的指标是国内生产总值（或国民收入）和国家财政收入。国内生产总值（或国民收入）水平和增长速度反映了国家当前的经济实力和未来实力增长趋势，对特大型项目的投资规模具有直接影响。

财力承担能力一般通过国内生产总值（或国民收入）增长率、特大型建设项目年度投资规模分别占国内生产总值（或国民收入）、全社会固定资产投资和国家预算内投资等的比重等指标来衡量。对运用财政资金的项目，财政投入占财政收入比例的高低反映财政对项目资金需求承受能力的大小。

3. 物力

国家物力是指国家所拥有的物质资源，包括工农业主要产品及储备量、矿产资源储备量、森林、草场以及水资源等。物力取决于国家可供追加的生产资料和消费资料的数量和构成。一般特大型建设项目物力承担能力主要指能源、钢材、水泥和木材等主要物资能否支持项目兴建。物力承担能力评价一般通过特大型建设项目对这几类主要物资的年度需要量占同期产量的比重来衡量。

三、特大型建设项目区域与宏观经济影响分析常用的经济数学模型

(一) 宏观经济计量模型

利用该模型分析特大型建设项目的区域与宏观经济影响，主要是考察有无该项目的两种情况下宏观经济计量模型的运算结果，从而判定项目对区域与宏观经济影响的大小和好坏。

（二）经济递推优化模型

该模型通过调整投资、消费结构和状态转移方程，使产业结构趋于合理，在影响国力环境因素的约束下，寻找特大型建设项目对宏观经济的有利影响和国民经济发展的合理途径。

（三）动态投入产出模型

动态投入产出分析可以从数量上系统地研究一个复杂经济实体的各不同部门之间的相互关系。这个经济实体可以大到一个国家，甚至整个世界，小到一个省、市或企业部门。它可以从时间上反映国民经济在某个时期的发展轨迹，表述国民经济各部门之间实物上的平衡和结构上的协调。应用该模型可以分析特大型建设项目对国民经济各部门的增长和结构的影响。在时间上可以考虑从准备期、建设期到建成后这一较长时间跨度。

（四）系统动力学模型

该模型可以动态地模拟经济发展趋势。它可以考虑短缺对国民经济的影响，还可以通过对比其他工程项目，分析其财力承受能力。在处理特大型建设项目时，以不同集资方式和不同投资时机，动态模拟国民经济发展状况，对比有无该项目情况下国民经济的状态，再分析、判断国家财力对特大型建设项目的承受能力。

（五）动态统计计量模型

该模型是一种专门用于模拟长远发展态势的模型。它按照一定的规则，把经济计量模型的构模思想和方法、系统动力学模型的构模思想和方法，以及优化搜索的技巧和控制思想组合为一体，使模型能够更加合理地反映系统的长期理性行为，描述系统的长期变化。

模型由主导结构、时变参数和决策结构的方程，以及控制结构组成，可用来考察特大型建设项目对国民经济的长期影响（包括有利影响和不利影响）。

复习题

1. 特大型建设项目的特征是什么？主要类型有哪些？

2. 特大型建设项目区域与宏观经济影响分析的内容有哪些？

3. 为什么有些项目进行了经济费用效益评价，还要进行区域与宏观经济影响分析？

4. 特大型建设项目区域与宏观经济影响分析的原则是什么？

5. 特大型建设项目区域与宏观经济影响分析的指标体系分为哪几个部分？

6. 特大型建设项目区域与宏观经济影响分析常用的经济数学模型有哪几类？

第 10 章

投资项目社会评价概要

随着我国从单纯经济优先的发展战略转向综合考虑经济、环境和社会等优先事项的可持续发展战略，我国社会经济对社会评价的要求日益迫切。在我国，对于国外资助的项目，世界银行、亚洲开发银行、联合国各发展组织以及双边发展机构推行和开展社会评价已经有很多年了。国家发展改革委从2002 年开始，要求投资项目可行性研究报告中应包括社会评价的内容。目前，越来越多的行业开始开展社会评价，从扶贫、卫生和教育项目到大型基础设施，涉及交通、能源、水资源、通信、环境治理和工业各个领域。一些负责大型基础设施建设的部委开始制定本行业的社会评价导则。

趋利避害，规避社会风险，寻求发展机遇，是社会评价所追求的目标。通过投资项目社会评价，可以消除项目可能导致的各种不利影响，降低社会风险和成本，改变弱势群体的社会地位，增加项目的社会效益，社会评价是项目评价方法体系中不可缺少的重要组成部分。

第 1 节　社会评价的目的、任务和范围

一、社会评价的主要目的

社会评价的主要目的是消除或尽量减少因项目实施所产生的社会负面影响，使项目的内容和设计符合项目所在地区的发展目标、当地具体情况和目标人口的具体发展需要，为项目地区的人口提供更广阔的发展机遇，提高项目实施的效果，并使项目为项目地区的区域社会发展目标，如减轻或消除贫困、促进社会性别平等、维护社会稳定等作出贡献，促进经济与社会的协调

发展。

二、社会评价的主要任务

社会评价的主要任务包括：

(1) 识别关键利益相关者，制定适当的框架机制使他们参与项目的方案选择、设计、实施、监测和评估，尤其要为贫困和弱势群体的参与制定恰当的机制。

项目影响群体既包括项目受益群体（包括直接和间接受益群体），也包括可能会受到潜在负面影响的群体。项目目标群体是指项目直接瞄准的预期受益人群。

(2) 确保目标受益人群能够接受项目的目标及项目实施所带来的社会变化，使项目的内容和方案设计能够考虑到性别、民族及其他社会差异问题。

(3) 评估投资项目的社会影响，并在确认有负面影响的情况下，提出减轻负面影响的行动方案，并使行动方案的实施措施和手段符合当地的社会习俗。

(4) 加强目标群体在社区参与、冲突解决和服务提供等方面的能力。

三、社会评价的范围界定

(一) 社会影响的范围

社会评价工作中的难点之一，在于怎样确定项目影响较大的地理范围、项目影响最大的人群范围、项目产生的直接影响。此外，随着时间的推移，项目影响会发生连锁变化，那么在哪个时间段（范围），社会影响发生的变化应当引起足够的重视？

1. 社会评价的地域范围

项目的影响区域或社会影响区域是指在该领域内居住的人群受到项目影响，或者反过来，该区域人群可能影响或妨碍项目的进展。

项目影响区域比直接影响地区的范围大，社会评价的地域范围应尽可能扩大至能够涵盖所有潜在的影响因素，但也不应超出必要的范围，以免造成重点分散，同时增加费用开支。

2. 社会评价的影响对象的判断

在项目影响区域内居住的人群受到项目影响的形式和程度不可能完全相同，他们有的可能没有受到任何影响；有的受到影响并不大；有的受到很大影响。还有可能有些人因项目而受损，有些人却因项目而受益。此外，社会评价还必须确定哪类人群将会受到最大的影响。社会评价应当谨慎地估计项目影响在不同人群中的差异，同时应当就社会影响的范围和程度征求各利益相关者的意见。

3. 哪些社会影响是项目直接导致的

社会评价必须估计项目会产生哪些直接影响。如基础设施项目的直接影响包括土地被征用，或由土地用途改变带来的影响。项目的直接影响还可能受到政策、法规的改变或服务规则更改等的影响。在社会评价中，应当不断征求群众意见，以了解有无其他直接影响或潜在的相关影响。

4. 随着时间的推移，社会影响发生的哪些变化应引起足够重视

随着时间的推移，社会影响可能引发各种连锁变化。我们无法预测所有最终可能出现的变化状况，但是应当仔细考虑社会评价的时间构架以及哪种变化应引起足够的重视。

（二）社会评价的项目范围

不同的项目，目标、内容和所在地区的社会经济环境不同，项目影响群体和目标群体不同，项目的社会影响和风险不同，社会评价的内容也有所差异。

就项目范围而言，不一定需要在项目鉴别阶段（机会研究或称项目建议书阶段）、准备阶段（可行性研究阶段）和实施阶段都进行社会评价。对于那些社会因素复杂、社会影响久远（具有重大负面社会影响或显著的社会效益）、社会矛盾突出或社会风险较大和社会问题较多的发展项目，应当进行全面的社会评价。

（1）应当进行全面社会评价的项目包括：

1）引发大规模移民征地的项目，如交通、水利、采矿和油田项目；

2）具有明确的社会发展目标的项目，如扶贫项目、区域性发展项目和社会服务项目（如教育、文化和公共卫生项目等）。

（2）对于其他项目，首先进行初步社会筛选，根据筛选结果，决定是否需要进行详细的社会评价与分析。需要进行详细社会评价与分析的项目一般具有以下特征：

1）项目地区的人口无法从以往的发展项目中受益或历来处于不利地位；

2）项目地区存在比较严重的社会、经济不平等现象；

3）项目地区存在比较严重的社会问题；

4）项目地区面临大规模企业调整，可能引发大规模失业人口；

5）可以预见项目会产生重大负面影响，如工程移民、文物古迹的严重破坏；

6）项目活动会改变当地人口的现行行为方式和价值观念；

7）社区参与对项目效果可持续性和成功实施十分重要；

8）项目设计人员对项目影响群体和目标群体的需求及项目地区发展的制约因素缺乏足够的了解。

第2节　项目社会评价的主要内容和切入点

一、项目周期各阶段社会评价的主要内容

社会评价工作应当贯穿项目周期的全过程，但项目周期每个阶段的社会评价工作的侧重点应有所不同。一般情况下，在项目建议书阶段（项目鉴别阶段）应进行初步社会筛选；在可行性研究阶段（项目准备阶段）应进行详细的社会评价与分析；在项目实施阶段应进行社会监测与评价（见表10－1）。

表10－1　项目周期各阶段社会评价的主要内容

项目周期	关键的社会评价活动
一、项目鉴别阶段：初步社会筛选	● 识别有战略性参与意义的关键利益相关者； ● 识别对项目方案制定和实施有重要意义的社会因素； ● 按项目内容归纳关键社会问题； ● 根据项目地区的发展优先次序及社会发展目标，从社会评价的角度论证项目建设的必要性； ● 识别项目可能引发的社会负面影响； ● 寻找使项目影响人群受益的机会； ● 判断是否需要进一步进行详细的社会评价与分析。
二、项目准备阶段：详细社会评价与分析	● 提供当地社会组织（如生产和服务组织）和文化习俗等方面的信息； ● 评价项目活动与当地需求（包括性别需求）之间的兼容程度； ● 评价机构和组织方面的问题，确认有助于利益相关者参与项目的社会资源状况； ● 制定参与框架，使男性和女性、穷人和弱势群体及更广泛意义上的利益相关者能够参与项目的有关过程； ● 作为参与框架的一部分，设计参与机制框架（即信息共享、协商和具体参与的机制）； ● 确定每个利益相关者的具体责任和可供监测的项目活动； ● 制定实施方案，包括机构调整、能力建设、目标定位、职能排序、激励机制； ● 评价社会收益和社会风险（包括潜在冲突和成本）； ● 提出减缓项目负面影响应采取的措施。

续表

项目周期	关键的社会评价活动
三、项目实施阶段：社会监测与评价	● 制定公开的可核查的监测与评价程序（包括参与方式）； ● 制定监测与评价指标（如投入指标、过程指标、产出指标），以衡量项目实际产生的社会影响； ● 评估项目满足目标群体需求的程度； ● 确保在各类负面影响减缓方案中建立监测与评价程序； ● 及时提出消除妨碍项目社会目标实现的调整方案。

二、 社会评价的切入点

社会评价的中心思想是以人为本。人是发展的主体，也是发展的受益对象。人们在推动发展的同时，也应当受益于发展过程。从以人为本的思想出发，就必然要求在社会评价中将人的因素放在中心位置。从项目与社会发展的相互关系中考察人的因素，项目社会评价可以有不同的视角和切入点。

（一）以贫困人口为切入点

贫困人口社会影响力明显较弱，如果不特别关注，他们的声音就可能被忽视，他们的权益就可能受到侵害。从以人为本的发展思想来看，如果这部分人被忽视，就谈不上是以人为本的发展。消除贫困是社会发展的一个主要目标，任何投资项目的最终目标都是实现社会的发展，因此社会评价关注贫困人口是与项目目标相一致的。

（二）以社会性别为切入点

社会性别指男性和女性在社会活动中的角色定位。通常男性和女性由于在社会活动中扮演的角色不同，其在生活中所处地位、基本需求、对事物的看法和认识也有所不同。一个发展项目往往对男性、女性会产生不同的影响。使项目的设计满足不同性别群体的需要，不仅有助于消除项目对不同性别群体的负面影响，提高项目实施效果，还能对促进社会性别平等这一长远的社会发展目标作出贡献。

（三）以少数民族为切入点

少数民族在人数上不占优势，而且其社会经济发展水平相对较低，很可能处于贫困地区，因此，他们对项目的设计和实施过程中的一些要求和建议有可能被忽视。这就要求在社会评价中要具有民族视角，以保证少数民族文化不被项目破坏，使少数民族群体参与到项目中并从中受益。

（四）以工程移民为切入点

工程移民群体是项目重要的受影响群体。工程移民在没有成为移民之前，有可能也是发展的主流，但成为工程移民后，将有可能丧失土地资源，劳动、生产和管理技能贬值，社会网络和社会资本发生较大的改变。一旦采取的补偿和恢复措施出现偏差，他们就可能成为新的弱势群体，可能被归入贫困群体之列。无疑，社会评价必须将这一群体作为评价的一个重点。

第 3 节 社会评价采用的指标和常用分析方法

一、社会评价中采用的指标

为了有效开展社会评价工作，尤其是在社会监测与评价工作中，需要制定一系列对社会风险和社会变化反应敏感的评价指标。为准确反映项目的效果，社会评价指标应把社会性指标（如时间节约、教育、健康、技能开发、信息透明和社会性别等）和经济性指标（如收入增加、新增就业机会、生产率提高、收入分配等）综合在一起，作为分析项目社会影响及效果的辅助工具。社会评价指标按照其衡量的内容和对象不同，可分为客观指标和主观指标，核心指标和其他指标。

（一）客观指标和主观指标

按照指标值取得的方式及其性质，社会评价指标可以分为客观和主观两种。

客观指标反映客观社会现象，适用于衡量项目带来的结构性变化。例如，在衡量贫困时，使用的是官方贫困线以下的家庭数量、人均收入或人均粮食生产量等可以从客观上获得的数字。

主观指标最适合衡量对个人的影响，即他们的福利现状和期望，以及对影响的各方面的满意程度。由于个人的主观判断受多种因素的影响，不同社会群体和各种利益相关者的各类社会因素及投资项目社会效果的主观理解可能存在很大差异，因此应该建立一套综合客观指标和主观指标的核心指标。

（二）核心指标和其他指标

核心指标是衡量项目影响，特别是衡量受项目影响人群的收入（收入来源、收入水平、储蓄、信贷）和就业状况，以及社会服务和当地文化状况的指标。这些指标同时反映项目地区的具体目标人群对项目的看法。其他指标是特定行业的，或与特定项目目标或具体情况相关的指标。

对于不同的项目，社会评价具体采用的指标可能存在较大的差异，但所有项目的社会评价指标具有一些共同的特征，在社会评价指标的设计中应注重这些特征。

（三）社会评价指标的特征

纳入社会评价指标体系的评价指标应具有以下特征：

（1）必须是可衡量、可量化的；

（2）必须是现成的，以可靠的现有信息为基础；

（3）指标数据的收集和测算应考虑成本效益因素，必须是经济上可以承受的，收集数据及分析计算这些指标所花费的财务费用及时间应在已确定的预算规定的范围之内；

（4）指标应能反映随时间变化的动态趋势，并且是根据特定时间内收集的数据进行分析测算的；

（5）应有对性别反应灵敏，能显示和衡量与妇女进步有关的评价指标，并且通过这些指标数据易于观察这些变化和趋势；

（6）必须对受项目影响的社会经济状态的变化反应灵敏，能够对这些变化作出正确的反应；

（7）应该是能快速观察到的，如果能在数据采集之后马上得到这些评价指标，将比花费很长时间处理这些观察数据更有益；

（8）所采用的指标必须是易于理解并能被使用者接受的；

（9）能够用简单的方式表述这些指标的含义，方便广大群众理解；

（10）指标应具有全面性、综合性特征，既能反映正面影响，又能反映负面影响。

（四）社会评价指标举例

1. 收益和参与指标

（1）参与项目的贫困家庭百分比；

（2）参与项目的妇女百分比；

（3）参与项目的受项目影响者/当地人口百分比；

（4）参与项目的少数民族家庭百分比。

2. 目标人群指标

（1）为项目工作的当地人口的总数和总工作天数；

（2）为项目工作的贫困线以下家庭的比例和工作天数；

（3）在与项目有关部门工作的当地人口的总数和总工作天数。

3. 项目业绩监测指标

(1) 家庭人口和构成（分性别、分年龄、分户主性别）；

(2) 受教育程度、识字率和目前学校出勤情况（分性别）；

(3) 获得医疗服务的情况；

(4) 使用安全饮用水的情况；

(5) 使用电话和邮政通信的情况，使用互联网的情况；

(6) 户口（农村/城市）和国籍状况；

(7) 居民中所有收入成员（分性别）的收入来源（农业/采掘业、工业/其他），包括职业种类和地点，全职、兼职或季节性（对采掘业/产业工人，要记录工作单位性质，如国有、乡镇、个体、私营、其他）；

(8) 家庭各成员上年/月收入情况；

(9) 家庭成员在外工作人数（包括未婚子女、地点、就业状况、分性别收入）；

(10) 家庭主要支出（分食品、医疗、教育等项目）；

(11) 农业家庭的耕地面积、主要农产品生产和销售价格和数量；

(12) 所拥有的耐用品数量（电视机、电脑等）。

二、社会评价常用分析方法

（一）社会调查方法

1. 抽样调查

在社会评价中，确定应该对何人进行访谈的过程称为抽样。抽样调查方案的制定应考虑下列因素：

(1) 需要什么样的信息；

(2) 何人拥有这些信息；

(3) 如何才能最有效地获取这些信息；

(4) 应该如何对所获取的信息进行分析，从而以最有效的形式来提供信息。

抽样程序主要分成两种类型：随机抽样和非随机抽样。通过随机抽样获取的数据更加可靠。非随机抽样适用于下列情况：不需要对项目总体的特征进行详细的描述或评估；所获取的数据仅为调查研究人员提供信息，而不是根据样本推论总体；仅是进行初步的调查。

2. 问卷设计

设计出质量较高的调查问卷，并善于运用技巧进行访谈，是获取正确、有用数据的重要手段。问卷和访谈方案的设计应达到以下目的：阐明和提出问题；获取和记录回答。

3. 数据分析

在社会评价中有时需要对获取的数据进行分析。包括如下基本步骤：

（1）明确数据的目的和意义；

（2）核查数据收集的程序和质量；

（3）数据准备；

（4）分析数据；

（5）解释和提交结果。

4. 住户调查

住户调查是社会评价和社会诊断的重要工具，对分析福利分配和贫困特征具有十分重要的意义。住户调查比人口普查的规模要小许多，访谈的对象仅仅是子集，成本也相应较低。一般要求调查的结果能够恰当地反映项目地区的整体情况，因此应采用抽样的方法，慎重选择住户样本。根据调查目的不同，住户调查一般分为以下几类：

（1）生活水平调查；

（2）人口和健康调查；

（3）就业状况调查；

（4）综合调查。

（二）社会分析方法

1. 利益相关者分析

投资项目的利益相关者指与项目有利害关系的人、群体或机构，可能包括作为投资者或债权人的政府、项目实施机构、其他政府相关部门、项目影响的目标人群、其他受项目影响的个人或组织，以及其他利益相关者，如社区组织、当地政府和捐赠者等。

利益相关者分析的首要目标是要区分出重要的利益相关者。一旦确定，他们在项目中的利益和他们对项目的影响也必须被界定。对每个利益相关者的评价包括：权力和地位；组织化程度；决策控制能力；影响力；与其他利益相关者的权力关系；对项目成功的重要性。利益相关者对项目的影响程度与其拥有的对项目的控制力有关，这种权力能够直接影响项目建设的各项活动，或者间接影响项目的实施过程。

对各利益相关者影响程度的评价通常需要在一定范围内排序，并比较他们之间的重要程度。根据比较结果，将他们的影响程度划分为以下四种类型：

（1）利益相关者具有很强的影响力和重要性。为了得到他们的支持，应该让他们在项目的全过程中积极参与。

（2）利益相关者具有较高的影响力和较低的重要性。对于这类利益相关者，应该经常和他们保持联系，理解他们的观点，避免冲突和不满。如果得不到充分重视，他们就可能反对项目建设。

（3）利益相关者具有较低的影响力和较高的重要性。应该采取特别措施满足他们的要求，他们的参与对项目成功很有意义。

（4）影响力和重要性都较低的利益相关者一般不会关注项目的建设，他们需要的不是直接征询他们的意见，而仅仅是能够获得大众化的公开信息。

对利益相关者的评价一般采用两种方法：一是利用矩阵方法评价在项目建设中不同利益相关者的重要性和影响程度；二是采用利益相关者参与的方法，通过召开一系列讨论会，使不同利益相关者逐步形成共同的立场。

2. 农村参与式评估

农村参与式评估（PRA）是调查当地人的期望、态度和偏好的一种重要方法。它是在项目设计和实施阶段对当地社会情况和利益相关者的态度进行调查，识别所存在的社会问题，促进当地社会成员参与的一种重要手段，而且是沟通项目规划者、实施者和利益相关者的重要桥梁和纽带。这种方法虽然称为农村参与式评估，但它所强调的理念和过程在城市项目中也能得到广泛应用，可以在项目周期各个阶段应用，而不限于项目评价。

农村参与式评估方法重点强调以下活动：

（1）通过个人和家庭会面、召开小组讨论会或召开社区会议等方式，就项目相关问题展开讨论；

（2）使用各种绘图工具，包括绘制个人、社区和机构图等方式，辅助各种讨论，以便让文化层次较低的农村群众参与到项目中；

（3）对问题、喜好和财富进行排序；

（4）趋势分析，一般采用历史图表、季节历法、日常活动表等工具分析有关社会经济特征及其变动趋势。

PRA的核心是面谈和小组讨论，而不是使用正式的调查表，访谈者利用一系列需要讨论的主题来指导农村参与式评估。

3. 受益人评估

受益人评估（BA）强调从受益人角度观察对有关问题的看法。受益人的信息可以通过抽样调查进行系统的收集。受益人评估主要采用三种方法：访谈、集中讨论和参与者观察。

4. 受益者监测与评估

受益者监测与评估（BM&E）要求从项目的方案设计阶段就开始介入，

并贯穿项目周期全过程，对项目建设和实施中涉及的利益相关者的情况进行检测和评估。

受益者监测与评估强调交互式的过程，要求利益相关者参与项目的监测和评估过程，提出哪些问题应该检查。特别是他们不仅为监测评估提供信息，而且负责收集和分析信息，因此有助于提升目标群体的维权意识。在监测与评估过程中，需要很多阶层的利益相关者进行合作，包括个人与各类机构的沟通合作，以便对项目的实施效果进行评价。

(三) 工程移民监测与评价方法

移民监测与评价的主要目的是考察移民工作是否根据批准的移民行动计划进行，尤其是在补偿标准和权利方面，以及受影响人群在移民后是否恢复了收入和生计来源。

1. 内部监测

移民行动计划规定了实施内部评价的具体机构，该机构主要负责确定内部监测的范围、主要指标，以及提交监测报告的时间。内部监测一般由执行机构负责。

2. 外部监测与评价

对于独立监测与评价，移民行动计划应包含与内部监测类似的内容。外部独立监测必须由独立的、有资质的征地移民和重新安置调查机构进行，以便对整个移民工作从公正、全面和长远的角度进行评价。

外部独立监测的任务是在后续调查和数据收集的基础上，为项目移民办公室和项目执行机构提供信息意见，使移民安置工作中出现的问题得到及时解决。被选定进行外部监测的机构应制定详细监测计划，附在移民行动计划之后。

三、社会评价报告的撰写

社会评价的结果应形成社会评价报告，报告内容应能够满足进一步明确项目社会目标的要求，并可作为针对这些目标制定项目方案的依据。社会评价报告应当包括以下内容：

(1) 项目背景的社会信息以及相关社会层面的项目受益人群范围界定(社会经济和人口统计特征、社会组织和社会服务、文化接受程度和融合能力、受益人群参与的社会战略)。

(2) 解释在所有选定范围和条件下，进行社会评价工作的过程和作用，包括选用的战略和方法。

（3）确认主要利益相关者的需求、支持项目的意愿、目标人群对项目内容的认可和接受程度等。

（4）阐明需要由拟建中的项目活动解决的社会问题和解决方法；在需要时制定缓解负面影响的方案。

（5）为增强不同利益相关者参与项目的能力提出具体方案；为提高项目透明度和制定社会平等战略、减轻贫困和降低社会风险提供具体方案；制定必要的利益相关者参与方案；在少数民族群体将会受到负面影响时，按国际惯例制定符合少数民族特殊需求的方案。

（6）提出获得最佳项目收益和实现项目目标的建议，并提出使项目机构继续自我发展且符合当地可持续发展目标的战略。

（7）对监测和评估机制提出建议，通过把重点放在符合项目社会发展目标的投入、过程、产出和结果上，为项目监测与评估系统的建立和完善提出建议。

复习题

1. 为什么说社会评价在我国的产生和发展实际上是发展战略转变的一种具体体现？

2. 社会评价的主要目的和任务是什么？

3. 哪些项目应当（直接）进行全面的社会评价？在进行初步社会筛选后，什么样的项目需要进一步详细的社会评价与分析？

4. 简述项目周期各阶段社会评价的主要内容。

5. 项目社会评价可以有哪些不同的视角和切入点？

6. 社会评价包括哪几个方面的指标？

7. 简述社会评价常用的分析方法。

8. 简述社会评价报告应当包括的内容。

第11章

项目后评价

项目后评价起始于20世纪30年代，美国政府对政府控制的项目进行以投资效益为核心的后评价。到70年代中期，项目后评价被许多国家及世界银行、亚洲开发银行等双边和多边援助组织在评价其世界范围的资助活动结果中广泛使用。

我国的项目后评价始于20世纪80年代中后期，1988年国家计委正式委托中国国际工程咨询公司进行第一批国家重点项目的后评价。2005年国务院国资委发布了《中央企业固定资产投资项目后评价工作指南》，2008年国家发展改革委发布了《中央政府投资项目后评价管理办法（试行）》，并于2014年印发了正式文件。

项目后评价的产生、发展和不断完善，说明世界各国对项目实施的效益和影响的关注度不断提高，体现了项目全过程评价——从决策论证、建设实施、投入运营到后评价的重要性。通过不断完善项目后评价方法体系，规范项目后评价机制监督、约束项目决策和过程管理与控制，形成一个有效、完整的全过程管理循环，促进政府投资功能、效益的顺利发挥，为社会和经济发展创造良好的环境。

第1节　项目后评价的概念

一、项目后评价的含义和目的

项目后评价是指在项目竣工验收并投入使用或运营一定时间后，运用规范、系统的评价方法，将项目建成后所达到的实际效果与项目的可行性研究报告、初步设计（含概算）文件及其审批文件的主要内容进行对比分析，找出差距及原因，总结经验教训，提出相应对策建议，并反馈到项目参与各方，形成良性项目决策机制。

项目后评价的基本目的是：通过对项目投资活动全过程的回顾总结，判别成功度，找出差距及原因，为决策和管理提出经验教训；同时预测项目的前景和发展，提出改进和完善管理的措施，提高其可持续性，形成对投资项目全过程评价、监督和控制的管理循环和评价体系，提高决策水平和投资效益，为国家宏观投资计划、政策的制定、调整，以及企业投资决策和项目管理水平的提高积累基础资料，提供科学的依据。

二、项目后评价的基本原则

(一) 独立性和公正性

独立性可以保证项目后评价的合法性和公正性。项目后评价工作应由投资者和业主、受益者以外的第三者——专门的独立机构来执行，避免项目决策者和管理者自己评价自己。如有明文规定，中央政府投资项目的后评价必须委托具备相应资质的甲级工程咨询机构承担。国家发展改革委委托中国工程咨询协会，定期对承担项目后评价任务的工程咨询机构和人员进行执业检查。

(二) 可信性和客观性

项目后评价的可信性取决于评价者的专业素质和经验水平，取决于资料信息的可靠性和评价方法的精确性。可信性的一个重要标志是应当同时反映出项目的成功经验和失败教训。应重视各方公众参与，广泛听取意见，收集资料和查明情况，并在项目后评价报告中予以客观反映。报告的分析和结论应当具有充分可靠的依据。

(三) 透明性和反馈性

项目后评价的透明可以引起公众的关注，引起更有效的社会监督；能促进成果的扩散和增加反馈的效果，有利于更多相关人员对项目经验教训的借鉴。项目后评价的结果需要反馈到决策部门，作为新项目立项和评价的基础，以及调整投资规划和政策的依据，这是项目后评价的最终目标。因此，是否具有畅通的信息流系统和反馈机制，确保信息反馈的畅通和快捷，成为项目后评价成败的关键环节之一。如国家发展改革委建立了项目后评价信息管理系统，专门负责项目后评价的组织管理工作。

第 2 节　项目后评价的基本内容

借鉴世界银行项目后评价的经验，结合我国实际情况，项目后评价的基本内容应当包括过程评价、效益评价、持续性评价和影响评价。

一、过程评价

过程评价一般应对照项目立项时或可行性研究报告所确定的目标和任务，分析和评估项目执行过程的实际情况，从中找出产生变化的原因，总结经验教训。

（一）前期工作评价

前期工作评价指对立项条件、勘察设计准备工作和决策程序等的评价。主要是评价立项条件和决策依据是否正确，决策程序是否符合规定，勘测工作对设计与施工的满足程度，设计方案的优化情况，技术上的先进性和可行性，经济上的合理性等。

（二）建设实施评价

建设实施评价指对设备采购、工程建设、竣工验收和生产准备等工作的评价。包括对施工准备、招标投标、工程进度、工程质量、工程造价、工程监理，以及各种合同执行情况和生产运营准备情况等的评价。

（三）生产运营评价

生产运营评价指对项目从正式投产到项目后评价期间的运行情况进行评价。包括对项目设计生产能力和实际生产能力的验证；对工程技术经济指标的分析；对项目的生产管理和生产条件的分析；对项目经营效益的分析；等等。主要对生产和销售情况，原材料、燃料供应情况，资源综合利用情况，生产能力的利用情况进行评价。

（四）管理水平评价

管理水平评价指对项目管理体制、机制和管理者的工作水平作出评价。主要分析和评价他们能否有效地管理项目的各项工作；是否与政策制定机构和其他组织建立了必要的联系；人才和资源使用是否得当；是否有较强的责任感；等等。从中总结出项目管理的经验教训，并对如何提高管理水平提出改进措施和建议。

二、效益评价

（一）项目技术评价

主要内容包括工艺、技术和装备的先进性、适用性、经济性、安全性，建筑工程质量及安全，特别要关注资源、能源的合理利用。

（二）项目财务评价和经济费用效益评价

主要内容包括根据实际已经发生的财务和经济费用效益现金流量，扣除物价上涨和参数变化的影响，分别重新测算项目的财务评价指标、经济费用效益评价指标，与可行性研究预测的目标对比，分析实现的程度以及产生差异的原因，同时对项目的前景和采取的措施进行分析。

（三）投资使用情况评价

将项目原定的预算和资金投入计划与实际发生的投资进行对比分析，找出发生变化的原因及其影响。主要包括检查资金到位的时间和数量是否按照贷款协议计划和原投资计划执行；投资预算是否得到了控制；项目财务执行情况如何；项目资金渠道和贷款条件是否发生了变化；等等。分析评估投资是否及时到位和使用是否合理，并进行贷款偿还能力分析。

三、持续性评价

当前，国内外的许多投资者越来越重视投资项目的持续性，世界银行、亚洲开发银行等组织把项目的持续性视为其援助项目成败的关键之一，因此持续性评价已成为项目后评价的一项重要内容。

项目的持续性是指项目投产或运营后，既定目标是否还可以持续；项目是否可以顺利地持续实施；项目的业主是否愿意并可以依靠自己的能力持续实现既定的目标。项目的持续性评价就是要从政府政策、管理组织和社区群众的参与，财务、技术、社会文化、环境和生态等内外部因素各个方面，来评价分析项目在物质、经济和社会等方面的持续性，并指出保持项目持续性的条件和要求。核心是对项目能否持续发挥投资效益、持续发挥企业的发展潜力和进行内涵式改造的前景等进行考察评价，作出判断，提出项目持续发挥效益必须具备的内外部条件和需要采取的措施。

四、影响评价

对于基础设施、农林水利、社会事业项目、高技术等大中型项目，其影响有可能在较长的时间内才会显现出来，因此在项目投产 5～8 年后的完全发展阶段，侧重分析项目对其周围地区在技术、经济、社会和文化环境方面所产生的影响和作用是十分必要的。项目的影响评价应站在国家的宏观立场上，重点分析项目对整个社会发展的影响。其内容包括以下三个方面。

（一）项目经济影响评价

主要评价项目对所在地区、行业、部门和国家经济发展产生的作用和长远影响，如对国民经济结构、分配、就业、技术进步的影响，对项目所使用的国内资源的价值进行测算，为在宏观上判断项目资源利用的合理程度提供依据。

（二）项目环境影响评价

对照项目前评价重新审查项目对环境产生的实际影响，审查项目环境管理的决策、规定、规范和参数的可靠性及实际效果。环境影响评价主要包括项目的污染源控制、区域的环境质量、自然资源的利用、区域的生态平衡和环境管理能力等五方面的内容。

（三）项目社会影响评价

主要从社会发展的角度分析项目对于社会发展目标所作的贡献和产生的影响，包括有形的和无形的。评价的内容主要有项目对社会文化、教育、卫生的影响；对扶贫、公平分配的影响；对社区生产与生活、社区与群众参与、社区机构与经济发展的影响；对居民生活条件和生活质量的影响；对妇女、民族团结、风俗习惯和宗教信仰等的影响。社会影响评价采取定量分析与定性分析相结合的方法，以定性分析为主，最后作出综合评价。

对于性质不同的投资项目，根据各部门、机构和单位进行项目后评价的不同目的，具体的后评价内容也可以各有侧重。针对项目的具体情况，突出重点进行深入剖析，全面总结经验教训，为未来同类项目的决策提供有益的借鉴。

第 3 节　项目后评价的工作程序和方法

一、项目后评价的工作程序

（一）制定项目后评价计划

从项目周期的概念出发，每个项目都应该重视和准备事后的评价工作。国家、部门、地方和企业的年度评价计划是项目后评价的基础。例如，国家发展改革委每年年初研究确定需要开展后评价工作的项目名单，制定项目后评价年度计划，印送有关项目主管部门和项目单位。

1. 后评价项目的选定

国家、部门、地方和企业可以根据不同的着眼点和需要，选择进行后评价的项目。一般情况下，可以考虑选定以下项目进行后评价：

（1）项目运营中出现问题或发生变化的项目；

（2）非常规项目，如规模过大、建设内容复杂、带有实验性的新技术项目；

（3）具有示范意义的项目；

（4）急切需要了解其作用和影响的项目；

（5）可为国家预算、宏观战略和规划原则提供信息的相关投资活动和项目；

（6）为投资规划或计划确定未来方向的代表性项目；

（7）对开展行业、部门或地区后评价研究有重要意义的项目等。

2. 项目后评价范围的确定

由于项目后评价的范围很广，因此，在评价实施前必须明确评价的范围和深度。评价范围通常在委托合同中确定，委托者要把评价任务的目的、内容、深度、时间和费用以及特定要求，明确交代清楚。受委托者应根据自身条件确定能否按期完成合同。委托合同通常有以下内容：

（1）项目后评价的目的、范围、特定要求；

（2）评价过程中采用的方法；

（3）项目评价的主要对比指标；

（4）完成评价的经费和进度。

3. 委托具有相应资质的咨询机构

注意不得委托参加过同一项目前期工作和建设实施工作的工程咨询机构承担该项目的后评价任务。承担项目后评价任务的工程咨询机构在接受委托后，应组建满足专业评价要求的工作组。应重视公众参与，广泛听取各方面意见，并在项目后评价报告中予以客观反映。

（二）项目单位进行自我评价

列入项目后评价年度计划的项目单位，应当在项目后评价年度计划下达后一定时间内，进行自我评价，并报送项目自我总结评价报告。报告的主要内容包括：

（1）项目概况：项目目标、建设内容、投资估算、前期审批情况、资金来源及到位情况、实施进度、批准概算及执行情况等。

（2）项目实施过程总结：前期准备、建设实施、项目运行等。

（3）项目效果评价：技术水平、财务及经济效益、社会效益、环境效益等。

（4）项目目标评价：目标实现程度、差距及原因、持续能力等。

（5）项目建设的主要经验教训和相关建议。

（三）受委托咨询机构执行项目后评价工作

承担项目后评价任务的工程咨询机构应当按照委托要求，根据应遵循的评价方法、工作流程、质量保证要求和执业行为规范，独立开展项目后评价工作，按时、保质地完成项目后评价任务，提出合格的项目后评价报告。

1. 资料信息的收集

项目后评价的资料一般包括：

（1）项目自我评价报告、项目完工报告、项目竣工验收报告；

（2）项目决算审计报告、项目概算调整报告及其批复文件；

（3）项目开工报告及其批复文件、项目初步设计及其批复文件；

（4）项目评估报告、项目可行性研究报告及批复文件等。

此外，可能还需要项目所在地区的相关资料、国家和地区的统计资料、物价信息等。后评价方法规定的资料应根据委托者的要求进行收集。

2. 现场调查

项目后评价现场调查应事先做好充分准备，明确调查任务，制定调查提纲。调查任务一般应回答以下问题：

（1）项目基本情况。项目的实施情况如何？目标是否合理？是否实现？是否应该考虑其他目标？

（2）目标实现程度。原定目标的实现程度如何？目标实现的关键因素是什么？从宏观目标考虑，项目目标是否表达清楚？是否还需要对项目的作用和影响作进一步评价？

（3）作用和影响。项目产生了什么样的结果？不仅包括直接的结果，还应包括对社会、环境及其他发展因素的作用和影响。

3. 分析和结论

在现场调查之后，应对资料进行全面认真的分析，主要研究以下问题：

（1）总体结果。项目的成功度及形成原因是什么？项目的投入与产出是否成正比？项目是否按时并在投资预算内实现了目标？成功和失败的主要经验教训是什么？

（2）可持续性。项目在维持长期运营方面是否存在重大问题？

（3）方案比选。是否有更好的方案来实现这些成果？

（4）经验教训。项目有哪些经验教训？对未来规划和决策有哪些参考意义？

4. 项目后评价报告

项目后评价报告是评价结果的汇总，应真实反映情况，客观分析问题，认真总结经验。同时，项目后评价报告是反馈经验教训的主要文件形式，必须满足信息反馈的需要，要有相对固定的内容格式，便于分解和计算机录入。

(四) 项目后评价的反馈

1. 反馈的意义

反馈是项目后评价的主要特点，它是一个表达、扩散，以及采纳、应用评价成果的动态过程。项目后评价的作用和目的在于，它所总结出来的经验教训能在项目周期的不同阶段被借鉴、采纳和应用，对国家和企业提高规划制定、项目审批、投资决策、项目管理的水平具有积极的作用。所以，评价成果反馈的好坏是项目后评价能否达到最终目的的关键之一。

2. 反馈机制

必须建立明确的反馈机制，以确保评价成果的扩散和应用。

例如，亚洲开发银行除了设有评价局，还设有后评价办公室和高层次的后评价成果管理委员会。通过出版物（以年报、年报分析、成果摘录、研究报告等多种形式的出版物，将项目后评价成果服务于需要的部门）、项目后评价信息计算机系统和数据库、各种成果反馈讨论会，以及内部培训和研讨等方式促进项目后评价成果的扩散。同时通过加强与董事会的联系，以及运用行政管理手段强化后评价成果的应用。

国家发展改革委印发的《中央政府投资项目后评价管理办法》指出，要定期以适当的方式汇编后评估成果，大力推广成功经验，不断提高投资决策水平和政府投资效益。

二、项目后评价的方法

前面已经提到，项目后评价方法应当遵循宏观分析与微观分析相结合、定量分析与定性分析相结合的原则。在此基础上，目前常用的方法主要有以下三种。

(一) 对比分析法

对比分析法是项目后评价的基本方法，包括前后对比法（before and after comparison）和有无对比法（with and without comparison）。

1. 前后对比法

此法一般是将项目实施前与建成后的实际情况加以对比，测定项目的效益和影响。主要将项目前期可行性研究所预测的建设成果、规划目标、投入产出、效益和影响与建成投产后的实际情况加以比较，从中找出存在的差别及原因。这种比较是进行项目后评价的基础。

2. 有无对比法

此法是将投资项目建设与投产后，在项目所在地区内产生的实际效果和影响，与如果该项目不存在，该地区可能的情况进行对比分析。由于项目所在地可能发生的变化不一定仅仅是由项目本身造成的，还可能是项目之外许多其他因素共同作用的结果，所以，对比的重点是剔除那些非项目因素，对归因于项目的效果加以正确的定义和度量。

例 11－1

试对某提高小麦产量的农业项目进行分析。

解：项目实施期间正值农业改革，国家多次调整农产品价格，实行家庭联产承包责任制，极大地推动了农村经济的发展和农产品产量的提高。因此，即使在没有安排该项目的情况下，项目区的小麦产量也会有较大的提高。所以必须选定一个在项目启动前气候、水文、地貌、管理和技术水平与项目区基本相同的非项目对照区(control area)，作为项目区在无项目条件下发展的假设情况，用来与项目区进行比较。

由于非项目对照区的起始条件往往不可能与当时的项目区完全相同，一般要通过非项目对照区的一些指标来测算项目区在无项目条件下可能发生的指标。如小麦单产，需要按在起始年项目区与非项目对照区实际单产的比例，测算项目区在无项目时各年的小麦单产。

确定项目区无项目时的单产公式为：

$$Y_t = Y_p / Y_n \times Y_{nt}$$

式中，Y_t 表示第 t 年项目区无项目时的单产；Y_p 表示项目区起始年的实际单产；Y_n 表示非项目区起始年的实际单产；Y_{nt} 表示第 t 年非项目区的实际单产。

经计算（各年数据、单产计算过程和小麦播种面积计算过程略），可列出有无项目小麦产量对比表（见表 11－1），从而剔除了项目以外的影响因素（无项目情况下，小麦产量也有所提高），以正确地评价项目的增量效益。

表 11－1　有无项目小麦产量对比表

	指标值	计量单位	1982 年	1983 年	1984 年	1985 年	1986 年	1987 年
无项目	小麦单产	千克/亩	228	271	285	294	263	235
	播种面积	万亩	13.0	13.9	14.2	16.8	20.1	18.5
	小麦产量	吨	29 640	37 669	40 470	49 392	52 836	43 475

续表

	指标值	计量单位	1982 年	1983 年	1984 年	1985 年	1986 年	1987 年
有项目	小麦单产	千克/亩	228	290	296	308	286	252
	播种面积	万亩	13.0	14.5	14.6	17.3	20.3	18.5
	小麦产量	吨	29 640	42 050	43 216	53 284	58 058	46 620
对比	产量增加量	吨	0	4 381	2 745	3 892	5 195	3 145

项目后评价效益的分析一般应对比项目前后和有无项目的主要指标，以便分析原因（见表 11－2）。表中后评价计算值是以实际发生值为基础，剔除物价因素影响后的数据。无项目假定预测值可取项目前期的有无对比数据，或用对照区的数据。

表 11－2　效益指标对比表

指标	有项目		无项目
	前评价预测值	后评价计算值	假定预测值
项目总投资			
项目产品成本			
项目销售收入			
FIRR（%）			
FNPV			
建设期（年）			
投资回收期（年）			
资产负债率（%）			
EIRR（%）			
ENPV			

（二）逻辑框架法

1. 概念和表格

逻辑框架法（logical framework approach，LFA）是美国国际开发署（USAID）在 1970 年开发使用的一种设计、计划和评价工具，已经广泛应用到项目策划设计、风险分析、评估、实施检查、监测评价和可持续分析的实践中。它是一种概念化论述项目的方法，即用一张简单的框架表清晰地分析一个复杂项目的内涵和关系。它不是一种机械方法程序，而是一种综合、系统的研究和分析问题的思维框架。在项目后评价中予以采用有助于对关键因素和问题作出系统的、合乎逻辑的分析。

LFA 使用一个矩阵，基本模式如表 11－3 所示，供读者参考。

表11-3 项目后评价逻辑框架表

项目描述	可客观验证的指标			原因分析		项目可持续能力
	原定指标	实现指标	差别或变化	内部原因	外部条件	
项目宏观目标 项目直接目的 产出/建设内容 投入/活动						

资料来源：国务院国有资产监督管理委员会发布的《中央企业固定资产投资项目后评价工作指南》附件1.

2. 问题树和目标树

为了建立LFA中的目标层次，可用问题树和目标树模型进行分析。它们是建立和编制LFA的基础，可作为项目后评价的一个步骤（见图11-1）。

问题树用来分析问题（后果）与原因的因果关系，由以分析核心问题（或后果）为中心的“树”和“树枝”组成，“树枝”是问题的间接原因和直接原因。

目标树用来分析目标与措施间的因果关系，由以需要达到的核心目标为中心的“树”和“树枝”组成，“树枝”是达到目标的手段和措施。

例11-2

某高速公路项目是世界银行贷款项目“中国公路项目”中的分项目之一，整个贷款项目的目的是：通过对交通部及其地方部门的支持，帮助中国国家和地方政府实施交通发展规划，以适应和促进工农业的需求和发展；同时引进项目管理的先进方法，提高未来项目建设的质量，改善公路项目的投资效益，开展公路规划的研究，提高专业人员的素质和能力。试进行项目后评价。

解：该项目后评价采用逻辑框架法。项目分层次的目标和任务如表11-4和图11-1所示。

表11-4 项目后评价逻辑框架表

各层次目标	验证指标	方法和资料来源	外部重要条件
影响：形成国家公路网，促进经济发展	国务院××年的要求，交通部公路发展规划	国务院文件，国家统计资料	国家宏观经济发展方针和政策
作用：打通国道“断头路”即××北通路，提高公路项目管理水平，促进××地区经济发展	××国道与××国道的连通，形成项目评价、招标和监测等管理机制，三个县及××地区工农业经济指标的增长	项目完工报告和审核报告（世界银行），项目自评报告，××省统计资料，现场调查	合理的计划，合理的公路收费，地方的支持，较小的汇率风险
产出：建设该公路项目，引入项目管理机制，培训专业人员	公路于××年××月正式投入运营，工期延误10个月，交通量平均年增长25%	项目监测和竣工报告，统计资料，现场调查	国际招标的经验，当地社区的支持，天气条件

续表

各层次目标	验证指标	方法和资料来源	外部重要条件
投入：资金、技术和设备、专业人员、维护保养、材料供应	总投资××亿元，土地，建筑材料数量，××年××月开工	项目实施计划、报告，统计资料	项目决策和搬迁准备等

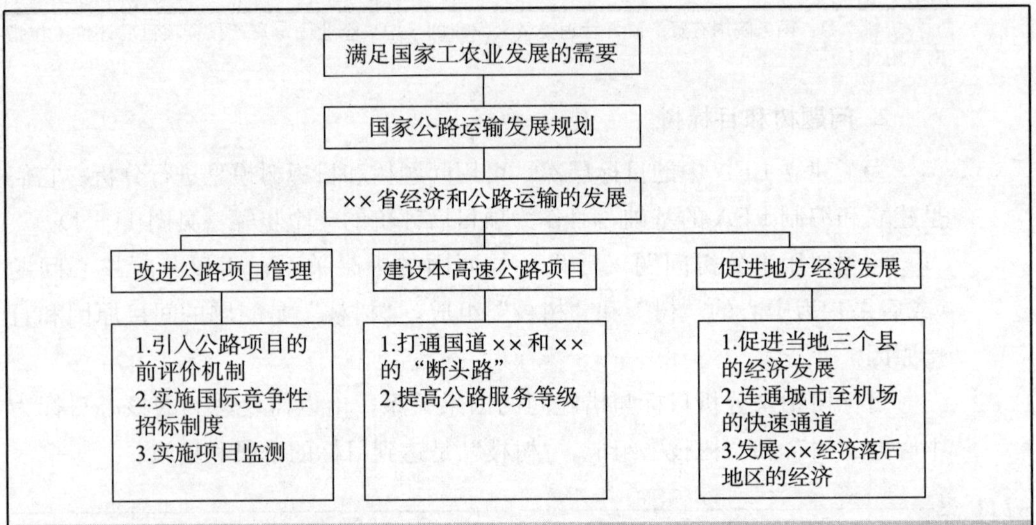

图 11-1　项目的目标树

(三) 成功度分析法

成功度分析法是项目后评价的综合分析方法之一，主要是对项目实现预期目标的成败程度给出一个定性的结论。

1. 成功度的标准

成功度就是对成败程度的衡量标准。一般情况下，成功度可以分为五个等级，各等级的标准如下：

(1) 成功，有时用 A 表示。表明项目的各项目标已经全面实现或超过；相对于成本而言，项目取得了巨大的效益和影响。

(2) 基本成功，有时用 B 表示。表明项目的大部分目标已经实现；相对于成本而言，项目达到了预期的效益和影响。

(3) 部分成功，有时用 C 表示。表明项目实现了原定的部分目标；相对于成本而言，项目只取得了一定的效益和影响。

(4) 不成功，有时用 D 表示。表明项目实现的目标非常有限；相对于成本而言，项目几乎没有取得什么效益和好的影响。

(5) 失败，有时用 E 表示。表明项目的目标是不现实的，根本无法实现；相对于成本而言，项目不得不终止。

2. 成功度的测定

项目的成功度评价是项目后评价中一项重要的工作，是项目评价专家组对项目后评价结论的集体定性。一个大中型项目一般要对十几个重要的和次重要的综合评价因素进行定性分析，确定各项指标的等级（见表 11－5）。

表 11－5　成功度评价表

评价项目指标	项目相关重要性	评定等级
宏观目标和产业政策		
决策及其程序		
布局与规模		
项目目标及市场		
设计与技术装备水平		
资源和建设条件		
资金来源和融资		
项目进度及其控制		
项目质量及其控制		
项目投资及其控制		
项目经营		
机构和管理		
项目财务效益		
项目经济效益和影响		
社会和环境影响		
项目可持续性		
项目总评		

资料来源：国务院国资委发布的《中央企业固定资产投资项目后评价工作指南》附件 5：《投资项目后评价报告》标准格式的附件 2.

说明：(1) 项目相关重要性分为重要、次重要、不重要。

(2) 评定等级：A——成功；B——基本成功；C——部分成功；D——不成功；E——失败。

3. 项目成功度评价的程序

（1）确定评议专家；

（2）选定综合评价指标并确定其权重；

（3）专家个人打分；

（4）专家集体评议；

（5）进行数据处理；

（6）得出成功度评价的等级。

4. 测定的步骤和方法

在评定具体项目的成功度时，并不一定要测定表 11－5 中的所有指标。评价人员首先要根据具体项目的类型和特点，确定表 11－5 中指标与项目的相关程度，把它们分为重要、次重要和不重要三类，在表中相关重要性一栏中注明。对于不重要的指标，无须测定。一般的项目实际需要测定的指标为7～10个。

在测定各项指标时，采用打分制，分别用A、B、C、D、E表示。通过将指标重要性分析和单项成功度结论的综合，可得到整个项目的成功度指标，也用A、B、C、D、E表示，填入表11-5的项目总评栏内。

在具体操作时，项目后评价组的每个成员各填好一张表后，对各项指标的取舍和等级进行内部讨论，或经必要的数据处理，形成评价组的成功度表，再将结论写入项目后评价报告。

第4节　项目后评价的综合结论与报告

一、项目后评价的综合评价和结论

项目后评价报告的最后一部分内容包括对项目的综合评价和结论，经验教训，建议和措施等。

(一) 对项目的综合评价和结论

综合评价应汇总整个项目后评价工作，以便得出项目实施和成果的定性结论。综合评价以如下三张表为主要依据：

(1) 逻辑框架表，如表11-3所示，评定项目的目标合理性、实现程度及外部条件。

(2) 项目效益指标对比表，如表11-2所示，通过前后、有无对比评定项目的投入产出结果。

(3) 成功度评价表，如表11-5所示，就项目实现预期目标的程度给出一个定性的结论。

定性结论可分为成功、部分成功和不成功三个等级。

(二) 经验教训

经验教训主要是两方面的：一是项目本身的重要收获和教训；二是可供其他项目借鉴的经验教训。也可以从项目、企业、行业、宏观四个方面说明。特别是为项目决策者、投资者、债权人、执行者等提供在项目决策、程序、管理和实施中可借鉴的经验教训，直接为新项目的决策服务。

(三) 建议和措施

根据项目的问题、评价和经验教训，提出对应的建议和措施，包括提出使项目今后持续发挥投资效益和企业潜力的建议和措施。

二、项目后评价报告的格式

下面列示《中央企业固定资产投资项目后评价工作指南》的附件公布的《投资项目后评价报告》标准格式，供参考。[①]

目录

编制单位资质证书

项目后评价实施单位

参加项目后评价人员名单和专家组人员名单

附图：项目地理位置示意图

报告摘要

一、项目概况

（一）项目情况简述

概述项目建设地点，项目业主，项目性质、特点，以及项目开工和竣工时间。

（二）项目决策要点

项目建设的理由，决策目标和目的。

（三）项目主要建设内容

项目建设的主要内容，决策批准生产能力，实际建成生产能力。

（四）项目实施进度

项目周期各个阶段的起止时间，时间进度表，建设工期。

（五）项目总投资

项目立项决策批复投资，初步设计批复概算及调整概算，竣工决算投资和实际完成投资情况。

（六）项目资金来源及到位情况

资金来源计划和实际情况。

（七）项目运行及效益现状

项目运行现状，生产能力实现状况，项目财务经济效益情况等。

二、项目实施过程的总结与评价

（一）项目前期决策总结与评价

项目立项的依据，项目决策过程和程序，项目评估和可行性研究报

① 该标准格式由国务院国资委 2005 年 6 月 2 日发布。

告批复的主要意见。

（二）项目实施准备工作与评价

项目勘察、设计、开工准备、采购招标、征地拆迁和资金筹措等情况和程序。

（三）项目建设实施总结与评价

项目合同执行与管理情况，工程建设与进度情况，项目设计变更情况，项目投资控制情况，工程质量控制情况，工程监理和竣工验收情况。

（四）项目运营情况与评价

项目运营情况，项目设计能力实现情况，项目运营成本和财务状况，以及产品结构与市场情况。

三、项目效果和效益评价

（一）项目技术水平评价

项目技术水平（设备、工艺及辅助配套水平，国产化水平，技术经济性）。

（二）项目财务经济效益评价

项目资产及债务状况，项目财务效益情况，项目财务效益指标分析和项目经济效益变化的主要原因。

（三）项目经营管理评价

项目管理机构设置情况，项目领导班子情况，项目管理体制及规章制度情况，项目经营管理策略情况，项目技术人员培训情况。

四、项目环境和社会效益评价

（一）项目环境效益评价

项目环保达标情况，项目环保设施及制度的建设和执行情况，环境影响和生态保护。

（二）项目社会效益评价

项目主要利益群体，项目的建设实施对当地（宏观经济、区域经济、行业经济）发展的影响，对当地就业和人民生活水平提高的影响，对当地政府的财政收入和税收的影响。

五、项目目标和持续性评价

（一）项目目标评价

项目的工程目标、技术目标、效益目标（财务经济）、影响目标（社会环境和宏观目标）。

（二）项目持续性评价

根据项目现状，结合国家的政策、资源条件和市场环境对项目持续性进行分析，预测产品的市场竞争力，从项目内部因素和外部条件等方面评价整个项目的持续发展能力。

六、项目后评价结论和主要经验教训

（一）项目成功度评价

（二）评价结论和存在的问题

（三）主要经验教训

七、对策建议

（一）对项目和项目执行机构的建议

（二）对中央企业的对策建议

（三）宏观对策建议

复习题

1. 项目后评价的含义和目的是什么？

2. 项目后评价的基本原则是什么？

3. 项目后评价的基本内容有哪些？

4. 制定项目后评价计划的工作有哪些主要内容？一般应当选择什么样的项目进行后评价？

5. 简述项目单位进行自我评价的主要内容。

6. 简述受委托咨询机构执行项目后评价工作的主要内容。

7. 项目后评价反馈的特点和意义有哪些？

8. 通过例 11－1 可以了解什么问题？

9. 项目后评价报告的综合评价和结论部分应当包括哪些内容？

案　例

案例 1　新建化工厂财务评价

学习要点

（1）项目财务评价各个步骤的具体计算细节。

（2）融资方案的选择和方案 1、方案 2 的比选。

一、案例说明

某化工厂是新建项目，在经过可行性研究完成市场需求预测，对拟建规模、所需资源、原材料、燃料、动力等供应条件进行分析、考察，并确定工程技术设计方案、建厂条件和厂址方案、公用及辅助工程和设施，以及环境保护方案，完成工厂组织和劳动定员及项目实施规划等（即可行性研究的前八项工作）的研究论证之后，需要对项目进行财务评价（由于是比较典型的市场经营性企业投资项目，可不作经济费用效益评价）。

二、项目概况

该项目的产品是生产化纤纺织品的重要新原料，国内外市场供不应求，国内每年需要一定数量的进口。项目投产后，产品可以替代进口，部分产品出口。

项目生产规模为 20 万吨/年，30%的产品出口国外。项目建设期为 3 年，生产期为 9 年，计算期为 12 年。总投资在建设期 3 年内按 20％、55％、25％的比例投入。项目第 4 年投产，投产当年生产负荷达到设计能力的 55％，第 5 年达到 85％，第 6～12 年达到 100％。

项目由甲、乙、丙三方投资者共同投资，投资比例分别占总权益资金投资的 40％、30％和 30％。

该项目建设有两个主要方案可供选择：

方案 1：从国外引进先进技术和设备。该方案初始投资大，但产品质量和价格具有优越性。

方案 2：选用国产设备。该方案购置费用较低，但产品质量和价格略低于方案 1 的水平。

三、主要步骤

第一步，分别对方案 1 和方案 2 进行财务评价，检验各自的绝对效果（限于篇幅，略去方案 2 的财务评价）。

第二步，如果方案 1 和方案 2 都通过了绝对效果检验，采用差额内部收益率法进行比较，确定最优方案。

四、主要参数

判据参数：项目行业融资前税前财务基准收益率为 14％，项目资本金税后财务基准收益率为 16％，投资者的机会成本为 12％。该行业的静态基准投资回收期为 7.5 年，利息备付率的最低可接受值为 2，偿债备付率的最低可接受值为 1.3，资产负债率的合理区间为 40％～60％。

计算参数：流动资金借款利率为 6.12％，国内长期借款利率为 6.84％，筹资费率为 0.5％；国外长期借款利率为 6.85％，筹资费率为 2％。

产品价格：预测到生产期初，项目同类产品到岸价（CIF）为 432 美元/吨，离岸价（FOB）为 425 美元/吨。

外汇牌价为 7.950 8 元人民币/美元，影子汇率换算系数为 1.08。

项目适用的增值税税率为 17％，城市维护建设税税率为 7％，教育费附加费率为 3％，所得税税率为 33％。

固定资产残值率为 5％，修理费用占折旧费的 30％，基本预备费率为 7％。

估计的建设期价格上涨指数为 4.4％。

五、项目的财务评价

(一) 融资方案的选择

项目有两种可供选择的融资方案：

1. 融资方案A：权益资金＋银行借款

采用这种融资方案的相关数据如下：

- 总投资96 462.30万元。
- 权益资金由甲、乙、丙三方投资，共投入32 441.53万元。
- 国外长期借款21 000万元，年利率为6.85%，筹资费率为2%。
- 国内借款41 920.77万元，其中，长期借款34 420.77万元，年利率为6.84%，筹资费率为0.5%；流动资金借款8 600万元，年利率为6.12%。
- 项目所得税税率为33%。

根据上述筹资方案提供的资料，各种资金成本如下：

- 国内长期借款 $K_1=6.84\%\times(1-33\%)\div(1-0.5\%)=4.61\%$
- 国内流动资金借款 $K_2=6.12\%\times(1-33\%)=4.10\%$
- 国外长期借款 $K_3=6.85\%\times(1-33\%)\div(1-2\%)=4.68\%$
- 项目权益资金投资的机会成本 $K_4=12\%$

各项资金占项目投资总额的比重分别为：

- 国内长期借款 $f_1=34\ 420.77\div96\ 462.30=35.68\%$
- 国内流动资金借款 $f_2=8\ 600\div96\ 462.30=8.92\%$
- 国外长期借款 $f_3=21\ 000\div96\ 462.30=21.77\%$
- 权益资金 $f_4=32\ 441.53\div96\ 462.30=33.63\%$

加权资金成本为：

$$\begin{aligned}K_A&=\sum_{i=1}^{n}K_if_i\\&=4.61\%\times35.68\%+4.10\%\times8.92\%+4.68\%\times21.77\%\\&\quad+12\%\times33.63\%\\&=7.07\%\end{aligned}$$

2. 融资方案B：自有资金＋发行债券

B方案在第1、2、3年分别发行10年期、年利率为7.35%的企业债券11 084.15万元、30 481.42万元和13 855.19万元，债券平价发行，每年年末付息，第10年末还本，债券发行费率为2%。

流动资金借款8 600万元，年利率为6.12%。

企业所得税税率为33%。

B方案的总投资估算如下：

B方案的债券须替代A方案中的国内外长期借款55 420.77万元，按原比例投入，在建设期3年中分别为11 084.15万元、30 481.42万元和13 855.19万元。

$$
\begin{aligned}
\text{债券的建设期利息} &= 11\,084.15\times7.35\%+41\,565.57\times7.35\% \\
&\quad +55\,420.77\times7.35 \\
&= 7\,943.18(\text{万元})
\end{aligned}
$$

$$\text{债券的筹资费}=55\,420.77\times2\%=1\,108.42(\text{万元})$$

B方案的权益资金包括A方案中三方投资者投入的29 851.01万元（不包括原建设期利息和筹资费）、债券的筹资费和建设期利息。

$$
\begin{aligned}
\text{B方案的权益资金} &= 29\,851.01+7\,943.18+1\,108.42 \\
&= 38\,902.61(\text{万元})
\end{aligned}
$$

$$
\begin{aligned}
\text{B方案的总投资} &= \text{权益资金}+\text{债券}+\text{流动资金借款} \\
&= 38\,902.61+55\,420.77+8\,600 \\
&= 102\,923.38(\text{万元})
\end{aligned}
$$

根据上述筹资方案提供的资料，各种资金成本如下：

- 债券 $K_1=7.35\%\times(1-33\%)\div(1-2\%)=5.03\%$
- 流动资金借款 $K_2=6.12\%\times(1-33\%)=4.10\%$
- 项目权益资金投资的机会成本 $K_3=12\%$

各项资金占项目投资总额的比重分别为：

- 债券 $f_1=55\,420.77\div102\,923.38=53.85\%$
- 流动资金借款 $f_2=8\,600\div102\,923.38=8.35\%$
- 权益资金 $f_3=38\,902.61\div102\,923.38=37.80\%$

加权资金成本为：

$$
\begin{aligned}
K_B &= \sum_{i=1}^{n} K_i f_i \\
&= 5.03\%\times53.85\%+4.10\%\times8.35\%+12\%\times37.80\% \\
&= 7.58\%
\end{aligned}
$$

因此$K_A<K_B$。

A方案的总资金成本最低，且权益资金投入较小，所以选择A方案的筹资方式。

（二）财务预测

1. 总投资估算

（1）建设投资估算（见表C1-2和表C1-3）。

1）因关键设备将从国外购买，设备购置和安装工程费中分别含2 200万美元和400.24万美元。

2）固定资产其他费用为1 600万元，政府对征地给予相当大的优惠。土地使用费（土地征用、迁移补偿、土地使用权等）和土地管理费、耕地占用税和开垦费等为1 200万元。

3）基本预备费。

基本预备费=(工程费+固定资产其他费用)×基本预备费率
=(66 930+1 600)×7%=4 797(万元)

4）涨价预备费：固定资产投资中，对国内配套工程投资考虑了涨价因素。将国内工程年投资额按价格上涨指数4.4%进行估算，求出涨价预备费。

国内工程费=66 930-2 600.24×7.950 8=46 256(万元)

国内工程费按年投资比例20%、55%和25%进行配置，即建设期3年分别投入9 251.2万元、25 440.8万元和11 564万元。

$$涨价预备费=9\ 251.2\times(1.044-1)+25\ 440.8\times(1.044^2-1)+11\ 564\times(1.044^3-1)=4\ 282(万元)$$

5）无形资产：拟购买的专利权价值76万元；另需购买非专利技术400万元（含41万美元），无形资产合计476万元。

6）其他资产包括咨询调查费、筹建费、人员培训费等共405万元。

由上述数据可得

本方案建设投资=固定资产投资+无形资产投资+其他资产投资+预备费
=68 530+476+405+9 079
=78 490(万元)

（2）建设期利息（见表C1-7）。

1）国内借款建设期利息。项目在建设期第1、2、3年，分别向中国建设银行借款6 265万元、15 660万元和9 400万元，年利率为6.84%，建设期内不偿还利息，本息要求从借款年开始，7年内偿还完毕。

计算建设期利息：

第1年利息=6 265/2×6.84%=214.263(万元)

第 1 年期末借款余额＝6 265＋214.263＝6 479.263(万元)

第 2 年利息＝(6 479.263＋15 660/2)×6.84%
＝978.753 6(万元)

第 2 年期末借款余额＝15 660＋6 479.263＋978.753 6
＝23 118.016 6(万元)

第 3 年利息＝(23 118.016 6＋9 400/2)×6.84%
＝1 902.752 3(万元)

第 3 年期末借款余额＝9 400＋23 118.016 6＋1 902.752 3
＝34 420.768 9(万元)

国内借款建设期利息合计＝214.263＋978.753 6＋1 902.752 3
＝3 095.768 9(万元)

计算筹资费用：

国内借款各年筹资费用＝6 265×0.5%＋15 660×0.5%＋9 400×0.5%
＝156.625(万元)

2）国外借款建设期利息。项目在建设期第 1、2、3 年，向国外金融机构分别借入美元，折合人民币4 200 万元、10 500 万元和 6 300 万元，年利率为 6.85%，筹资费率为 2%，在建设期内要求偿还建设期利息（本案例使用权益资金偿还），本金在项目投产后分 7 年等额偿还。

计算建设期利息①：

第 1 年利息＝4 200/2×6.85%＝143.85(万元)

第 1 年期末借款余额＝4 200(万元)

第 2 年利息＝(4 200＋10 500/2)×6.85%＝647.325(万元)

第 2 年期末借款余额＝4 200＋10 500＝14 700(万元)

第 3 年利息＝(14 700＋6 300/2)×6.85%＝1 222.725(万元)

第 3 年期末借款余额＝14 700＋6 300＝21 000(万元)

国外借款建设期利息合计＝143.85＋647.325＋1 222.725
＝2 013.9(万元)

计算筹资费用②：

① 当年偿还建设期利息，年末累计借款不包括当年利息。

② 由于国外借款利息在建设期内需要偿还，本方案由权益资金（投资方出资）偿还国外借款的建设期利息和筹资费用（用美元给付，合 306.12 万美元），因此建设期利息中包括 306.12 万美元。国内借款的筹资费用也由权益资金支付。

国外借款各年筹资费用=4 200×2%+10 500×2%+6 300×2%
=420(万元)

国内外建设期利息合计(包括筹资费)
=3 095.768 9+156.625+2 013.9+420
=5 686.29(万元)

(3) 流动资金估算（见表 C1-4，需使用表 C1-10 中的总成本费用数据）。[1]

计算第4年所需流动资金：

$$应收账款=\frac{年运营成本+原材料、燃料、动力的进项税额}{年周转次数}$$

$$=\frac{24\ 329.46+2\ 914.89+395.69}{12}=2\ 303.33(万元)$$

$$原材料=\frac{外购原材料+外购原材料的进项税额}{年周转次数}$$

$$=\frac{17\ 146.26+2\ 914.86}{6}=3\ 343.52(万元)$$

$$燃料=\frac{外购燃料+外购燃料的进项税额}{年周转次数}$$

$$=\frac{836.00+142.12}{6}=163.02(万元)$$

$$在产品=\frac{\begin{matrix}外购原材料\\及其进项税额\end{matrix}+\begin{matrix}外购燃料\\及其进项税额\end{matrix}+\begin{matrix}外购动力\\及其进项税额\end{matrix}+\begin{matrix}工资、\\福利费\end{matrix}+修理费}{年周转次数}$$

$$=\frac{17\ 146.26+2\ 914.86+836+142.12+1\ 491.6+253.57+1\ 488+2\ 637.6}{12}$$

$$=2\ 242.5(万元)$$

$$产成品=\frac{运营成本+外购原材料、燃料、动力的进项税额}{年周转次数}$$

$$=\frac{24\ 329.46+2\ 914.86+395.69}{18}=1\ 535.56(万元)$$

第4年存货=外购原材料+燃料+在产品+产成品
=3 343.52+163.02+2 242.5+1 535.56
=7 284.6(万元)

$$现金=\frac{工资、福利费+其他}{年周转次数}=\frac{1\ 488+730}{24}=92.42(万元)$$

---

[1] 在流动资金估算中，由于要求使用含税价格，因此需要在相关表各年原来不含税的费用和收益中，分别加入进项税额或销项税额。本案例中忽略了年其他费用（年制造费用、年销售费用）在相关公式中的计算。

$$预付账款^{①}=\frac{外购原材料、燃料、动力及其进项税额\times 30\%}{年周转次数}$$

$$=\frac{(17\ 146.26+2\ 914.86+2\ 327.6+395.69)\times 30\%}{12}$$

$$=569.61(万元)$$

第 4 年流动资产＝应收账款＋预付账款＋存货＋现金

＝2 303.33＋569.61＋7 284.6＋92.42

＝10 249.96(万元)

$$应付账款=\frac{\text{外购原材料及其进项税额}+\text{外购动力及其进项税额}+\text{外购燃料及其进项税额}}{年周转次数}$$

$$=\frac{17\ 146.26+2\ 914.86+1\ 461.6+253.57+836+142.12}{12}$$

$$=1\ 898.7(万元)$$

$$预收账款=\frac{第\ 4\ 年营业收入+销项税额}{年周转次数}$$

＝37 408×1.17×30％/12＝1 094.18(万元)

第 4 年流动负债＝应付账款＋预收账款

＝1 898.7＋1 094.18＝2 992.89(万元)

第 4 年流动资金＝流动资产－流动负债

＝10 249.96－2 992.89＝7 257.08(万元)

第 5 年流动资金＝10 609.7(万元)

第 6～12 年流动资金＝12 286.01(万元)

各年流动资金投资为：

第 4 年＝7 257.08(万元)

第 5 年＝第 5 年流动资金－第 4 年流动资金

＝10 609.7－7 257.08＝3 352.62(万元)

第 6 年＝第 6 年流动资金－第 5 年流动资金

＝12 286.01－10 609.7＝1 676.31(万元)

第 7 年＝第 7 年流动资金－第 6 年流动资金

＝12 286.01－12 286.01＝0

流动资金投资合计＝7 257.08＋3 352.62＋1 676.31＝12 286.01(万元)

将建设期利息和流动资金投资填入表 C1－2，可得出总投资为 96 462.3

① 设预付 30％购货费用；预收 30％营业收入。

万元。

2. 债务的偿还（见表 C1－7）

债务偿还的估算包括对应付本金和利息的计算、偿付时间和资金来源的安排。建设期利息已经在前面计算出来，这里通过表 C1－7（长期）借款还本付息计划表对本金的偿还和利息的支付进行计算。

（1）偿还本金的资金来源是未分配利润（见表 C1－11）、摊销费和折旧费（见表 C1－6）。通过表 C1－1 根据实际需要予以安排，每年偿还的本金不应超过当年项目所能提供的资金。

（2）本金的偿还。

1）国外贷款本金偿还：国外贷款总计 21 000 万元。本金从生产期开始，分 7 年等额偿还，每年偿付 21 000÷7＝3 000 万元。

2）国内借款本金偿还：项目每年偿付国外借款应付本金 3 000 万元后，剩余的资金用于国内贷款本金的偿还。但必须满足债权人的要求——从借款年起，在 7 年内偿还完全部本金。

3）利息的偿还①：

生产期各年应偿付的借款利息＝期初借款余额×年利率

3. 资金规划与筹措（见表 C1－5 和表 C1－7）

通过表 C1－2 至表 C1－4 将总投资估算好之后，需要通过表 C1－5 将资金筹措逐年落实。制作该表的目的是使资金筹措满足总投资的需求，且权益资金投入的水平达到一定比例（本项目最低要求为 30％，实际在建设投资中达到 34％，在流动资金中达到 30％）。

（1）总投资的使用分配。建设投资按照 20％、55％和 25％的比例在建设期 3 年内分配。建设期各年的利息为当年国内外借款利息之和（包括筹资费用），由表 C1－7 而来。流动资金投资按照表 C1－4 的相应数据填列。

（2）长期借款的安排。国内外长期贷款按前述各年安排，填入债务资金的用于建设投资栏内。

（3）流动资金借款部分：流动资金投资的借款共 8 600 万元（约占流动资金的 70％），向中国工商银行贷款，年利率为 6.12％，在第 4、5、6 年分别借入 5 000 万元、2 000 万元和 1 600 万元。填入债务资金的用于流动资金栏内。

（4）权益资金投入。利用表 C1－5，在确定了各年借款金额的条件下，安排权益资金补足各年所需各项金额，由甲、乙、丙三方按照 40％、30％和 30％

---

① 在表 C1－7 中，计算出的生产期各年应付利息计入方案成本（见表 C1－10）。偿还本金的资金来源只用于偿还本金。

的比例投入。

权益资金首先用于偿还国外借款建设期利息，以及国外借款的筹资费。这两项费用需用美元偿付，由二个投资方按比例出资。其次用于补足各年建设投资所需资金的缺口（本案例约占建设投资的 34%），补足流动资金投资各年所需资金的缺口（约占流动资金总额的 30%）。

4. 成本估算（见表 C1－8 至表 C1－10）

（1）外购原材料、燃料和动力等价格，均是以现行市场价格为基础对生产初期价格的预测。按照第 4、5 以及 6～12 年生产负荷达到设计生产能力的 55%、85%和 100%，计算各年所需原材料、燃料和动力的费用（见表 C1－8 和表 C1－9）。

（2）工资、福利费。全厂定员 600 人，人均年工资 2 万元，福利费按工资总额的 24%提取，全年工资及福利费共计 1 488 万元。

（3）折旧费和摊销费（见表 C1－6）。[1]

$$\begin{aligned}&\text{年固定资产折旧额}\\&=\frac{\text{固定资产原值}\times(1-\text{固定资产残值率})}{\text{折旧年限}}\\&=\frac{(\text{固定资产投资}+\text{建设期利息}+\text{预备费})\times(1-\text{固定资产残值率})}{\text{折旧年限}}\\&=\frac{(68\ 530+5\ 686.29+9\ 079)\times(1-5\%)}{9}\\&=83\ 295.29\times95\%\div9\approx8\ 792(\text{万元})\end{aligned}$$

$$\text{固定资产余值}=83\ 295.29-8\ 792\times9=4\ 167.29(\text{万元})$$

$$\text{年无形资产摊销额(第 4～10 年)}=\frac{\text{无形资产总额}}{\text{摊销年限}}=\frac{476}{7}=68(\text{万元})$$

$$\text{年其他资产摊销额(第 4～8 年)}=\frac{\text{其他资产总额}}{\text{摊销年限}}=\frac{405}{5}=81(\text{万元})$$

（4）修理费。本项目的修理费约占折旧费的 30%。

$$\text{每年的修理费}=8\ 792\times30\%=2\ 637.6(\text{万元})$$

（5）利息支出。各年长期借款利息如表 C1－7 所示。

$$\text{流动资金利息}=\text{各年占用流动资金借款}\times\text{流动资金借款年利率}$$

各年流动资金借款额如表 C1－5 所示。[2]

---

① 固定资产、无形资产和递延资产经过折旧和摊销后，各年净值将作为资产的一部分列入表 C1－13。

② 当年发生的流动资金借款按全年计息。

第4年流动资金利息＝5 000×6.12％＝306(万元)

第5年流动资金利息＝(5 000＋2 000)×6.12％＝428.4(万元)

第6～12年流动资金利息＝(5 000＋2 000＋1 600)×6.12％

＝526.32(万元)

项目的短期借款是在第4年向银行借入的短期资金98.96万元，用于弥补短期资金缺口（见表C1-12），年利率为6.12％，在第5年本金和利息一起归还。

第5年短期借款利息＝98.96×6.12％＝6.06(万元)

(6) 其他费用。即在生产费用、制造费用、销售费用、管理费用中扣除工资及福利费、折旧费、摊销费、修理费之后的费用，经过估算为730万元。其中，各种税项为每年280万元。

(7) 总成本费用为以上各项费用的加总。

运营成本＝总成本－折旧费－摊销费－利息支出

5. 销售收入及利润分配估算（见表C1-11）

(1) 产品销售收入。由于项目产品可以替代进口产品，并部分出口，参考近几年该产品的国际市场价格，并考虑其变化趋势，预测到生产期初，每吨到岸价可定为432美元/吨，离岸价可定为425美元/吨。

对于内销产品，可以参考进口同类产品的到岸价432美元/吨，合人民币3 435元/吨（项目所在地即为港口，因此不考虑运费，同时忽略贸易费）。但考虑项目产品可以稍低于进口价格，因此最终估算内销产品的国内价格为3 410元/吨。项目出口产品的价格按预测的国际市场离岸价为425美元/吨，合人民币3 379.1元/吨。

项目生产能力为20万吨/年，各年产量的30％出口。第4、5以及6～12年的产量分别为设计产量的55％、85％和100％。

第4年销售收入＝3 410×20×55％×0.7＋425×7.950 8×20×55％×30％

＝37 408(万元)

第5年销售收入＝57 812.36(万元)

第6～12年销售收入＝68 014.54(万元)

(2) 税金及附加。税金及附加包括城市维护建设税和教育费附加。

项目适用的增值税税率为17％，城市维护建设税税率为7％，教育费附加费率为3％。

项目产品出口部分按国家有关规定享受退税待遇，查表可得出口化工原料出口退税率为15%。

计算第4年税金及附加：

1）增值税：

$$\begin{aligned}\text{当期不予抵扣或退税的税额} &= \text{当期出口货物离岸价}\times\text{人民币外汇牌价}\times\left(\text{增值税条例规定的税率}-\text{出口货物退税率}\right)\\ &=425\times7.950\,8\times20\times55\%\times30\%\times(17\%-15\%)\\ &=223.02(\text{万元})\end{aligned}$$

$$\begin{aligned}\text{当期全部进项税额} &= \text{外购原材料、燃料、动力}\times\text{增值税税率}\\ &=(17\,146.26+836+1\,491.6)\times17\%\\ &=3\,310.56(\text{万元})\end{aligned}$$

$$\begin{aligned}\text{当期应纳税额} &= \text{当期内销货物的销项税额}-\left(\text{当期全部进项税额}-\text{当期不予抵扣或退税的税额}\right)-\text{上期未抵扣完的进项税额}\\ &=3\,410\times20\times55\%\times70\%\times17\%-(3\,310.56-223.02)-0\\ &=1\,376.2(\text{万元})\end{aligned}$$

2）城市维护建设税和教育费附加：

$$\begin{aligned}\text{城市维护建设税} &= \text{增值税}\times\text{城市维护建设税税率}\\ &=1\,376.2\times7\%\\ &=96.33(\text{万元})\end{aligned}$$

$$\begin{aligned}\text{教育费附加} &= \text{增值税}\times\text{教育费附加费率}\\ &=1\,376.2\times3\%\\ &=41.29(\text{万元})\end{aligned}$$

$$\text{税金及附加}=\text{城市维护建设税}+\text{教育费附加}=137.62(\text{万元})$$

同理，第5年税金及附加为212.68万元，第6～12年税金及附加为250.21万元。①

（3）项目适用的所得税税率为33%。项目第4年出现亏损，没有盈利，无须缴纳所得税。

（4）法定盈余公积。项目在第5年，即项目开始盈利的年份按净利润的10%提取法定盈余公积。

（5）利润分配。

$$\text{可供分配利润}=\text{净利润}-\text{盈余公积}-\text{公益金}$$

项目在盈余资金允许的情况下（需要留足偿还长期借款的本金的未分配

① 所有价格均为不含税价格，增值税为价外税，税金及附加中不含增值税。

利润)，第5～7年分别向投资者分配利润2 500万元、5 000万元和5 000万元。

从第8年起，每年分配给投资者的利润为（当年净利润－当年法定盈余公积）×85%。利润分配比例按各投资者出资比例，即甲为40%、乙为30%、丙为30%。

(三) 项目财务效果分析

1. 融资前分析——项目投资现金流量表（见表C1-14）

通过编制表C1-14，进行方案的融资前分析，即排除融资条件的影响，从项目投资总盈利能力的角度，考察方案设计的合理性，计算盈利能力指标，作为初步投资决策的基础。

(1) 投资回收期。

$$\text{静态投资回收期}=\frac{\text{累计净现金流量}}{\text{出现正值的年份}}-1+\frac{\text{上年累计净现金流量的绝对值}}{\text{当年净现金流量}}$$

$$=8-1+\frac{183.55}{27\ 501.71}$$

$$=7.01(\text{年})$$

行业基准静态投资回收期P_c＝7.5年。项目的静态投资回收期小于行业基准静态投资回收期。

(2) 所得税前NPV和IRR。

$$FNPV_{14\%}=17\ 057.88(\text{万元})>0$$

$$FIRR=18.91\%>14\%$$

因此项目方案1是可行的。

(3) 所得税后盈利能力。还可以计算方案所得税后的盈利能力指标。这里的所得税是用息税前利润（EBIT）乘以所得税税率计算出来的。所得税后净现值（i＝14%）为248.05万元；内部收益率为14.08%；静态投资回收期为7.86年。

2. 融资后分析

融资后分析是以设定的融资方案为基础进行的财务分析，考察项目还本付息和缴纳所得税后的盈利能力、偿债能力和财务生存能力等内容。

(1) 盈利能力分析（见表C1-15）。方案融资后盈利能力分析考察投资者整体所能获得的收益水平，它是投资者整体作出最终融资决策的依据。

通过编制表C1-14（项目资本金税后财务基准收益率为16%）可得出

$$FNPV_{16\%}=6\ 726.62(\text{万元})>0$$

$$FIRR = 20.38\% > 16\%$$

（2）偿债能力分析。

1）借款偿还期（见表 C1－7）。通过表 C1－7 可以看出，国外贷款建设期利息按要求在建设期即开始偿还，本金在投产后 7 年内等额偿付；国内借款在首次借款后的 7 年内偿付完毕，可满足借款机构的要求。

2）利息备付率与偿债备付率（见表 C1－7）。表 C1－7 中列示了方案的利息备付率与偿债备付率。

由于第 4 年方案的利润为负，因此利息备付率和偿债备付率小于 1。其他各年的利息备付率均大于 2（指标参数为 2），偿债备付率除第 5 年为 1.24，其余各年均大于 1.3（指标参数为 1.3），数据显示方案有比较强的偿债能力。

3）资产负债率（见表 C1－13）。资产负债表可以反映项目计算期内各年资产、负债和所有者权益情况，通过计算各年的资产负债率，进一步分析项目的清偿能力。

项目第 4 年的资产负债率为 63.84%，以后各年逐年下降，最后一年为 18.40%，说明项目总体偿债能力较强（该指标参数为 40%～60%）。

（3）财务生存能力分析（见表 C1－12）。通过财务计划现金流量表的编制，分析项目是否有足够的净现金流量维持正常的运营，以实现财务可持续性。在表 C1－12 中，方案在投产后的第 4 年净现金流量和累计盈余资金出现负值，因此向银行借入短期借款 98.96 万元，以满足当年项目对资金的需求。在第 5～12 年，项目资金均有盈余，达到方案各年累计盈余资金大于等于零的要求，即以后各年的资金来源均可满足对资金的需求，确保项目正常运营。

（4）利润及其分配情况分析（见表 C1－11）。从表 C1－11 中可以看出，除第 4 年利润为负，各年的未分配利润分别用于偿还借款本金、按规定提取盈余公积，并从第 5 年开始，在确保债务本金偿还的前提下，对各投资者按其出资比例予以利润分配。从第 8 年起，提取每年减去法定盈余公积后的净利润的 85%，分配给三方投资者，说明从利润的角度看，项目可以正常运营和发展。

此外，通过表 C1－11 和表 C1－5，可以计算总投资收益率（ROI）和项目资本金净利润率（ROE）两个指标：

$$ROI = \frac{\text{年均 EBIT}}{\text{项目总投资}} = \frac{148\,092.01 \div 9}{96\,462.30} = 17.06\%$$

$$ROE = \frac{\text{平均年净利润}}{\text{项目资本金}} = \frac{88\,138.54 \div 9}{32\,441.53} = 30.2\%$$

从这两项指标看，利润状况是比较好的。

还可以考察以下指标：

$$平均销售毛利率=\frac{平均年利润总额}{平均销售收入}=\frac{131\ 549.57\div 9}{571\ 322.14\div 9}=23.03\%$$

$$平均净资产收益率=\frac{平均年税后利润}{平均所有者权益}=\frac{88\ 138.54\div 9}{440\ 618.22\div 9}=20\%$$

按基础化学原料制造业（小型企业）的主营业务利润率（分子为利润总额）标准值（优秀 24.3%、良好 19.5%）衡量，项目平均销售毛利率的水平介于优秀与良好之间。该行业平均净资产收益率优秀为 13.7%，良好为 6.7%，因此项目高于优秀水平。

(5) 投资者收益分析（见表 C1-16）。各投资者除了得到各年分配的利润，在项目结束时，还得到按投资比例收回清理资产所得资金。其中包括（以甲方为例）：

$$固定资产余值清分=4\ 167.29\times 40\%=1\ 666.92(万元)$$

$$\begin{aligned}折旧费清分&=(全部折旧费-用于偿还本金的折旧费)\times 20\%\times 40\%\\&=[8\ 792\times 9-(8\ 792\times 4+1\ 500\times 3)]\times 20\%\times 40\%\\&=39\ 460\times 20\%^{①}\times 40\%\\&=3\ 156.8(万元)\end{aligned}$$

$$自有流动资金按其该部分出资额返还=1\ 474.4(万元)$$

$$\begin{aligned}盈余公积清分&=累计盈余公积\times 20\%\times 40\%\\&=8\ 823.75\times 20\%\times 40\%\\&=705.90(万元)\end{aligned}$$

$$\begin{aligned}累计未分配利润&=累计未分配利润\times 20\%\times 40\%\\&=20\ 993.36\times 20\%\times 40\%\\&=1\ 679.47(万元)\end{aligned}$$

通过编制甲方投资财务现金流量表可以计算出：

$$FNPV_{甲}(i=12\%)=582.24\ 万元>0$$

$$FIRR_{甲}=12.87\%>12\%(甲方的机会成本)$$

从投资人的角度来看，项目在财务上是可行的，基本可以达到甲方期望的效果。但从累计净现金流量看，不甚理想，对期末资产清分的依赖程度太大②。

---

① 本案例为预留项目收尾所需费用，除固定资产余值外，设只清分其他各项资金的 20%给各投资方。

② 本案例没有将未分配利润按最大能力，对各投资方进行分配。

（四）风险识别与评价（略）

盈亏平衡分析、敏感性分析和概率树分析表明，项目具有一定的抗风险能力，支持项目可行的结论。此外，项目对产品的价格因素比较敏感，需要在生产运营中加以关注。

（五）方案 1 与方案 2 的比较（见表 C1－17）

经过相同的程序，方案 2 也通过了绝对效果检验（略），因此，可以采用差额内部收益率法对两方案进行优选。

比较两方案融资前净现金流量，求出各年差额净现金流量，计算差额内部收益率：

$$\Delta FIRR=14.51\%>14\%$$

投资大的方案 1 为最优方案，选择方案 1。

表 C1－1　各年偿还借款本金的资金来源与借款本金偿还安排表　　单位：万元

项目	年						
	4	5	6	7	8	9	10
1. 偿还本金的资金来源	8 941.00	11 941.00	11 941.00	13 597.77	3 000.00	3 000.00	3 000.00
未分配利润		3 000.00	3 000.00	4 656.77	1 500.00	1 500.00	1 500.00
折旧费	8 792.00	8 792.00	8 792.00	8 792.00	1 500.00	1 500.00	1 500.00
摊销费	149.00	149.00	149.00	149.00			
2. 偿还国外借款本金	3 000.00	3 000.00	3 000.00	3 000.00	3 000.00	3 000.00	3 000.00
3. 偿还国内借款本金	5 941.00	8 941.00	8 941.00	10 597.77			

表 C1－2　总投资估算表

序号	工程或费用名称	估值（万元）	其中外汇（万美元）
	总投资估计	96 462.30	2 947.36
1	建设投资	78 490.00	2 641.24
1.1	固定资产投资	68 530.00	2 600.24
1.1.1	工程费	66 930.00	2 600.24
1.1.1.1	建筑工程费	6 940.00	
1.1.1.2	设备购置费	44 040.00	2 200.00
1.1.1.3	安装工程费	15 950.00	400.24
1.1.2	固定资产其他费用	1 600.00	
	其中：土地费用	1 200.00	
1.2	无形资产投资	476.00	41.00
1.3	其他资产投资	405.00	
1.4	预备费	9 079.00	
1.4.1	基本预备费	4 797.00	
1.4.2	涨价预备费	4 282.00	
2	建设期利息	5 686.29	306.12
3	流动资金投资	12 286.01	

表 C1-3　建设投资估算表

序号	项目	建筑工程（万元）	设备购置（万元）	安装工程（万元）	其他费用（万元）	合计（万元）	其中外汇（万美元）	比例（%）
1	固定资产	6 940.00	44 040.00	15 950.00	1 600.00	68 530.00	2 600.24	87.31
1.1	工程费	6 940.00	44 040.00	15 950.00		66 930.00	2 600.24	
1.1.1	生产车间	3 480.00	36 900.00	12 500.00		52 880.00	2 000.00	
1.1.2	动力车间	1 160.00	2 340.00	1 350.00		4 850.00	500.00	
1.1.3	辅助生产设施	920.00	2 500.00	1 400.00		4 820.00	100.24	
1.1.4	办公及生活设施	1 380.00	1 160.00	700.00		3 240.00		
1.1.5	运输工具		1 140.00			1 140.00		
1.2	固定资产其他费用				1 600.00	1 600.00		
2	无形资产					476.00	41.00	0.61
2.1	专利权					76.00		
2.2	非专利技术					400.00	41.00	
3	其他资产					405.00		0.52
3.1	咨询调查费					50.00		
3.2	筹建费					255.00		
3.3	人员培训费					100.00		
4	预备费					9 079.00		11.57
4.1	基本预备费					4 797.00		
4.2	涨价预备费					4 282.00		
5	建设投资合计					78 490.00	2 641.24	100.00
	比例（%）	8.84	56.11	20.32	2.04		3.37	

说明：由于四舍五入的原因，表中部分合计数与实际加总数不同。下同。

表 C1-4　流动资金估算表

单位：万元

序号	项目	最低周转天数（天）	周转次数（次）	投产期		达产期	
				4	5	6	7～12
1	流动资产			10 249.96	15 235.06	17 727.61	17 727.61
1.1	应收账款	30	12	2 303.33	3 338.99	3 856.82	3 856.82
1.2	存货			7 284.60	10 923.35	12 742.73	12 742.73
1.2.1	原材料	60	6	3 343.52	5 167.26	6 079.13	6 079.13
1.2.2	燃料	60	6	163.02	251.94	296.40	296.40
1.2.3	在产品	30	12	2 242.50	3 278.16	3 795.98	3 795.98
1.2.4	产成品	20	18	1 535.56	2 225.99	2 571.21	2 571.21
1.3	现金	15	24	92.42	92.42	92.42	92.42
1.4	预付账款	30	12	569.61	880.31	1 035.66	1 035.66
2	流动负债			2 992.89	4 625.37	5 441.61	5 441.61
2.1	应付账款	30	12	1 898.70	2 934.36	3 452.18	3 452.18
2.2	预收账款	30	12	1 094.18	1 691.01	1 989.43	1 989.43
3	流动资金（1—2）			7 257.08	10 609.70	12 286.01	12 286.01
4	流动资金当期增加额			7 257.08	3 352.62	1 676.31	0.00

说明：（1）预付账款的预付部分占年外购物品的30%。

（2）预收账款的预收部分占年营业收入的30%。

（3）表中使用的投入物和产出物价格均已换算为含税价格。

表 C1－5 项目总投资使用计划与资金筹措表 单位：万元（万美元）

序号	项目	合计			第 1 年		
		人民币	美元	小计	人民币	美元	小计
1	总投资	73 028.40	2 947.36	96 462.30	11 743.59	556.91	16 171.44
1.1	建设投资	57 490.00	2 641.24	78 490.00	11 498.00	528.25	15 698.00
1.2	建设期利息	3 252.39	306.12	5 686.29	245.59	28.66	473.44
1.3	流动资金	12 286.01		12 286.01			
2	资金筹措	73 028.40	2 947.36	96 462.30	11 743.59	556.91	16 171.44
2.1	项目资本金	30 007.63	306.12	32 441.53	5 264.33	28.66	5 492.18
2.1.1	用于建设投资	26 165.00		26 165.00	5 233.00		5 233.00
	甲方投资（40%）	10 466.00		10 466.00	2 093.20		2 093.20
	乙方投资（30%）	7 849.50		7 849.50	1 569.90		1 569.90
	丙方投资（30%）	7 849.50		7 849.50	1 569.90		1 569.90
2.1.2	用于流动资金	3 686.01		3 686.01			
	甲方投资（40%）	1 474.40		1 474.40			
	乙方投资（30%）	1 105.80		1 105.80			
	丙方投资（30%）	1 105.80		1 105.80			
2.1.3	用于建设期利息（包括筹资费）	156.63	306.12	2 590.53	31.33	28.66	259.18
	甲方投资（40%）	62.65	122.45	1 036.21	12.53	11.46	103.67
	乙方投资（30%）	46.99	91.84	777.16	9.40	8.60	77.75
	丙方投资（30%）	46.99	91.84	777.16	9.40	8.60	77.75
2.2	债务资金	43 020.77	2 641.24	64 020.77	6 479.26	528.25	10 679.26
2.2.1	用于建设投资	31 325.00	2 641.24	52 325.00	6 265.00	528.25	10 465.00
	国内借款	31 325.00		31 325.00	6 265.00		6 265.00
	国外借款		2 641.24	21 000.00		528.25	4 200.00
2.2.2	用于流动资金	8 600.00		8 600.00			
	流动资金国内借款	8 600.00		8 600.00			
2.2.3	用于建设期利息	3 095.77		3 095.77	214.26		214.26
	国内借款	3 095.77		3 095.77	214.26		214.26

序号	项目	第 2 年			第 3 年		
		人民币	美元	小计	人民币	美元	小计
1	总投资	33 726.55	1 428.45	45 083.88	15 272.25	962.01	22 920.98
1.1	建设投资	32 669.50	1 320.62	43 169.50	13 322.50	792.37	19 622.50
1.2	建设期利息	1 057.05	107.83	1 914.38	1 949.75	169.63	3 298.48
1.3	流动资金						
2	资金筹措	33 726.55	1 428.45	45 083.88	15 272.25	962.01	22 920.98
2.1	项目资本金	17 087.80	107.83	17 945.13	3 969.50	169.63	5 318.23
2.1.1	用于建设投资	17 009.50		17 009.50	3 922.50		3 922.50
	甲方投资（40%）	6 803.80		6 803.80	1 569.00		1 569.00
	乙方投资（30%）	5 102.85		5 102.85	1 176.75		1 176.75
	丙方投资（30%）	5 102.85		5 102.85	1 176.75		1 176.75
2.1.2	用于流动资金						
	甲方投资（40%）						
	乙方投资（30%）						
	丙方投资（30%）	5 102.85		5 102.85	1 176.75		1 176.75
2.1.3	用于建设期利息（包括筹资费）	78.30	107.83	935.63	47.00	169.63	1 395.73

续表

序号	项目	第 2 年			第 3 年		
		人民币	美元	小计	人民币	美元	小计
	甲方投资（40%）	31.32	43.13	374.25	18.80	67.85	558.29
	乙方投资（30%）	23.49	32.35	280.69	14.10	50.89	418.72
	丙方投资（30%）	23.49	32.35	280.69	14.10	50.89	418.72
2.2	债务资金	16 638.75	1 320.62	27 138.75	11 302.75	792.37	17 602.75
2.2.1	用于建设投资	15 660.00	1 320.62	26 160.00	9 400.00	792.37	15 700.00
	国内借款	15 660.00		15 660.00	9 400.00		9 400.00
	国外借款		1 320.62	10 500.00		792.37	6 300.00
2.2.2	用于流动资金						
	流动资金国内借款						
2.2.3	用于建设期利息	978.75		978.75	1 902.75		1 902.75
	国内借款	978.75		978.75	1 902.75		1 902.75

序号	项目	第 4 年			第 5 年			第 6～12 年		
		人民币	美元	小计	人民币	美元	小计	人民币	美元	小计
1	总投资	7 257.08		7 257.08	3352.62		3 352.62	1 676.31		1 676.31
1.1	建设投资									
1.2	建设期利息									
1.3	流动资金	7 257.08		7 257.08	3 352.62		3 352.62	1 676.31		1 676.31
2	资金筹措	7 257.08		7 257.08	3 352.62		3 352.62	1 676.31		1 676.31
2.1	项目资本金	2 257.08		2 257.08	1 352.62		1 352.62	76.31		76.31
2.1.1	用于建设投资									
	甲方投资（40%）									
	乙方投资（30%）									
	丙方投资（30%）									
2.1.2	用于流动资金	2 257.08		2 257.08	1 352.62		1 352.62	76.31		76.31
	甲方投资（40%）	902.83		902.83	541.05		541.05	30.52		30.52
	乙方投资（30%）	677.12		677.12	405.79		405.79	22.89		22.89
	丙方投资（30%）	677.12		677.12	405.79		405.79	22.89		22.89
2.1.3	用于建设期利息（包括筹资费）									
	甲方投资（40%）									
	乙方投资（30%）									
	丙方投资（30%）									
2.2	债务资金	5 000.00		5 000.00	2 000.00		2 000.00	1 600.00		1 600.00
2.2.1	用于建设投资									
	国内借款									
	国外借款									
2.2.2	用于流动资金	5 000.00		5 000.00	2 000.00		2 000.00	1 600.00		1 600.00
	流动资金国内借款	5 000.00		5 000.00	2 000.00		2 000.00	1 600.00		1 600.00
2.2.3	用于建设期利息									
	国内借款									

说明：（1）建设期 3 年各年的投资比例分别为 20%、55%和 25%。

（2）流动资金贷款年利率为 6.12%。

（3）国外借款建设期利息和国内借款筹资费利用自有资金偿还。

（4）国内借款建设期利息包含在国内借款中。

表 C1－6　折旧费及摊销费估算表

单位：万元

序号	项目	合计	生产期								
			4	5	6	7	8	9	10	11	12
1	固定资产										
	原值	83 295.29									
	折旧费	79 128.00	8 792.00	8 792.00	8 792.00	8 792.00	8 792.00	8 792.00	8 792.00	8 792.00	8 792.00
	净值		74 503.29	65 711.29	56 919.29	48 127.29	39 335.29	30 543.29	21 751.29	12 959.29	4 167.29
2	无形资产										
	原值	476.00									
	摊销费	476.00	68.00	68.00	68.00	68.00	68.00	68.00	68.00		
	净值		408.00	340.00	272.00	204.00	136.00	68.00	0.00		
3	其他资产										
	原值	405.00									
	摊销费	405.00	81.00	81.00	81.00	81.00	81.00				
	净值		324.00	243.00	162.00	81.00	0.00				
4	无形、递延资产合计										
	原值	881.00									
4.1	摊销费	881.00	149.00	149.00	149.00	149.00	149.00	68.00	68.00		
4.2	净值		732.00	583.00	434.00	285.00	136.00	68.00	0.00		

说明：(1) 固定资产残值率为 5%。

(2) 固定资产原值＝固定资产投资＋预备费＋建设期利息。

(3) 无形资产投资摊销年限为 7 年。

(4) 其他资产投资摊销年限为 5 年。

表C1-7　（长期）借款还本付息计划表

单位：万元

序号	项目	合计	建设期			投产期		达产期						
			1	2	3	4	5	6	7	8	9	10	11	12
1	国外借款	21 000.00	4 200.00	10 500.00	6 300.00									
1.1	期初借款余额			4 200.00	14 700.00	21 000.00	18 000.00	15 000.00	12 000.00	9 000.00	6 000.00	3 000.00		
1.2	当期还本付息	28 767.90	143.85	647.33	1 222.73	4 438.50	4 233.00	4 027.50	3 822.00	3 616.50	3 411.00	3 205.50		
	其中：还本	21 000.00				3 000.00	3 000.00	3 000.00	3 000.00	3 000.00	3 000.00	3 000.00		
	付息	7 767.90	143.85	647.33	1 222.73	1 438.50	1 233.00	1 027.50	822.00	616.50	411.00	205.50		
1.3	期末借款余额		4 200.00	14 700.00	21 000.00	18 000.00	15 000.00	12 000.00	9 000.00	6 000.00	3 000.00	0		
1.4	其他融资费用	420.00	84.00	210.00	126.00									
2	国内借款	31 325.00	6 265.00	15 660.00	9 400.00									
2.1	期初借款余额			6 479.26	23 118.02	34 420.77	28 479.77	19 538.77	10 597.77					
2.2	当期还本付息	43 880.27	214.26	978.75	1 902.75	8 295.38	10 889.00	10 277.50	11 322.70					
	其中：还本	34 420.77				5 941.00	8 941.00	8 941.00	10 597.77					
	付息	9 459.50	214.26	978.75	1 902.75	2 354.38	1 948.02	1 336.45	724.89					
2.3	期末借款余额		6 479.26	23 118.02	34 420.77	28 479.77	19 538.77	10 597.77	0					
2.4	其他融资费用	156.63	31.33	78.30	47.00									
3	借款合计	52 325.00	10 465.00	26 160.00	15 700.00									
3.1	期初余额		0	10 679.26	37 818.02	55 420.77	46 479.77	34 538.77	22 598.00	90 00.00	6 000.00	3 000.00		
3.2	当期还本付息	73 224.80	473.44	1 914.38	3 298.48	12 733.88	15 122.02	14 304.95	15 145.00	3 617.00	3 411.00	3 206.00		
	其中：还本	55 420.77	0	0	0	8 941.00	11 941.00	11 941.00	13 597.77	3 000.00	3 000.00	3 000.00		
	付息（含筹资费）	17 804.03	473.44	1 914.38	3 298.48	3 792.88	3 181.02	2 363.95	1 546.89	616.50	411.00	205.50		
3.3	期末余额		10 679.26	37 818.02	55 420.77	46 479.77	34 538.77	22 597.77	9 000.00	6 000.00	3 000.00	0		
计算	利息备付率					0.98	3.79	6.42	8.95	16.24	19.89	25.47	35.55	35.55
指标	偿债备付率					0.99	1.24	1.51	1.41	5.25	5.50	5.79	40.85	40.85

说明：(1) 国外长期借款年利率为6.85%，国内长期借款年利率为6.84%。

(2) 国外借款筹资费率为2.00%，国内长期借款筹资费率为0.50%。

(3) 长期借款当年利息按半年计算。

(4) 国内借款建设期内不支付利息，国外借款建设期内支付利息。

表 C1-8 外购原材料估算表

单位：万元

序号	项目	合计	第 4 年	第 5 年	第 6～12 年
			生产负荷 55%	生产负荷 85%	生产负荷 100%
1	外购原材料				
1.1	原材料 A	205 632.00	13 464.00	20 808.00	24 480.00
	单价		5.10	5.10	5.10
	数量（吨）	40 320.00	2 640.00	4 080.00	4 800.00
	进项税额	34 957.44	2 288.88	3 537.36	4 161.60
1.2	原材料 B	36 234.24	2 372.48	3 666.56	4 313.60
	单价		1.60	1.60	1.60
	数量（吨）	22 646.00	1 483.00	2 292.00	2 696.00
	进项税额	6 159.82	403.32	623.32	733.31
1.3	原材料 C	7 020.89	459.70	710.45	835.82
	单价		0.23	0.23	0.23
	数量（吨）	30 525.60	1 998.70	3 088.90	3 634.00
	进项税额	1 193.55	78.15	120.78	142.09
1.4	原材料 D	12 983.04	850.08	1 313.76	1 545.60
	单价		2.40	2.40	2.40
	数量（吨）	5 409.60	354.20	547.40	644.00
	进项税额	2 207.12	144.51	223.34	262.75
2	辅助材料				
	进项税额				
3	其他				
	进项税额				
4	外购原材料合计	261 870.17	17 146.26	26 498.77	31 175.02
5	外购原材料进项税额合计	44 517.93	2 914.86	4 504.79	5 299.75

表 C1-9 外购燃料和动力表

单位：万元

序号	项目	合计	第 4 年	第 5 年	第 6～12 年
			生产负荷 55%	生产负荷 85%	生产负荷 100%
1	燃料	12 768.00	836.00	1 292.00	1 520.00
1.1	天然气	12 768.00	836.00	1 292.00	1 520.00
	单价		1.90	1.90	1.90
	数量（万立方米）	6 720.00	440.00	680.00	800.00
	进项税额	2 170.56	142.12	219.64	258.40
2	动力	22 780.80	1 491.60	2 305.20	2 712.00
2.1	水	5 644.80	369.60	571.20	672.00
	单价		5.60	5.60	5.60
	数量（万吨）	1 008.00	66.00	102.00	120.00
	进项税额	959.62	62.83	97.10	114.24
2.2	电	17 136.00	1 122.00	1 734.00	2 040.00
	单价		0.68	0.68	0.68
	数量（万度）	25 200.00	1 650.00	2 550.00	3 000.00
	进项税额	2 913.12	190.74	294.78	346.80
3	外购燃料、动力合计	35 548.80	2 327.60	3 597.20	4 232.00
4	外购燃料、动力进项税额合计	6 043.30	395.69	611.52	719.44

表 C1－10　总成本费用估算表

单位：万元

序号	项目	合计	投产期		达产期						
			4	5	6	7	8	9	10	11	12
1	外购原材料	261 870.17	17 146.26	26 498.77	31 175.02	31 175.02	31 175.02	31 175.02	31 175.02	31 175.02	31 175.02
2	外购燃料	12 768.00	836.00	1 292.00	1 520.00	1 520.00	1 520.00	1 520.00	1 520.00	1 520.00	1 520.00
3	外购动力	22 780.80	1 491.60	2 305.20	2 712.00	2 712.00	2 712.00	2 712.00	2 712.00	2 712.00	2 712.00
4	工资、福利费	13 392.00	1 488.00	1 488.00	1 488.00	1 488.00	1 488.00	1 488.00	1 488.00	1 488.00	1 488.00
5	修理费	23 738.40	2 637.60	2 637.60	2 637.60	2 637.60	2 637.60	2 637.60	2 637.60	2 637.60	2 637.60
6	其他费用	6 570.00	730.00	730.00	730.00	730.00	730.00	730.00	730.00	730.00	730.00
	其中：各种税项	2 520.00	280.00	280.00	280.00	280.00	280.00	280.00	280.00	280.00	280.00
7	经营成本	341 119.37	24 329.46	34 951.57	40 262.62	40 262.62	40 262.62	40 262.62	40 262.62	40 262.62	40 262.62
8	折旧费	79 128.00	8 792.00	8 792.00	8 792.00	8 792.00	8 792.00	8 792.00	8 792.00	8 792.00	8 792.00
9	摊销费	881.00	149.00	149.00	149.00	149.00	149.00	68.00	68.00		
10	利息支出	16 542.43	4 098.88	3 615.47	2 890.27	2 073.21	1 142.82	937.32	731.82	526.32	526.32
	其中：长期借款利息	12 117.74	3 792.88	3 181.02	2 363.95	1 546.89	616.50	411.00	205.50		
	流动资金借款利息	4 418.64	306.00	428.40	526.32	526.32	526.32	526.32	526.32	526.32	526.32
	其他短期借款利息	6.06		6.06							
11	总成本费用	437 670.80	37 369.34	47 508.04	52 093.89	51 276.83	50 346.44	50 059.94	49 854.44	49 580.94	49 580.94
	其中：可变成本	292 514.72	19 473.86	30 095.97	30 502.77	35 407.02	35 407.02	35 407.02	35 407.02	35 407.02	35 407.02
	固定成本	145 156.09	17 895.48	17 412.07	21 591.12	15 869.81	14 939.42	14 652.92	14 447.42	14 173.92	14 173.92

说明：(1) 本项目修理费占折旧费的 30%。

(2) 流动资金借款年利率为 6.12%。

(3) 短期借款年利率为 6.12%。

表 C1-11　利润与利润分配表

单位：万元

序号	项目	合计	投产期		达产期						
			4	5	6	7	8	9	10	11	12
1	产品销售收入	571 322.14	37 408.00	57 812.36	68 014.54	68 014.54	68 014.54	68 014.54	68 014.54	68 014.54	68 014.54
2	税金及附加	2 101.76	137.62	212.68	250.21	250.21	250.21	250.21	250.21	250.21	250.21
3	总成本费用	437 670.80	37 369.34	47 508.04	52 093.89	51 276.83	50 346.44	50 059.94	49 854.44	49 580.94	49 580.94
4	补贴收入										
5	利润总额（1－2－3＋4）	131 549.57	－98.96	10 091.64	15 670.44	16 487.50	17 417.89	17 704.39	17 909.89	18 183.39	18 183.39
6	弥补以前年度亏损	99.96		99.96							
7	应纳税所得额（5－6）	131 548.57	－98.96	9 991.68	15 670.44	16 487.50	17 417.89	17 704.39	17 909.89	18 183.39	18 183.39
8	所得税	43 411.03		3 297.25	5 171.24	5 440.88	5 747.90	5 842.45	5 910.26	6 000.52	6 000.52
9	净利润（5－8）	88 138.54	－98.96	6 794.39	10 499.19	11 046.63	11 669.99	11 861.94	11 999.63	12 182.87	12 182.87
10	期初未分配利润			－98.96	3 515.99	7 965.26	12 907.23	14 482.67	16 084.04	17 703.99	19 348.67
11	可供分配利润（9＋10）	180 146.39		6 695.43	14 015.18	19 011.89	24 577.21	26 344.62	28 083.66	29 886.86	31 531.55
12	提取法定盈余公积	8 823.75		679.44	1 049.92	1 104.66	1 167.00	1 186.19	1 199.96	1 218.29	1 218.29
13	可供投资者分配利润（11－12）	171 322.64		6 015.99	12 965.26	17 907.23	23 410.21	25 158.42	26 883.70	28 668.57	30 313.26
14	应付优先股股利										
15	提取任意盈余公积										
16	应付普通股股利（13－14－15）										
17	各投资者利润分配	58 321.43		2 500.00	5 000.00	5 000.00	8 927.54	9 074.39	9 179.71	9 319.90	9 319.90
	其中：甲方	23 328.57		1 000.00	2 000.00	2 000.00	3 571.02	3 629.75	3 671.89	3 727.96	3 727.96
	乙方	17 496.43		750.00	1 500.00	1 500.00	2 678.26	2 722.32	2 753.91	2 795.97	2 795.97
	丙方	17 496.43		750.00	1 500.00	1 500.00	2 678.26	2 722.32	2 753.91	2 795.97	2 795.97
18	累计未分配利润（13－14－15－16－17）		－98.96	3 515.99	7 965.26	12 907.23	14 482.67	16 084.04	17 703.99	19 348.67	20 993.36
19	息税前利润（利润总额＋利息支出）	148 092.01	3 999.92	13 707.11	18 560.71	18 560.71	18 560.71	18 641.71	18 641.71	18 709.71	18 709.71
20	息税折旧摊销前利润（息税前利润＋折旧费＋摊销费）	228 101.01	12 940.92	22 648.11	27 501.71	27 501.71	27 501.71	27 501.71	27 501.71	27 501.71	27 501.71

说明：（1）产品内销价格为 3 410 元/吨；产品外销价格（离岸价）为 425 美元/吨；产品价格为不含税价格。

（2）生产负荷：第 4 年为 55%；第 5 年为 85%；第 6～12 年为 100%。

年生产能力：第 4 年为 11 万吨；第 5 年为 17 万吨；第 6～12 年为 20 万吨。

（3）适用的增值税税率为 17%；城市维护建设税为增值税的 7%；教育费附加为增值税的 3%。

（4）出口退税税率为 15%。

（5）所得税税率为 33%。

（6）产品出口量占总产品的 30%。

（7）从第 8 年起，每年利润分配占当年（净利润－法定盈余公积）的 85%。

（8）人民币与美元的汇率为 7.950 8 元/美元。

（9）甲、乙、丙三个投资者的利润分配比例分别为 40%、30%和 30%。

表 C1－12　财务计划现金流量表

单位：万元

序号	项目	合计	建设期 1	建设期 2	建设期 3	生产期 4	5	6	7	8	9	10	11	12
1	经营活动净现金流量 (1.1−1.2)	184 689.98				12 940.92	19 350.86	22 330.47	22 060.83	21 753.81	21 659.26	21 591.45	21 501.19	21 501.19
1.1	现金流入	642 900.98				42 094.71	65 055.46	76 535.83	76 535.83	76 535.83	76 535.83	76 535.83	76 535.83	76 535.83
1.1.1	营业收入	571 322.14				37 408.00	57 812.36	68 014.54	68 014.54	68 014.54	68 014.54	68 014.54	68 014.54	68 014.54
1.1.2	增值税销项税额	71 578.84				4 686.71	7 243.10	8 521.29	8 521.29	8 521.29	8 521.29	8 521.29	8 521.29	8 521.29
1.1.3	补贴收入													
1.1.4	其他流入													
1.2	现金流出	458 211.00				29 153.79	45 704.60	54 205.37	54 475.00	54 782.02	54 876.57	54 944.38	55 034.64	55 034.64
1.2.1	经营成本	341 119.37				24 329.46	34 951.57	40 262.62	40 262.62	40 262.62	40 262.62	40 262.62	40 262.62	40 262.62
1.2.2	增值税进项税额	50 561.22				3 310.56	5 116.31	6 019.19	6 019.19	6 019.19	6 019.19	6 019.19	6 019.19	6 019.19
1.2.3	税金及附加	2 101.76				137.62	212.68	250.21	250.21	250.21	250.21	250.21	250.21	250.21
1.2.4	增值税	21 017.62				1 376.15	2 126.78	2 502.10	2 502.10	2 502.10	2 502.10	2 502.10	2 502.10	2 502.10
1.2.5	所得税	43 411.03				0.00	3 297.25	5 171.24	5 440.88	5 747.90	5 842.45	5 910.26	6 000.52	6 000.52
1.2.6	其他流出													
2	投资活动净现金流量 (2.1−2.2)	−90 776.01	−15 698.00	−43 169.50	−19 622.50	−7 257.08	−3 352.62	−1 676.31						
2.1	现金流入													
2.2	现金流出	90 776.01	15 698.00	43 169.50	19 622.50	7 257.08	3 352.62	1 676.31						
2.2.1	建设投资	78 490.00	15 698.00	43 169.50	19 622.50									
2.2.2	维持运营投资													
2.2.3	流动资金	12 286.01				7 257.08	3 352.62	1 676.31						
2.2.4	其他流出													
3	筹资活动净现金流量 (3.1−3.2)	−39 508.63	15 698.00	43 169.50	19 622.50	−5 683.85	−14 802.81	−18 154.96	−20 670.98	−13 070.36	−13 011.71	−12 911.53	−9 846.22	−9 846.22
3.1	现金流入	96 561.26	16 171.44	45 083.88	22 920.98	7 356.04	3 352.62	1 676.31						
3.1.1	项目资本金投入	32 441.53	5 492.18	17 945.13	5 318.23	2 257.08	1 352.62	76.31						
3.1.2	建设投资借款	55 420.77	10 679.26	27 138.75	17 602.75									
3.1.3	流动资金借款	8 600.00				5 000.00	2 000.00	1 600.00						
3.1.4	债券													
3.1.5	短期借款	98.96				98.96								
3.1.6	其他流入													
3.2	现金流出	136 069.89	473.44	1 914.38	3 298.48	13 039.88	18 155.43	19 831.27	20 670.98	13 070.36	13 011.71	12 911.53	9 846.22	9 846.22
3.2.1	各种利息支出	22 228.73	473.44	1 914.38	3 298.48	4 098.88	3 615.47	2 890.27	2 073.21	1 142.82	937.32	731.82	526.32	526.32
3.2.2	偿还债务本金	55 519.73				8 941.00	12 039.96	11 941.00	13 597.77	3 000.00	3 000.00	3 000.00		
3.2.3	应付利润 (股利分配)	58 321.43					2 500.00	5 000.00	5 000.00	8 927.54	9 074.39	9 179.71	9 319.90	9 319.90
3.2.4	其他流出													
4	净现金流量	54 405.34	0.00	0.00	0.00	0.00	1 195.43	2 499.19	1 389.86	8 683.45	8 647.56	8 679.91	11 654.97	11 654.97
5	累计盈余资金	54 405.34	0.00	0.00	0.00	0.00	1 195.43	3 694.62	5 084.48	13 767.92	22 415.48	31 095.39	42 750.37	54 405.34

说明：第 5 年的 3.2.2 偿还债务本金中，包括短期借款本金偿还 98.96 万元。

表 C1-13　资产负债表

金额单位：万元

序号	项目	建设期			投产期		达产期						
		1	2	3	4	5	6	7	8	9	10	11	12
1	资产	16 171.44	61 255.32	84 176.29	85 485.25	82 724.78	78 775.53	71 224.39	70 966.83	70 754.39	70 574.30	73 437.28	76 300.25
1.1	流动资产总额				10 249.96	16 430.49	21 422.24	22 812.09	31 495.54	40 143.10	48 823.01	60 477.98	72 132.96
1.1.1	货币资金				92.42	1 287.84	3 787.04	5 176.89	13 860.34	22 507.90	31 187.81	42 842.78	54 497.76
1.1.2	应收账款				2 303.33	3 338.99	3 856.82	3 856.82	3 856.82	3 856.82	3 856.82	3 856.82	3 856.82
1.1.3	预付账款				569.61	880.31	1 035.66	1 035.66	1 035.66	1 035.66	1 035.66	1 035.66	1 035.66
1.1.4	存货				7 284.60	10 923.35	12 742.73	12 742.73	12 742.73	12 742.73	12 742.73	12 742.73	12 742.73
1.1.5	其他												
1.2	在建工程	16 171.44	61 255.32	84 176.29									
1.3	固定资产净值				74 503.29	65 711.29	56 919.29	48 127.29	39 335.29	30 543.29	21 751.29	12 959.29	4 167.29
1.4	无形资产、递延资产净值				732.00	583.00	434.00	285.00	136.00	68.00			
2	负债和所有者权益（2.4+2.5）	16 171.44	61 255.32	84 176.29	85 485.25	82 724.78	78 775.53	71 224.39	70 966.83	70 754.39	70 574.30	73 437.23	76 300.25
2.1	流动负债总额				3 091.85	4 625.37	5 441.61	5 441.61	5 441.61	5 441.61	5 441.61	5 441.61	5 441.61
2.1.1	短期借款				98.96								
2.1.2	应付账款				1 898.70	2 934.36	3 452.18	3 452.18	3 452.18	3 452.18	3 452.18	3 452.18	3 452.18
2.1.3	预收账款				1 094.18	1 691.01	1 989.43	1 989.43	1 989.43	1 989.43	1 989.43	1 989.43	1 989.43
2.1.4	其他												
2.2	建设投资借款	10 679.26	37 818.02	55 420.77	46 479.77	34 538.77	22 597.77	9 000.00	6 000.00	3 000.00			
2.3	流动资金借款				5 000.00	7 000.00	8 600.00	8 600.00	8 600.00	8 600.00	8 600.00	8 600.00	8 600.00
2.4	负债小计（2.1+2.2+2.3）	10 679.26	37 818.02	55 420.77	54 571.61	46 164.14	36 639.38	23 041.61	20 041.61	14 041.61	14 041.61	14 041.61	14 041.61
2.5	所有者权益	5 492.18	23 437.30	28 755.53	30 913.64	36 560.65	42 136.15	48 182.78	50 925.22	53 712.78	56 532.69	59 395.67	62 258.64
2.5.1	资本金	5 492.18	23 437.30	28 755.53	31 012.60	32 365.22	32 441.53	32 441.53	32 441.53	32 441.53	32 441.53	32 441.53	32 441.53
2.5.2	资本公积												
2.5.3	累计盈余公积					679.44	1 729.36	2 834.02	4 001.02	5 187.21	6 387.18	7 605.46	8 823.75
2.5.4	累计未分配利润				−98.96	3 515.99	7 965.26	12 907.23	14 482.67	16 084.04	17 703.99	19 348.67	20 993.36
计算指标	资产负债率（%）	66.04	61.74	65.84	63.84	55.80	46.51	32.35	28.24	19.85	19.90	19.12	18.40

说明：表中货币资金＝现金＋累计盈余资金。

表 C1－14　项目投资现金流量表

单位：万元

序号	项目	合计	建设期			投产期		达产期						
			1	2	3	4	5	6	7	8	9	10	11	12
1	现金流入	587 775.44				37 408.00	57 812.36	68 014.54	68 014.54	68 014.54	68 014.54	68 014.54	68 014.54	84 467.84
1.1	营业收入	571 322.14				37 408.00	57 812.36	68 014.54	68 014.54	68 014.54	68 014.54	68 014.54	68 014.54	68 014.54
1.2	补贴收入													
1.3	回收固定资产余值	4 167.29												4 167.29
1.4	回收流动资金	12 286.01												12 286.01
2	现金流出	433 997.14	15 698.00	43 169.50	19 622.50	31 724.15	38 516.87	42 189.14	40 512.83	40 512.83	40 512.83	40 512.83	40 512.83	40 512.83
2.1	建设投资	78 490.00	15 698.00	43 169.50	19 622.50									
2.2	流动资金投资	12 286.01				7 257.08	3 352.62	1 676.31						
2.3	经营成本	341 119.37				24 329.46	34 951.57	40 262.62	40 262.62	40 262.62	40 262.62	40 262.62	40 262.62	40 262.62
2.4	税金及附加	2 101.76				137.62	212.68	250.21	250.21	250.21	250.21	250.21	250.21	250.21
2.5	维持运营投资													
3	所得税前净现金流量	153 778.30	－15 698.00	－43 169.50	－19 622.50	5 683.85	19 295.49	25 825.40	27 501.71	27 501.71	27 501.71	27 501.71	27 501.71	43 955.01
4	累计所得税前净现金流量	153 778.30	－15 698.00	－58 867.50	－78 490.00	－72 806.15	－53 510.66	－27 685.26	－183.55	27 318.16	54 819.87	82 321.58	109 823.29	153 778.30
5	调整所得税	48 870.36				1 319.97	4 523.35	6 125.03	6 125.03	6 125.03	6 151.76	6 151.76	6 174.20	6 174.20
6	所得税后净现金流量	104 907.94	－15 698.00	－43 169.50	－19 622.50	4 363.87	14 772.15	19 700.37	21 376.68	21 376.68	21 349.95	21 349.95	21 327.51	37 780.81
7	累计所得税后净现金流量	104 907.94	－15 698.00	－58 867.50	－78 490.00	－74 126.13	－59 353.98	－39 653.62	－18 276.94	3 099.74	24 449.68	45 799.63	67 127.13	104 907.94

说明：表中所得税是用息税前利润×所得税税率计算出来的。

指标计算：

（1）所得税前：

静态投资回收期＝8－1＋183.55/27 501.71＝7.01(年)

项目投资财务净现值 FNPV(i＝14%)＝17 057.88(万元)

项目投资财务内部收益率 FIRR＝18.91%

（2）所得税后：

项目投资税后 NPV(i＝14%)＝248.05(万元)

项目投资税后 IRR＝14.08%

静态投资回收期＝8－1＋18 276.94/21 376.68＝7.86(年)

表 C1－15　项目资本金现金流量表

单位：万元

序号	项目	合计	建设期			投产期		达产期						
			1	2	3	4	5	6	7	8	9	10	11	12
1	现金流入	587 775.44				37 408.00	57 812.36	68 014.54	68 014.54	68 014.54	68 014.54	68 014.54	68 014.54	84 467.84
1.1	营业收入	571 322.14				37 408.00	57 812.36	68 014.54	68 014.54	68 014.54	68 014.54	68 014.54	68 014.54	68 014.54
1.2	补贴收入													
1.3	回收固定资产余值	4 167.29												4 167.29
1.4	回收流动资金	12 286.01												12 286.01
2	现金流出	499 636.89	5 492.18	17 945.13	5 318.23	39 764.03	55 370.59	60 591.66	61 624.68	50 403.55	50 292.60	50 154.91	47 039.67	55 639.67
2.1	项目资本金	32 441.53	5 492.18	17 945.13	5 318.23	2 257.08	1 352.62	76.31						
2.2	借款本金偿还	64 020.77				8 941.00	11 941.00	11 941.00	13 597.77	3 000.00	3 000.00	3 000.00		8 600.00
2.3	借款利息支付	16 542.43				4 098.88	3 615.47	2 890.27	2 073.21	1 142.82	937.32	731.82	526.32	526.32
2.4	经营成本	341 119.37				24 329.46	34 951.57	40 262.62	40 262.62	40 262.62	40 262.62	40 262.62	40 262.62	40 262.62
2.5	税金及附加	2 101.76				137.62	212.68	250.21	250.21	250.21	250.21	250.21	250.21	250.21
2.6	所得税	43 411.03					3 297.25	5 171.24	5 441.00	5 747.90	5 842.45	5 910.00	6 000.52	6 000.52
2.7	维持运营投资													
3	净现金流量	88 138.54	−5 492.18	−17 945.13	−5 318.23	−2 356.04	2 441.77	7 422.88	6 389.86	17 610.99	17 721.94	17 859.63	20 974.87	28 828.17

指标计算：

资本金财务净现值 FNPV(i=16%)=6 726.62(万元)

资本金财务内部收益率 FIRR=20.38%

表 C1-16　财务现金流量表（甲方投资）

金额单位：万元

序号	项目	合计	建设期			投产期			达产期					
			1	2	3	4	5	6	7	8	9	10	11	12
1	现金流入	32 012.06					1 000.00	2 000.00	2 000.00	3 571.02	3 629.75	3 671.89	3 727.96	12 411.45
1.1	实分利润	23 328.57					1 000.00	2 000.00	2 000.00	3 571.02	3 629.75	3 671.89	3 727.96	3 727.96
1.2	资产处置收益分配	8 683.49												8 683.49
1.2.1	固定资产余值													1 666.92
1.2.2	无形资产、递延资产余值													
1.2.3	折旧和摊销													3 156.80
1.2.4	自有流动资金													1 474.40
1.2.5	盈余公积													705.90
1.2.6	累计未分配利润清分													1 679.47
1.3	租赁费收入													
1.4	技术转让或使用收入													
1.5	其他现金流入													
2	现金流出	12 976.61	2 196.87	7 178.05	2 127.29	902.83	541.05	30.52						
2.1	实缴资本	12 976.61	2 196.87	7 178.05	2 127.29	902.83	541.05	30.52						
2.2	租赁资产支出													
2.3	其他现金流出													
3	净现金流量	19 035.45	−2 196.87	−7 178.05	−2 127.29	−902.83	458.95	1 969.48	2 000.00	3 571.02	3 629.75	3 671.89	3 727.96	12 411.45
4	累计净现金流量	19 035.45	−2 196.87	−9 374.92	−11 502.21	−12 405.04	−11 946.09	−9 976.61	−7 976.61	−4 405.60	−775.84	2 896.04	6 624.00	19 035.45
5	折现系数(12%)		0.892 9	0.797 2	0.711 8	0.635 5	0.567 4	0.506 6	0.452 3	0.403 9	0.360 6	0.322 0	0.287 5	0.256 7
6	净现金流量现值		−1 961.59	−5 722.34	−1 514.21	−573.75	260.41	997.74	904.60	1 442.33	1 308.89	1 182.35	1 071.79	3 186.02
7	累计净现金流现值		−1 961.59	−7 683.93	−9 198.13	−9 771.88	−9 511.47	−8 513.73	−7 609.13	−6 166.80	−4 857.91	−3 675.56	−2 603.78	582.24
	FNPV		582.24											

说明：(1) 甲方按出资比例40%获得各部分清分。

(2) 甲方折旧费清分=(全部折旧费−用于偿还本金的折旧费)×20.0%×40%。

(3) 甲方得到盈余公积和累计未分配利润的20%中的40%。

指标计算：

静态投资回收期=10−1+775.84/3 671.89=9.2(年)

动态投资回收期=12−1+2 603.78/3 186.02=11.8(年)

净现值 FNPV(i=12%)=582.24(万元)

内部收益率 FIRR=12.87%

表 C1－17 现金流量表（差额）

单位：万元

序号	项目	建设期			投产期			达产期					
		1	2	3	4	5	6	7	8	9	10	11	12
1	方案 1 净现金流量	－15 698.00	－43 169.50	－19 622.50	5 683.85	19 295.49	25 825.40	27 501.71	27 501.71	27 501.71	27 501.71	27 501.71	43 955.01
2	方案 2 净现金流量	－14 900.00	－42 000.00	－19 000.00	5 950.50	19 100.50	25 300.00	26 791.50	26 791.50	26 791.50	26 791.50	26 791.50	40 100.50
3	差额净现金流量	－798.00	－1 169.50	－622.50	－266.65	194.99	525.40	710.21	710.21	710.21	710.21	710.21	3 854.51

说明：（1）增量财务内部收益率 $\Delta FIRR=14.51\%$。

（2）差额内部收益率大于 14%，应选择投资大的项目，所以方案 1 入选。

案例 2　某新建铁路项目经济评价[①]

学习要点

（1）按有无对比、分析增量的原则，确定新建铁路项目的运输量。

（2）进行间接效益和费用的估算。

（3）在项目财务分析不具备生存能力的情况下，探讨可采取的政策措施（和其他有效措施），确保微观效果与宏观效果、企业利益与社会利益的统一。

一、案例说明

(一) 项目背景

1. 概述

某新建铁路是一条具有重要战略意义的铁路干线，线路全长 1 000 多千米，是政府投资的公益性铁路建设项目，组建××铁路公司，公司作为出资人代表，实行建设项目法人责任制，全面负责该铁路的建设和运营。

2. 项目主要特征

沿线工程地质情况复杂特殊，自然条件恶劣，全线处于 3 000 米以上的高海拔地区和冻土地段，每年有效施工期仅 6 个月左右，工期压力大。工程设计、施工与运营管理面临重大技术难题。建设投资大，运营期客货运量少，运营成本高。

3. 主要技术标准（略）

(二) 设计年度、 建设期和计算期

1. 设计年度

近期 2010 年，远期 2015 年。

2. 计算期

本项目建设期 6 年，计算期 30 年。

二、 运量预测

本线路在我国西部路网中具有重要作用。线路跨越西部两省区，运量直接吸引范围为铁路沿线地区，间接吸引范围为西北和西南等地区。

---

① 建设部标准定额研究所．建设项目经济评价案例．北京：中国计划出版社，2006：315－319.

该地区主要运输方式是公路运输，公路运量占各种运输方式总量的90%以上。此外，还有管道和航空运输。该铁路建成后的运输量主要为转移运量和诱增运量，转移运量是指铁路建成后从公路和民航转移到铁路上的运输量，诱增运量是指因为铁路的建设，促进了西部两省区的经济发展，改变了区域交通结构，提高了铁路运输产品质量而诱增的运输量。通过项目的有项目、无项目运输量预测，整理归纳代表年份的运输量（见表C2-1）。

表C2-1 有无项目运输量对照表

有无项目	运输方式	年份	货运（万吨）		客运（万人）	
			上行	下行	上行	下行
无项目	公路	2010	65	160	78	78
		2015	85	190	100	100
	民航	2010	0.44	0.56	66	66
		2015	0.67	0.89	85	85
有项目	铁路	2010	80	210	61	63
		2015	120	280	84	85
	公路	2010	36	60	58	57
		2015	50	79	78	77
	民航	2010	0.4	0.5	61	61
		2015	0.6	0.8	79	78
诱增运量		2010	51	109	36	36
		2015	85	169	55	55
公路转移运量		2010	29	101	20	22
		2015	35	111	22	23
民航转移运量		2010	0.04	0.06	5	5
		2015	0.07	0.09	7	7

三、费用估算

(一) 建设投资估算

建设投资估算如表C2-2所示。

表C2-2 建设投资估算表

序号	工程及费用名称	概算（万元）	其中外汇（万美元）
	第一部分：工程投资		
1	拆迁及征地费用	23 146	
2	建筑安装工程费	1 785 680	
3	设备购置费	456 800	
4	工具器具及生产家具费	12 500	
5	其他费用	532 591	
6	基本预备费	96 183	
	合计	2 906 900	
	第二部分：机车车辆购置费	410 000	31 250
概算总额		3 316 900	31 250

（二）运营成本及费用估算

项目成本预测采用对比分析法，利用同类地区、同类项目、同属成本形态可比性原理，分析与本线近似的既有铁路实际运营成本，结合本线的具体特点，进行成本分析与预测。

1. 类似线路运营成本分析

与本工程类似的某线路A，全长683千米，平均海拔在3 200米以上，采用内燃机牵引，最大坡度为12.5‰，具有高寒、缺氧、沿线自然条件差等特点，是我国目前运营条件最艰苦的线路之一，已建成并运营10年，与项目所处地域近似，自然条件与运营条件十分接近。

西北地区某线路B，全长427千米，采用内燃机牵引，最大坡度为22‰，最高海拔为2 985米，自然条件恶劣。线路坡度大，运营条件差，有部分地段为高海拔地区，与本项目特征较接近。

根据类似线路运营成本财务决算报告分析，成本包括机车的燃料消耗、机车车辆的维修养护、乘务员工资、中转和装卸作业等费用，以及铁路固定设施（正线、站线、车站、区间通信信号、电力设备等）的维修、养护费用。类似线路单位运营成本如表C2-3所示。

表C2-3 类似线路单位运营成本表

内容	单位	线路A	线路B
运营成本	元/万换算吨千米	1 244.45	1 307.15
其中：工资		389.196	346.967
材料		179.658	286.192
燃料		271.028	269.335
电力		18.519	23.671
其他		386.045	380.987

由于本线路同时具有高海拔、大坡度、高寒缺氧、客货运量小等特点，其单位运营成本将高于线路A和线路B。参照两线实际运营成本，根据本线路开关站和班制，计算人员工资；结合本线路海拔高度和线路坡度对机车燃油消耗量进行调整；根据高原铁路的运营维修养护特点，调整工作量和定额。按此原则，预测本项目的单位运营成本。

2. 线路单位运营成本预测

本线路单位运营成本预测如表C2-4所示。

表 C2－4　单位运营成本预测表

内容	单位	指标
运营成本	元/万换算吨千米	1 364.60
其中：工资		92.07
材料		248.99
燃料		482.27
电力		18.42
其他		522.86

（三）流动资金

流动资金按客货运总换算周转量估算，结合本项目特点，按平均每万换算吨千米占用流动资金 103 元计算，计算期内流动资金总额为 10 594 万元。

四、资金筹措

本线路是公益性建设项目，预测客货运量小，运营成本高，财务效益差。经批准组建的国有大型企业——××铁路公司既有别于传统的工程建设指挥部，又有别于有限责任公司或股份有限公司，是公益性铁路建设项目管理体制改革的一种特殊类型的公司。全部投资由政府安排，其中，75%为国债资金，25%为铁路建设基金。流动资金的 30%由运营单位自筹，70%向银行贷款，贷款年利率为 5.58%。（建设投资使用计划与资金筹措略。）

根据项目建设安排及工程实施情况，建设年度投资计划如表 C2－5 所示。

表 C2－5　建设投资分年用款计划

项目	2001 年	2002 年	2003 年	2004 年	2005 年	2006 年
投资比例（%）	3.6	16.1	19.7	20.6	18.8	21.2

五、经济费用效益评价

经济费用效益评价从资源合理配置的角度，分析项目投资的经济效益和对社会福利所作出的贡献，评价项目的经济合理性。经济效益与费用识别计算遵循有无对比、分析增量原则。有项目是指实施本铁路项目后，相关路网将要发生的情况；无项目是指不实施本项目，相关路网将要发生的情况，无项目情况按现状交通达到饱和后，以最小投入维持现状。

（一）评价主要参数

社会折现率：根据《建设项目经济评价方法与参数》（第三版），取 8%。

影子汇率：1.08×8.0=8.64。

影子工资换算系数：1.0。

（二）经济费用的识别和计算

1. 经济费用构成

经济费用效益评价应从消耗社会资源的角度分析拟建项目的费用，按照经济费用效益计算口径对应一致的原则，有些投资和运营养护费用虽然在项目的财务评价中无须考虑，但在经济费用效益评价中需要考虑，包括：

（1）其他相关交通设施及附属设施的运营维护及更新投资等费用；

（2）因修建铁路而引起的环境维护费用。

2. 经济费用计算

（1）建设期经济费用。根据经济费用效益评价原则，建设期经济费用须在投资估算的基础上对主要投入物（主要材料、土地、人工等）按照机会成本原则进行换算调整，剔除税金、进口设备关税、增值税等转移支付项目。考虑到本项目主要投入物中的主要材料、人工均以市场价格为基础计算，因此不对其进行调整。本项目共用外汇 3.125 亿美元，需用影子汇率进行调整。

1）土地费用调整。土地影子价格为占用土地机会成本与新增资源消耗。本工程占用土地多为闲置土地，因此土地机会成本采用建设费用中的土地征用费，不作调整。

2）转移支付调整。按转移支付的类别，分别剔除国家对项目的补贴、进口设备关税等。

3）外汇调整。根据影子汇率对外汇进行调整，并剔除 10%的关税和 17%的增值税。进口部分的机车车辆影子价格为：

$$\begin{aligned}&\text{到岸价(CIF)}\times\text{影子汇率}+\text{贸易费用}+\text{国内运杂费}\\=&250\,000\times1.08+250\,000\times2‰+0=270\,500(\text{万元})\end{aligned}$$

调整后的机车车辆购置费为：

$$\begin{aligned}&410\,000-250\,000+270\,500-250\,000\times10\%-250\,000\times1.1\times17\%\\=&358\,750(\text{万元})\end{aligned}$$

调整后的建设期经济费用为 3 207 769 万元（见表 C2-6）。

表 C2-6　建设期投资调整表　　单位：万元

序号	工程及费用名称	调整原则	概算	经济费用	增减
	第一部分：工程投资				
1	拆迁及征地费用	不调整	23 146	23 146	0
2	建筑安装工程费		1 785 680	1 727 799	−57 881

续表

序号	工程及费用名称	调整原则	概算	经济费用	增减
3	设备购置费	不调整	456 800	456 800	0
4	工具器具及生产家具费	不调整	12 500	12 500	0
5	其他费用	不调整	532 591	532 591	0
6	基本预备费	不调整	96 183	96 183	0
	合计		2 906 900	2 849 019	−57 881
	第二部分：机车车辆购置费	按外汇影子汇率对用汇进行调整	410 000	358 750	−51 250
概算总额			3 316 900	3 207 769	−109 131

同时计列由于修建本项目而引起的相关交通设施维护费用每年 8 000 万元，共计 48 000 万元。

(2) 运营期经济费用。包括运营费用、环境维护费用等，考虑到目前各项费用均以市场价格为基础，对运营费用不作调整，分年度各项费用如表 C2 - 16 所示。

(3) 流动资金采用财务价格，不作调整，为 10 594 万元。

(三) 经济效益的识别和计算

1. 经济效益识别

本项目的经济效益主要表现为：铁路的使用者、旅客及货主运输时间节约的效益，运输成本节约的效益，运输质量提高的效益（包括旅客舒适度的提高、运输安全性的提高等），与本铁路相关运输基础设施的经营者等受到本铁路的影响从中获得的正面或负面效益。对可以货币量化的效益，应尽可能量化，但对有些效益（如舒适度的提高、环境效益等），由于缺乏可靠的参数依据，仅作定性分析。

2. 经济效益计算

本项目的经济效益从以下方面进行计算。

(1) 转移客货运输时间节约的效益。

1) 旅客出行时间节约。即本项目建成后，由运输距离缩短、运输速度提高所产生的旅客出行时间缩短，从而获得额外的工作或闲暇时间所产生的旅客支付意愿。但对于民航转移旅客来说，时间节约效益是负数。旅行出行时间价值根据工作时间和闲暇时间两种情况进行计算。

工作出行时间节约价值按收入法进行计算，等于工资收入（扣除个人所得税）加上与就业有关的其他费用，如社会福利费等（按照工资的 40%计）；非工作出行时间价值按消费者对非工作出行以及休闲时间的支付意愿计算。测算休闲时间的支付意愿时应充分考虑不同的出行目的和时间选择对支付意愿的影响；根据本项目的特点及主要客源的构成，非工作出行的时间价值按工作出行时间价值的 50%计算。

2) 转移货物运输时间缩短。货物运输时间的节约是指由于运输距离缩短、运输速度提高所产生的货物运输时间的缩短而带来的社会经济福利改善的效益。货物在途时间缩短的效益按照货物占用时间内的资金时间价值估算，按社会折现率8%计算。计算该项效益时，扣除不受在途时间长短影响的正常储备货物的运量。

3）各种运输方式的运输时间。根据本项目运行图以及对其他运输方式运输时间的调查，各种运输方式的运输时间如表C2－7所示。

表C2－7　各种运输方式的运输时间表　　单位：小时

运输方式	时间	旅客运输时间	货物运输时间
铁路	出发地至车站时间	1	4
	运行时间	12.5	14
	车站至目的地时间	1	2
	合计	14.5	20
公路	出发地至车站时间	0.5	1
	运行时间	24	29
	车站至目的地时间	0.5	0.5
	合计	25	30.5
民航	出发地至车站时间	2	4
	运行时间	2	2
	车站至目的地时间	1	1
	合计	5	7

说明：出发地至车站时间含等待时间。

预计该项目旅客构成中本地区旅客占30%，外地区进出该地区人员占70%。从统计年鉴获得本地区平均工资为30 873元，全国平均工资为16 024元，按每年252个工作日，每天工作7.5小时计算，旅客综合时间价值为：

$$b = 30\,873\times1.4\times0.3/252/7.5+16\,024\times1.4\times0.7/252/7.5 = 15.17(\text{元/小时})$$

实际计算中考虑节约时间的50%为工作时间，50%为闲暇时间。

4）计算公式。

$$B_{1公}=Q_{客公转}\times(T_{客公}-T_{客铁})\times b+Q_{货公转}\times(T_{货公}-T_{货铁})\times p\times i_s\times(1-w)/365/24$$

$$B_{1航}=Q_{客航转}\times(T_{客航}-T_{客铁})\times b+Q_{货航转}\times(T_{货航}-T_{货铁})\times p\times i_s\times(1-w)/365/24$$

式中，$B_{1公}$、$B_{1航}$为公路、民航运输时间节约的效益（万元/年）；$Q_{客公转}$、$Q_{货公转}$为公路转移客运量（万人/年）、货运量（万吨/年）；$Q_{客航转}$、$Q_{货航转}$为民航转移客运量（万人/年）、货运量（万吨/年）；$T_{客公}$、$T_{货公}$为公路客运、货运的运输时间（小时）；$T_{客航}$、$T_{货航}$为民航客运、货运的运输时间（小时）；$T_{客铁}$、$T_{货铁}$为铁路客运、货运的运输时间（小时）；b为旅客的单位时间价值（元/小时）；p为每吨货物平均影子价格（元/吨）；i_s 为社会折现率；w 为转移货运量中不受在途时间影响的运量所占比例。

令 $B_{1公}^{2010年}$ 为 2010 年转移客货运输时间节约的效益，$B_{1航}^{2010年}$ 为 2010 年民航转移客货运输时间节约的效益。以下计算中，p 取 2 500 元/吨，w 取 30%，则有

$$\begin{aligned}B_{1公}^{2010年} &= 42\times(25-14.5)\times15.17/2+42\times(25-14.5)\times15.17/2\\&\quad\times0.5+130\times(30.5-20)\times2\,500\times0.08\times0.7/365/24\\&=5\,039(万元)\end{aligned}$$

$$\begin{aligned}B_{1航}^{2010年} &= 10\times(5-14.5)\times15.17/2+10\times(5-14.5)\times15.17/2\times0.5\\&\quad+0.1\times(7-20)\times2\,500\times0.08\times0.7/365/24\\&=-1\,081(万元)\end{aligned}$$

（2）转移客货运量运输成本降低的效益。

1）转移客运量运输成本降低的效益。转移客运量运输成本降低的效益是指原经公路、民航运输的旅客在本项目建成后，改走本段铁路，由于公路、民航、铁路三种运输方式的运输成本不同而产生的效益，计算公式如下：

$$B_2=Q_{客公转}\times(L_{公}\times e_{客公}-L_{铁}\times e_{客铁})+Q_{客航转}\times(L_{航}\times e_{客航}-L_{铁}\times e_{客铁})$$

式中，B_2 为转移客运量运输成本降低的效益（万元/年）；$Q_{客公转}$、$Q_{客航转}$ 分别为公路、民航转移客运量（万人/年）；$L_{公}$、$L_{航}$、$L_{铁}$ 分别为公路、民航、铁路的运输距离（千米）；$e_{客公}$、$e_{客航}$、$e_{客铁}$ 分别为公路、民航、铁路客运的运营成本（元/人千米）。

以下计算中，$L_{公}$、$L_{航}$、$L_{铁}$ 分别取 1 155 千米、1 000 千米、1 140 千米，根据调查，公路、民航客运的运营成本 $e_{客公}$、$e_{客航}$ 分别为 0.28 元/人千米和 0.70 元/人千米；铁路客运的运营成本 $e_{客铁}$ 按预测为 0.136 元/人千米。令 $B_2^{2010年}$ 为 2010 年转移客运量运输成本降低的效益，则有

$$\begin{aligned}B_2^{2010年} &= 42\times(1\,155\times0.34-1\,140\times0.14)+10\times(1\,000\times0.65-1\,140\times0.14)\\&=14\,694(万元)\end{aligned}$$

2）转移货运量运输成本降低的效益。转移货运量运输成本降低的效益是指原经公路、民航运输的货物在本项目建成后，改走本段铁路，由于公路、民航、铁路三种运输方式下的运输成本不同使运输成本降低产生的效益，计算公式如下：

$$B_3=Q_{货公转}\times(L_{公}\times e_{货公}-L_{铁}\times e_{货铁})+Q_{货航转}\times(L_{航}\times e_{货航}-L_{铁}\times e_{货铁})$$

式中，B_3 为转移货运量运输成本降低的效益（万元/年）；$Q_{货公转}$、$Q_{货航转}$ 分别为公路、民航转移货运量（万吨/年）；$L_{公}$、$L_{航}$、$L_{铁}$ 分别为公路、民航、铁路的运输距离（千米）；$e_{货公}$、$e_{货航}$、$e_{货铁}$ 分别为公路、民航、铁路货运的运营成本（元/吨千米）。$L_{公}$、$L_{航}$、$L_{铁}$ 分别取 1 155 千米、1 000 千米、1 140 千米。根据调查，公路、

民航货运的运营成本 $e_{货公}$、$e_{货航}$ 分别为 0.29 元/吨千米和 5.45 元/吨千米，铁路货运的运营成本 $e_{货铁}$ 按预测为 0.10 元/吨千米。令 $B_3^{2010年}$ 为 2010 年转移货运量运输成本降低的效益，则有

$$B_3^{2010年}=130\times(1\,155\times0.27-1\,140\times0.1)+0.1\times(1\,000\times5.45-1\,140\times0.1)$$
$$=26\,254(万元)$$

（3）转移客货运输质量提高的效益。

1）旅客舒适度提高的效益。本项目客运设施先进，由于运输条件改善，公路转移旅客通过铁路旅行的舒适度大幅提高，一般旅客舒适性的货币换算是利用模型计算或旅客支付意愿调查取得，本次研究因缺乏可靠的参数依据，不作计算。

2）货运损失减少的效益。该效益是指因运输质量的提高，减少途中货物的损失而获得的效益。计算公式如下：

$$B_4=Q_{货转}\times(\beta_{公}-\beta_{铁})\times p$$

式中，B_4 为提高运输质量的效益（万元/年）；$Q_{货转}$ 为铁路转移货运量（万吨/年）；$\beta_{公}$、$\beta_{铁}$ 分别为公路、铁路货损率（%）；p 为每吨货物平均影子价格(元/吨)。$\beta_{公}$ 是通过对相关公路运输物资的货损率调查确定的，粮食货损率为 2.5%，蔬菜货损率为 10%，矿产品货损率较低，平均货损率为 2%；$\beta_{铁}$ 参考相关铁路的货损情况分析确定，取值为 3‰；p 根据货运量构成分析取值为2 500元/吨。令 $B_4^{2010年}$ 为 2010 年转移货运损失减少的效益，则有

$$B_4^{2010年}=130\times(0.02-0.003)\times2\,500=5\,525(万元)$$

（4）转移客货运输安全性提高的效益。该效益是指铁路建成后，交通运输条件改善，交通事故进一步减少，运输安全性得到提高，交通事故减少而产生的效益。该效益根据吸引范围内交通事故平均损失费、交通事故率进行计算。计算公式如下：

$$B_5=(Q_{客转}/n_{客}/\lambda_{客}+Q_{货转}/n_{货}/\lambda_{货})\times L\times P_{损失}\times j/10^4$$

式中，B_5 为运输安全性提高的效益（万元/年）；$Q_{客转}$、$Q_{货转}$ 分别为铁路转移客运量（万吨/年）、货运量（万吨/年）；$n_{客}$、$n_{货}$ 分别为公路客运、货运的平均座位和吨位（座/车、吨/车）；$\lambda_{客}$、$\lambda_{货}$ 分别为公路客运、货运的实载率（%）；L 为运输距离（千米）；$P_{损失}$ 为交通事故平均损失费（元/次）；j 为综合事故率差（次/万车千米）。

根据相关公路客货运输指标调查，$n_{客}$、$n_{货}$ 取值分别为 43.2 座/车、6.4 吨/车；$\lambda_{客}$、$\lambda_{货}$ 取值分别为 56.4%，62.3%；$P_{损失}$ 根据相关公路交通事故损失金额 0.8 万元/次、年增长率 5%计；j 根据该地区公路交通事故率 0.06 次/万车千米，取值为 0.05 次/万车千米。令 $B_5^{2010年}$ 为 2010 年转移客货运输安全性提高的效益，则有

$$B_5^{2010年}=(42/43.2/56.4\%+130/6.4/62.3\%)\times 1\,155\times 1.44\times 0.05$$
$$=2\,855(万元)$$

（5）诱增运量的效益。诱增运量是由于本项目的建设使相关产业的发展而引发的。理论上，这些相关产业的增加值应为诱增运量的效益，但由于相关产业效益的测算十分困难，本项目诱增运量的效益按以下方法测算。

1）诱增客运量的效益。诱增客运量的效益可按年转移运量单位效益的 50%计算。计算公式如下：

$$B_6=Q_{客诱}\times S_{客平}\times 50\%$$

式中，B_6 为诱增客运量的效益；$Q_{客诱}$为诱增客运量（万人/年）；$S_{客平}$为趋势客运量单位效益（万元/万人）。

令 $B_6^{2010年}$ 为 2010 年诱增客运量的效益，则有

$$B_6^{2010年}=72\times 554.70\times 50\%=19\,969(万元)$$

2）诱增货运量的效益。诱增货运量按生产这些货物所产生的生产者剩余或国民生产净值进行计算，可按下式简便计算：

$$B_7=Q_{货诱}\times P_{诱}\times 40\%$$

式中，B_7 为诱增货运量的效益；$Q_{货诱}$为诱增货运量（万吨/年）；$P_{诱}$为国民生产净值（元/吨）。

诱增货物平均价格根据不同货物的品类、数量乘以相应的货物价格加权平均获得。令 $B_7^{2010年}$ 为 2010 年诱增货运量的效益，则有下式①：

$$B_7^{2010年}=160\times 2\,500\times 40\%=159\,960(万元)$$

（6）环境影响效益。虽然铁路运输是对环境影响最小的运输方式，但铁路的修建难免会对生态环境产生影响。主要体现在：随着铁路的修建和运营，将会有大量的施工人员和流动人口，加之施工设备和物流的增加以及施工等原因，都会对铁路沿线的生态环境造成影响。除在设计和施工中采取一定措施，项目的费用中也计列了日常环境维护费用，每年 1 000 万元，其余环境负效益目前没有公认一致的量化方法，因此不予计算。

（四）经济费用效益评价基本报表及评价指标

根据上述费用与效益计算，编制经济效益费用流量表（见表 C2－16）。表中的计算结果表明，经济内部收益率为 9.52%，大于社会折现率 8%，经济净现值为 644 363万元（$i_C=8\%$），大于零，说明项目在经济效益上是可行的。

---

① 本式来自案例资料。由于已知条件经过四舍五入，因此计算结果与算式不完全相符。

（五）经济费用效益不确定性分析

由于项目经济费用效益评价所采用的数据来自预测，具有一定的不确定性，项目实施后的实际情况与预测会有差异，因此要对经济费用进行敏感性分析，分析项目效益与费用发生变化时，其对经济内部收益率的影响程度。计算结果如表 C2－8 所示。

表 C2－8　敏感性分析表

变动因素	－20%	－10%	0	10%	20%
效益	7.83%	8.71%	9.52%	10.26%	10.95%
费用	11.28%	10.34%	9.52%	8.79%	8.13%

计算表明，对于项目的经济内部收益率，较敏感的影响因素为效益。从表 C2－8可以看出，在效益减少 10%的不利情况下，经济内部收益率为 8.71%；当费用提高 10%时，经济内部收益率为 8.79%，均大于社会折现率 8%，说明本项目具有一定的抗风险能力。

（六）经济费用效益评价结论

本项目是一条具有重要战略意义的铁路干线，对于开发西部，巩固边防，保卫边疆，增强民族团结，维护国家统一，改善地区交通运输条件，改善地区经济、社会和自然环境，创造新的就业机会和促进沿线经济发展，促进地区工农业和社会经济发展等均具有十分重要的意义。经济效益费用评价表明：经济内部收益率为 9.52%，大于社会折现率 8%，经济净现值为 644 363 万元（i_C＝8%），大于零，说明项目在经济效益上是可行的。

六、财务评价

（一）总成本费用

总成本除包括运营成本，还包括土建工程折旧费、机车车辆折旧费、财务费用等。本项目线路固定资产残值率取 5%，折旧率取 3.96%；机车车辆折旧率取 3.84%。根据前面运营成本的计算结果可作出总成本费用估算（略）。根据成本预测，本线路的运输成本如表 C2－9 所示。

表 C2－9　运输成本表

项目	2010 年	2015 年	2020 年
单位运营成本（元/换算吨千米）	0.136 5	0.119 7	0.107 4
单位总成本（元/换算吨千米）	0.443 2	0.342 2	0.268 6
总成本费用（万元）	189 317	201 512	218 443

从表 C2－9 可以看出，本线 2010 年单位运营成本为 0.136 5 元/换算吨千米，单位总成本为 0.443 2 元/换算吨千米，随着运营年度的增加，客货运量逐渐增加，

单位成本逐渐降低。

(二) 运营收入和税费估算

1. 运价率

按照国铁平均运价率，货运价取 0.08 元/吨千米，其中含铁路建设基金 0.033 元/吨千米。

根据运量预测，近期客车 4 对/日，其中，特快 1 对，快速 2 对，普快 1 对，客车编挂 14～16 辆。客运价的确定根据列车性质、构成，按现行客运运价率计算，采用 0.16 元/人千米。现行客运运价率如表 C2－10 所示。

表 C2－10 现行客运运价率 单位：元/人千米

项目	硬座	软座	硬卧	软卧	平均
特快	0.115	0.182	0.201	0.320	0.190
快速	0.113	0.179	0.198	0.314	0.187
普快	0.097	0.162	0.180	0.294	0.154

其他收入率客货运综合考虑为 10％。

2. 运营收入及税金

根据上述预测运量和运价率计算代表年份的运营收入，如表 C2－11 所示。

表 C2－11 运营收入及税金表 单位：万元

项目	2010 年	2015 年	2020 年
运营收入	40 292	55 649	76 965
铁路建设基金	9 261	12 738	17 568
税金及附加	1 330	1 836	2 540
营业外净支出	2 990	4 122	5 693

根据有关规定，城市维护建设税按 7％计征，教育费附加按 3％计征，所得税按 15％计算。

营业外净支出率按 70 元/万换算吨千米计算。

(三) 项目财务生存能力与可持续性分析

1. 财务生存能力分析

通过计算项目各年的净现金流量，分析项目赖以生存的现金流量的余缺。

(1) 盈亏分析。根据基本运价可编制利润与利润分配表（略）。计算结果表明，运营期各年全面亏损，年均亏损额达 151 381 万元。代表年份盈亏分析如表 C2－12 所示。

表 C2－12 代表年份盈亏分析表（完全成本） 单位：万元

项目	2010 年	2015 年	2020 年
运营收入	40 292	55 649	76 965

续表

项目	2010年	2015年	2020年
税金及附加	1 330	1 836	2 540
总成本费用	189 317	201 512	218 443
营业外净支出	2 990	4 122	5 693
利润总额	−153 345	−151 821	−149 711
息税前利润	−153 145	−151 580	−149 411
息税折旧摊销前利润	−22 336	−20 771	−18 602

（2）现金余缺分析。财务计划现金流量表如表C2－17所示。其计算结果表明，项目在运营期长期处于资金短缺状态，累计现金短缺501 138万元，运营期年均现金短缺20 881万元，财务状况很差，在财务上不具备生存能力。

（3）盈亏平衡分析。本项目投资大、运输成本高，经测算，要使项目不亏损，盈亏平衡货运价为0.30元/吨千米，盈亏平衡客运价为0.65元/人千米。本铁路项目作为公益性很强的基础设施，过高的运价率是不可行的。

（4）财务效益与经济效益的差异分析。经济费用效益评价结果表明，经济效益较高。财务评价结果表明，运营期净现金流严重短缺，财务上不具备生存能力。财务净现金流量与经济费用效益流量产生差异的原因，主要是项目投资大，运营成本高，同时本项目为国家重要基础设施，公益性特征明显，运价率的制定在很大程度上受政府调控，难以完全按市场化运作，造成项目财务效益差。

对于本项目来说，提出政策方面的有效措施，解决财务效益与经济效益的差异，改善项目的财务状况，使其在财务上可持续发展，是财务分析的重要目标。

2. 财务可持续性分析

本项目是一条具有重要战略意义的铁路干线，项目的建设对巩固国防、维护祖国统一、稳定边疆、增强民族团结具有极为重要的意义。项目建成后将改善相关地区交通运输条件和投资环境，促进资源开发和旅游业发展，有力推动区域经济社会的发展和进步。本项目公益性很强，外部效益十分明显，但项目财务效益差。为解决财务效益与经济效益的差异问题，建议采取相应政策措施，针对项目特点制定相应财务与会计策略；从项目使用者的角度分析，项目的建设使客货运输时间和运输费用大幅降低，旅客的舒适度和安全性大幅提高，可结合不同出行目的的旅客消费者的支付意愿，按市场原则，适当提高运价率，增加运营收入。试作如下分析。

（1）采取相应政策措施。

1）减提固定资产折旧费。线路工程作为政府投资的公益性基础设施，可免提折旧，建议只计提移动设备折旧费，用于移动设备的更新换代。此时项目亏损降至36 316万元。只计提移动设备折旧费时企业的盈亏状况如下：

● 息税前年均亏损36 028万元；

● 息税折旧摊销前年均亏损 20 283 万元。

代表年份盈亏分析（只计提移动设备折旧费）如表 C2－13 所示。

表 C2－13 代表年份盈亏分析（只计提移动设备折旧费） 单位：万元

项目	2010 年	2015 年	2020 年
运营收入	40 292	55 649	76 965
税金及附加	1 330	1 836	2 540
总成本费用	74 252	86 447	103 378
营业外净支出	2 990	4 122	5 693
利润总额	−38 280	−36 756	−34 646
返还铁路建设基金	9 261	12 738	17 568
铁路建设基金返还后利润	−29 019	−24 018	−17 078

2）全额返还铁路建设基金。由于本项目是政府投资的公益性项目，在亏损严重的情况下，可全额返还铁路建设基金。在只计提移动设备折旧费的前提下，全额返还铁路建设基金，年均亏损降至 18 976 万元。

3）政府适度补贴。从盈亏分析中得知，采用基本运价，当只计提移动设备折旧费时，年均亏损降至 36 316 万元，全额返还铁路建设基金后仍年均亏损18 976万元，建议政府适度补贴。

（2）适度提高运价率分析。本项目既具有公益性，又有一定的运营收入，铁路的建设使客货运输时间和费用大幅降低，因此确定运价率时，在强调项目公益性的前提下，还应充分考虑它的运营性，以及不同运输方式的市场竞争性、旅客的支付意愿和经济承受能力等因素，使项目获得合理的财务效益，再进一步探讨市场化运作的可能性。由于其运量小，运营成本高，在运营期内长期处于收不抵支的状况，在财务上难以生存，无法通过融资方案解决项目财务问题。

由表 C2－13 可以看出，即使不计提线路等其他设施折旧费，只计提移动设备折旧费，最大限度地降低运营成本，运营期各年也全面亏损。因此提出按市场化原则适度提高运价的方案。分析如下：

1）按市场化原则适度提高运价。首先，考虑不同运输方式的合理比价。目前的公路、民航、管道运价如表 C2－14 所示。

表 C2－14 项目地区公路、民航、管道及铁路运价

运输方式	客运（元/人千米）	货运（元/吨千米）
公路	0.30	0.45（政府指导价）
民航	0.97	6.76
管道		0.39
铁路	0.16	0.08

由表 C2－14 可以看出，从不同运输方式运价的对比，铁路运输不仅具有安全、舒适、正点、全天候运行、环境污染小等特点，且运价率最低；民航虽然具有快捷、

舒适等优点，但运价率最高，是铁路客运运价率的5倍；公路运价率（尤其是货运）也较高，是铁路客运运价率的1.3倍，且公路路况差、高海拔地区运输时燃油消耗大、车辆损耗严重，时间比铁路长1倍以上。铁路与其他运输方式相比具有较强的竞争力，考虑优质优价原则，提高铁路运价率的空间是比较大的。

其次，遵循以成本为导向的原则。确定运价率应遵循以运输成本为导向的原则。本段铁路运营成本（0.136元/吨千米）是全路平均运营成本（0.056 0元/吨千米）的2.4倍。根据成本导向原则，运价率应高于预测的保本运价，票价应根据运营成本适当提高。

2）采用特殊运价时的财务状况。综合以上分析，结合本段实际情况，特殊运价推荐采用：客运0.2元/人千米，货运0.1元/吨千米（不含铁路建设基金，以下同）。实施特殊运价并只计提移动设备折旧费时的财务状况分析如下：

首先进行盈亏分析。通过编制的利润与利润分配表（特殊运价并只计提移动设备折旧费），可作出代表年份盈亏分析（见表C2-15）。计算结果表明，运营期前12年亏损，以后年份全部盈利，年均利润额为3 579万元。此时企业的盈亏状况如下：

- 息税前年均利润3 918万元；
- 息税折旧摊销前年均利润19 662万元；
- 铁路建设基金返还、息税折旧摊销前年均利润36 713万元。

表C2-15　代表年份盈亏分析　　单位：万元

项目	2010年	2015年	2020年
运营收入	63 098	87 077	120 362
税金及附加	2 082	2 874	3 972
总成本费用	74 252	86 447	103 378
营业外净支出	2 990	4 122	5 693
利润总额	−16 226	−6 366	7 319
息税前利润	−16 026	−6 124	7 619
息税折旧摊销前利润	−282	9 620	23 363
返还铁路建设基金	9 261	12 738	17 568
铁路建设基金返还、息税折旧摊销前利润	8 978	22 358	40 931

其次，进行现金流量余缺分析。编制的财务计划现金流量表（特殊运价、只计提移动设备折旧费）如表C2-18所示。其计算结果表明，只有运营期前3年发生资金短缺，其余年份不发生资金短缺且现金流量较充裕。企业在财务上不仅具备生存能力，而且可持续稳定地发展。

（四）财务评价结论

鉴于本项目的特殊性，即投资大、运量小、运输成本高，当采用基本运价并按完全运营成本计算时，运营期各年全面亏损，资金严重短缺，项目在财务上不具备生存能力。综上分析，为解决财务的生存能力问题，可以：

（1）采取政策措施，如只计提移动设备折旧费，降低运营成本，全额返还铁路建设基金，适度给予财政补贴，这样项目财务状况将得到改善，在财务上可持续稳定地发展。

（2）在采取上述政策措施，即只计提移动设备折旧费、全额返还铁路建设基金的同时，可按市场化原则，适度提高运价，这样可以减少财政补贴，促进项目在财务上可持续发展。

七、项目对区域经济影响的定性分析

铁路的修建将明显改善项目影响区交通网络的结构与布局，有效提高项目影响区与内地主要城市间的连接度和通达度，并大幅提高进出该区域运输通道的运输能力，缩短人流、物流、资金流和信息流的交流时间及交流渠道，推动项目影响区实现经济跨越式发展。具体表现在以下方面：

（1）促进项目影响区与国内外的物资、人才、信息等方面的交流，促进项目影响区的经济发展和社会进步；极大改善项目影响区的投资环境，加快引进先进技术、人才、资金和管理经验，促进西部的开发建设。

（2）铁路建成通车后，加强区域内外经济联系，优势互补，降低进出该区域的物资运输成本，提高产品的竞争力，为项目影响区产品进入国内外市场提供运输通道，为项目影响区企业的技术进步和市场开拓带来商机。

（3）铁路的修建有利于扩大就业和提高职工收入。修建铁路，将提供大量直接和间接就业岗位，铁路本身可接纳数千人就业。运输成本的降低将促使产品市场零售价降低，使当地居民直接受益，减少消费支出，也会刺激消费，扩大内需。铁路运输降低产品运输成本，降低物价总水平，间接增加职工收入，提高职工生活水平。

（4）项目影响区得天独厚的自然、地理等条件，形成了许多独特的自然景观。过去，当地旅游业的发展受到很大的制约，交通的不便和旅客在旅游期间所花费的高昂交通费用，影响了客源市场的拓展和客源的增长。铁路运输的方便、快捷、安全、费用低等特点将会吸引更多区外游客，有利于旅游业的发展。

（5）有利于文化的双向交流，加强民族团结。项目影响区拥有几千年的文明史，铁路的修建一方面可以对外宣传项目影响区具有民族特色的传统文化，另一方面有利于其他各民族的优秀文化在项目影响区内宣传、发展，文化的双向交流可以从整体上促进我国文化的发展。

（6）铁路的修建有利于加强民族团结，维护祖国统一。在推动项目影响区经济社会发展、实现共同富裕的同时，各兄弟民族交往日益频繁，将进一步加强民族团结，不断巩固和发展平等、团结、互助的新型社会主义民族关系，维护祖国统一。

表 C2－16　经济费用效益流量表

单位：万元

序号	效益与费用	合计	1	2	3	4	5	6	7	8	9	10
1	效益流量	19 722 697							224 015	222 170	225 524	233 215
1.1	运输时间节约的效益	197 344							4 834	4 902	4 970	5 039
1.2	转移客运量成本节约的效益	453 883							13 528	13 906	14 295	14 694
1.3	转移货运量成本节约的效益	248 684							62 384	46 750	35 034	26 254
1.4	提高运输安全性的效益	141 866							2 303	2 474	2 658	2 855
1.5	提高运输质量的效益	163 619							5 153	5 274	5 398	5 525
1.6	诱增客运量的经济效益	1 163 597							15 485	16 855	18 346	19 969
1.7	诱增货运量的经济效益	17 194 640							121 250	132 982	145 848	159 960
1.8	从民航转移运量的时间损失	−43 249							−923	−973	−1 026	−1 081
1.9	回收土建固定资产	145 000										
1.10	回收机车车辆残余值	46 720										
1.11	回收流动资金	10 594										
2	费用流量	5 305 451	125 095	525 667	642 761	670 849	613 701	677 196	43 935	56 770	57 482	59 483
2.1	土建固定资产投资	2 849 019	117 095	517 667	634 761	646 727	605 701	327 067				
2.2	机车车辆购置费	358 750				16 121		342 629				
2.3	流动资金	10 594							3 465	1 315	164	175
2.4	运营费用	2 015 588							39 471	54 455	56 319	58 309
2.5	环境维护费用	24 000							1 000	1 000	1 000	1 000
2.6	建设期相关交通设施维护费用	48 000	8 000	8 000	8 000	8 000	8 000	8 000				
3	净效益流量（1−2）	14 417 246	−125 095	−525 667	−642 761	−670 849	−613 701	−677 196	180 080	165 400	168 041	173 732

续表

序号	效益与费用	11	12	13	14	15	16	17	18	19	20
1	效益流量	244 643	259 402	277 238	298 018	321 701	365 356	416 414	475 891	545 009	625 218
1.1	运输时间节约的效益	5 110	5 181	5 253	5 326	5 400	5 804	6 238	6 705	7 206	7 745
1.2	转移客运量成本节约的效益	15 105	15 527	15 960	16 406	16 865	17 336	17 820	18 318	18 830	19 356
1.3	转移货运量成本节约的效益	19 675	14 744	11 049	8 280	6 205	4 650	3 485	2 611	1 957	1 467
1.4	提高运输安全性的效益	3 066	3 294	3 538	3 801	4 082	4 385	4 710	5 060	5 435	5 838
1.5	提高运输质量的效益	5 655	5 788	5 923	6 063	6 205	6 351	6 500	6 653	6 809	6 969
1.6	诱增客运量的经济效益	21 735	23 658	25 751	28 029	30 508	33 207	36 144	39 342	42 822	46 610
1.7	诱增货运量的经济效益	175 437	192 411	211 028	231 446	253 840	295 104	343 077	398 847	463 684	539 061
1.8	从民航转移运量的时间损失	−1 139	−1 200	−1 265	−1 333	−1 405	−1 481	−1 561	−1 645	−1 733	−1 827
1.9	回收土建固定资产										
1.10	回收机车车辆残余值										
1.11	回收流动资金										
2	费用流量	61 619	63 898	66 332	68 930	71 704	74 666	77 830	81 208	84 816	88 671
2.1	土建固定资产投资										
2.2	机车车辆购置费										
2.3	流动资金	186	199	212	227	242	259	276	295	315	336
2.4	运营费用	60 432	62 699	65 119	67 703	70 462	73 408	76 553	79 913	83 501	87 334
2.5	环境维护费用	1 000	1 000	1 000	1 000	1 000	1 000	1 000	1 000	1 000	1 000
2.6	建设期相关交通设施维护费用										
3	净效益流量（1−2）	183 025	195 504	210 906	229 088	249 997	290 690	338 584	394 683	460 193	536 547

续表

序号	效益与费用	21	22	23	24	25	26	27	28	29	30
1	效益流量	718 222	826 017	950 933	1 095 688	1 263 442	1 457 874	1 683 259	1 944 568	2 247 575	2 801 305
1.1	运输时间节约的效益	8 324	8 946	9 615	10 334	11 107	11 937	12 830	13 789	14 820	15 928
1.2	转移客运量成本节约的效益	19 897	20 452	21 024	21 611	22 215	22 835	23 473	24 129	24 803	25 496
1.3	转移货运量成本节约的效益	1 099	824	617	463	347	260	195	146	109	82
1.4	提高运输安全性的效益	6 271	6 736	7 236	7 772	8 349	8 968	9 633	10 347	11 115	11 939
1.5	提高运输质量的效益	7 132	7 300	7 471	7 647	7 826	8 010	8 198	8 391	8 588	8 790
1.6	诱增客运量的经济效益	50 733	55 221	60 105	65 422	71 209	77 509	84 365	91 828	99 951	108 792
1.7	诱增货运量的经济效益	626 691	728 567	847 003	984 692	1 144 764	1 330 858	1 547 203	1 798 717	2 091 117	2 431 051
1.8	从民航转移运量的时间损失	−1 925	−2 029	−2 138	−2 253	−2 375	−2 503	−2 638	−2 780	−2 929	−3 087
1.9	回收土建固定资产										145 000
1.10	回收机车车辆残余值										46 720
1.11	回收流动资金										10 594
2	费用流量	92 788	97 187	101 297	105 617	110 149	112 596	114 776	117 112	119 410	121 905
2.1	土建固定资产投资										
2.2	机车车辆购置费										
2.3	流动资金	359	384	363	378	396	229	194	204	202	218
2.4	运营费用	91 429	95 803	99 934	104 239	108 753	111 366	113 582	115 908	118 208	120 688
2.5	环境维护费用	1 000	1 000	1 000	1 000	1 000	1 000	1 000	1 000	1 000	1 000
2.6	建设期相关交通设施维护费用										
3	净效益流量（1−2）	625 433	728 829	849 637	990 071	1 153 294	1 345 278	1 568 484	1 827 455	2 128 165	2 679 400

表 C2-17　财务计划现金流量表（基本运价）

单位：万元

序号	项目	合计	1	2	3	4	5	6	7	8	9	10
1	经营活动净现金流量	−77 586							−20 816	−14 674	−13 901	−13 076
1.1	现金流入	2 124 106							20 437	43 580	46 469	49 552
1.1.1	营业收入	1 714 879							16 608	35 423	37 778	40 292
1.1.2	增值税销项税额											
1.1.3	补贴收入											
1.1.4	其他流入	409 226							3 829	8 158	8 691	9 261
1.1.4.1	铁路建设基金	409 226							3 829	8 158	8 691	9 261
1.2	现金流出	2 201 691							41 253	58 254	60 370	62 628
1.2.1	运营成本	2 015 588							39 471	54 455	56 319	58 309
1.2.2	增值税进项税额											
1.2.3	税金及附加	56 591							548	1 169	1 247	1 330
1.2.4	增值税											
1.2.5	所得税											
1.2.6	其他流出	129 512							1 234	2 631	2 805	2 990
1.2.6.1	营业外净支出	129 512							1 234	2 631	2 805	2 990
2	投资活动净现金流量	−3 327 494	−120 000	−530 000	−650 000	−680 000	−620 000	−716 900	−3 465	−1 315	−164	−175
2.1	现金流入											
2.2	现金流出	3 327 494	120 000	530 000	650 000	680 000	620 000	716 900	3 465	1 315	164	175
2.2.1	建设投资	3 316 900	120 000	530 000	650 000	680 000	620 000	716 900				
2.2.1.1	土建工程投资	2 906 900	120 000	530 000	650 000	662 000	620 000	324 900				

续表

序号	项目	11	12	13	14	15	16	17	18	19	20
1	经营活动净现金流量	−12 194	−11 254	−10 249	−9 177	−8 032	−6 810	−5 505	−4 112	−2 623	−1 034
1.1	现金流入	52 844	56 357	60 108	64 112	68 388	72 953	77 828	83 034	88 594	94 533
1.1.1	营业收入	42 975	45 840	48 898	52 163	55 649	59 371	63 346	67 591	72 124	76 965
1.1.2	增值税销项税额										
1.1.3	补贴收入										
1.1.4	其他流入	9 868	10 517	11 210	11 949	12 738	13 581	14 482	15 443	16 470	17 568
1.1.4.1	铁路建设基金	9 868	10 517	11 210	11 949	12 738	13 581	14 482	15 443	16 470	17 568
1.2	现金流出	65 038	67 611	70 357	73 289	76 420	79 763	83 333	87 145	91 218	95 567
1.2.1	运营成本	60 432	62 699	65 119	67 703	70 462	73 408	76 553	79 913	83 501	87 334
1.2.2	增值税进项税额										
1.2.3	税金及附加	1 418	1 513	1 614	1 721	1 836	1 959	2 090	2 230	2 380	2 540
1.2.4	增值税										
1.2.5	所得税										
1.2.6	其他流出	3 188	3 399	3 624	3 865	4 122	4 396	4 689	5 002	5 336	5 693
1.2.6.1	营业外净支出	3 188	3 399	3 624	3 865	4 122	4 396	4 689	5 002	5 336	5 693
2	投资活动净现金流量	−186	−199	−212	−227	−242	−259	−276	−295	−315	−336
2.1	现金流入										
2.2	现金流出	186	199	212	227	242	259	276	295	315	336
2.2.1	建设投资										
2.2.1.1	土建工程投资										

续表

序号	项目	21	22	23	24	25	26	27	28	29	30
1	经营活动净现金流量	663	2 475	3 901	5 323	6 769	6 979	7 158	7 345	7 530	7 730
1.1	现金流入	100 876	107 653	113 757	120 053	126 606	129 754	132 422	135 224	137 993	140 980
1.1.1	营业收入	82 136	87 659	92 424	97 287	102 316	104 237	105 866	107 576	109 266	111 089
1.1.2	增值税销项税额										
1.1.3	补贴收入										
1.1.4	其他流入	18 741	19 994	21 333	22 765	24 290	25 517	26 556	27 648	28 727	29 890
1.1.4.1	铁路建设基金	18 741	19 994	21 333	22 765	24 290	25 517	26 556	27 648	28 727	29 890
1.2	现金流出	100 214	105 178	109 856	114 730	119 837	122 775	125 264	127 879	130 463	133 250
1.2.1	运营成本	91 429	95 803	99 934	104 239	108 753	111 366	113 582	115 908	118 208	120 688
1.2.2	增值税进项税额										
1.2.3	税金及附加	2 710	2 893	3 050	3 210	3 376	3 440	3 494	3 550	3 606	3 666
1.2.4	增值税										
1.2.5	所得税										
1.2.6	其他流出	6 074	6 482	6 872	7 280	7 708	7 968	8 189	8 421	8 649	8 896
1.2.6.1	营业外净支出	6 074	6 482	6 872	7 280	7 708	7 968	8 189	8 421	8 649	8 896
2	投资活动净现金流量	—359	—384	—363	—378	—396	—229	—194	—204	—202	—218
2.1	现金流入										
2.2	现金流出	359	384	363	378	396	229	194	204	202	218
2.2.1	建设投资										
2.2.1.1	土建工程投资										

续表

序号	项目	合计	1	2	3	4	5	6	7	8	9	10
2.2.1.2	机车车辆购置费	410 000				18 000		392 000				
2.2.2	维持运营投资											
2.2.3	流动资金	10 594							3 465	1 315	164	175
2.2.4	其他流出											
3	融资活动净现金流量	3 313 167	120 000	530 000	650 000	680 000	620 000	716 900	3 329	1 129	−29	−25
3.1	现金流入	3 327 494	120 000	530 000	650 000	680 000	620 000	716 900	3 465	1 315	164	175
3.1.1	权益资金投入	3 320 078	120 000	530 000	650 000	680 000	620 000	716 900	1 039	395	49	52
3.1.2	建设投资借款											
3.1.3	流动资金借款	7 416							2 425	921	115	122
3.1.4	债券											
3.1.5	短期借款											
3.1.6	其他流入											
3.2	现金流出	14 326							135	187	193	200
3.2.1	各种利息支付	6 911							135	187	193	200
3.2.2	偿还债务本金	7 416										
3.2.3	应付利润（股利分配）											
3.2.4	其他流出											
4	净现金流量	−91 912							−20 952	−14 861	−14 094	−13 275
5	累计盈余资金								−20 952	−35 812	−49 907	−63 182

续表

序号	项目	11	12	13	14	15	16	17	18	19	20
2.2.1.2	机车车辆购置费										
2.2.2	维持运营投资										
2.2.3	流动资金	186	199	212	227	242	259	276	295	315	336
2.2.4	其他流出										
3	融资活动净现金流量	−21	−16	−11	−5	1	7	14	21	29	37
3.1	现金流入	186	199	212	227	242	259	276	295	315	336
3.1.1	权益资金投入	56	60	64	68	73	78	83	88	94	101
3.1.2	建设投资借款										
3.1.3	流动资金借款	130	139	149	159	170	181	193	206	220	236
3.1.4	债券										
3.1.5	短期借款										
3.1.6	其他流入										
3.2	现金流出	207	215	223	232	242	252	262	274	286	299
3.2.1	各种利息支付	207	215	223	232	242	252	262	274	286	299
3.2.2	偿还债务本金										
3.2.3	应付利润（股利分配）										
3.2.4	其他流出										
4	净现金流量	−12 402	−11 469	−10 473	−9 409	−8 274	−7 062	−5 768	−4 386	−2 910	−1 334
5	累计盈余资金	−75 584	−87 052	−97 525	−106 934	−115 208	−122 270	−128 038	−132 423	−135 333	−136 667

续表

序号	项目	21	22	23	24	25	26	27	28	29	30
2.2.1.2	机车车辆购置费										
2.2.2	维持运营投资										
2.2.3	流动资金	359	384	363	378	396	229	194	204	202	218
2.2.4	其他流出										
3	融资活动净现金流量	46	56	20	21	23	−152	−195	−193	−203	−7 612
3.1	现金流入	359	384	363	378	396	229	194	204	202	218
3.1.1	权益资金投入	108	115	109	113	119	69	58	61	61	65
3.1.2	建设投资借款										
3.1.3	流动资金借款	252	269	254	265	277	161	136	143	141	152
3.1.4	债券										
3.1.5	短期借款										
3.1.6	其他流入										
3.2	现金流出	313	328	343	357	373	382	389	397	405	7 829
3.2.1	各种利息支付	313	328	343	357	373	382	389	397	405	414
3.2.2	偿还债务本金										7 416
3.2.3	应付利润（股利分配）										
3.2.4	其他流出										
4	净现金流量	349	2 146	3 559	4 965	6 396	6 598	6 768	6 948	7 125	−99
5	累计盈余资金	−136 318	−134 171	−130 613	−125 647	−119 251	−112 654	−105 885	−98 938	−91 813	−91 912

表 C2-18 财务计划现金流量表（特殊运价、只计提移动设备折旧费）

单位：万元

序号	项目	合计	1	2	3	4	5	6	7	8	9	10
1	经营活动净现金流量	881 104							−11 710	4 736	6 788	8 978
1.1	现金流入	3 115 512							29 853	63 653	67 864	72 359
1.1.1	营业收入	2 706 285							26 024	55 495	59 173	63 098
1.1.2	增值税销项税额											
1.1.3	补贴收入											
1.1.4	其他流入	409 226							3 829	8 158	8 691	9 261
1.1.4.1	铁路建设基金	409 226							3 829	8 158	8 691	9 261
1.2	现金流出	2 234 408							41 564	58 917	61 076	63 381
1.2.1	运营成本	2 015 588							39 471	54 455	56 319	58 309
1.2.2	增值税进项税额											
1.2.3	税金及附加	89 307							859	1 831	1 953	2 082
1.2.4	增值税											
1.2.5	所得税											
1.2.6	其他流出	129 512							1 234	2 631	2 805	2 990
1.2.6.1	营业外净支出	129 512							1 234	2 631	2 805	2 990
2	投资活动净现金流量	−3 327 494	−120 000	−530 000	−650 000	−680 000	−620 000	−716 900	−3 465	−1 315	−164	−175
2.1	现金流入											
2.2	现金流出	3 327 494	120 000	530 000	650 000	680 000	620 000	716 900	3 465	1 315	164	175
2.2.1	建设投资	3 316 900	120 000	530 000	650 000	680 000	620 000	716 900				

续表

序号	项目	11	12	13	14	15	16	17	18	19	20
1	经营活动净现金流量	11 316	13 812	16 476	19 321	22 358	25 601	29 064	32 762	36 712	40 931
1.1	现金流入	77 157	82 278	87 745	93 583	99 815	106 470	113 576	121 166	129 272	137 930
1.1.1	营业收入	67 288	71 761	76 536	81 634	87 077	92 889	99 095	105 723	112 801	120 362
1.1.2	增值税销项税额										
1.1.3	补贴收入										
1.1.4	其他流入	9 868	10 517	11 210	11 949	12 738	13 581	14 482	15 443	16 470	17 568
1.1.4.1	铁路建设基金	9 868	10 517	11 210	11 949	12 738	13 581	14 482	15 443	16 470	17 568
1.2	现金流出	65 840	68 466	71 269	74 262	77 457	80 869	84 513	88 404	92 560	96 999
1.2.1	运营成本	60 432	62 699	65 119	67 703	70 462	73 408	76 553	79 913	83 501	87 334
1.2.2	增值税进项税额										
1.2.3	税金及附加	2 221	2 368	2 526	2 694	2 874	3 065	3 270	3 489	3 722	3 972
1.2.4	增值税										
1.2.5	所得税										
1.2.6	其他流出	3 188	3 399	3 624	3 865	4 122	4 396	4 689	5 002	5 336	5 693
1.2.6.1	营业外净支出	3 188	3 399	3 624	3 865	4 122	4 396	4 689	5 002	5 336	5 693
2	投资活动净现金流量	−186	−199	−212	−227	−242	−259	−276	−295	−315	−336
2.1	现金流入										
2.2	现金流出	186	199	212	227	242	259	276	295	315	336
2.2.1	建设投资										

续表

序号	项目	21	22	23	24	25	26	27	28	29	30
1	经营活动净现金流量	45 437	50 251	54 610	59 111	63 801	66 106	68 060	70 113	72 141	74 329
1.1	现金流入	147 179	157 059	166 196	175 677	185 584	190 899	195 403	200 134	204 809	209 852
1.1.1	营业收入	128 438	137 065	144 863	152 911	161 294	165 382	168 847	172 486	176 082	179 961
1.1.2	增值税销项税额										
1.1.3	补贴收入										
1.1.4	其他流入	18 741	19 994	21 333	22 765	24 290	25 517	26 556	27 648	28 727	29 890
1.1.4.1	铁路建设基金	18 741	19 994	21 333	22 765	24 290	25 517	26 556	27 648	28 727	29 890
1.2	现金流出	101 742	106 808	111 586	116 565	121 784	124 793	127 342	130 021	132 668	135 523
1.2.1	运营成本	91 429	95 803	99 934	104 239	108 753	111 366	113 582	115 908	118 208	120 688
1.2.2	增值税进项税额										
1.2.3	税金及附加	4 238	4 523	4 780	5 046	5 323	5 458	5 572	5 692	5 811	5 939
1.2.4	增值税										
1.2.5	所得税										
1.2.6	其他流出	6 074	6 482	6 872	7 280	7 708	7 968	8 189	8 421	8 649	8 896
1.2.6.1	营业外净支出	6 074	6 482	6 872	7 280	7 708	7 968	8 189	8 421	8 649	8 896
2	投资活动净现金流量	—359	—384	—363	—378	—396	—229	—194	—204	—202	—218
2.1	现金流入										
2.2	现金流出	359	384	363	378	396	229	194	204	202	218
2.2.1	建设投资										

续表

序号	项目	合计	1	2	3	4	5	6	7	8	9	10
2.2.1.1	土建工程投资	2 906 900	120 000	530 000	650 000	662 000	620 000	324 900				
2.2.1.2	机车车辆购置费	410 000				18 000		392 000				
2.2.2	维持运营投资											
2.2.3	流动资金	10 594							3 465	1 315	164	175
2.2.4	其他流出											
3	融资活动净现金流量	3 311 962	120 000	530 000	650 000	680 000	620 000	716 900	15 175	−3 420	−6 624	−1 933
3.1	现金流入	3 350 310	120 000	530 000	650 000	680 000	620 000	716 900	15 971	9 717	2 072	175
3.1.1	权益资金投入	3 320 078	120 000	530 000	650 000	680 000	620 000	716 900	1 039	395	49	52
3.1.2	建设投资借款											
3.1.3	流动资金借款	7 416							2 425	921	115	122
3.1.4	债券											
3.1.5	短期借款	22 817							12 507	8 402	1 908	
3.1.6	其他流入											
3.2	现金流出	38 349							796	13 138	8 696	2 108
3.2.1	各种利息支付	8 117							796	631	294	200
3.2.2	偿还债务本金	30 232								12 507	8 402	1 908
3.2.3	应付利润（股利分配）											
3.2.4	其他流出											
4	净现金流量	865 572										6 870
5	累计盈余资金											6 870

续表

序号	项目	11	12	13	14	15	16	17	18	19	20
2.2.1.1	土建工程投资										
2.2.1.2	机车车辆购置费										
2.2.2	维持运营投资										
2.2.3	流动资金	186	199	212	227	242	259	276	295	315	336
2.2.4	其他流出										
3	融资活动净现金流量	−21	−16	−11	−5	1	7	14	21	29	37
3.1	现金流入	186	199	212	227	242	259	276	295	315	336
3.1.1	权益资金投入	56	60	64	68	73	78	83	88	94	101
3.1.2	建设投资借款										
3.1.3	流动资金借款	130	139	149	159	170	181	193	206	220	236
3.1.4	债券										
3.1.5	短期借款										
3.1.6	其他流入										
3.2	现金流出	207	215	223	232	242	252	262	274	286	299
3.2.1	各种利息支付	207	215	223	232	242	252	262	274	286	299
3.2.2	偿还债务本金										
3.2.3	应付利润（股利分配）										
3.2.4	其他流出										
4	净现金流量	11 109	13 597	16 253	19 089	22 116	25 349	28 801	32 488	36 426	40 631
5	累计盈余资金	17 979	31 576	47 829	66 918	89 034	114 383	143 185	175 673	212 099	252 730

续表

序号	项目	21	22	23	24	25	26	27	28	29	30
2.2.1.1	土建工程投资										
2.2.1.2	机车车辆购置费										
2.2.2	维持运营投资										
2.2.3	流动资金	359	384	363	378	396	229	194	204	202	218
2.2.4	其他流出										
3	融资活动净现金流量	46	56	20	21	23	−152	−195	−193	−203	−7 612
3.1	现金流入	359	384	363	378	396	229	194	204	202	218
3.1.1	权益资金投入	108	115	109	113	119	69	58	61	61	65
3.1.2	建设投资借款										
3.1.3	流动资金借款	252	269	254	265	277	161	136	143	141	152
3.1.4	债券										
3.1.5	短期借款										
3.1.6	其他流入										
3.2	现金流出	313	328	343	357	373	382	389	397	405	7 829
3.2.1	各种利息支付	313	328	343	357	373	382	389	397	405	414
3.2.2	偿还债务本金										7 416
3.2.3	应付利润（股利分配）										
3.2.4	其他流出										
4	净现金流量	45 124	49 923	54 267	58 754	63 428	65 725	67 671	69 715	71 736	66 500
5	累计盈余资金	297 853	347 776	402 043	460 797	524 225	589 950	657 621	727 336	799 072	865 572

八、结论与建议

本线路是一条具有重要战略意义的铁路干线，对开发西部，巩固边防，保卫边疆，增强民族团结，维护国家统一，改善项目影响区的交通运输条件，改善项目影响区的经济、社会和自然环境，创造新的就业机会和促进沿线经济的发展，促进项目影响区的工农业和社会经济发展等，均具有十分重要的意义。

（1）经济费用效益评价的结果表明：经济内部收益率为 9.52％，大于社会折现率 8％，经济净现值为 644 363 万元（i_C＝8％），大于零，项目在经济效益上是可行的。

（2）鉴于本项目的特殊性，即投资大、运量少、运输成本高，当采用基本运价并按完全运营成本计算时，运营期各年全面亏损，资金严重短缺，项目在财务上不具备生存能力。为消除财务净现金流量与经济费用效益流量的差异，增强财务生存能力，建议采取以下措施：

1）采取相应政策措施，如只计提移动设备折旧费，降低运营成本，全额返还铁路建设基金，给予适度财政补贴，可改善运营期财务状况，实现项目财务上的可持续发展。

2）在采取上述相应政策措施，即只计提移动设备折旧费，全额返还铁路建设基金的同时，如能进一步按市场化原则，适度提高运价，可以减少财政补贴，促进项目的可持续发展。

附录一

正态分布数值表

正态分布数值表

$$\Phi(x)=\int_{-\infty}^{x}\frac{1}{\sqrt{2\pi}}e^{-\frac{t^2}{2}}\,dt$$

x	$\Phi(x)$	x	$\Phi(x)$	x	$\Phi(x)$	x	$\Phi(x)$
0.00	0.500 0	0.80	0.788 1	1.60	0.945 2	2.35	0.990 6
0.05	0.519 9	0.85	0.802 3	1.65	0.950 5	2.40	0.991 8
0.10	0.539 8	0.90	0.815 9	1.70	0.955 4	2.45	0.992 9
0.15	0.559 6	0.95	0.828 9	1.75	0.959 9	2.50	0.993 8
0.20	0.579 3	1.00	0.841 3	1.80	0.964 1	2.55	0.994 6
0.25	0.598 7	1.05	0.853 1	1.85	0.967 8	2.58	0.995 1
0.30	0.617 9	1.10	0.864 3	1.90	0.971 3	2.60	0.995 3
0.35	0.636 8	1.15	0.874 9	1.95	0.974 4	2.65	0.996 0
0.40	0.655 4	1.20	0.884 9	1.96	0.975 0	2.70	0.996 5
0.45	0.673 6	1.25	0.894 4	2.00	0.977 2	2.75	0.997 0
0.50	0.691 5	1.30	0.903 2	2.05	0.979 8	2.80	0.997 4
0.55	0.708 8	1.35	0.911 5	2.10	0.982 1	2.85	0.997 8
0.60	0.725 7	1.40	0.919 2	2.15	0.984 2	2.90	0.998 1
0.65	0.742 2	1.45	0.926 5	2.20	0.986 1	2.95	0.998 4
0.70	0.758 0	1.50	0.933 2	2.25	0.987 8	3.00	0.998 7
0.75	0.773 4	1.55	0.939 4	2.30	0.989 3	4.00	1.000 0

附录二

复利系数表

复利系数表

(3%)

年 n	一次支付		等额序列			
	终值系数 $(1+i)^n$ $(F/P, i, n)$	现值系数 $\frac{1}{(1+i)^n}$ $(P/F, i, n)$	终值系数 $\frac{(1+i)^n-1}{i}$ $(F/A, i, n)$	偿债基金系数 $\frac{i}{(1+i)^n-1}$ $(A/F, i, n)$	资金回收系数 $\frac{i(1+i)^n}{(1+i)^n-1}$ $(A/P, i, n)$	现值系数 $\frac{(1+i)^n-1}{i(1+i)^n}$ $(P/A, i, n)$
1	1.030	0.970 9	1.000	1.000 00	1.030 00	0.971
2	1.061	0.942 6	2.030	0.492 61	0.522 61	1.913
3	1.093	0.915 1	3.091	0.323 53	0.353 53	2.829
4	1.126	0.888 5	4.184	0.239 03	0.269 03	3.717
5	1.159	0.862 6	5.309	0.188 35	0.218 35	4.580
6	1.194	0.837 5	6.468	0.154 60	0.184 60	5.417
7	1.230	0.813 1	7.662	0.130 51	0.160 51	6.230
8	1.267	0.789 4	8.892	0.112 46	0.142 46	7.020
9	1.305	0.766 4	10.159	0.098 43	0.128 43	7.786
10	1.344	0.744 1	11.464	0.087 23	0.117 23	8.530
11	1.384	0.722 4	12.808	0.078 08	0.108 08	9.253
12	1.426	0.701 4	14.192	0.070 46	0.100 46	9.954
13	1.469	0.681 0	15.618	0.064 03	0.094 03	10.635
14	1.513	0.661 1	17.086	0.058 53	0.088 53	11.296
15	1.558	0.641 9	18.599	0.053 77	0.083 77	11.938
16	1.605	0.623 2	20.157	0.049 61	0.079 61	12.561
17	1.653	0.605 0	21.762	0.045 95	0.075 95	13.166
18	1.702	0.587 4	23.414	0.042 71	0.072 71	13.754
19	1.754	0.570 3	25.117	0.039 81	0.069 81	14.324
20	1.806	0.553 7	26.870	0.037 22	0.067 22	14.877
21	1.860	0.537 5	28.676	0.034 87	0.064 87	15.415
22	1.916	0.521 9	30.537	0.032 75	0.062 75	15.937
23	1.974	0.506 7	32.453	0.030 81	0.060 81	16.444
24	2.033	0.491 9	34.426	0.029 05	0.059 05	16.936
25	2.094	0.477 9	36.459	0.027 43	0.057 43	17.413
26	2.157	0.463 7	38.553	0.025 94	0.055 94	17.877
27	2.221	0.450 2	40.710	0.024 56	0.054 56	18.327
28	2.288	0.437 1	42.931	0.023 29	0.053 29	18.764
29	2.357	0.424 3	45.219	0.022 11	0.052 11	19.188
30	2.427	0.412 0	47.575	0.021 02	0.051 02	19.600

复利系数表

(4%)

年	一次支付		等额序列			
n	终值系数 $(1+i)^n$ $(F/P, i, n)$	现值系数 $\frac{1}{(1+i)^n}$ $(P/F, i, n)$	终值系数 $\frac{(1+i)^n-1}{i}$ $(F/A, i, n)$	偿债基金系数 $\frac{i}{(1+i)^n-1}$ $(A/F, i, n)$	资金回收系数 $\frac{i(1+i)^n}{(1+i)^n-1}$ $(A/P, i, n)$	现值系数 $\frac{(1+i)^n-1}{i(1+i)^n}$ $(P/A, i, n)$
1	1.040	0.961 5	1.000	1.000 00	1.040 00	0.962
2	1.082	0.924 6	2.040	0.490 20	0.530 20	1.886
3	1.125	0.889 0	3.122	0.320 35	0.360 35	2.775
4	1.170	0.854 8	4.246	0.235 49	0.275 49	3.630
5	1.217	0.821 9	5.416	0.184 63	0.224 63	4.452
6	1.265	0.790 3	6.633	0.150 76	0.190 76	5.242
7	1.316	0.759 9	7.898	0.126 61	0.166 61	6.002
8	1.369	0.730 7	9.214	0.108 53	0.148 53	6.733
9	1.423	0.702 6	10.583	0.094 49	0.134 49	7.435
10	1.480	0.675 6	12.006	0.083 29	0.123 29	8.111
11	1.539	0.649 6	13.468	0.074 15	0.114 15	8.760
12	1.601	0.624 6	15.026	0.066 55	0.106 55	9.385
13	1.665	0.600 6	16.627	0.060 14	0.100 14	9.986
14	1.732	0.577 5	18.292	0.054 67	0.094 67	10.563
15	1.801	0.555 3	20.024	0.049 94	0.089 94	11.118
16	1.873	0.533 9	21.825	0.045 82	0.085 82	11.652
17	1.948	0.513 4	23.698	0.042 20	0.082 20	12.166
18	2.026	0.493 6	25.645	0.038 99	0.078 99	12.659
19	2.107	0.474 6	27.671	0.036 14	0.076 14	13.134
20	2.191	0.456 4	29.778	0.033 58	0.073 58	13.590
21	2.279	0.438 8	31.969	0.031 28	0.071 28	14.029
22	2.370	0.422 0	34.248	0.029 20	0.069 20	14.451
23	2.465	0.405 7	36.618	0.027 31	0.067 31	14.857
24	2.563	0.390 1	39.083	0.025 59	0.065 59	15.247
25	2.666	0.375 1	41.646	0.024 01	0.064 01	15.622
26	2.772	0.360 7	44.312	0.022 57	0.062 57	15.983
27	2.883	0.346 8	47.084	0.021 24	0.061 24	16.330
28	2.999	0.333 5	49.968	0.020 01	0.060 01	16.663
29	3.119	0.320 7	52.966	0.018 88	0.058 88	16.984
30	3.243	0.308 3	56.085	0.017 83	0.057 83	17.292

复利系数表

(5%)

年 n	一次支付		等额序列			
	终值系数 $(1+i)^n$ $(F/P, i, n)$	现值系数 $\frac{1}{(1+i)^n}$ $(P/F, i, n)$	终值系数 $\frac{(1+i)^n-1}{i}$ $(F/A, i, n)$	偿债基金系数 $\frac{i}{(1+i)^n-1}$ $(A/F, i, n)$	资金回收系数 $\frac{i(1+i)^n}{(1+i)^n-1}$ $(A/P, i, n)$	现值系数 $\frac{(1+i)^n-1}{i(1+i)^n}$ $(P/A, i, n)$
1	1.050	0.952 4	1.000	1.000 00	1.050 00	0.952
2	1.103	0.907 0	2.050	0.487 80	0.537 80	1.859
3	1.158	0.863 8	3.153	0.317 21	0.367 21	2.723
4	1.216	0.822 7	4.310	0.232 01	0.282 01	3.546
5	1.276	0.783 5	5.526	0.180 97	0.230 97	4.329
6	1.340	0.746 2	6.802	0.147 02	0.197 02	5.076
7	1.407	0.710 7	8.142	0.122 82	0.172 82	5.786
8	1.477	0.676 8	9.549	0.104 72	0.154 72	6.463
9	1.551	0.644 6	11.027	0.090 69	0.140 69	7.108
10	1.629	0.613 9	12.578	0.079 50	0.129 50	7.722
11	1.710	0.584 7	14.207	0.070 39	0.120 39	8.306
12	1.796	0.556 8	15.917	0.062 83	0.112 83	8.863
13	1.886	0.530 3	17.713	0.056 46	0.106 46	9.394
14	1.980	0.505 1	19.599	0.051 02	0.101 02	9.899
15	2.079	0.481 0	21.579	0.046 34	0.096 34	10.380
16	2.183	0.458 1	23.657	0.042 27	0.092 27	10.838
17	2.292	0.436 3	25.840	0.038 70	0.088 70	11.274
18	2.407	0.415 5	28.132	0.035 55	0.085 55	11.690
19	2.527	0.395 7	30.539	0.032 75	0.082 75	12.085
20	2.653	0.376 9	33.066	0.030 24	0.080 24	12.462
21	2.786	0.358 9	35.719	0.028 00	0.078 00	12.821
22	2.925	0.341 8	38.505	0.025 97	0.075 97	13.163
23	3.072	0.325 6	41.430	0.024 14	0.074 14	13.489
24	3.225	0.310 1	44.502	0.022 47	0.072 47	13.799
25	3.386	0.295 3	47.727	0.020 95	0.070 95	14.094
26	3.556	0.281 2	51.113	0.019 56	0.069 56	14.375
27	3.733	0.267 8	54.669	0.018 29	0.068 29	14.643
28	3.920	0.255 1	58.403	0.017 12	0.067 12	14.898
29	4.116	0.242 9	62.323	0.016 05	0.066 05	15.141
30	4.322	0.231 4	66.439	0.015 05	0.065 05	15.372

复利系数表

(6%)

年 n	一次支付		等额序列			
	终值系数 $(1+i)^n$ $(F/P, i, n)$	现值系数 $\frac{1}{(1+i)^n}$ $(P/F, i, n)$	终值系数 $\frac{(1+i)^n-1}{i}$ $(F/A, i, n)$	偿债基金系数 $\frac{i}{(1+i)^n-1}$ $(A/F, i, n)$	资金回收系数 $\frac{i(1+i)^n}{(1+i)^n-1}$ $(A/P, i, n)$	现值系数 $\frac{(1+i)^n-1}{i(1+i)^n}$ $(P/A, i, n)$
1	1.060	0.943 4	1.000	1.000 00	1.060 00	0.943
2	1.124	0.890 0	2.060	0.485 44	0.545 44	1.833
3	1.191	0.839 6	3.184	0.314 11	0.374 11	2.673
4	1.262	0.792 1	4.375	0.228 59	0.288 59	3.465
5	1.338	0.747 3	5.637	0.177 40	0.237 40	4.212
6	1.419	0.705 0	6.975	0.143 36	0.203 36	4.917
7	1.504	0.665 1	8.394	0.119 14	0.179 14	5.582
8	1.594	0.627 4	9.897	0.101 04	0.161 04	6.210
9	1.689	0.591 9	11.491	0.087 02	0.147 02	6.802
10	1.791	0.558 4	13.181	0.075 87	0.135 87	7.360
11	1.898	0.526 8	14.972	0.066 79	0.126 79	7.887
12	2.012	0.497 0	16.870	0.059 28	0.119 28	8.384
13	2.133	0.468 8	18.882	0.052 96	0.112 96	8.853
14	2.261	0.442 3	21.015	0.047 58	0.107 58	9.295
15	2.397	0.417 3	23.276	0.042 96	0.102 96	9.712
16	2.540	0.393 6	25.673	0.038 95	0.098 95	10.106
17	2.693	0.371 4	28.213	0.035 44	0.095 44	10.477
18	2.854	0.350 3	30.906	0.032 36	0.092 36	10.828
19	3.026	0.330 5	33.760	0.029 62	0.089 62	11.158
20	3.207	0.311 8	36.786	0.027 18	0.087 18	11.470
21	3.400	0.294 2	39.993	0.025 00	0.085 00	11.764
22	3.604	0.277 5	43.392	0.023 05	0.083 05	12.042
23	3.820	0.261 8	46.996	0.021 28	0.081 28	12.303
24	4.049	0.247 0	50.816	0.019 68	0.079 68	12.550
25	4.292	0.233 0	54.865	0.018 23	0.078 23	12.783
26	4.549	0.219 8	59.156	0.016 90	0.076 90	13.003
27	4.822	0.207 4	63.706	0.015 70	0.075 70	13.211
28	5.112	0.195 6	68.528	0.014 59	0.074 59	13.406
29	5.418	0.184 6	73.640	0.013 58	0.073 58	13.591
30	5.743	0.174 1	79.058	0.012 65	0.072 65	13.765

复利系数表

（7%）

年 n	一次支付		等额序列			
	终值系数 $(1+i)^n$ $(F/P, i, n)$	现值系数 $\frac{1}{(1+i)^n}$ $(P/F, i, n)$	终值系数 $\frac{(1+i)^n-1}{i}$ $(F/A, i, n)$	偿债基金系数 $\frac{i}{(1+i)^n-1}$ $(A/F, i, n)$	资金回收系数 $\frac{i(1+i)^n}{(1+i)^n-1}$ $(A/P, i, n)$	现值系数 $\frac{(1+i)^n-1}{i(1+i)^n}$ $(P/A, i, n)$
1	1.070	0.934 6	1.000	1.000 0	1.070 0	0.935
2	1.145	0.873 4	2.070	0.483 1	0.553 1	1.808
3	1.225	0.816 3	3.215	0.311 1	0.381 1	2.624
4	1.311	0.762 9	4.440	0.225 2	0.295 2	3.387
5	1.403	0.713 0	5.751	0.173 9	0.243 9	4.100
6	1.501	0.666 3	7.153	0.139 8	0.209 8	4.767
7	1.606	0.622 7	8.654	0.115 6	0.185 6	5.389
8	1.718	0.582 0	10.260	0.097 5	0.167 5	5.971
9	1.838	0.543 9	11.978	0.083 5	0.153 5	6.515
10	1.967	0.508 3	13.816	0.072 4	0.142 4	7.024
11	2.105	0.475 1	15.784	0.063 4	0.133 4	7.499
12	2.252	0.444 0	17.888	0.055 9	0.125 9	7.943
13	2.410	0.415 0	20.141	0.049 7	0.119 7	8.358
14	2.579	0.387 8	22.550	0.044 3	0.114 3	8.745
15	2.759	0.362 4	25.129	0.039 8	0.109 8	9.108
16	2.952	0.338 7	27.888	0.035 9	0.105 9	9.447
17	3.159	0.316 6	30.840	0.032 4	0.102 4	9.763
18	3.380	0.295 9	33.999	0.029 4	0.099 4	10.059
19	3.617	0.276 5	37.379	0.026 8	0.096 8	10.336
20	3.870	0.258 4	40.995	0.024 4	0.094 4	10.594
21	4.141	0.241 5	44.865	0.022 3	0.092 3	10.836
22	4.430	0.225 7	49.006	0.020 4	0.090 4	11.061
23	4.741	0.210 9	53.436	0.018 7	0.088 7	11.272
24	5.072	0.197 1	58.177	0.017 2	0.087 2	11.469
25	5.427	0.184 2	63.249	0.015 8	0.085 8	11.654
26	5.807	0.172 2	68.676	0.014 6	0.084 6	11.826
27	6.214	0.160 9	74.484	0.013 4	0.083 4	11.987
28	6.649	0.150 4	80.698	0.012 4	0.082 4	12.137
29	7.114	0.140 6	87.347	0.011 4	0.081 4	12.278
30	7.612	0.131 4	94.461	0.010 6	0.080 6	12.409

复利系数表
（8%）

年 n	一次支付		等额序列			
	终值系数 $(1+i)^n$ $(F/P, i, n)$	现值系数 $\frac{1}{(1+i)^n}$ $(P/F, i, n)$	终值系数 $\frac{(1+i)^n-1}{i}$ $(F/A, i, n)$	偿债基金系数 $\frac{i}{(1+i)^n-1}$ $(A/F, i, n)$	资金回收系数 $\frac{i(1+i)^n}{(1+i)^n-1}$ $(A/P, i, n)$	现值系数 $\frac{(1+i)^n-1}{i(1+i)^n}$ $(P/A, i, n)$
1	1.080	0.925 9	1.000	1.000 00	1.080 00	0.926
2	1.166	0.857 3	2.080	0.480 77	0.560 77	1.783
3	1.260	0.793 8	3.246	0.308 03	0.388 03	2.577
4	1.360	0.735 0	4.506	0.221 92	0.301 92	3.312
5	1.469	0.680 6	5.867	0.170 46	0.250 46	3.993
6	1.587	0.630 2	7.336	0.136 32	0.216 32	4.623
7	1.714	0.583 5	8.923	0.112 07	0.192 07	5.206
8	1.851	0.540 3	10.637	0.094 01	0.174 01	5.747
9	1.999	0.500 2	12.488	0.080 08	0.160 08	6.247
10	2.159	0.463 2	14.487	0.069 03	0.149 03	6.710
11	2.332	0.428 9	16.645	0.060 08	0.140 08	7.139
12	2.518	0.397 1	18.977	0.052 70	0.132 70	7.536
13	2.720	0.367 7	21.495	0.046 52	0.126 52	7.904
14	2.937	0.340 5	24.215	0.041 30	0.121 30	8.244
15	3.172	0.315 2	27.152	0.036 83	0.116 83	8.559
16	3.426	0.291 9	30.324	0.032 98	0.112 98	8.851
17	3.700	0.270 3	33.750	0.029 63	0.109 63	9.122
18	3.996	0.250 2	37.450	0.026 70	0.106 70	9.372
19	4.316	0.231 7	41.446	0.024 13	0.104 13	9.604
20	4.661	0.214 5	45.762	0.021 85	0.101 85	9.818
21	5.034	0.198 7	50.423	0.019 83	0.099 83	10.017
22	5.437	0.183 9	55.457	0.018 03	0.098 03	10.201
23	5.871	0.170 3	60.893	0.016 42	0.096 42	10.371
24	6.341	0.157 7	66.765	0.014 98	0.094 98	10.529
25	6.848	0.146 0	73.106	0.013 68	0.093 68	10.675
26	7.396	0.135 2	79.954	0.012 51	0.092 51	10.810
27	7.988	0.125 2	87.351	0.011 45	0.091 45	10.935
28	8.627	0.115 9	95.339	0.010 49	0.090 49	11.051
29	9.317	0.107 3	103.966	0.009 62	0.089 62	11.158
30	10.063	0.099 4	113.283	0.008 83	0.088 83	11.258

复利系数表

(10%)

年 n	一次支付		等额序列			
	终值系数 $(1+i)^n$ $(F/P, i, n)$	现值系数 $\frac{1}{(1+i)^n}$ $(P/F, i, n)$	终值系数 $\frac{(1+i)^n-1}{i}$ $(F/A, i, n)$	偿债基金系数 $\frac{i}{(1+i)^n-1}$ $(A/F, i, n)$	资金回收系数 $\frac{i(1+i)^n}{(1+i)^n-1}$ $(A/P, i, n)$	现值系数 $\frac{(1+i)^n-1}{i(1+i)^n}$ $(P/A, i, n)$
1	1.100	0.909 1	1.000	1.000 00	1.100 00	0.909
2	1.210	0.826 4	2.100	0.476 19	0.576 19	1.736
3	1.331	0.751 3	3.310	0.302 11	0.402 11	2.487
4	1.464	0.683 0	4.641	0.215 47	0.315 47	3.170
5	1.611	0.620 9	6.105	0.163 80	0.263 80	3.791
6	1.772	0.564 5	7.716	0.129 61	0.229 61	4.355
7	1.949	0.513 2	9.487	0.105 41	0.205 41	4.868
8	2.144	0.466 5	11.436	0.087 44	0.187 44	5.335
9	2.358	0.424 1	13.579	0.073 64	0.173 64	5.759
10	2.594	0.385 5	15.937	0.062 75	0.162 75	6.144
11	2.853	0.350 5	18.531	0.053 96	0.153 96	6.495
12	3.138	0.318 6	21.384	0.046 76	0.146 76	6.814
13	3.452	0.289 7	24.523	0.040 78	0.140 78	7.103
14	3.797	0.263 3	27.975	0.035 75	0.135 75	7.367
15	4.177	0.239 4	31.772	0.031 47	0.131 47	7.606
16	4.595	0.217 6	35.950	0.027 82	0.127 82	7.824
17	5.054	0.197 8	40.545	0.024 66	0.124 66	8.022
18	5.560	0.179 9	45.599	0.021 93	0.121 93	8.201
19	6.116	0.163 5	51.159	0.019 55	0.119 55	8.365
20	6.727	0.148 6	57.275	0.017 46	0.117 46	8.514
21	7.400	0.135 1	64.002	0.015 62	0.115 62	8.649
22	8.140	0.122 8	71.403	0.014 01	0.114 01	8.772
23	8.954	0.111 7	79.543	0.012 57	0.112 57	8.883
24	9.850	0.101 5	88.497	0.011 30	0.111 30	8.985
25	10.835	0.092 3	98.347	0.010 17	0.110 17	9.077
26	11.918	0.083 9	109.182	0.009 16	0.109 16	9.161
27	13.110	0.076 3	121.100	0.008 26	0.108 26	9.237
28	14.421	0.069 3	134.210	0.007 45	0.107 45	9.307
29	15.863	0.063 0	148.631	0.006 73	0.106 73	9.370
30	17.449	0.057 3	164.494	0.006 08	0.106 08	9.427

复利系数表
（12%）

年 n	一次支付		等额序列			
	终值系数 $(1+i)^n$ $(F/P, i, n)$	现值系数 $\frac{1}{(1+i)^n}$ $(P/F, i, n)$	终值系数 $\frac{(1+i)^n-1}{i}$ $(F/A, i, n)$	偿债基金系数 $\frac{i}{(1+i)^n-1}$ $(A/F, i, n)$	资金回收系数 $\frac{i(1+i)^n}{(1+i)^n-1}$ $(A/P, i, n)$	现值系数 $\frac{(1+i)^n-1}{i(1+i)^n}$ $(P/A, i, n)$
1	1.120	0.892 9	1.000	1.000 00	1.120 00	0.893
2	1.254	0.797 2	2.120	0.471 70	0.591 70	1.690
3	1.405	0.711 8	3.374	0.296 35	0.416 35	2.402
4	1.574	0.635 5	4.779	0.209 23	0.329 23	3.037
5	1.762	0.567 4	6.353	0.157 41	0.277 41	3.605
6	1.974	0.506 6	8.115	0.123 23	0.243 23	4.111
7	2.211	0.452 3	10.089	0.099 12	0.219 12	4.564
8	2.476	0.403 9	12.300	0.081 30	0.201 30	4.968
9	2.773	0.360 6	14.776	0.067 63	0.187 68	5.328
10	3.106	0.322 0	17.549	0.056 98	0.176 98	5.650
11	3.479	0.287 5	20.655	0.048 42	0.168 42	5.938
12	3.896	0.256 7	24.133	0.041 44	0.161 44	6.194
13	4.363	0.229 2	28.029	0.035 68	0.155 68	6.424
14	4.887	0.204 6	32.393	0.030 87	0.150 87	6.628
15	5.474	0.182 7	37.280	0.026 82	0.146 82	6.811
16	6.130	0.163 1	42.753	0.023 39	0.143 39	6.974
17	6.866	0.145 6	48.884	0.020 46	0.140 46	7.120
18	7.690	0.130 0	55.750	0.017 94	0.137 94	7.250
19	8.613	0.116 1	63.440	0.015 76	0.135 76	7.366
20	9.646	0.103 7	72.052	0.013 88	0.133 88	7.469
21	10.804	0.092 6	81.699	0.012 24	0.132 24	7.562
22	12.100	0.082 6	92.503	0.010 81	0.130 81	7.645
23	13.552	0.073 8	104.603	0.009 56	0.129 56	7.718
24	15.179	0.065 9	118.155	0.008 46	0.128 46	7.784
25	17.000	0.058 8	133.334	0.007 50	0.127 50	7.843
26	19.040	0.052 5	150.334	0.006 65	0.126 65	7.896
27	21.325	0.046 9	169.374	0.005 90	0.125 90	7.943
28	23.884	0.041 9	190.699	0.005 24	0.125 24	7.984
29	26.750	0.037 4	214.583	0.004 66	0.124 66	8.022
30	29.960	0.033 4	241.333	0.004 14	0.124 14	8.055

复利系数表

(15%)

年 n	一次支付		等额序列			
	终值系数 $(1+i)^n$ $(F/P,i,n)$	现值系数 $\frac{1}{(1+i)^n}$ $(P/F,i,n)$	终值系数 $\frac{(1+i)^n-1}{i}$ $(F/A,i,n)$	偿债基金系数 $\frac{i}{(1+i)^n-1}$ $(A/F,i,n)$	资金回收系数 $\frac{i(1+i)^n}{(1+i)^n-1}$ $(A/P,i,n)$	现值系数 $\frac{(1+i)^n-1}{i(1+i)^n}$ $(P/A,i,n)$
1	1.150	0.869 6	1.000	1.000 00	1.150 00	0.870
2	1.322	0.756 1	2.150	0.465 12	0.615 12	1.626
3	1.521	0.657 5	3.472	0.287 98	0.437 98	2.283
4	1.749	0.571 8	4.993	0.200 27	0.350 27	2.855
5	2.011	0.497 2	6.742	0.148 32	0.298 32	3.352
6	2.313	0.432 3	8.754	0.114 24	0.264 24	3.784
7	2.660	0.375 9	11.067	0.090 36	0.240 36	4.160
8	3.059	0.326 9	13.727	0.072 85	0.222 85	4.487
9	3.518	0.284 3	16.786	0.059 57	0.209 57	4.772
10	4.046	0.247 2	20.304	0.049 25	0.199 25	5.019
11	4.652	0.214 9	24.349	0.041 07	0.191 07	5.234
12	5.350	0.186 9	29.002	0.034 48	0.184 48	5.421
13	6.153	0.162 5	34.352	0.029 11	0.179 11	5.583
14	7.076	0.141 3	40.505	0.024 69	0.174 69	5.724
15	8.137	0.122 9	47.580	0.021 02	0.171 02	5.847
16	9.358	0.106 9	55.717	0.017 95	0.167 95	5.954
17	10.761	0.092 9	65.075	0.015 37	0.165 37	6.047
18	12.375	0.080 8	75.836	0.013 19	0.163 19	6.128
19	14.232	0.070 3	88.212	0.011 34	0.161 34	6.198
20	16.367	0.061 1	102.444	0.009 76	0.159 76	6.259
21	18.822	0.053 1	118.810	0.008 42	0.158 42	6.312
22	21.645	0.046 2	137.632	0.007 27	0.157 27	6.359
23	24.891	0.040 2	159.276	0.006 28	0.156 28	6.399
24	28.625	0.034 9	184.168	0.005 43	0.155 43	6.434
25	32.919	0.030 4	212.793	0.004 70	0.154 70	6.464
26	37.857	0.026 4	245.712	0.004 07	0.154 07	6.491
27	43.535	0.023 0	283.569	0.003 53	0.153 53	6.514
28	50.066	0.020 0	327.104	0.003 06	0.153 06	6.534
29	57.575	0.017 4	377.170	0.002 65	0.152 65	6.551
30	66.212	0.015 1	434.745	0.002 30	0.152 30	6.566

复利系数表

（20%）

年 n	一次支付		等额序列			
	终值系数 $(1+i)^n$ $(F/P, i, n)$	现值系数 $\frac{1}{(1+i)^n}$ $(P/F, i, n)$	终值系数 $\frac{(1+i)^n-1}{i}$ $(F/A, i, n)$	偿债基金系数 $\frac{i}{(1+i)^n-1}$ $(A/F, i, n)$	资金回收系数 $\frac{i(1+i)^n}{(1+i)^n-1}$ $(A/P, i, n)$	现值系数 $\frac{(1+i)^n-1}{i(1+i)^n}$ $(P/A, i, n)$
1	1.200	0.833 3	1.000	1.000 00	1.200 00	0.833
2	1.440	0.694 4	2.200	0.454 55	0.654 55	1.528
3	1.728	0.578 7	3.640	0.274 73	0.474 73	2.106
4	2.074	0.482 3	5.368	0.186 29	0.386 29	2.589
5	2.488	0.401 9	7.442	0.134 38	0.334 38	2.991
6	2.986	0.334 9	9.930	0.100 71	0.300 71	3.326
7	3.583	0.279 1	12.916	0.077 42	0.277 42	3.605
8	4.300	0.232 6	16.499	0.060 61	0.260 61	3.837
9	5.160	0.193 8	20.799	0.048 08	0.248 08	4.031
10	6.192	0.161 5	25.959	0.038 52	0.238 52	4.192
11	7.430	0.134 6	32.150	0.031 10	0.231 10	4.327
12	8.916	0.112 2	39.581	0.025 28	0.225 26	4.439
13	10.699	0.093 5	48.497	0.020 62	0.220 62	4.533
14	12.839	0.077 9	59.196	0.016 89	0.216 89	4.611
15	15.407	0.064 9	72.035	0.013 88	0.213 88	4.675
16	18.488	0.054 1	87.442	0.011 44	0.211 44	4.730
17	22.186	0.045 1	105.931	0.009 44	0.209 44	4.775
18	26.623	0.037 6	128.117	0.007 81	0.207 81	4.812
19	31.948	0.031 3	154.740	0.006 46	0.206 46	4.843
20	38.338	0.026 1	186.688	0.005 36	0.205 36	4.870
21	46.005	0.021 7	225.026	0.004 44	0.204 44	4.891
22	55.206	0.018 1	271.031	0.003 69	0.203 60	4.909
23	66.247	0.015 1	326.237	0.003 07	0.203 07	4.925
24	79.497	0.012 6	392.484	0.002 55	0.202 55	4.937
25	95.396	0.010 5	471.981	0.002 12	0.202 12	4.948
26	114.475	0.008 7	567.377	0.001 76	0.201 76	4.956
27	137.371	0.007 3	681.853	0.001 47	0.201 47	4.964
28	164.845	0.006 1	819.223	0.001 22	0.201 22	4.970
29	197.814	0.005 1	984.068	0.001 02	0.201 02	4.975
30	237.376	0.004 2	1 181.882	0.000 85	2.200 85	4.979

复利系数表

(25%)

年 n	一次支付		等额序列			
	终值系数 $(1+i)^n$ $(F/P, i, n)$	现值系数 $\frac{1}{(1+i)^n}$ $(P/F, i, n)$	终值系数 $\frac{(1+i)^n-1}{i}$ $(F/A, i, n)$	偿债基金系数 $\frac{i}{(1+i)^n-1}$ $(A/F, i, n)$	资金回收系数 $\frac{i(1+i)^n}{(1+i)^n-1}$ $(A/P, i, n)$	现值系数 $\frac{(1+i)^n-1}{i(1+i)^n}$ $(P/A, i, n)$
1	1.250	0.800 0	1.000	1.000 00	1.250 00	0.800
2	1.562	0.640 0	2.250	1.444 44	0.694 44	1.440
3	1.953	0.512 0	3.812	0.262 30	0.512 30	1.952
4	2.441	0.409 6	5.766	0.173 44	0.423 44	2.362
5	3.052	0.327 7	8.207	0.121 85	0.371 85	2.689
6	3.815	0.262 1	11.259	0.088 82	0.338 82	2.951
7	4.768	0.209 7	15.073	0.066 34	0.316 34	3.161
8	5.960	0.167 8	19.842	0.050 40	0.300 40	3.329
9	7.451	0.134 2	25.802	0.038 76	0.288 76	3.463
10	9.313	0.107 4	33.253	0.030 07	0.280 07	3.571
11	11.642	0.085 9	42.566	0.023 49	0.273 49	3.656
12	14.552	0.068 7	54.208	0.018 45	0.268 45	3.725
13	18.190	0.055 0	68.760	0.014 54	0.264 54	3.780
14	22.737	0.044 0	86.949	0.011 50	0.261 50	3.824
15	28.422	0.035 2	109.687	0.009 12	0.259 12	3.859
16	35.527	0.028 1	138.109	0.007 24	0.257 24	3.887
17	44.409	0.022 5	173.636	0.005 76	0.255 76	3.910
18	55.511	0.018 0	218.045	0.004 59	0.254 59	3.928
19	69.389	0.014 4	273.556	0.003 66	0.253 66	3.942
20	86.736	0.011 5	342.945	0.002 92	0.252 92	3.954
21	108.420	0.009 2	429.681	0.002 33	0.252 33	3.963
22	135.525	0.007 4	538.101	0.001 86	0.251 86	3.970
23	169.407	0.005 9	673.626	0.001 48	0.251 48	3.976
24	211.758	0.004 7	843.033	0.001 19	0.251 19	3.981
25	264.698	0.003 8	1 054.791	0.000 95	0.250 95	3.985
26	330.872	0.003 0	1 319.489	0.000 76	0.250 76	3.988
27	413.590	0.002 4	1 650.361	0.000 61	0.250 61	3.990
28	516.988	0.001 9	2 063.952	0.000 48	0.250 48	3.992
29	646.235	0.001 5	2 580.939	0.000 39	0.250 39	3.994
30	807.794	0.001 2	3 227.174	0.000 31	0.250 31	3.995

复利系数表

（30%）

年	一次支付		等额序列			
n	终值系数 $(1+i)^n$ $(F/P,\ i,\ n)$	现值系数 $\frac{1}{(1+i)^n}$ $(P/F,\ i,\ n)$	终值系数 $\frac{(1+i)^n-1}{i}$ $(F/A,\ i,\ n)$	偿债基金系数 $\frac{i}{(1+i)^n-1}$ $(A/F,\ i,\ n)$	资金回收系数 $\frac{i(1+i)^n}{(1+i)^n-1}$ $(A/P,\ i,\ n)$	现值系数 $\frac{(1+i)^n-1}{i(1+i)^n}$ $(P/A,\ i,\ n)$
1	1.300	0.769 2	1.000	1.000 00	1.300 00	0.769
2	1.690	0.591 7	2.300	0.434 78	0.734 78	1.361
3	2.197	0.455 2	3.990	0.250 63	0.550 63	1.816
4	2.856	0.350 1	6.187	0.161 63	0.461 63	2.166
5	3.713	0.269 3	9.043	0.110 58	0.410 58	2.436
6	4.827	0.207 2	12.756	0.078 39	0.378 39	2.643
7	6.275	0.159 4	17.583	0.056 87	0.356 87	2.802
8	8.157	0.122 6	23.858	0.041 92	0.341 92	2.925
9	10.604	0.094 3	32.015	0.031 24	0.331 24	3.019
10	13.786	0.072 5	42.619	0.023 46	0.323 46	3.092
11	17.922	0.055 8	56.405	0.017 73	0.317 73	3.147
12	23.298	0.042 9	74.327	0.013 45	0.313 45	3.190
13	30.288	0.033 0	97.625	0.010 24	0.310 24	3.223
14	39.374	0.025 4	127.913	0.007 82	0.307 82	3.249
15	51.186	0.019 5	167.286	0.005 98	0.305 98	3.268
16	66.542	0.015 0	218.472	0.004 58	0.304 58	3.283
17	86.504	0.011 6	285.014	0.003 51	0.303 51	3.295
18	112.455	0.008 9	371.518	0.002 69	0.302 69	3.304
19	146.192	0.006 8	483.973	0.002 07	0.302 07	3.311
20	190.050	0.005 3	630.165	0.001 59	0.301 59	3.316
21	247.065	0.004 0	820.215	0.001 22	0.301 22	3.320
22	321.184	0.003 1	1 067.280	0.000 94	0.300 94	3.323
23	417.539	0.002 4	1 388.464	0.000 72	0.300 72	3.325
24	542.801	0.001 8	1 806.003	0.000 55	0.300 55	3.327
25	705.641	0.001 4	2 348.803	0.000 43	0.300 43	3.329
26	917.333	0.001 1	3 054.444	0.000 33	0.300 33	3.330
27	1 192.533	0.000 8	3 917.778	0.000 25	0.300 25	3.331
28	1 550.293	0.000 6	5 164.311	0.000 19	0.300 19	3.331
29	2 015.381	0.000 5	6 714.604	0.000 15	0.300 15	3.332
30	2 619.996	0.000 4	8 729.985	0.000 11	0.300 11	3.332

复利系数表

（40%）

年 n	一次支付		等额序列			
	终值系数 $(1+i)^n$ $(F/P, i, n)$	现值系数 $\frac{1}{(1+i)^n}$ $(P/F, i, n)$	终值系数 $\frac{(1+i)^n-1}{i}$ $(F/A, i, n)$	偿债基金系数 $\frac{i}{(1+i)^n-1}$ $(A/F, i, n)$	资金回收系数 $\frac{i(1+i)^n}{(1+i)^n-1}$ $(A/P, i, n)$	现值系数 $\frac{(1+i)^n-1}{i(1+i)^n}$ $(P/A, i, n)$
1	1.400	0.714 3	1.000	1.000 00	1.400 00	0.714
2	1.960	0.510 2	2.400	0.416 67	0.816 67	1.224
3	2.744	0.364 4	4.360	0.229 36	0.629 36	1.589
4	3.842	0.260 3	7.104	0.140 77	0.540 77	1.849
5	5.378	0.185 9	10.946	0.091 36	0.491 36	2.035
6	7.530	0.132 8	16.324	0.061 26	0.461 26	2.168
7	10.541	0.094 9	23.853	0.041 92	0.441 92	2.263
8	14.758	0.067 8	34.395	0.029 07	0.429 07	2.331
9	20.661	0.048 4	49.153	0.020 34	0.420 34	2.379
10	28.925	0.034 6	69.814	0.014 32	0.414 32	2.414
11	40.496	0.024 7	98.739	0.010 13	0.410 13	2.438
12	56.694	0.017 6	139.235	0.007 18	0.407 18	2.456
13	79.371	0.012 6	195.929	0.005 10	0.405 10	2.469
14	111.120	0.009 0	275.300	0.003 63	0.403 63	2.478
15	155.568	0.006 4	386.420	0.002 59	0.402 59	2.484
16	217.795	0.004 6	541.988	0.001 85	0.401 85	2.489
17	304.913	0.003 3	759.784	0.001 32	0.401 32	2.492
18	426.879	0.002 3	1 064.697	0.000 94	0.400 94	2.494
19	597.630	0.001 7	1 491.576	0.000 67	0.400 67	2.496
20	836.683	0.001 2	2 089.206	0.000 48	0.400 48	2.497
21	1 171.356	0.000 9	2 925.889	0.000 34	0.400 34	2.498
22	1 639.898	0.000 6	4 097.245	0.000 24	0.400 24	2.498
23	2 295.857	0.000 4	5 737.142	0.000 17	0.400 17	2.499
24	3 214.200	0.000 3	8 032.999	0.000 12	0.400 12	2.499
25	4 499.880	0.000 2	11 247.199	0.000 09	0.400 09	2.499

参考文献

[1] 傅家骥，仝允桓．工业技术经济学．3版．北京：清华大学出版社，1996.

[2] 傅家骥，仝允桓．工业技术经济学．2版．北京：清华大学出版社，1991.

[3] 亨利·马尔科姆·斯坦纳．工程经济学原理：第2版．北京：经济科学出版社，2000.

[4] 国家计划委员会，建设部．建设项目经济评价方法与参数．2版．北京：中国计划出版社，1995.

[5] 傅家骥，姜彦福．工业企业技术改造项目经济评价方法教程．北京：机械工业出版社，1988.

[6] 国家计委投资局，建设部标准定额研究所．建设项目经济评价方法与参数．北京：新华出版社，1990.

[7] 杨国良．技术经济．上海：上海科学技术出版社，1993.

[8] 周惠珍．投资项目评估．大连：东北财经大学出版社，2001.

[9] 周惠珍．投资项目评估案例分析．大连：东北财经大学出版社，2000.

[10] 黄渝祥，邢爱芳．工程经济学．上海：同济大学出版社，1997.

[11] 林文俏．项目投资经济评价与风险分析．广州：中山大学出版社，1998.

[12] 李振球．技术经济学．大连：东北财经大学出版社，1999.

[13] 国家计委投资研究所、建设部标准定额研究所社会评价课题组．投资项目社会评价指南．北京：经济管理出版社，1997.

[14] 国家发展改革委，建设部．建设项目经济评价方法与参数．3版．

北京：中国计划出版社，2006.

[15] 建设部标准定额研究所．建设项目经济评价案例．北京：中国计划出版社，2006.

[16] 建设部标准定额研究所．建设项目经济评价参数研究．北京：中国计划出版社，2004.

[17] 中国国际工程咨询公司．中国投资项目社会评价指南．北京：中国计划出版社，2004.

[18] 张巨勇，韩洪云．非市场产品的价值评估. 北京：中国农业科学技术出版社，2004.

[19] 汤姆・科普兰，等．价值评估：第 2 版．北京：中国大百科全书出版社，2000.

[20] 吴之明，卢有杰．项目管理引论．北京：清华大学出版社，2001.

[21] 全国注册咨询工程师（投资）资格考试参考教材编写委员会．项目决策分析与评价（2008 年版）．北京：中国计划出版社，2009.

[22] 中国国际工程咨询公司．中国投资项目社会评价：变风险为机遇．北京：中国计划出版社，2007.

[23] 万武威．可行性研究与项目评价．2 版．西安：西安交通大学出版社，2008.

图书在版编目（CIP）数据

投资项目评价 / 成其谦编著. --7 版. -- 北京：中国人民大学出版社，2024. 10. --（新编 21 世纪财务管理系列教材）. -- ISBN 978-7-300-33348-9

Ⅰ. F830. 59

中国国家版本馆 CIP 数据核字第 2024QK8205 号

新编 21 世纪财务管理系列教材
投资项目评价（第 7 版）
成其谦　编著
Touzi Xiangmu Pingjia

出版发行	中国人民大学出版社		
社　址	北京中关村大街 31 号	邮政编码	100080
电　话	010－62511242（总编室）		010－62511770（质管部）
	010－82501766（邮购部）		010－62514148（门市部）
	010－62511173（发行公司）		010－62515275（盗版举报）
网　址	http://www. crup. com. cn		
经　销	新华书店		
印　刷	天津鑫丰华印务有限公司	版　次	2003 年 9 月第 1 版
开　本	787 mm×1092 mm　1/16		2024 年 10 月第 7 版
印　张	23. 75 插页 1	印　次	2025 年 6 月第 2 次印刷
字　数	434 000	定　价	56. 00 元

中国人民大学出版社　管理分社

教师教学服务说明

中国人民大学出版社管理分社以出版工商管理和公共管理类精品图书为宗旨。为更好地服务一线教师，我们着力建设了一批数字化、立体化的网络教学资源。教师可以通过以下方式获得免费下载教学资源的权限：

★ 在中国人民大学出版社网站 www.crup.com.cn 进行注册，注册后进入“会员中心”，在左侧点击“我的教师认证”，填写相关信息，提交后等待审核。我们将在一个工作日内为您开通相关资源的下载权限。

★ 如您急需教学资源或需要其他帮助，请加入教师 QQ 群或在工作时间与我们联络。

中国人民大学出版社　管理分社

教师 QQ 群： 648333426(工商管理)　114970332(财会)　648117133(公共管理)
教师群仅限教师加入，入群请备注(学校+姓名)

联系电话： 010-62515735，62515987，62515782，82501048，62514760

电子邮箱： glcbfs@crup.com.cn

通讯地址： 北京市海淀区中关村大街甲 59 号文化大厦 1501 室(100872)

管理书社　　人大社财会　　公共管理与政治学悦读坊